把全世界的"宁波帮"都动员起来建设宁波

邓小平

宁波帮系列丛书

《申报》宁波帮企业史料

宁波市政协文史委员会 编

执　编　孙善根

宁波出版社

宁波帮系列丛书征编委员会

顾　　问：陈　先　　项秉炎　　叶承垣　　王卓辉　　张永祥
主　　任：唐一军
副 主 任：华长慧　　陈大申

《〈申报〉宁波帮企业史料》编辑委员会

主　　编：华长慧
副 主 编：姚传盈
编　　辑：陈银绍　　陈宁雄　　孙悦铭

《申报》关于宁波帮企业的报道

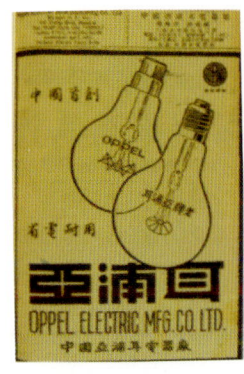 

亚浦耳公司广告　　　　　　三友实业社广告

商务印书馆　　　　　　泰康公司广告

泰康罐头食品厂

老凤祥银楼

亨达利钟表店

天蟾舞台

大世界

上海证券物品交易所

三友实业社

五洲大药房

上海国货公司

宁波实业银行

前　言

　　企业是近代以来经济活动的主体，无疑也是近代宁波帮活动的主要方式。但限于资料等原因，长期以来有关方面对宁波帮企业研究没有得到应有的重视，这不能不说是宁波帮研究的重大缺憾。

　　上海是近代宁波帮活动的大本营，也是近代宁波商人企业活动的主要舞台。旅沪宁波人到清末已达40万人，进入20世纪20年代后几达百万之谱，成为近代上海最大的地域性移民群体。伴随着这一进程，宁波商人在上海的企业活动也渐次展开，在清末民初特别是在20世纪20年代达到高潮。

　　早在上海开埠前，就有李也亭、方介堂等宁波人在上海经商创业，随后开设商号，在糖业、沙船、钱庄业中据有重要地位。上海开埠后，大批涌入的宁波人抓住机遇，在洋布、五金、颜料、医药等新式商业中独占鳌头，同时，继续在钱庄业、沙船业大显身手，进而问鼎现代银行业、轮船业，中国通商银行、四明银行、中国垦业银行、宁波实业银行以及宁绍轮船公司、三北轮船公司、舟山轮船公司等便是其中的佼佼者。

　　尽管宁波人在上海的企业活动与宁波人在上海的创业几乎同步进行，但宁波商人在上海大批兴办工商企业要到19世纪90年代以后。甲午战争以后，实业救国的浪潮经久不衰，清政府也不得不放松对民族工业的限制。更为重要的是，经过数十年的发展，旅沪宁波商人在新旧商业特别是在对外贸易与买办业中积累了巨额的货币财富，迅速完成了资本的原始积累，有实力进行大规模的企业投资。同时宁波商人在长期的买办生涯与对外贸易活动中，认识到近代工商企业所蕴含的巨大利益，也掌握了近代企业经营与管理方法，而大量宁波人旅居上海以及与家乡宁波近在咫尺的便利条件，又为近代宁波人在上海的企业活动提供了丰富的人力资源。在各种因素的综合作用下，从19世纪末起，以新式商人为主体，宁波商人开始向近代企业广泛投资。到20世纪20年代，一大批宁波帮企业在工业制造、轮船航运、内外贸易、金融服务、文化产业、建筑房地产、公用事业和新式服务业等领域脱颖而出，其中一批工业制造企业的成功创办尤为引人注目。宁波商人在近代棉纺织业、火柴工业、日用化学工业、制药工业、电器工业、造纸工业、电力工业以及橡胶工业等领域，创办了一系列规模庞大的工业企业，有的还发展为企业集团。创办燮昌火柴厂的叶澄衷，大中华火柴公司的刘鸿生，五洲大药房的项松茂，中国化学工业社的方液仙，大中华橡胶厂的余芝卿，信谊化学制药厂的鲍国昌，亚光制造有限公司的张惠康，美华利企业集团的孙梅堂，三友实业社的陈万运、沈九成，中国亚浦耳电器厂的胡西园，华成烟草公司的戴耕梓、陈楚湘，天一影片公司的邵醉翁，明星影片公司的张石川，以及首次将好莱坞经营方式引入中国电影业而有中国早期电影业教父之称的柳中浩等，都在近代企业开拓与经营上取得了巨大成功。他们不仅是宁波帮中的成功者，而且也都是所在行业的领军人物。其中五洲大药房在项松茂的主持下，发展成为规模庞大的医药、医疗器械、医疗用品、日用化工生产销售集团；大中华橡胶厂则是一个能生产胶鞋、汽车与脚踏车胎等系列产品的国内首屈一指的民族橡胶工业企业集团；鲍咸昌、鲍国昌等参与发起创办的商务印书馆则是近代中国最大的文化出版机构。

进入20世纪30年代以后，由于天灾人祸不断，特别是日本帝国主义的野蛮入侵打断了宁波帮企业的发展进程，不少上海宁波商人遭受重大损失甚至灭顶之灾。如西药大王项松茂在1932年上海一·二八事变中惨遭日军杀害，尸骨无存；钟表大王孙梅堂在此次事变中也损失惨重，其在闸北兴建的大批房产及美华利钟厂、首饰厂等都毁于战火。也有不少宁波商人将企业内迁至大后方或迁至香港等地。如1937年抗战爆发后商务印书馆部分迁到重庆；信谊药厂在香港马宝道设立分厂，并在大道中设公司办事处，其以新方法制造的产品成为"香港新药厂中之铮铮者"；五洲大药房则在香港设立办事处及工场，生产人造自来血等产品，销往东南亚一带市场。

抗战爆发后，大中华橡胶厂重要设备在西迁途中被日军全部没收，其余幸免于难的旅沪宁波商人在抗战时期基本上收缩业务范围，惨淡经营。许多人因不愿与日人合作而闭门息影。据统计，在日本占领上海后的1941年，宁波人在上海经营的工商企业有2230家。显然，这一统计并不完整。抗战胜利后，旅沪宁波商人企业活动一度有所恢复和发展，如鄞县商人柳中浩与其兄柳中亮1946年创办国泰影业公司，并拍摄了《无名氏》《忆江南》等影片。但好景不长，随后爆发的内战和通货膨胀，使宁波帮企业的发展严重受阻，经营纷纷陷入困境。鉴于大陆的经营环境趋于恶化，不少宁波商人移居港台及海外各地，开始了宁波帮发展的新篇章。

作为近代中国第一大报的《申报》，对近代宁波帮最为集中地上海的宁波帮企业有大量的报道与记载，从而为了解与研究近代宁波帮企业活动提供了相当丰富的第一手史料。该项资料涉及的企业包括宁绍轮船公司、三北轮船公司、商务印书馆、四明银行、五洲大药房、中国化学工业社、三友实业社、中国垦业银行、宁波实业银行、华丰造纸厂、大中华橡胶厂等近百家，内容主要可以分为以下八类：1.企业筹备与开业情况；2.企业制度与章程；3.企业会议，包括股东会、董事会、职员会等；4.经营之道，包括营销策略、广告宣传、公关活动、产品研制与推销、企业管理以及对人才与科技、产品质量的重视等；5.发展状况，包括分支机构的设立、驻所乔迁、周年庆祝、有关方面的表彰奖励等；6.企业与社会，包括企业积极履行社会责任、参与社会公益事业、社会评价、送往迎来等；7.内外纠纷及其应对，包括商标之争、劳资纠纷、债务纠纷及企业关停事宜等；8.参观与报道，主要是对社会各界参观宁波帮企业的报道及该报记者的相关采访与报道。

显然，上述《申报》史料是了解与研究近代宁波帮企业活动的基础性文献，为此我们将《申报》(印影本)中有关宁波帮企业的报道与记载加以整理出版，以推进宁波帮研究工作的深入开展。应该说明的是，为便于检索，我们将《申报》相关报道与记载分为上述八项内容加以编排，并将其他难以归入上述各类的归入第八章"企业与社会及其他"。

编　者
2011年12月

编校说明

一、本书主要收集《申报》(影印本)有关宁波帮企业的报道与记载。企业广告不收录。

二、本书所称的宁波帮企业主要包括全部由宁波人发起创办并经营即所谓纯粹的宁波企业(如四明银行、宁波实业银行)、主要由宁波人发起创办与经营的企业(如宁绍轮船公司)、由宁波人参与创办并经营的企业(如中华劝工银行),还有部分由宁波人参与创办与经营的企业(如商务印书馆、天原电化厂等)。

三、全书编排按内容分类后以时间为序进行,每一则史料编排顺序为标题、正文、刊登于《申报》中的日期。

四、为保持史料的原始性、真实性,对原文中不一致之处均不作更改,如"邬志豪",有时为"邬子豪","俞佐廷"有时为"俞佐庭";至于"账"与"帐"、"赈"与"振"等混用的情况,也一仍其旧。

五、对原文中的繁体字、异体字,一般改为现行简化字处理,有些不见于《简化字总表》的冷僻字,则保留原字。

六、对原文中因字迹模糊而辨别不清的字用"□"表示。其他如"X"等符号则为原文所有。

七、为便于检索,将企业名称索引置于书后。

目　录
CONTENTS

前　言 ……………………………………………………… 001

编校说明 …………………………………………………… 001

第一章　企业筹备与开业

1. 四明银行批准注册 …………………………………… 002
2. 部饬更正宁绍商轮公司名称 ………………………… 002
3. 补录宁绍商轮公司呈请立案文 ……………………… 002
4. 宁绍商轮公司禀准注册 ……………………………… 003
5. 宁波电话公司立案 …………………………………… 003
6. 介绍国货 ……………………………………………… 004
7. 大世界开幕纪 ………………………………………… 004
8. 皮鞋公司之创立会 …………………………………… 005
9. 祝颂华孚银行开幕 …………………………………… 005
10. 银楼金号之开幕 ……………………………………… 005
11. 益昌钱庄开幕纪 ……………………………………… 006
12. 组织上海交易所之略历 ……………………………… 006
13. 中日美信托公司投股之踊跃 ………………………… 007
14. 西湖啤酒公司之佳况 ………………………………… 007
15. 组织商船公司之计划 ………………………………… 007

16. 机器洗衣公司之组织 …… 008
17. 上海将有卫生绒衫厂 …… 008
18. 方九霞新记银楼开幕期 …… 008
19. 方九霞新记银楼开市后盛况 …… 009
20. 组织利华储蓄银行 …… 009
21. 方九霞润记银楼行将开幕 …… 009
22. 宁波翔熊软席厂成立会 …… 009
23. 证券物品交易所将正式开幕 …… 010
24. 证券物品交易组织将就绪 …… 010
25. 证券物品交易所预备开幕 …… 011
26. 证券物品交易所开幕纪 …… 011
27. 劝工银行创立会纪事 …… 012
28. 实业界之新消息 …… 013
29. 棉业银行之筹备 …… 014
30. 民新银行开幕纪 …… 015
31. 民新银行开幕 …… 015
32. 棉业银行之组织 …… 015
33. 纱布贸易公司创立会纪 …… 016
34. 组织中之新银行 …… 016
35. 煤业银行之组织 …… 016
36. 棉业银行创立会纪 …… 016
37. 明华银行开幕纪 …… 017
38. 信通银行创立会纪事 …… 017
39. 纱业信托银行发起人会议纪 …… 017
40. 煤业银行开幕 …… 018
41. 日夜银行开幕纪 …… 018
42. 夜市物券交易所开幕纪 …… 018
43. 五金交易所创立会纪 …… 019
44. 中法振业银行预报 …… 019
45. 沪北地产公司之组织 …… 019
46. 大同交易所创立会纪 …… 020
47. 中华劝工银行开幕纪 …… 020
48. 龙华创设水泥厂 …… 020

- 49. 大同银行开幕纪 ·················· 021
- 50. 筹备中之明星影片公司 ············ 021
- 51. 江南银行开幕志 ·················· 021
- 52. 舟山轮船公司开创立会 ············ 022
- 53. 重组大有新记榨油厂之进行 ········ 022
- 54. 公利汽车公司今日行开车礼 ········ 023
- 55. 大有油厂新公司已批准备案 ········ 023
- 56. 老九纶绸缎局今日开幕 ············ 023
- 57. 振泰达丰两公司开幕记 ············ 024
- 58. 美华银行之新组织 ················ 024
- 59. 美华银行开幕志 ·················· 024
- 60. 海利公司新捕鱼船行开驶礼 ········ 025
- 61. 华盛顿钟表行开幕志 ·············· 025
- 62. 五洲药房准注册 ·················· 025
- 63. 女子银行之筹备进行 ·············· 025
- 64. 女子银行定期开幕 ················ 026
- 65. 女子商业银行开幕 ················ 026
- 66. 亚洲银行昨开创立会 ·············· 027
- 67. 无线电机制造公司成立 ············ 027
- 68. 江南制纸公司之发起 ·············· 027
- 69. 创办工业材料试验所消息 ·········· 028
- 70. 王顺泰西装号开幕 ················ 028
- 71. 永盛薄荷公司呈准注册 ············ 028
- 72. 大华保险公司今日开始营业 ········ 028
- 73. 行将开幕之亨得利钟表总行 ········ 029
- 74. 亨得利新屋落成开幕 ·············· 029
- 75. 铸丰搪瓷公司发行所昨日开幕 ······ 029
- 76. 大中华国煤公司筹备成立 ·········· 029
- 77. 中央国货公司筹备纪 ·············· 030
- 78. 金华烟草公司出品将发行 ·········· 030
- 79. 梅园酒家昨日开幕 ················ 031
- 80. 垦业银行总行昨日开幕 ············ 031
- 81. 上海种植园总店今日开幕 ·········· 031

82. 大华药房昨日开幕 ……………………………… 032
83. 中华市民银行昨日开幕 …………………………… 032
84. 大华中国火柴公司开幕 …………………………… 032
85. 宁波饭店及逍遥池开幕 …………………………… 033
86. 中国创制原料药剂之先声 ………………………… 033
87. 上海印染公司开始营业 …………………………… 033
88. 杭州饭庄开幕志盛 ………………………………… 034
89. 民丰造纸公司成立 ………………………………… 034
90. 大规模国货火柴公司出现 ………………………… 035
91. 黄九芝堂药号开幕预志 …………………………… 035
92. 大来银行昨日开幕 ………………………………… 036
93. 徐重道国药号将开幕 ……………………………… 036
94. 徐重道国药号昨晚盛宴 …………………………… 036
95. 徐重道国药号今日开幕 …………………………… 037
96. 和兴码头堆栈公司开幕 …………………………… 037
97. 寿全斋国药总号开幕 ……………………………… 038
98. 宁绍人寿公司成立 ………………………………… 038
99. 宁波实业银行昨日开幕 …………………………… 038
100. 统原银行定期开幕 ……………………………… 039
101. 统原银行昨日开幕 ……………………………… 039
102. 王荣昌呢绒西服店今日开幕 …………………… 040
103. 国货橡胶事业新发展 …………………………… 040
104. 泰山保险公司开幕 ……………………………… 040
105. 南京路上新创国货公司大商场 ………………… 041
106. 上海国货公司昨开幕 …………………………… 041
107. 中国窑业公司开幕记 …………………………… 042
108. 惠中银行明日开幕 ……………………………… 042
109. 惠中银行昨日开幕 ……………………………… 042
110. 国泰银行创立会纪盛 …………………………… 043
111. 金城大戏院今日开幕 …………………………… 043
112. 中国天一保险公司开幕 ………………………… 044
113. 沪商袁履登等集资开采鄱阳煤矿 ……………… 044
114. 国泰银行昨日开幕 ……………………………… 044

115. 元一行开幕先声 ……………………………………… 045
116. 大亚银行将开创立会 ………………………………… 046
117. 宁波实业银行新行落成昨日开幕 …………………… 046
118. 国际大酒店定期开幕 ………………………………… 047
119. 亚洲银行开幕志盛 …………………………………… 047
120. 宁波实业银行复业运动第一声 ……………………… 048
121. 宁实复业运动会通告 ………………………………… 049
122. 宁实复业筹备处成立 ………………………………… 049
123. 宁波实业银行筹备复业呈财部文 …………………… 049
124. 宁波实业银行即复业 ………………………………… 051
125. 宁波实业银行复业筹备处月底结束 ………………… 051
126. 沪商筹组油毛毡 ……………………………………… 052
127. 甬商组合作轮社 ……………………………………… 052
128. 中国贸易商行昨日开幕志盛 ………………………… 053
129. 纸业领袖参加温溪纸厂 ……………………………… 053
130. 甬商梁卓人等承办象西公路 ………………………… 053
131. 黄金大戏院开幕典礼志盛 …………………………… 054
132. 四明银行开市纪盛 …………………………………… 054

第二章　企业章程

1. 上海四明商业银行营业章程 ………………………… 056
2. 上海证券物品交易所股份有限公司章程 …………… 058
3. 中华劝工银行有限公司章程 ………………………… 062
4. 中华劝工银行招股简章 ……………………………… 066
5. 利华银行招股章程 …………………………………… 068

第三章　企业会议

1. 宁绍商轮公司开会情形 ……………………………… 070
2. 宁绍商轮公司特别会纪事 …………………………… 070
3. 宁绍航业维持会招股大会纪盛 ……………………… 071
4. 宁绍商轮公司股东大会记 …………………………… 072

5. 宁绍商轮公司股东会纪事 …………………… 072
6. 宁绍商轮公司第五届年会纪事 ……………… 073
7. 宁绍公司第六届股东会纪事 ………………… 074
8. 宁绍公司股东组织联合会 …………………… 075
9. 宁绍公司股东联合会开会纪事 ……………… 075
10. 宁绍轮船公司临时股东会 …………………… 077
11. 宁绍商轮公司之股东会议 …………………… 080
12. 三友实业社股东会纪事 ……………………… 081
13. 宁绍公司股东联合会议纪 …………………… 081
14. 宁绍公司股东联合会纪事 …………………… 082
15. 记宁绍商轮公司之股东会 …………………… 082
16. 宁绍股东联合会纪事 ………………………… 084
17. 振泰纺织公司选举董事 ……………………… 084
18. 宁绍公司股东临时会纪事 …………………… 085
19. 交易所重订棉纱标准之会议 ………………… 085
20. 华兴水火保险公司股东会纪 ………………… 087
21. 证券物品交易所股东会纪 …………………… 087
22. 宁绍商轮公司股东会纪 ……………………… 088
23. 宁绍商轮公司定期开股东会 ………………… 088
24. 组织夜市物券交易所之会议 ………………… 089
25. 中央信托公司聘定总经理 …………………… 089
26. 证券物品交易所股东会纪 …………………… 090
27. 日夜银行股东会纪 …………………………… 091
28. 中外交易所之临时股东会 …………………… 091
29. 民新银行股东会纪 …………………………… 092
30. 通商交易所股东会纪 ………………………… 092
31. 五金交易所股东会纪 ………………………… 093
32. 五洲药房股东会纪 …………………………… 093
33. 夜市交易所股东会纪 ………………………… 094
34. 干茧丝吐交易所临时股东会志 ……………… 094
35. 兴业烟草公司临时股东会纪 ………………… 094
36. 三友社之股东会 ……………………………… 095
37. 日夜银行选举会纪事 ………………………… 095

38. 证券交易所五六届股东会纪	096
39. 棉业银行股东会纪	096
40. 中华捷运公司股东常会纪	097
41. 中央信托公司股东会纪详	097
42. 五洲大药房股东会纪	098
43. 振华油漆公司股东会纪	099
44. 中华工业公司股东会纪	099
45. 中央信托公司股东会纪	099
46. 证券物品交易所续开股东会	100
47. 荧昌火柴公司股东会纪	100
48. 中国棉业银行股东会纪	101
49. 中央信托公司股东会纪	101
50. 五洲药房股东会纪	102
51. 明星公司股东会纪	102
52. 上海证券物品交易所股东总会纪	103
53. 女子银行股东会纪	103
54. 三友实业社股东会纪	103
55. 远东运动场昨开股东会	104
56. 宁绍公司补选董事长	104
57. 四交易所股东会纪	104
58. 宁绍商轮公司昨开股东年会	105
59. 九福公司股东常会纪	105
60. 商务印书馆股东年会纪事	107
61. 宁绍商轮公司股东会	107
62. 民生烟公司昨开股东大会	107
63. 明星影片公司第五届股东会	108
64. 景泰公司股东会记	108
65. 中和烟公司昨开股东大会	108
66. 宁绍轮船公司股东常会纪	109
67. 商务印书馆股东常会纪	109
68. 宁绍商轮公司第二次股东会	109
69. 宁绍商轮公司股东会	110
70. 五洲药房股东会记	110

71. 中国垦业银行股东常会纪 …………………… 110
72. 五和织造厂股东常会纪 ……………………… 111
73. 九福公司股东会纪 …………………………… 111
74. 证券物品交易所股东会纪 …………………… 112
75. 亚普耳电器厂改选记 ………………………… 112
76. 宁绍轮公司股东会纪 ………………………… 112
77. 上海证券物品交易所股东会 ………………… 112
78. 大中华橡胶厂股东会记 ……………………… 113
79. 中国垦业银行股东常会纪 …………………… 113
80. 天一味母厂股东会纪 ………………………… 113
81. 宁波实业银行股东会纪 ……………………… 114
82. 长城唱片公司召开董事会议 ………………… 115
83. 上海证券物品交易所开会纪 ………………… 115
84. 华丰公司董事常会纪 ………………………… 115
85. 中国通商银行昨开股东常会 ………………… 116
86. 统原银行开董事会 …………………………… 116
87. 五洲药房昨日举行股东常会 ………………… 117
88. 大沪银行昨开股东会 ………………………… 117
89. 天一味母厂股东会讯 ………………………… 118
90. 大中华橡胶厂昨开二届股东常会 …………… 118
91. 天原电化厂股东常会 ………………………… 119
92. 四明银行投资一百七十五万元 ……………… 119
93. 华丰造纸公司股东会 ………………………… 119
94. 大来银行昨开六届股东会 …………………… 120
95. 宁波实业银行将开旧股东会 ………………… 120
96. 国泰银行股东大会昨假决议准备清算 ……… 120
97. 女子银行董事会决议投资五十万元 ………… 121
98. 宁绍公司昨临时股东会 ……………………… 121
99. 宁绍轮船公司昨二次股东会 ………………… 122
100. 天一味母厂股东会 ………………………… 122
101. 大中华橡胶厂昨召开股东会 ……………… 122
102. 民丰造纸厂股东会决增资 ………………… 123
103. 五洲大药房昨开股东常会 ………………… 123

104. 中国国货公司加推常务董事 123

第四章　企业经营与管理

1. 宁绍公司之集思广益 126
2. 化学工业社发行牙粉 126
3. 宁绍公司新船下水 126
4. 方九霞润记之新出品 126
5. 银楼创设工艺学堂 127
6. 中华皮鞋公司添设代售处 127
7. 宁绍轮船先开普陀 127
8. 大世界发售纸烟 127
9. 大昌烟公司营业之发展 128
10. 交易所员养成所开课式纪 128
11. 五洲药房派员出洋 128
12. 东陆银行开办储蓄 129
13. 振华纺织公司宴客纪 129
14. 东陆银行副行长之接替 129
15. 大昌烟公司船在苏游行 129
16. 交易所总董宴客 130
17. 达丰厂聘请英国技师 130
18. 纱业信托银行宴请报界记 130
19. 明华银行宴客记 131
20. 夜市物券交易所宴会纪 131
21. 三北公司欢宴各国工程师志 132
22. 五金交易所宴会纪 132
23. 美华利钟表公司之聚餐会 133
24. 交易所宴客纪 133
25. 明星影片公司宴报界纪 133
26. 上海日夜银行春宴纪 133
27. 宁绍轮船添开星期班 134
28. 宁绍商轮公司来函 134
29. 中华皮鞋公司纪念廉价 134

30. 舟山轮船公司宴客 ⋯⋯⋯⋯⋯⋯⋯⋯⋯⋯⋯⋯⋯⋯⋯ 135
31. 中华皮鞋公司优待出洋学生 ⋯⋯⋯⋯⋯⋯⋯⋯ 135
32. 明星影片明日开映 ⋯⋯⋯⋯⋯⋯⋯⋯⋯⋯⋯⋯⋯ 135
33. 明星影片开映志 ⋯⋯⋯⋯⋯⋯⋯⋯⋯⋯⋯⋯⋯⋯ 135
34. 三友实业社营业发达 ⋯⋯⋯⋯⋯⋯⋯⋯⋯⋯⋯⋯ 136
35. 明星影片公司消息 ⋯⋯⋯⋯⋯⋯⋯⋯⋯⋯⋯⋯⋯ 136
36. 三友实业社新制国货 ⋯⋯⋯⋯⋯⋯⋯⋯⋯⋯⋯⋯ 136
37. 振泰、达丰两公司之欢宴 ⋯⋯⋯⋯⋯⋯⋯⋯⋯⋯ 137
38. 荣昌祥之二十五周年纪念 ⋯⋯⋯⋯⋯⋯⋯⋯⋯⋯ 137
39. 华生电器制造厂之昨讯 ⋯⋯⋯⋯⋯⋯⋯⋯⋯⋯⋯ 137
40. 明星公司之欢送会及影片 ⋯⋯⋯⋯⋯⋯⋯⋯⋯⋯ 138
41. 三友社营业近闻 ⋯⋯⋯⋯⋯⋯⋯⋯⋯⋯⋯⋯⋯⋯ 138
42. 公济药制棉花厂之商况 ⋯⋯⋯⋯⋯⋯⋯⋯⋯⋯⋯ 138
43. 三友社之橱窗布置家庭雏形 ⋯⋯⋯⋯⋯⋯⋯⋯ 139
44. 四明银行将发行新纸币 ⋯⋯⋯⋯⋯⋯⋯⋯⋯⋯⋯ 139
45. 化学工业社之春令化妆品 ⋯⋯⋯⋯⋯⋯⋯⋯⋯⋯ 139
46. 美华利新到钟表 ⋯⋯⋯⋯⋯⋯⋯⋯⋯⋯⋯⋯⋯⋯ 139
47. 大中华公司续招股款呈部文 ⋯⋯⋯⋯⋯⋯⋯⋯ 140
48. 龙章造纸厂更换锅炉 ⋯⋯⋯⋯⋯⋯⋯⋯⋯⋯⋯⋯ 140
49. 证券物品交易所昨宴报界纪 ⋯⋯⋯⋯⋯⋯⋯⋯ 140
50. 化工演讲大会之第十次演讲 ⋯⋯⋯⋯⋯⋯⋯⋯ 141
51. 荧昌请领运硝护照之省批 ⋯⋯⋯⋯⋯⋯⋯⋯⋯⋯ 141
52. 女子银行邀宴各界 ⋯⋯⋯⋯⋯⋯⋯⋯⋯⋯⋯⋯⋯ 141
53. 五洲药房派员赴日考察 ⋯⋯⋯⋯⋯⋯⋯⋯⋯⋯⋯ 142
54. 百龄机药片验准之批词 ⋯⋯⋯⋯⋯⋯⋯⋯⋯⋯⋯ 142
55. 染织公司拟多请护照之函询 ⋯⋯⋯⋯⋯⋯⋯⋯ 143
56. 女子银行之新营业 ⋯⋯⋯⋯⋯⋯⋯⋯⋯⋯⋯⋯⋯ 143
57. 明星公司之欢迎会 ⋯⋯⋯⋯⋯⋯⋯⋯⋯⋯⋯⋯⋯ 143
58. 四明银行继续发行纸币部批照准 ⋯⋯⋯⋯⋯⋯ 144
59. 中华皮鞋公司通信贩卖之便利 ⋯⋯⋯⋯⋯⋯⋯ 144
60. 利兴烟公司近闻 ⋯⋯⋯⋯⋯⋯⋯⋯⋯⋯⋯⋯⋯⋯ 144
61. 中国化学工业社之纪念赠品 ⋯⋯⋯⋯⋯⋯⋯⋯ 144
62. 荧昌火柴公司推定继任经理 ⋯⋯⋯⋯⋯⋯⋯⋯ 145

63. 九福公司今日由飞机分发纪念片 …………… 145
64. 九福公司昨散飞机传单 …………… 145
65. 荥昌注重工人卫生之转达 …………… 145
66. 天一影片公司拍摄外景 …………… 146
67. 明星公司南洋招股员将放洋 …………… 146
68. 明星公司国外招股委员会今晨放洋 …………… 147
69. 三北公司新建轮船请介绍 …………… 147
70. 三北公司疏通航运新办法 …………… 148
71. 老宁绍将往来沪甬 …………… 148
72. 老宁绍准今日开甬 …………… 148
73. 宁绍公司取缔茶房多索酒资 …………… 149
74. 五洲药房欢送张辅忠赴德 …………… 149
75. 九福公司改组股份有限公司 …………… 149
76. 九福公司发行生丹之先声 …………… 150
77. 九福公司欢宴中医界 …………… 150
78. 九福公司昨宴研究会员 …………… 151
79. 福昌奖励券开奖 …………… 151
80. 减价声中之中华协记皮鞋公司 …………… 151
81. 国货运动周之第七日 …………… 152
82. 九福公司奖励柜友新章 …………… 152
83. 宁兴轮增设电影音乐 …………… 153
84. 九福公司今日宴商联代表 …………… 153
85. 九福公司昨晚欢宴商联代表 …………… 153
86. 五洲药房考试会计员 …………… 154
87. 天一烟公司扩充股份 …………… 154
88. 明州烟草公司之新烟 …………… 155
89. 泰康公司实现劳资合作 …………… 155
90. 泰康公司劳资乐观 …………… 155
91. 郑钟潮往德考察实业 …………… 156
92. 五洲药房赠送含情图 …………… 156
93. 五洲药房考试训练班 …………… 156
94. 五洲药房训练班昨日开学 …………… 157
95. 九福公司给发特别奖励金 …………… 157

96. 三友实业社收新股发余利 …………………… 157
97. 九福公司广送生丹 …………………… 158
98. 九福公司将发行康健指南 …………………… 158
99. 九福公司昨开研究会 …………………… 158
100. 九福公司昨日宴客纪 …………………… 159
101. 三北鸿安发行航业债券讯 …………………… 159
102. 上海三北鸿安公司航业债券条例 …………………… 160
103. 杨庆和发记银楼出品之特别 …………………… 160
104. 三友社续印历书赠送 …………………… 161
105. 三友社赠水仙花 …………………… 161
106. 三北公司整顿营业 …………………… 161
107. 亚普耳厂增加出品种类 …………………… 161
108. 五洲皂药厂复国货工联会函 …………………… 162
109. 三友之菊花大会 …………………… 162
110. 大中华火柴公司派员入川 …………………… 162
111. 五洲药房国产货品畅销 …………………… 163
112. 种植园菊展盛况 …………………… 163
113. 华成烟公司悬赏一万元 …………………… 163
114. 福昌烟公司宴客 …………………… 164
115. 天一试映两部有声新出品 …………………… 164
116. 九福公司广播特别节目 …………………… 164
117. 华生厂电风扇应市 …………………… 164
118. 中国化学工业社派员赴南洋考察 …………………… 165
119. 徐重道总号特聘医家送诊 …………………… 165
120. 宁波实业银行新设施 …………………… 165
121. 大中华东沟梗片厂电灯电力 …………………… 166
122. 三门湾辟埠公司昨在商会招待各界 …………………… 166
123. 明星公司参加道路游艺会 …………………… 168
124. 亨得利新辟钟表修保部 …………………… 168
125. 国货公司昨招待各界 …………………… 169
126. 宁绍寿险公司刊发营业报告 …………………… 169
127. 五洲药房近事一束 …………………… 169
128. 亚普耳厂装置新式机械完竣 …………………… 170

129. 中国化学工业社积极提倡种植除虫菊 …… 170
130. 中国通商银行南市分行经理易人 …… 171
131. 华生电器厂赠送电气学计算簿 …… 171
132. 华生电器厂积极参加国货展 …… 171
133. 垦业民教馆储蓄处庆祝儿童节之储蓄 …… 172
134. 海员保险开办 …… 172
135. 华生电器厂参加北京铁展 …… 172
136. 上海国货公司实行产销合作之先声 …… 173
137. 上海国货公司组织设计训练两部 …… 173
138. 戴耕莘定期出国考察 …… 173
139. 华生电器厂参加北平铁展会 …… 174
140. 中国化学工业社招待三星蚊香经销商号 …… 174
141. 大中华橡胶厂出品参加国展受众欢迎 …… 175
142. 华生电器制造厂参加国货橱窗竞赛 …… 175
143. 国货橱窗华生厂昨日开始陈设 …… 175
144. 华生厂悬奖征求本年暑天热度预测 …… 176
145. 华生电器制造厂参加江苏省会国展 …… 176
146. 商务印书馆复业二周纪念 …… 176
147. 新宁绍轮改善复班 …… 177
148. 洪荆山辞宁波实业银行副理 …… 177
149. 四明保险公司聘郑澄清为副经理 …… 178
150. 宁绍人寿保险公司杨培之定期赴美 …… 178
151. 平沈通车遇害旅客宁绍人寿三倍赔款 …… 178
152. 两路与宁绍三北轮船公司办理旅客联运 …… 179
153. 五洲药房优待各校购结核症用药品 …… 179
154. 九福公司新出紫光麦精鱼肝油 …… 180
155. 信谊药厂霞飞博士将赴美演讲 …… 180
156. 宁波实业银行宴客记 …… 181
157. 两路与三北宁绍办理旅客联运 …… 182
158. 五洲药房嘉惠学童 …… 182
159. 宁波实业银行营业新途径 …… 183
160. 五和织造厂参加国货橱窗竞赛会 …… 183
161. 张素民博士讲演白银出口税问题 …… 184

162. 二周纪念声中上海国货公司之盛况 …………… 184
163. 和兴钢铁厂改组和兴炼钢公司 ………………… 185
164. 美国烟公司派员来华考察烟业 ………………… 185
165. 山东产烟区域戴耕莘视察回来 ………………… 186
166. 南京路上海国货公司国货贩卖团成立 ………… 186
167. 中国垦业银行救济农村 ………………………… 187
168. 中国垦业银行钞票信用卓著 …………………… 187
169. 上海国货公司实施科学管理 …………………… 188
170. 上海国货公司实施科学管理演讲会 …………… 188
171. 亚普耳厂发起国货连环赠送 …………………… 189
172. 孙纫兰任亿中企业银公司经理 ………………… 189
173. 华生电器厂电扇特点 …………………………… 189
174. 中国化学工业社将举行除虫菊收获礼 ………… 190
175. 两大工厂各谋打开难关 ………………………… 190
176. 中国化学工业社除虫菊收获礼 ………………… 191
177. 三大名烟优待吸户 ……………………………… 192
178. 三北公司长兴轮聘谢葆生为业务主任 ………… 193
179. 交大研究所证明亚普耳灯泡优点 ……………… 193
180. 宁绍人寿保险公司聘戚正成君为襄理 ………… 193
181. 三北长兴轮力谋革新 …………………………… 193
182. 大世界实行平民化 ……………………………… 194
183. 人和厂精制冬令毛织品 ………………………… 194
184. 天一保险公司新聘妇女部主任 ………………… 194
185. 亚浦耳厂编印电灯泡常识 ……………………… 195
186. 五洲药房今日分送全运会选手赠品 …………… 195
187. 亚普耳助理工程师钟朗璇考取留美官费 ……… 195
188. 宁波实业银行核发储款 ………………………… 195
189. 九福公司聘请名医免费服务 …………………… 196
190. 中国天一保险公司扩充人寿保险业务 ………… 196
191. 五和厂征求白鹅照片揭晓 ……………………… 197
192. 国产卷烟纸研究成功 …………………………… 197
193. 留美保险专家杨培之转日考察回国 …………… 198
194. 上海国货工商与厂商合作 ……………………… 198

- 195. 中国垦业银行特设服务处 …………………… 199
- 196. 陈仁征任宁绍水火险总理 …………………… 199
- 197. 华生电器厂等组联合市场维持国货 ………… 199
- 198. 郑源兴考察蛋业回国 ………………………… 200
- 199. 三北鸿安理货员俱乐部理监事成立 ………… 200
- 200. 四明银行增股通知股东限期认股 …………… 201
- 201. 三北长兴轮优待学生 ………………………… 201
- 202. 三北公司整顿长江码头 ……………………… 201
- 203. 五洲药房附设卫生顾问社 …………………… 202
- 204. 五洲药房添设最新式X光机 ………………… 202
- 205. 三北等轮公司改善轮机员待遇 ……………… 202
- 206. 五洲药房夏令赠品盛况 ……………………… 203

第五章　企业之发展与评价

- 1. 展长宁绍内河轮船航路 ……………………… 206
- 2. 新宁绍轮船试车志盛 ………………………… 206
- 3. 宁绍公司扩张航路 …………………………… 207
- 4. 大钟工厂之应时扩充 ………………………… 207
- 5. 庆和银楼之新建筑 …………………………… 207
- 6. 银楼生意之热闹 ……………………………… 208
- 7. 大世界建筑工竣 ……………………………… 208
- 8. 宁绍公司添招股本 …………………………… 208
- 9. 中华皮鞋公司近况 …………………………… 208
- 10. 三北公司添购新船 …………………………… 209
- 11. 三北公司新船到沪 …………………………… 209
- 12. 老九章绸缎庄明日乔迁 ……………………… 209
- 13. 老九章绸缎庄开幕 …………………………… 210
- 14. 中华皮鞋公司之进步 ………………………… 210
- 15. 裘天宝新屋落成开幕 ………………………… 210
- 16. 荥昌公司工作之忙碌 ………………………… 211
- 17. 化学工业社添设第二发行所 ………………… 211
- 18. 振华油漆公司之扩充 ………………………… 212

19. 新世界重行开幕 ………………………………………… 212
20. 振华油漆公司新屋落成 ………………………………… 212
21. 明华银行在沪设汇兑所 ………………………………… 213
22. 证券物品交易所营业发达 ……………………………… 213
23. 证券物品交易所营业之发达 …………………………… 213
24. 中国化学工业社总发行所迁移开幕 …………………… 213
25. 通商银行添设分行 ……………………………………… 214
26. 中国通商银行分行开幕 ………………………………… 214
27. 纪三北公司航业之现状 ………………………………… 214
28. 达丰染织厂之发展 ……………………………………… 215
29. 四明银行迁居新屋 ……………………………………… 215
30. 中国化学工业社十周纪念 ……………………………… 216
31. 证券物品交易所之近讯 ………………………………… 216
32. 证券物品交易所金银部开幕 …………………………… 216
33. 航务消息汇纪 …………………………………………… 217
34. 华安寿险公司之十周年纪念 …………………………… 217
35. 舟山号轮船下水礼纪 …………………………………… 217
36. 国货肥皂之部奖 ………………………………………… 218
37. 三友社添设发行所 ……………………………………… 218
38. 三友社总发行所定期开幕 ……………………………… 218
39. 信大祥局之商况 ………………………………………… 218
40. 达仁堂将迁入新屋 ……………………………………… 219
41. 达仁堂昨已迁入新屋 …………………………………… 219
42. 泰昌新屋将行落成礼 …………………………………… 219
43. 泰昌新屋落成礼志 ……………………………………… 219
44. 宁绍轮公司拟租浔路局产 ……………………………… 220
45. 兴业兴记烟草公司近况 ………………………………… 220
46. 九福公司昨日迁入新屋 ………………………………… 220
47. 方九霞新店开张预志 …………………………………… 221
48. 宁绍公司特设火险部 …………………………………… 221
49. 宁绍商轮公司保险部开业 ……………………………… 221
50. 荣昌祥停业后之余闻 …………………………………… 221
51. 三北公司上年营业概况 ………………………………… 222

目　录

52. 荣昌祥近闻 …………………………… 222
53. 商务印书馆将行卅周年纪念 …………… 222
54. 中华协记皮鞋公司新讯 ………………… 224
55. 振华油漆公司出品精良 ………………… 224
56. 中华公司营业发展 ……………………… 224
57. 上海华成烟草公司新厂落成 …………… 225
58. 大世界之新发展 ………………………… 225
59. 天厨味精之声誉 ………………………… 225
60. 华盛顿钟表行新迁志盛 ………………… 225
61. 五洲大药房北四川路第二支店开幕先声 …… 226
62. 中和烟公司新厂落成 …………………… 226
63. 三北宁兴轮昨日试车 …………………… 226
64. 今日九福公司新厂开幕 ………………… 227
65. 国庆日九福公司新厂开幕 ……………… 227
66. 西药业之伟大新建筑 …………………… 228
67. 日夜银行新屋落成扩充营业 …………… 228
68. 宝大祥南号绸布庄今日开幕 …………… 229
69. 亨利洋服公司营业扩充 ………………… 229
70. 闭幕后之中华国货展览会 ……………… 229
71. 三友实业社增股认额之踊跃 …………… 230
72. 中国垦业银行添设支行 ………………… 230
73. 垦业银行西区支行近讯 ………………… 231
74. 三北公司购新行址 ……………………… 231
75. 五洲大药房之荣誉 ……………………… 231
76. 五洲药房第三支店讯 …………………… 231
77. 亚普耳总发行所迁移新址 ……………… 232
78. 五洲药房冬季营业畅旺 ………………… 232
79. 中国垦业银行兴建巨厦 ………………… 232
80. 天一有声影片公司大扩充 ……………… 233
81. 中国垦业银行新屋工程积极进行 ……… 233
82. 祥生汽车公司扩充营业 ………………… 233
83. 益利汽水厂业务扩展 …………………… 234
84. 五洲第二支店今日复业 ………………… 234

85. 荣昌祥迁移新屋 ··············· 234
86. 金鼠牌香烟销路畅旺 ··············· 235
87. 五洲药房国药国皂 ··············· 235
88. 宁绍寿险公司一周纪念 ··············· 235
89. 美丽烟畅销社交界 ··············· 236
90. 中国垦业银行昨迁 ··············· 236
91. 五洲大药房筹设第二制药厂 ··············· 236
92. 国货申一胶带厂之猛晋 ··············· 237
93. 金城大戏院营业盛况 ··············· 237
94. 申一胶带厂业务猛进 ··············· 237
95. 中国通商银行筹设厦门分行 ··············· 238
96. 上海国货公司实行第二计划 ··············· 238
97. 上海国货公司之新猷 ··············· 238
98. 华生国货电扇畅销 ··············· 239
99. 夏令已届　亚普耳电风扇畅销 ··············· 239
100. 中国通商银行厦门分行开幕电讯 ··············· 239
101. 亚普耳电风扇畅销 ··············· 240
102. 三北公司筹添甬班新轮 ··············· 240
103. 通商银行大厦增高一层 ··············· 241
104. 三北增沪甬轮 ··············· 241
105. 大中银行近讯 ··············· 242
106. 宁波实业银行新发展 ··············· 242
107. 宁波实业银行新发展 ··············· 242
108. 华生电器厂事务所迁移 ··············· 243
109. 九福轧局尔销路锐起 ··············· 243
110. 宁波实业银行新址工竣 ··············· 244
111. 宁波实业银行新行落成昨日开幕 ··············· 244
112. 宁波实业银行迁入新行后营业盛况 ··············· 244
113. 大来银行南市分行开幕志盛 ··············· 245
114. 大来银行南市分行开幕志盛 ··············· 245
115. 上海国货公司二周纪念盛况 ··············· 246
116. 五洲药房在广州设立分店 ··············· 246
117. 宁波实业银行新发展 ··············· 246

118. 三北轮埠公司新辟沪镇航线 …………… 247
119. 三北公司新开辟沪青线 …………… 248
120. 宁波实业银行霞飞路支行明日开幕 ………… 248
121. 天原电化厂进展近况 …………… 249
122. 中国灯泡业组织整理公司经过 …………… 249
123. 明星公司迁移举行新厂揭幕典礼 ………… 249
124. 杭州光华火柴厂正式并入大中华 ………… 250
125. 宁波实业银行四周纪念 …………… 250
126. 华生电扇大批装往国外应销 …………… 251
127. 青铁展会售品所华生电扇畅销 …………… 251
128. 九福公司补力多之荣誉 …………… 251
129. 固本肥皂本年行销之调查 …………… 252
130. 实财铁三部奖励大中华双钱牌汽车轮胎 …… 252
131. 中国工业炼气公司自制电石试验成功 ……… 253
132. 九福制药公司新发展 …………… 253
133. 四明银行增加资本 …………… 253
134. 三北与平汉路洽商水陆联运 …………… 254
135. 五洲药房福州路新厦将落成 …………… 254
136. 五洲大药房明日大厦落成典礼 …………… 255
137. 三北购四新轮 …………… 258
138. 建委会校验华生厂出品 …………… 258
139. 五洲药房汉口分店扩充 …………… 259
140. 三北扩充沿海航业购博山南山两巨轮 ……… 259
141. 三北公司创设长江飞快班 …………… 260

第六章　内外纠纷及其应对

1. 宁绍商轮公司函 …………… 262
2. 银楼学徒监禁一年 …………… 262
3. 被告人交保候讯 …………… 262
4. 宁绍公司股东联合会来函 …………… 263
5. 反对卖甬兴轮船之转圜 …………… 263
6. 长生会开会纪略 …………… 264

7. 甬兴轮船事闻已解决 …… 264
8. 调停甬兴船事之往来函稿 …… 265
9. 五洲药房控告冒牌 …… 266
10. 三友实业社来函 …… 266
11. 化学工业社请禁冒牌 …… 267
12. 宁绍公司租赁栈房之阻力 …… 267
13. 虞洽卿复宁绍公司股东联合会函 …… 267
14. 荧昌控案有和解希望 …… 268
15. 限制宁绍轮小帐之意见书 …… 268
16. 纸号债权人之请求 …… 268
17. 何锦丰洋货号来函 …… 269
18. 大有榨油厂倒闭后之清理 …… 269
19. 中易股东之恐慌 …… 269
20. 花旗烟公司控三北烟公司案 …… 270
21. 三北烟草公司经理传不到案 …… 270
22. 三北烟公司被控案昨讯 …… 270
23. 荧昌火柴公司被控案之续审 …… 271
24. 荧昌被控冒牌案之近闻 …… 271
25. 宁绍商轮公司来函 …… 271
26. 宁绍商轮公司来函 …… 272
27. 三北公司被控案准予和解 …… 272
28. 荧昌公司力争火柴商标 …… 273
29. 美政府控三北轮公司案昨讯 …… 273
30. 宁波商号函催清理恒丰欠款 …… 273
31. 兴业公司清理员请求覆讯驳回 …… 274
32. 民新银行被控舞弊 …… 274
33. 天厨味精厂提出异议 …… 274
34. 调味品商标注册之争执 …… 275
35. 调味品商标注册之又一争执 …… 276
36. 五洲药房请转函协追欠款 …… 277
37. 五洲药房请转催哈尔滨欠款 …… 277
38. 佛教会致三友实业社函 …… 278
39. 三友实业社复佛教会函 …… 278

40. 五洲药房旗帜业由法领签印 ······ 279
41. 商务印书馆重要职员之谈话 ······ 279
42. 控追侵害营业损失案候下堂谕 ······ 280
43. 老方九霞工人昨请总工会调停 ······ 280
44. 味精与味の素商标又起争执 ······ 281
45. 化学社被控仿冒图画案之讯判 ······ 281
46. 两公司码头交涉 ······ 282
47. 化学工业社函请证明商标使用年月 ······ 283
48. 周莲记全体工友要求加资 ······ 283
49. 荧昌火柴公司今晨开工 ······ 284
50. 天一影片公司失慎 ······ 284
51. 永盛昌金号经理司帐等串同舞弊 ······ 284
52. 大中华橡胶厂案 ······ 285
53. 大中华橡胶厂今日开工 ······ 285
54. 达丰厂工人今日复工 ······ 286
55. 蒋委员长关心三友工潮 ······ 286
56. 三友厂劳资讼案判决理由书全文 ······ 287
57. 宁绍公司轮机员加薪纠纷解决 ······ 291
58. 小三北轮纠纷解决 ······ 291
59. 歇业工头行巨窃 ······ 292
60. 同仁和颜料号被德商控告冒牌 ······ 292
61. 大中华橡胶厂议决今日复工 ······ 293
62. 三北公司裁员减薪 ······ 293
63. 因邬案谈许昌烟公司 ······ 294
64. 上海国货公司拍卖存货偿还债权 ······ 295
65. 国泰银行昨日起停止放款 ······ 295
66. 国泰银行解散清算 ······ 296
67. 信利毛织厂股东间提刑诉 ······ 296
68. 国泰银行清算结束 ······ 297
69. 宁静船员减薪风潮调解经过 ······ 298
70. 老协大与协大祥冒牌纠纷涉讼 ······ 298

第七章　采访与调查

1. 燮昌火柴公司调查记略 …………………… 302
2. 三友实业社制造烛芯工场调查纪略 ………… 303
3. 振华油漆厂新屋落成参观纪 ………………… 303
4. 华商上海水泥厂参观记 ……………………… 304
5. 商务书馆工厂状况之调查 …………………… 305
6. 川沙三友毛巾厂参观记 ……………………… 306
7. 五洲固本皂厂参观记 ………………………… 307
8. 医药界参观补力多制造工场 ………………… 308
9. 公开参观补力多制造工场 …………………… 309
10. 大中华科学研究社昨参观中国化学工业社 … 309
11. 大中华科学研究社参观章华呢绒制造厂 …… 309
12. 参观中国垦业银行新屋记 …………………… 310
13. 上海国货公司访问记 ………………………… 311
14. 山西实业家参观上海国货公司 ……………… 312
15. 三北公司明兴轮昨赴甬 ……………………… 313
16. 章华毛绒纺织厂参观记 ……………………… 314
17. 华生电器制造厂参观纪 ……………………… 317
18. 电器工业参观记 ……………………………… 319
19. 民丰造纸厂招待各界赴禾参观 ……………… 321

第八章　企业与社会及其他

1. 日调查甬商开采赣矿之资本 ………………… 326
2. 各界一致对外之汇闻 ………………………… 326
3. 美华利提倡端节筵资赎路 …………………… 326
4. 荧昌职员赴闽汕之介绍书 …………………… 327
5. 达丰厂运鄂布被阻之求助 …………………… 327
6. 三北公司请发伏龙船照 ……………………… 328
7. 荧昌火柴公司致股东函 ……………………… 329
8. 五洲药房追吉安欠款之求助 ………………… 329
9. 药房派员赴厦理账之求助 …………………… 329

10. 荧昌火柴公司请转领护照 …………………… 330
11. 商务印书馆函述造纸困难情形 ………………… 330
12. 总商会致粤罢工委员会函 …………………… 331
13. 总商会再请放还荧昌原料 …………………… 331
14. 荧昌火柴原料被扣案之省批 ………………… 332
15. 三友实业社工厂之童工教育 ………………… 332
16. 被扣江轮尚无释放日期 ……………………… 333
17. 五洲固本厂职业会成立 ……………………… 333
18. 三北公司再电疏通江轮 ……………………… 333
19. 总商会为航商呼吁 …………………………… 334
20. 三北公司议决出售两轮之函告 ……………… 334
21. 三北公司代表昨晚赴宁 ……………………… 335
22. 张石川创议摄制电影捐助北伐 ……………… 335
23. 大世界大建太平醮 …………………………… 336
24. 鸿生公司国货火柴之证明 …………………… 336
25. 宁绍公司请偿损失之批示 …………………… 336
26. 九福公司捐助四千柄捕蝇拍 ………………… 337
27. 大中华橡胶厂出品呈准免税 ………………… 337
28. 五洲药房捐助药品 …………………………… 337
29. 华丽牌香烟系属国货 ………………………… 338
30. 华成公司声明烟盒非日商印 ………………… 338
31. 三友社提出半打米 …………………………… 339
32. 抗日会致华成公司函 ………………………… 339
33. 华生电气厂昨向市府请愿 …………………… 339
34. 上海国货公司提成赈灾 ……………………… 340
35. 市商会电桂省府免征华生风扇进口税 ……… 340
36. 明星公司同仁追悼艾霞女士 ………………… 341
37. 华生等八厂发起工业国外货易协会 ………… 341
38. 关心劳工子弟教育 …………………………… 341
39. 祥生汽车公司招收孤儿养成驾驶术 ………… 342
40. 祥生公司嘉惠孤儿 …………………………… 342
41. 民丰造纸公司取得卷烟纸专制权 …………… 342
42. 孔部长赞许宁波实业银行复业 ……………… 343

43. 华成慨捐巨款助赈 …………………………………… 343
44. 筹款购机　大世界热心演戏 ………………………… 343
45. 清华大学派学生至亚普耳厂实习 …………………… 344
46. 五洲药房注意防止肺病 ……………………………… 344
47. 大中华橡胶厂主办夏令足球赛 ……………………… 344
48. 固本厂全体职工捐薪一天充赈 ……………………… 345
49. 商务印书馆筹募救国捐五万元 ……………………… 345

索　引 ……………………………………………………… 346

后　记 ……………………………………………………… 353

第一章 企业筹备与开业

1. 四明银行批准注册

农工商部批上海四明商业银行职商袁鎏、朱佩珍、吴传基、方舜年、严义彬、李厚垣、李翼燕、叶璋、周晋镳、陈薰、虞和德等禀云，前据禀呈该银行章程股票息单及照费二百七十四两到部，当经咨询度支部已否查验资本等因去后。兹准度支部、江苏巡抚先后来文，称该银行资本可靠，抄录源丰润等四号保结到部，前缴照费均属相符，自应准予注册发给执照收单，一面咨行保护，仰该职商遵照具领可也，执照收单发，此批。

(1909年1月14日)

2. 部饬更正宁绍商轮公司名称

宁绍商轮公司前奉邮传部批准立案，曾志前报。兹上海商会又奉农工商部批云，据禀，职商虞和德等集股银二十五万元，创办宁绍商轮股份有限公司，购船规埠，往来上海、宁波，大致已有端绪，缮呈章程，禀请核准立案，分咨保护等情。查阅所拟章程于公司集股办法尚为详晰，惟宁绍二字系航路旧称，应另订公司字号，其所称总协理亦系沿用商会职员名目，应改为总办或司理人，其职员应改为事务员，职务应改事务，以符名实。至行轮事宜另拟章程，分禀邮传部核夺，除先准立案外，俟该公司更正补呈注册后再行咨饬保护，仰即转饬遵照。

(1909年5月2日)

3. 补录宁绍商轮公司呈请立案文

宁绍商轮公司呈请上海商务总会禀奉邮传部、农工商部核准立案批词均载前报。兹将原呈补录如左：具呈上海宁绍商轮股份有限公司总理虞和德，协理严义彬、方舜年，呈为筹集股份，创办商轮以保航业而挽利权，恳请转呈立案事。窃和德等隶籍宁波，经商海上，深知商务之发达端赖交通之便利，而航业盛衰尤觇国势。吾海岸延长，江湖分歧，四通八达，轮舶是赖。上海为中国商业中心点，而尤为宁波工商根据地，诚以宁波地少人众，非奔走谋食万难自养。沪甬航路一夕可达，故联袂携眷，纷至沓来。侨寓之数，几占全埠人口之半。惟距离近则往返愈数，人数多则乘客愈挤，航业发达久推此线。

乃因循已久，利源外溢，奚止千万。虽有招商局鼎峙其间，究不足杜斯漏卮。若不设法组织，别树一帜，以挽已失之利权，而扩未来之航业，则何以仰体朝廷殷殷提倡商业之至意？兹经和德等筹集股本洋银壹佰万元，谨遵农工商部《奏定有限公司律》，创办宁波商轮股份有限公司，就上海为总公司，宁波为分公司，购船规埠，往来上海、宁波。大致业有端绪，俟股本收足，即行开办。谨将详细章程另折缮呈敬乞邮传部、农工商部鉴核，准予批示立案。一面分咨两江督宪、江苏抚宪、浙江抚宪，饬属一体保护。俟开办有期，再当呈报注册。再公司自去年六月间创议招股起，截至八月底止，实收第一期股份洋银二十五万元，以每股先缴两元计之，集股已达资本之过半，而实收又占定额四分之一。九月十七日开股东正式会，公举和德为总理，义彬、舜年为协理，代表全体股东经理倡办以前一切之事，合并声明。

(1909年5月3日)

4. 宁绍商轮公司禀准注册

邮传部批上海商务总会禀，云据禀已悉，该宁绍商轮公司总理虞和德等呈报规划公司情形，并续报行轮章程缮具清折附呈注册呈式、股票息单式据请核予注册给照分咨保护等情。查阅所拟章程，尚属周妥，足见热心提倡，办事认真，自应准如所请。惟禀内请先向福建船政局大号轮船一艘定期行驶，此船究定何名，暨船身长广、尺寸、机器马力、装载、吨数、客位、任用船员人数、吃水浅深等均未叙明，仍应饬令该公司详细呈报。除粘抄原禀章程先行分咨南洋大臣、浙江巡抚、江苏巡抚并札饬宁绍台道苏松太道饬属一体保护外，合亟批饬该商会仰即转饬该公司，将以上各项迅速补报，以凭办理可也。

(1909年9月7日)

5. 宁波电话公司立案

宁波士绅朱君葆三等呈请浙都督暨民政司拟在宁波创办电话并请咨部立案，当由都督民政司先后两次批示在案。兹复由朱都督之咨请交通部立案，文云：本年十一月五日，据民政司呈称，本年十一月六日奉钧府令开，案照商人朱葆三等呈请创设宁波电话公司等因，奉此遵经牌示商等详细声叙呈候核复去后，兹据呈称。查宁波电话敷设区域，业已详细调查，开办之时约在二百户内外，以二百户切实估计，总分机器及各项器具，约需洋银九千元，杆线磁铁等项材料，约需银七千元之谱，尚除四千元作为开办经费及修建路线工程之用。是所集之本足敷应用，至发起人担任之一万元，业已如数缴齐，存储待用，尚除一万元亦已招认七千余元，一俟开办有期即可，陆续收集。倘将来营业发达，装户日多，所设之机溢于预定之数，届时再由商等公同商议续招股本，呈请核办以资逐渐推广而利交通，所有遵饬详细声叙缘由，用特备文呈请察核转呈等情。据此本司复核无异，理合备文复，仰祈查核转咨，实为公便等情到本军府。据此，除批示外，相应备文咨行贵部，请烦查照实行，此咨。

（1912年12月6日）

6. 介绍国货

自欧战以来，外货来源日稀，价亦昂贵。我国工商界趁此时机，仿造洋货日见发达。兹又有东林义记号主谢崇华在虹口兆丰路、岳州路东首组织中华兴记香皂厂，延聘技师翁萤炳，督造紫花牌缎匣手牌五彩美人牌及麒麟弓箭等牌，规划坛肖花精等香皂，发行以来，颇为四川、汉口、长沙、天津、江西及苏杭内地各帮所欢迎。其总发行所即设在法租界三洋泾桥东林义记号内。该厂所制之皂坚洁明亮、香气浓厚，颇足与外货抗衡。特志之以介绍于爱用国货者。

（1917年2月17日）

7. 大世界开幕纪

沪上游戏场自楼外楼创设后，续有新世界劝业场发起，现由黄楚九君别出心裁，在法租界西新桥堍组织大发公司。大世界地位宽敞，布置精良，其中如升椅飞船及美术界等均为各游戏场所无，此外各种游戏品足供赏玩者，亦均齐备，一切规划于精巧中饶有雅趣。已于昨日行开幕礼，下午三时由黄君及副经理姚君及董事会诸君率同全体职员在共和厅前合摄一影，至五时开幕，大门前有音乐队欢迎来宾。官绅商界人等到者约有二万余人，当即开演影戏、文明戏、京班戏及特别杂耍技艺，无美不臻，并备茶点以娱来宾。法捕房亦派中西探捕数名，至该处照料。

（1917年7月14日）

8. 皮鞋公司之创立会

中华皮鞋有限公司于七月二十五号召集创立会，假上海工商研究会为会场，公推李象爵君为主席，主席请余华龙、李平二君报告筹备处经过情形，余君即起立报告公司发起原由。李君报告招募股份业已足额，余有未缴股款者，可由招募人负责，并谓今日所以准期开会者，因南京路总店房屋经已定妥，北四川路支店亦已盘就，故不得不从速开办也。次选举董事七员，即李象爵君、袁履登君、陈铭生君、李逢巽君、李飞卿君、施才皋君、纪育鸿君，监察人二员即陈赞年君、黄组佩君。揭晓后主席请黄组佩、李飞卿二君查筹备处账目。末议修改章程，众意于一月内投函修改，时已钟鸣四下，遂散会。又闻旅沪董事于股东会后即晚召集第一次董事会，已委任余华龙君为总经理，李平君为副经理。

（1917年7月28日）

9. 祝颂华孚银行开幕

总商会会长朱佩珍、副会长沈镛，因本埠华孚银行定于本月十一号开幕，昨特致送匾额，并题颂词。其文录下：洪君念祖忠信笃敬，操海上金融者三十有余载，以钱业董事资格，为本总商会会董，历有年所。今者世界潮流以商业竞争为目的，操纵金融实具左右时局之能力。华孚银行适时开幕，敬请经理洪君得挟其智慧，操其镒基吾知，酌剂盈虚，时其出纳，不但巩固我国银行之信用而臻健全丰隆之盛，即工商界亦于是促其进步也。敬上数言，以伸颂祷：炎黄启运，风气大同，□致货贿，成市日中，惟兹歇浦，源头活水，操持金融，司我□鑰，爰有华孚，树帜春申，贪三廉五，裕国阜民，矧彼执事，计学专家，经之营之，秋实春华，一朝发轫，万古辉煌，恢张鸿业，邦家之光。

（1918年3月9日）

10. 银楼金号之开幕

昨日为南京路方九霞银楼开幕之期，各大同行银楼亦于即日起放盘数天，以为招徕之计，孚上午兑出门庄足赤饰金，每两四十元，下午加五角，每两洋四十元零五角。恒孚上午三十九元五角，下午四十元。闻方九霞全日门状交易约六七十万元之数,他家亦因放盘起色,一二万数千金不等,恒孚全日交易亦有五万元。又小东门内长生桥永丰金号亦于同日开幕,系北市永丰余之联号,门庄生意亦颇拥挤。

(1918年4月1日)

11. 益昌钱庄开幕纪

沪市金融界近年颇见发展,本年南北两市汇划钱庄均有新开,现北市又有一汇划庄创设牌号。益昌系完全甬商组织,经理为徐伯熊,已于昨日(即二十五号)上市,南北各巨商钱业董事及同行绅商各界到者甚众,同行堆花银多至三百余万(按沪市同行堆花即各庄拨入之存款),股东方面及外来存款二十余万。据闻沪上钱庄上市同行堆花银多至此数,为近数年来所仅见云。

(1918年4月26日)

12. 组织上海交易所之略历

上海交易所自经虞洽卿君联合各业呈请农商部准予创办后,刻沪上各巨商已动进行之议。兹详细调查以往之略历,及现在筹办之情形,分别述之。查交易所之发起适在前清光绪三十三年,当时创办人为袁子壮、周金箴、周舜卿、郁风翰、叶又新诸君,其组织悉仿日本取引所办法,只以当时清政府既未有振兴工商业之诚意,而商界复淡漠视之,以为无足轻重,以致议而未行。迨民国二年,工商总长刘揆一颇有志。于是,当招集全国工商巨子开大会於北京,以提倡交易所之议,提出大会讨论审查。结果以为设立交易所于商业之利有六,为商业中不可缓之机关,议决于通商要埠或商务繁盛之区酌量设立。民国五年冬,虞洽卿君与某要人鉴于上海有设立交易所之必要,并知我不自设,外人将有越俎代我设立之势,故将组织上海股份有限公司,拟具章程并说明书,呈请农商部核准,俾便集股开办等因。奉批略谓,所拟营业目的除物品交易一项应俟咨请江苏省长查复到部再行核办外,其证券一项系为流通证券起见,应准先行备案,一而并咨请江苏省长转饬上海总商会详实查明,呈转来部,以凭核办各等语。民国六年,复经虞洽卿君联合各业呈请农商部以物品交易所之设立为时会之趋势,实不容再缓,请准予与证券交易所一并立案。嗣奉部批准予筹设。闻前日虞洽卿君已联集各巨商先开预备会,并次第由各业开会报告,当推郑静齐、盛丕华两君于各业开会特到会接洽。原定股本五百万拟先尽各业自行筹措,设有不敷再行登报招集。据云已设事务所于某处。闻连日各业认股异常踊跃,此亦中国商业之发达枢纽也。

(1918年7月9日)

13. 中日美信托公司投股之踊跃

中日美信托公司在上海设立支社,积极进行,我国财政界多数赞成,业已略志前报。兹悉上海支社经理为严君松涛,系宁波人,前清曾任江西南浔铁路经理,又曾代表日本朝日公司借款与南市电车公司,光复之后寓居沪上,遂入商界,前年开设松记洋行,专做出口进口货物,营业甚为发达,故该行规模宏大,资本富足。现在中日美信托公司上海支社即设在松记洋行内。按该公司资本总额二千万元分四十万股,在东京开会之时,早经发起人赞成人认足股数,现因上海设立支社应予华人利益,故让出三万股由华人认募,近日认股者异常踊跃,预算此三万股定须逾出云。

(1918年7月21日)

14. 西湖啤酒公司之佳况

甬商巨子朱葆三、虞洽卿等以本埠现销啤酒,皆由日本美国进口,价格日渐昂贵,乃相与发起集合资本五千股,共五十万元,照有限公司办法,盘受上海啤酒公司,将其机器移设酒厂于西湖附近,即用西湖湖水与国产制酒原料,自行酿造,预算每日出货可达五千四百打,事务所设于本埠江西路,股本业已认足,而欲购者尚多,故股价已涨过票面之数,定酒者亦已纷来,所盘受之上海啤酒厂,其存货一并盘下,足敷二年销路。近年以来华人嗜啤酒者渐多,该公司之前途自是大有希望也。

(1918年9月7日)

15. 组织商船公司之计划

甬商虞洽卿、谢天锡等请组织商船公司以开航路呈文曾纪前报。嗣政府令其拟具意见。兹闻该商等已将详细说帖呈农商、交通两部,其计划为官督商办性质,至经费一节,闻开办时约先筹一千万元,商股定为过半数,如不足时附以官股四股，以资提倡。该公司并拟将发展欧美航线云。

(1919年1月13日)

16. 机器洗衣公司之组织

沪上为通商巨埠，交通便利，近来人口增多，卫生自宜注意。西人某君等，以洗衣机有关于卫生，特组织一巨大机器洗衣公司讲求清洁，以裨全沪人民公共之卫生。其资本定二十五万两，分作两万五千股，每股十两，现经中外人士认股，已将足额。华商巨子傅筱庵、虞洽卿等皆在股东之列。其组织各部如洗染刷新等项纯用最新机器，每月可洗衣服约六十余万件，较香港洗衣公司可多一倍。闻香港洗衣公司自设立以来营业日渐发达，今本埠所设公司内容完备，机器较香港公司尤多一倍，将来发达自可预料。华人愿入股者闻该公司颇为欢迎，无论中外人士，如能担任至五股以上者向公司洗衣或刷染等事可获特别减价之利益，欲入股者可向江西路查询一切云。

(1919年3月29日)

17. 上海将有卫生绒衫厂

卫生绒衫为冬令必备之品，市上平时所销者上等悉为英货，其次悉由日本输入，漏卮甚巨，从未有人注意及之者。兹有向业洋货生意，甬人陈志廉集资数万创设卫生绒衫厂，所有机器亦经购定，不日即到，厂址在法租界巨籁达路。此类时令必须之品除卫生绒衫外，尤复多多，尚望国人注意，分别设法仿制，以挽利权也。

(1919年8月19日)

18. 方九霞新记银楼开幕期

法租界小东门现有甬商某君等在该处相定地址建筑高大西式房屋，开设方九霞新记银楼，层楼高耸，颇极壮观，资本亦极雄厚，所制各种饰物，并皆佳妙，择旧历八月初三日开幕，现在全市低廉，该银楼开幕时售价每两不过二十余元，诚女界购置饰物极好时机也。

(1919年9月21日)

19. 方九霞新记银楼开市后盛况

方九霞新记银楼开设沪上已历多年，所制各项饰金、金条、金标口等均提炼精良，信用昭著。顷为推广营业起见，特在上海小东门外建造新式水门汀洋房，分设新记银楼，已于阴历八月初三日开市，闻是日购客拥挤，营业非常发达，即北市润记亦极热闹。统计初三日内两处收进货款约有一百数十万元之谱，可谓盛矣。

(1919年10月3日)

20. 组织利华储蓄银行

上海总商会会长朱葆三、沈联芳等发起在沪组织利华储蓄银行，曾经会同该会各董及南市县商会会长等，筹足资本一百万元，现已拟订该银行储蓄等项章程，除分投招股外，特将简章呈请北京农商部及江苏省公署请为立案。

(1919年11月4日)

21. 方九霞润记银楼行将开幕

沪甬巨商新创方九霞润记银楼在英租界大马路虹庙西首，特建四层高大洋房，门面均用白石，占地数亩，内容丰富，制造精美，一切设备均极华丽，如此庄严灿烂之商店堪为十里洋场生色。兹闻装修告竣，择于阴历本月初九日开幕，届时当有一番热闹。

(1919年12月20日)

22. 宁波翔熊软席厂成立会

宁波翔熊公记股份有限公司，昨日(十一日)午后三句钟，假宁波旅沪同乡会开成立大会。兹将该会秩序录下：(一)振铃开会；(二)公推方椒伯为议长，王天新为记录；(三)发起人陈如馨报告该公司自上年接办后，极力扩充，购置基地，建造工场，设立北门外分厂，开辟通利门，以便招工，今年开工以来，工务大形发达，男工百余名，女工一千余名，并因夏季将届，销数愈大，业已向协隆洋行购办电灯机器,男工添开夜班,出数自必倍增云云;(四)表决章程草案;(五)选举董事监察,由何梅轩、陈如馨开匦,议长唱名,用联举式,乐振葆、何梅轩、张延钟、陈如馨、骆怀白、刘星耀、石运乾当选为董事,陈富润、方椒伯、汪云甫当选为监察,孙宏达、方椒伯为候补董事,施才皋、刘文照为候补监察。该公司并于今日(十二日)假东陆银行开董事会,推定陈如馨为经理,陈君当即辞退董事职务,由次多数孙宏达递补云。

(1920年4月13日)

23. 证券物品交易所将正式开幕

甬商虞洽卿君发起证券物品交易所,业已成立,详情迭纪前报。兹悉该所已择定爱多亚路四川路角嘴长发栈旧址,雇匠修葺,大约夏历四月初间,可以正式开幕,其营业计分棉纱、花衣、证券、杂粮四部。棉纱将来规定以宝成纱厂如意牌为标准,因华商纱厂中宝成第一第二等厂锭子有十万之数,为华厂中最多者;花衣规定以益泰花厂火机花衣为标准;杂粮则设有样瓶,以原样为标准。其仲卖人已先行练习,业已选取七十五人,棉纱部二十五人,花衣部二十五人,证券部五人,杂粮部二十人,现已部署将竣,一俟房屋竣工,即可开幕。

(1920年4月16日)

24. 证券物品交易组织将就绪

上海证券物品交易所,因房屋未竣,改期七月一号开幕,已志前报。兹悉该所内幕,日来组织将就绪,房屋装修亦日夜督率工匠工作,闻已订定端节交屋。该所内部职掌规程,公决分科职堂:①场务科;②计算科;③总务科;④会计科。场务科掌管之事项,关于市场开关之时刻,交易之成立,物件之检查,市场之整理等。计算科掌管之事项,关于各种交易之损益,计算总结,交割价银,证据金之增收及发还事项等。总务科掌管之事项,关于文书之拟稿,及各种纪录编纂,重要文书之保管,及经纪人全体之卫生,维持风化秩序,股东总会,股票之让渡,营业上之一切报告,本所设备之改良,调查农工商状况等。会计科掌管事项,关于预算决算,有价证券及现金之保管,交割价银之收付,及其他之财产出纳事项云。

(1920年6月16日)

25. 证券物品交易所预备开幕

上海证券物品交易所,定于七月一号正式开幕,已志报端。兹悉前在纱业公所之练习所员一百七十余人,昨日午前均入该所(即四川路所建之屋)预备一切,其证券部之经纪人,亦于昨日在该所第一市场先行交易,计上下午分作二市,所做系元年六厘内国公债等票,彼此买卖,存本约十万余元之谱。又闻该所前日接到前大总统黎元洪赠与亲书之绸匾额一方,其文曰"五均遗法"。该所现拟于开幕时悬挂云。

(1920年6月22日)

26. 证券物品交易所开幕纪

上海证券物品交易所,昨日开幕,中外来宾如王儒堂、沈蕴石、许秋风、俞奠孙、王一亭等约三千余人,齐省长、王道尹亦均有代表。由该所理事长虞洽卿、总务科长洪承祁、副总务科长李孤帆,场务科员孙时俊,计算科员兰宗相等殷殷招待。该所地处公共租界四川路与爱多亚路转角,交通便利,建筑宏大,全部成半圆形,屋分三层,第一层正门入口处,为总务科,右边第二市场,左为第三市场,及计算科,西边为会计科,而第一市场之位置,则在西北隅,礼堂即设于此。第二层除理事长与常务理事办公室、理事会议室、应接室、文书处、场务科、叙餐室外,余皆系经纪人事务所。第三层多为经纪人事务所,其西北隅即为会议厅及俱乐部,阅书报室、弹子房、游艺室,均在其旁。各埠祝电甚多,祝词联幛,亦均美善。晨九时半,该所议员二百余人,齐集于第二市场,经纪人及代理人四百余人,齐集于第三市场,分道而入,左右排列,来宾亦咸集,其开幕仪式如下:1. 鸣钟;2. 奏乐及唱国歌(均妇孺救济会学生);3. 开幕(虞洽卿君);4. 行礼(议员及经纪人向国旗行三鞠躬礼,三呼中华民国万岁,交易所万岁);5. 理事长述开幕词(词附后);6. 来宾致词(有齐省长代表袁履登致祝词,词附后,又有经纪人代表张继芳演说);7. 理事长致谢宾词(词附后);8. 奏乐;9. 礼成,三呼万岁而散。该所定今日(二日)开始营业,其杂粮部经纪人三十家,业经同业通过加入十家,共四十家,所定保证佣金章程,亦经规定办法,如豆类每千包保证金元三百两,油类每百篓元二百两,饼每千片一百两,豆每千包佣金八两,油每百件元六两,饼每千片二两,亦于今日开始交易矣。兹将开幕词及齐省长颂词,附录于左。

开幕词：同人殚心竭虑，承十余年云回波转之后，以有今日，义当有言，以就正于国人。尝闻易曰，交易而退，各得其所。同人皆思之，夫如何而能各得其所哉。商业之潮，朝夕异势，一起一落间，以兴以盛者固多，然兴盛之下必有败灭，譬如人各有口，夺人食以与人，欣跃声作而涕泣继之矣。是何足谓各得其所哉，或曰，是非商人之咎，而无折中平衡之咎也，塞者通之，绌者舒之，开其源，节其流，根本固于内，枝叶荣于外。盖商以及于国，因国以及于世界，此交易所之主旨，而亦中国之福音也。同人兢兢，窃谓折中平衡，义固然矣，而无折中之心持于内，平衡之信申于外，则又孰听之而孰从之哉？持于内者，同人等固知所勉矣，各全其信，庶几各得其所，此同人所兢兢自勉，且顾以是勉爱国爱商之君子也。

齐省长祝词：海通以运，百业渐昌，商战日亟，抵御未遑，知几其神，亟起图强，合力惟众，集思取长，酌盈剂虚，纲兴自张，沪渎开埠，地宝弗藏，交通枢机，江海泱泱，全国所赖，岂惟我邦，奋迅淬厉，夙夜无忘，长袖善举，迈彼四方。

谢宾词：民国九年七月一日，吾上海交易所成立日也，大雅君子，既沥翰致贶，复不远命驾，所以光宠之者，甚盛甚盛。诗鹿鸣篇，我有嘉宾，而遂继之曰，人之好我，示我周行。吾国交易所，创立伊始，鼓铸方殷，钩稽匪易，废著道达，业脞是懔，今幸嘉宾，应然肯来，不我遐来，锡之谠论，以作周行之示。同人当铭佩弗谖，惟燕乐之意，酒醴笙簧之雅，欿然未尽，弥用耿耿，敢掬诚以谢。

(1920年7月2日)

27. 劝工银行创立会纪事

上海劝工银行，自去岁由穆藕初、聂云台、黄任之等发起后，迄今已历半载。兹因所招股份，已收满四分之一，特于昨日下午一时，在香港路筹备处，开创立会。到会股东有王儒堂、朱进之、穆藕初、黄任之、楼恂如、李詠裳等四十余人，共计一万一千三百九十八权。届时振铃开会，公举穆藕初君为临时议长，报告经过情形。略谓本银行之发起，在去年八月。所以发起组织劝工银行者，盖吾国中银行，均偏重于商，殆去年五四运动以后，余个人由工业方面实地调查，确知吾国实业所以不发者，由于工业界经济之不足，是以特创设此银行。筹备至今，已招得股份三十万元，故特于今日开创立会。今日最紧要者，即通过章程，选举职员云。次由主席宣读章程，请众讨论，全章修改者仅二条：一、原章定监察人之当选，须二百股以上者，经众改为一百股以上，即可当选为监察人；二、原章定红利董事得百分之十五，行员得百分之廿五，经众改为董事得百分之十，行员得百分之三十。次投票选举董事及监察人，投票毕，由主席请王儒堂、黄任之、李詠裳三人为开票监察员。此时主席并请楼恂如报告行址，略谓本行行址，已在南京路山东路对过租定，该处有地八丈四尺，租金一千一百两。本行已由该处划出三丈建设，惟尚须一礼拜后，始能议定云。次主席请楼恂如、李詠裳二君检查已收之股份。由李君当众报告，谓已收股份为三十万三千九百八十元，共计一万九百九十九股云。次主席报告，谓本行筹备至今，共用一千一百三十五元，均由鄙人处支取，此款如何处置，请公决，议决，由开办费内支还。至此坐待多时，至五时半，选举票算清，结果以楼恂如得票最多。楼君为敦裕钱庄经理，对于银行学，最为熟悉。选举毕，又定于下星期三正午开董事会，讨论进行方法云。兹将当选姓名录后：(董事九人)楼恂如一一三八七权，王正廷一一二一八权，吴麟书一一一七二权，穆藕初一○九八五权，张兰坪一○六一二权，李詠裳一○六一二权，黄任之一○一一八权，郑培之九四九九权，严裕堂八一○九权；次多数二人，薛文泰、刘星耀。(监察人三人)□永星九七一一权，陈学坚九六九二权，刘星□七九三二权；次多数二人，严裕堂、朱炳章。

(1920年7月18日)

28. 实业界之新消息

甬人王吉士、谢崇敏，以实业为富国之源，爰投资创办工厂五处，布置均已完备，出品亦颇精良。兹纪其内容如下：①锦华锡纸厂。吾国香烟盒中所用之锡纸，向以舶来品为多。王谢两君侨日有年，自抵制风潮发生，遂奋然归国，创设锡纸厂于沪北岳州路之虹镇。当初办时，以未知制造之配合方法，谢君乃又赴日本，侪身工役，练习化合之法，还国之后，即于去年五月内，开始制造，未及一年，已有成效。现在已有男工六十七名，女工五十名，每日可出锡纸一千五百磅。南洋烟草公司因其出品之优，故每日出货，由南洋一家包用，近来开日夜工赶造，犹觉供不应求。其经造手续，须历十余次，大约先以青铅八成，镕成尺余长之短条，配合点铜锡二成，入机器轧并于一起，再切边上油，碾成薄片，然后发交男工，□□如箔，复经女工分张□纸，切成方块，始可装箱出售。现该厂出品之货，有二百张一磅、四百张一磅，并二成点锡、三成点锡等数类，而王谢二君，犹拟扩充至每日出三千磅为止，并闻该厂机器系吾国自造云。②海华织造厂。该厂由顾海珍、谢荣华等发起,专织各种棉毯,迄今已及四年。现有织机六十部,男工八十名,女工七十人,厂中所用之打花纸板及提花机器,均系中国自造,毯质原料,完全为本国棉纱,染色漂坊,亦于厂内自行设立。厂址亦在虹镇,与锦华厂等联属于一起,其纺纱分人工及机器两种。现在出品之棉毯已有□毯与床毯两种,颜色分十余类,花纹多至三十余类。现时每日可出三百条,以松鹤牌为注册商标,每日出货,恒觉不敷销售。其经理为袁秀全君。今以厂基尚有余地,更需添造新厂,增加工织,刻下已在预备建筑中。③中华兴记香皂厂。该厂为翁荣炳与谢君等所组织,出品以各种香皂为主,先仅有煮皂锅两只,近以南洋各埠及国内各省销数渐增,又增造三锅,加工赶制。该厂之出品,有长城牌及化学药水皂、花露香精皂等十数种。今厂中有包装女工一百十名,每日可出五十大箱。厂屋亦在虹镇,与锡纸、棉毯厂昆连在一处。④均安毛绒厂。毛绒线一项,吾国本无自造之货,向来仰给外国,海华织造厂主顾海珍君,为抵制外货,振兴工业起见,特在线毯厂之前,建造自制毛绒厂一所,收买吾国自有之鸡毛,并自造理毛机、打毛机、清毛机三架,以制造毛绒线。其制造法,先以鸡毛原料,至理毛机内弹松,次入清毛机中,分开成卷,然后便可至打线车内,绞成绒线。现时该厂每日可出一百数十磅,其质地细洁而又坚韧,且不费人工,在各种工艺中以此为最便利之品。⑤鸿裕边带厂。该厂为王吉士等所经办,厂基设于天通庵路。当王君创立此厂之始,以宽紧带一项,完全来自东洋,每年流出金钱至巨,遂与余芝敬、吴哲生等发起办理。先下资本二万金,旋以不敷周转,增至五万元以上,现在已有铁机一百三十部,包扎及纺线女工五十余名,所织宽紧橡皮带。共有二分、三分、五分、六分、七分、八分阔之六种。颜色分十数类,别为和合牌、麒麟牌,正副号两等。现时每机每日可出橡皮带六十码。今王君尚需加制吊背带一项,并在厂后购定基地数亩,预备建筑花边厂一所,以期边带两厂一气贯通,近更与蔡际云在苏州创立纸板厂,亦经成立,即纸板亦已出品,只须内部布置就绪,便可定期开幕矣。

(1921年1月4—5日)

29. 棉业银行之筹备

中国棉业巨子薛文泰、沈润挹、许松春、孙松年等三十五人,以本国棉商素无金融机关调剂运用,以助棉业之发达,爰发起组织中国棉业银行,迭经集议讨论,已于本月十三日设筹备处于江西路中国棉业联合会,额定资本国币二百万元,业经各发起人赞成人认足股本,昨开筹备会,举定薛文泰为主任,潘作挹为副主任,沈润挹、张纶卿、许松春、顾文耀、金益芝、孙月三、孙松年等为筹备员,现正积极进行。

(1921年2月18日)

30. 民新银行开幕纪

河南路民新银行昨日开幕,各界人士往贺者达数百人,由该行董事李志方、经理冯芝汀君等,殷殷招待。闻该行重要职员除上述二君外,董事长为李平书君,董事为张申之、蔡琴荪、薛文泰、盛筱珊,监察人为陈祥□、魏伯祯,副经理为冯宋雨云。

(1921年3月17日)

31. 民新银行开幕

民新银行于去年九月间组织成立后,即自行建筑三层楼洋房于河南路一八三号,经营数月,于本月初始告落成。昨日为该行开幕之期,本埠绅商各界到行参观者颇众,昨日各户存款,亦甚踊跃,计活期存款银二百五十六万五千六百两、洋四十五万五千元,定期存款银二十五万七千五百两、洋三十七万六千一百元。该行经理冯芝汀前任华孚副经理,信用颇著,副经理冯松雨为美国哥伦比亚大学经济科文学士,办事认真,尤精稽核,该行将来营业之发达,可预卜也。

(1921年3月26日)

32. 棉业银行之组织

棉业银行,新由沪上棉业各巨商组织而成,现已筹备就绪。闻该行聘请同在兴业银行任营业部主任之冯味琴君为行长,并推总商会副会长、福源钱庄经理秦润卿君为办事董事,已得二君同意,允任斯职,故一切进行极速,大约下月可以开幕。并闻兴业营业主任一职,现以会计主任曹吉士兼充云。

(1921年4月2日)

33. 纱布贸易公司创立会纪

中国纱布贸易公司,昨日假上海总商会开创立会,选举董事及监察人,投票结果,举出董事九人,计边文锦得一万五千六百七十五权,朱葆三得一万四千五百九十权,闻兰亭得一万四千一百零五权,薛文泰得一万三千二百五十五权,吴麟书得一万三千零四十五权,李锦童得一万零零六十权,李志方得八千六百九十五权,陆竹坪得八千四百八十权,毛鉴清得七千七百三十五权,以上九人,当选为董事。又举王兰夫、顾文耀、吴培之为公司监察人。

(1921年4月19日)

34. 组织中之新银行

沪上中西各银行营业,近年甚为发达,因而华商银行,已有十六七家之多,去年盈余,亦为各业中首屈一指。兹闻又有甬商洪承祁、盛丕华、周佩箴等,发起组织华商银行一家,牌名中易信托银行,共筹资本八百万元,业已筹集股本,正在繁要地点找寻房屋,一俟觅定,即饬匠装饰,积极进行云。

(1921年5月9日)

35. 煤业银行之组织

甬商韩芸根、刘鸿生、杜家坤、何元增、刘吉生等,发起组织煤业银行,业已筹足股款五十万元,认股皆系煤业中人。前晚借法大马路鸿运楼开成立大会,来宾甚众,当场定韩芸根为总理,前庆丰银行经理郑声和君为行长,即择定北京路庆顺里庆丰银行房屋为行址,大约于下月间,即可开幕矣。

(1921年5月23日)

36. 棉业银行创立会纪

本埠棉业银行,于昨日午后二时,假总商会开创立会,到会股东计一万六千八百二十九权。先由筹备主任薛文泰报告筹备经过情形并收支账略及股款分存细数,继由股东推举秦润卿为临时主席,通过章程,投票选举,计选定董事九人,秦润卿、薛文泰、沈润挹、陈纶X、潘作揖、孙松年、顾文耀、许松春、孙月山当选；又选监察三人，计夏仲芳、金益芝、孙仲康当选；次多数董事胡为甫、曹启明、金益芝、潘谓卿，次多数监察郑文备、胡益甫。散会已六时矣。

(1921年5月30日)

37. 明华银行开幕纪

明华银行为宁波巨商所创办，自去年北京总行成立后，营业极为发达，获利甚多，前日为上海分行开幕，当日收入存款数达五百万，本埠军政商学各界前往道贺者络绎不绝。

(1921年6月2日)

38. 信通银行创立会纪事

信通银行于昨日下午，在河南路信通公司开股东创立会，到会者计四千余权。当推举袁近初为临时主席，由筹备主任孙铁卿报告筹备经过情形，并陈认股逾额，减折摊派，异常抱歉，旋由股东通过章程，选举董事七人，孙铁卿得四千四百零五权，万应楼得四千三百四十权，胡涤生得四千一百七十五权，王鞠如得三千四百三十权，谢光甫得三千四百权，为多数当选。又选举监察二人，史久鳌得三千六百十权，宋德宜得三千四百十五权。闻不日即将开始营业云。

(1921年6月19日)

39. 纱业信托银行发起人会议纪

上海纱业信托银行发起人等，于昨日(二十三)上午十二时，假座一枝香餐馆开会。由徐庆云君主席。报告上届会议事项，及此后进行步骤毕，即散票选举董事及监察人，直至下午四时，始行毕事。兹将选出之董事、监察人姓名及权数列下：吴麟书九万权，郑松亭八万四千七百权，匡仲谋七万五千权，邵声涛七万零二百权，徐庆云九万权，李锦章五万八千七百权，闻兰亭七万九千五百权，边瑞馨七万四千七百权，俞福谦六万六千五百权，以上九名为董事；董仲笙八万四千七百权，冯炳南七万五千五百权，金锡之七万三千二百权，以上三人为监察人。董事之次多数者为王一亭君，得三万三千一百权，贾玉田君,得二万一千权;监察人之次多数者,为吴培之君,得一万二千权。并由各董事公推徐庆云君为董事长,兼办事董事,吴麟书君为办事董事。该银行之发起者,大半本埠纱业巨子,其经营方针,闻亦以辅助纱业发展为主要云。

(1921年7月24日)

40. 煤业银行开幕

北京路煤业银行,于昨日行开幕礼,上午除军政两界各机关代表莅临外,商界如朱葆三、宋汉章、顾馨一、方椒伯、李馥荪、秦润卿、盛竹书、钱新之、徐冠南、谢蘅窗、李云书、杨奎侯、倪远甫、王鞠如、龚丹庭、陈光甫、谢仲笙等到一百余人,经该行主任韩芸根、陈声和等招待,款以茶点。是日计共收入存款二百余万。

(1921年8月9日)

41. 日夜银行开幕纪

浙商黄磋玖等,以沪上银行无夜市,商人皆感不便,因创日夜银行于本埠爱多亚路,宗旨崇实,不务虚大,经理孙君慎钦,为银行界健者,夙以精细谨慎稳著,副经理王志远,亦此中老手。昨为开幕,来宾极一时之盛,除军警政界外,商界如朱葆三、秦润卿、宋汉章,均躬与盛会。该行组织,内容完备,秩序井然,规模亦甚宏大。闻是日拆出之现款,达三百万金之巨,将来营业发展可预卜云。

(1921年8月11日)

42. 夜市物券交易所开幕纪

昨为上海夜市物券交易所开幕之期,五钟后各界来宾先后云集,多至三千余人。七点半钟,振铃开幕,由理事长黄磋玖及各理事登台,向国旗行三鞠躬礼,次各员各经纪人向国旗三鞠躬,来宾代表致颂词,经纪人代表致颂词,理事长致答词,奏乐散会。

(1921年8月23日)

43. 五金交易所创立会纪

昨日下午一时，上海五金交易所股份有限公司，假座总商会开创立会，股东到者共计二百人（代表在内）。开会情形如下：（一）筹备主任傅品圭登坛振铃，宣布开会；（二）公推穆子湘为临时主席；（三）公推黎润生、陆培之、戴耕莘、钱芳洲为纠仪员；（四）主席宣布开会宗旨；（五）主席请众讨论草章，众略有讨论，经主席付表决，通过；（六）傅主任报告筹备处经过情形；（七）会计主任戴耕莘报告，第一期第二期股银已如数收到，分存各银行钱庄，遂由调查员钱芳洲报告，谓与陆培之调查所各款均甚确实；（八）稽核主任黄式如报告筹备处收支总数；（九）投票选举理事监察人；（十）公推张运济、陆培之、郭福余、张秋园、项如松、戴耕莘为理事票检票员，沈竹溪、陈锡卿、张颂南、黎润生、周述甫、盛辅臣为监察人票检票员，共检得理事票与监察人票各二百张；（十一）主席报告当选人及权数（姓名如下，权数从略），项如松、陈伯馨、杨挹清、冯咏梅、沈厚斋，以上五人当选监察人，戴耕莘、张秋园、傅品圭、陆培之、黄式如、俞馥棠、洪承祁、张运济、叶贤刚、钱芳洲、许韶鸣、黎润生、周述甫、张颂南、黄仲贤，以上十五人当选为理事。主席报告毕，至六时半振铃散会。

(1921年9月5日)

44. 中法振业银行预报

沪上银行，自民国后，逐渐增多，钱君达三在沪经理商业多年，名声卓越，今春亦纠集同志朱葆三、童亢舲诸君，组织中法振业银行，计股本洋五百万元，中法各半，在法使署验资注册。闻手续业已办竣，并于本年九月十一日领到营业执照，京行定期二十二日开幕，沪行设在英租界天津路，现正建造高大洋房，焕然一新，闻下月初旬即可竣工开业，总董张寿龄，总理倪幼丹，沪行行长即钱达三。想届时往贺官商，冠盖如云，必有一番盛况。而该银行闻须振刷精神，以经营业务，果尔则将于银行界中为后起之秀。

(1921年10月15日)

45. 沪北地产公司之组织

沪绅朱葆三、赵芹波等，因恐租界将有人满之患，集合沪地绅商三十余人,组织沪北地产公司,预备专收闸北之江湾附近一带田地约五百余亩,拟设模范市场,现已备文呈请淞沪护军使沪海道尹宝山县知事公署立案矣。

(1921年11月20日)

46. 大同交易所创立会纪

美国政府批准注册之大同日夜物券交易所,筹备以来,甫经四十日,而股款业已收齐,进行极为迅速。昨日下午二时,假座宁波同乡会四层楼开创立会,发起人五十名,全体出席,挨号投票。首由筹备主任张石川报告经过情形,次由会计主任柯泳昌,委托任矜蘋报告账略。又次检查顾问朱之椿、薛弗报告检查结果(收款确数另详各报封面广告)。最后公推郑介诚、任矜蘋为检票员,陈筱蕃代表与杨吉云为唱票员。兹将当选理事及监察人名氏,详列于下:(理事)张石川四十九票,陈志梅四十九票,郑介诚四十九票,郑正秋四十八票,何泳昌四十八票,张巨川四十五票,俞子英四十四票,任矜蘋四十二票,罗达理四十二票,薛弗四十一票,陈筱蕃四十票,次多数杨吉雲八票,毛玉书七票,孙雪泥七票;(监察)钱琴东四十五票,朱之椿四十二票,俞伟庭四十票,次多数乔立南四票。理事当选后,复互选理事长、常务理事,结果如下:(理事长)张石川,(常务理事)陈志梅、郑正秋、何泳昌、郑介诚、任矜蘋、薛弗。

(1921年11月28日)

47. 中华劝工银行开幕纪

昨为中华劝工银行开幕之期,该行之重要职员如次:董事长王儒堂君,董事吴麟书、穆藕初、张兰坪、黄任之、薛文泰、李詠裳、郑培之、楼恂如诸君,监察人席聚星、刘星耀、陈学坚诸君,经理楼恂如君、副经理刘聘三君。该行自建楼房于南京路中段,昨日中外人士往贺者约千人,颇极一时之盛。

(1921年11月29日)

48. 龙华创设水泥厂

巨商刘鸿陞,现在本邑西乡龙华地方,购地二百余亩,雇匠建造大厂房,并向外洋订购机器,预备制造水门汀泥,以供本埠营造家就近采购,其价可较舶来品为廉，并于水泥装置桶袋时，注明某年月日制造字样，以昭显明。该厂房屋，约阳春竣工，夏间定当出货，业已具呈商部注册立案矣。

(1921年11月29日)

49. 大同银行开幕纪

天津路乾记弄口大同银行，昨日开幕，来宾道贺者，政界如何护军使代表孙梓琴副官、海军蒋司令、警察厅徐厅长、陇海线路施督办、兵工厂谢厂长、闸北水电厂冯厂长、总商会会长秦润卿，商界如朱葆三、傅筱庵、宋汉章、盛竹书等有六百余人，经总董陶希泉，董事孙衡甫、盛绳武、盛丕华，经理徐季凤等一一招待如礼，车马盈门，颇极一时之盛。闻当日各种存款约收三百余万云。

(1922年2月8日)

50. 筹备中之明星影片公司

欧美影片自流入中国以后，颇引起中国人士之注意，十余年间，张石川、郑正秋君等，首先参与亚细亚影戏公司，赞助办摄中国影视，后因该公司无意于此，遂形停顿。近年张君等正拟自组公司，适丁君伯雄由津来沪，遂约张郑二君联合同志发起明星影片公司及明星影戏学校，特请美国名人参与教授。惟是影戏与文学至有关系，中国所亟求发皇者，为剧本文学与正确之批评，二者实精造筹备之基础，故该公司筹备处希望社会注意于上述二者。近日该筹备处进行之状况，甚足满意云。

(1922年2月21日)

51. 江南银行开幕志

本埠江南银行（宁波路三十五号）于昨日正式开幕，绅商各界，均往道贺，政界如何护军使、蒋海军总司令、徐警厅长、许特派交涉员、杜杭关监督、兵工厂谢总办、闸北工巡许局长、李副官干卿、陆秘书达权，商界如宋汉章君、盛竹书君、钱新之君、傅筱庵君、谢蘅牕君、袁洽斋君以及各银行行长、各钱庄经理、各商号领袖等，约计九百余人，由董事长朱葆三、总理徐乾麟君、经理夏质均君、协理徐源镛君殷勤招待，济济一堂，颇极一时之盛。闻该行是日共收入存款二百八十余万元，零星储蓄约数万元，将来营业之发展，可操左券也。

(1922年3月1日)

52. 舟山轮船公司开创立会

五月十四日，舟山轮船公司，在法租界平济利路定海会馆开创立会，到股东一百十四人，计三千八百五十四权。下午三时，振铃开始，公举陈箴堂君为临时主席，次举水福祥、江云金、许孝恩、俞道衡、舒雄华、林良佐、郑毓俊君等为监票员，即开票匦，检得董事、监察人票各一百三十七票。次由钱德润君报告，自去年公司发起，截至今年阴历四月十七日止，共收到一二两期股款二十二万八千四百五十元，存入中华、四明两银行连息银在内，共中银十六万七千五百零三两二钱五分，付祥生船厂三期债银十一万六千两，付穿山码头银一千零八十七，除付过存中华银行三万一千七百八十九两七钱五分，四明银行一万八千六百二十五两，两共存银五万零四十四两七钱五分。次由许廷佐报告订造轮船时，计有瑞镕、求新、祥生三厂开价，卒由祥生厂订造，现在将次造竣，计阴历五月初十边可以下水，再过三月后可以开驶。次由周盛浩君朗诵公司章程毕。又经各股东讨论，章程第二条，加福建、镇海、沈家门、普陀等埠；十四条，三月应注阴历，均通过。旋开票毕，朱葆三、许廷佐、丁梅生、陈箴堂、范锦章五君当选为董事，钱德润、裘挺水二君为监察人，时已五时半，即行散会。

(1922年5月15日)

53. 重组大有新记榨油厂之进行

资本额定三十余万，大有榨油厂，自倒闭以来，经债权人会议，议投标变卖。兹闻薛文泰、方椒伯等，联络热心实业之同志二十余人，拟重新组织，业已议定草章，定名大有新记榨油股份有限公司，额定资本三十余万，刻正积极进行云。

(1922年6月21日)

54. 公利汽车公司今日行开车礼

　　晨社消息，旅沪甬商董杏生君，鉴于静安寺路及曹家渡间商业日增发达，往来行人益见繁密，而交通尚不便利，特组织公立汽车公司，向德国名厂订购霍克牌大号精美汽车，月前已有一辆到沪，现已得工部局允准，先在静安寺路及曹家渡间开驶，定今日上午十时在静安寺路行开车礼，闻尚有两辆将于月内到沪云。

(1922年8月30日)

55. 大有油厂新公司已批准备案

　　上海总商会，前受公共会审公廨委托，清理沪西大有机器榨油厂债务，该厂负债至数十万金之巨，自将账目移送该会清理后，会登报招卖厂基，现已由薛友秦等集股，以二十二万两盘顶该厂全部财产牌号，改组为大有馀机器榨油新厂股份有限公司，订立契约三纸，业于上月十六号交割。此项契约，除两造各执一纸外，余一纸交由总商会备函呈奉公廨俞襄X，于昨日晨会同美雅副领事批准备案，过户执业。新公司盘得该厂后，又由薛友琴代表公司与安裕钱庄订立押款合同，将厂基抵押银两，以充始业基金，故该厂货品，不久又将上审矣。

(1922年9月9日)

56. 老九纶绸缎局今日开幕

　　南京路老九纶绸缎局，集资数十万，在香粉弄对过，自建三层楼洋房，现已工竣，颇为华丽，门口点缀五色电灯数千盏，入夜时光彩夺目，现定于今日开幕，凡各种绸缎，及欧美哔叽、呢绒均减价出售，想顾客必甚拥挤。闻其经理吕葆元君为绸业公会会长，曾创立巨绸号数家，在绸业中经验极深云。

(1922年9月22日)

57. 振泰达丰两公司开幕记

厂员行开幕礼来宾参观各部

振泰纱厂与达丰染织厂,昨日在曹家渡北岸厂内举行正式开幕礼,上午十时,两厂之董事长余葆三,经理王启宇,振泰副经理兼营业主任周辛伯,达丰厂副经理兼营业主任崔福庄诸君,与两厂董事诸君暨全体职员齐集礼堂,向国旗厂旗行三鞠躬礼。由主席宣布开幕词,并由经理人演说,谓今日两厂开幕,蒙诸君子宠锡厚义,远道贲临,曷胜荣幸,感谢感谢。本厂出品,敬请各界提倡,以达推销国货目的,本厂在中国方面,亦系破天荒之工业,如有不完备处,尚乞随时赐教,自当遵从改良云云。所有各路来宾参观者,从上午八时起至五时止,水陆并进,络绎于途,竟有二千余人之众。由达丰厂门而进,用军乐队欢迎,先至出品陈列部,继至工场,各种机器制造出品,光怪陆离,后绕道至振泰纱厂,无论粗细纱间等处,均有招待员殷勤指引,十分周至。参观毕,进茶点,并赠来宾每人以各色棉布样本及说明书一册,夕阳西下时,乃用轮船汽车送客回申云。

(1922年11月6日)

58. 美华银行之新组织

美华银行,现由甬商黄和卿君集资一百万组织,在纽约注册,黄君为总董,聘请陈正翔君为经理,其行基在河南路,迩日修葺,将次竣工,阴历新正,当可开市,并不招募外股,完全合资性质云。

(1922年12月17日)

59. 美华银行开幕志

河南路美华银行昨日开幕,中西人士往贺者四百余人,商界要人钱业领袖皆与其列,门外车马,为之塞途,来宾均由该行款以西式茶点,咸各欢饮而别。是日共收堆花百余万两,存款六十余万两,收藏本库。该行为甬绅黄君和卿创办,并请老于钱业之陈君正翔任行长,以二君之声望干能,提携经营,其营业之发达,可操左券也。

(1923年1月6日)

60. 海利公司新捕鱼船行开驶礼

甬商袁家濂、翁兆块等,创设海利渔业有限公司于本埠,已由英国白司东埠购得最新式机器捕鱼船一艘,船名海利(原名韦白登),并聘英国著名渔夫来华教授捕法,现定今日(十八日)在南市大达码头行开幕礼,届时任人参观云。

(1923年1月18日)

61. 华盛顿钟表行开幕志

南京路中市有周□祥等合资组织华盛顿钟表行一所,昨日为开幕之期,来宾与同行之前往参观者甚多,非常热闹。该行因适值开幕,故将各项钟表,售价甚廉,因此往购者尤为踊跃,未至午刻,已销售一空,门市收入达四千余金。惟甫在旧历新正,而各职员因连日筹备,亦甚为劳顿,于是提早收市,略资休意,今日起,则仍照常开市。其昨日销出之钟表,以五寸铜壳闹钟为独多,此外若花面夹金男女手表、德国夜明表、花旗夹金托力克眼镜等,为数亦不少云。

(1923年2月23日)

62. 五洲药房准注册

上海五洲药房昨奉上海县公署令开案奉实业厅第七五号训令云,案奉农商部训令开,案准江苏省长咨称,上海五洲大药房股份有限公司饬修改章程暨声叙董事高凤池等被选资格,悉予核转鉴核,据情咨请核办等因。查该公司此次将章程修改暨声叙各节大致尚合,应准改正注册。除咨复外,合行填发执照一纸,令仰该县转给具领,此令执照随发等因,并附注册执照一纸到署,奉此,合行令仰该商具领可也,此令。

(1923年10月14日)

63. 女子银行之筹备进行

各女校纷纷认股

欧彬夫人、严顺贞女士等发起女子银行,本定于夏历四月初九日开幕,现因新行装修尚未完竣,故拟展期,日内即将举行创立会,以期举出职员,负责进行。又该行宗旨颇注意在教育界,故在本埠各女校内,亦拟吸收股款,协作进行。该行发起诸人,曾赴中西女塾、圣玛利亚女校演讲女子银行于发展妇女经济及职业之关系,颇得各女生之同情。中西方面,已认股至两万余元,圣玛利亚亦不在少数,而其他各女校,如清心、爱国、晏摩氏、务本、民立、裨文、爱华等校,亦正在分头接洽,闻上海女生颇多身家殷实者,故对于投资女子银行一事,颇为踊跃云。

(1924年4月22日)

64. 女子银行定期开幕

欧彬夫人、严顺贞女士等发起之上海女子商业银行,筹备已历半年,股款完全收足,南京路直隶路转角之新屋,亦已修理竣事,现定于本月二十一日正式开幕。今日(十四日)下午四时,将开创立会,选举董事及经理等。兹录其通知如下:敬启者,女子银行准于阳历五月十四号下午四时,在本银行楼上开创立会,届时务祈台驾莅止为荷,并希随带临时收据一纸,以凭入会,专此,祗请日祺。女子银行筹备处谨启。

(1924年5月14日)

65. 女子商业银行开幕

上海女子商业银行,于昨日举行正式开幕礼,所受各界贺仪,计幛联镜框等多至六百余件。该行下层为营业部,二层为董事长室及副行长室,三层为寝室,是日一律开放。男宾茶点室另设于对面屋内。是日前往道贺者,有政、绅、学、报等中西男女各界人士,如盛竹书、方椒伯、陈光甫、劳敬修、王一亭、黄焕南、李平书、刘锡基、钟文耀、郭标、谭海秋、杨瑞生、沈仪彬、程婉珍、邱丽英、谭社英、舒惠桢等二千余人,均由该行董事长欧彬夫人、行长严叔和女士等,殷勤招待,参观各室,并款待茶点,尽欢而去。是日妇女团体前往者,尤为踊跃,计有上海妇女会、女权运动同盟会、女子职业联修会、南洋女子师范商科学生、妇女辅助会等,对于该行,均祝为妇女加入商战之先锋,预料前途,必极发达。是日储款计五十余万元。

(1924年5月28日)

66. 亚洲银行昨开创立会

亚洲银行自筹备以来，积极进行，所有股额，现已悉数收集，故于昨日假香港路银行公会，依法召开创立会。到会股东徐伯熊等，共计三百九十八权，四千二百五十五股，社会局特派茅震初出席指导。下午一时开会，公推赵玉如君主席，赵叔豪君记录，并由筹备主任李声洪报告筹备经过情形。继通过银行章程。当选董事李声洪、朱燮臣、唐寿民、杨□臣、张景吕、潘志铨、童显庭、孙少甫、徐伯熊、郑赞庭、周景赓十一人。监察祝善宝、郑仁业、□善甫三人。议毕散会，时已万家灯火矣。

(1924年6月25日)

67. 无线电机制造公司成立

无线电设置，在近代交通事业上，需用日广，新近回国无线电工程师方子卫硕士，以我国无线电事业，亦逐渐发达，因与其叔方椒伯君组织亚洲无线电电机制造股份有限公司，已设事务所于宁波路渭水坊。该公司计划、制造、试验、建设、修理及承办一切关于无线电及电机事业，总工程师即由方君自兼。方君对于无线电学，造诣极深，其发明及改良计划，皆由美政府特许专利。去年英美隔洋试验无线电话时，方君在美以自制之最新式收音机，第一接到英国发来之音乐，且其所用之天线，不过一尺五寸转方之围带式，颇得美工程师之赞许。方君现拟计划一轻便灵巧之无线电信电话机，可通信二十里左右，由亚洲公司制造出售，取价极廉。近来上海有用无线电发出音乐与演说，倘有人欲装收音机，接听一切，可向该公司问讯云。

(1924年7月31日)

68. 江南制纸公司之发起

制纸事业，为现今莫大之利源，尤足以挽回漏卮，无待赘言。吾国近来诸纸厂尤均供不应求，今特由海上各帮巨商发起江南制纸股份公司，设办事处于四川路一号楼上九十号，推虞洽卿为筹备主任，郭外峰、张稷臣为筹备员，郑寿芝为会计，开始招股，并备有极精密之计划书，预算利息，每股至五分三厘以外。想国内金业界中必发起以策成之也。

(1925年8月27日)

69. 创办工业材料试验所消息

中国工程学会创办工程材料一事已经年余，暂假南洋大学试验室之机器，成绩已有数十件，现亟谋扩充，拟募款五万元，自建试验所，已有五洲大药房项松亭，及宁波元和钱庄李思溶，各捐洋一百元，该会请名誉会员方椒伯及工业巨子穆藕初二君为基金监，将款存放于上海中国银行云。

(1926年1月5日)

70. 王顺泰西装号开幕

西藏路宁波同乡会对面新设之王顺泰西装号，业已开幕，所请技师，悉为著名老手，所用呢绒，经自欧美，物质甚为精美。该号经理，系前荣昌祥之股东兼协理王辅君，对于西装极有经验云。

(1926年3月23日)

71. 永盛薄荷公司呈准注册

本埠商人方液仙、虞丕显、高培良、刘有道、戴仁来等为提倡国货，抵制外货起见，于上年十二月间创办上海永盛薄荷股份有限公司，在提篮桥克利克路设立工厂，制造薄荷及化学药品，并在江苏太仓县及江西吉安县设立分工厂，曾委托爱多亚路五十号俞希稷会计师办理关于公司设立注册事宜，并代拟各项文件，送呈上海县公署，核转给照，藉资保护。业已由县公署批示，呈件均悉，察阅所呈文件，大致尚合，候据情分别转呈核办。

(1926年4月7日)

72. 大华保险公司今日开始营业

沪商刘鸿生、陈光甫、潘学安等发起华商大华保险公司，筹备以来，已历四阅月，业已组织成立，自今日起（七月十五日）先行开始营业，地址在北京路六十四号。闻该公司已与世界保险总市场纽约、伦敦两处接洽定妥，能直接转保,此后华商公司可不受上海洋商火险公司之排斥,而亦能间接增加其保额,实为中国保险界开一新纪元。

(1927年7月15日)

73. 行将开幕之亨得利钟表总行

南京路先施对面亨得利钟表行,两月以来,积极筹备,其自建新屋,不日即将竣工,精美壮丽,别具规模。此次开幕,预向欧美各国运到时式钟表眼镜不下千余种,新奇美丽,坚固玲珑,无与伦比,而尤以本牌钟表最为特色,开幕期约在本月二十左右,届时定有一番热闹也。

(1928年4月2日)

74. 亨得利新屋落成开幕

亨得利钟表行,始创同治季年,营业发达,为该业冠,各大埠之支行联号,已达六十余处。本年上海总行,就南京路广西路口,自建新屋,业已落成,择定夏历闰月二十五日正式开幕,减价三星期,并于开幕日,备有贱卖多种,以留纪念云。

(1928年4月14日)

75. 铸丰搪瓷公司发行所昨日开幕

铸丰搪瓷公司制造总厂设在闸北艰家湾,分厂在闸北恒丰路,出品精良,销路日畅。现设总发行所于爱多亚路六十四号,昨为开幕纪念日,自晨至晚,各界往参观者有千余人。该公司款待来宾茶点,并分赠纪念品,颇为忙碌。凡参观工厂者,皆乘汽车前往,总理童季通君亲自招待,来宾参观后,均觉满意。

(1928年4月23日)

76. 大中华国煤公司筹备成立

六月二十四日午后二时,大中华运销国煤合作公司,在煤炭公会开筹备成立会,到有总商会航业公会、商民协会、商总会代表、筹备发起人三十余人,公推陆祺生司仪,谢衡膓主席,王屏南记录,开会敬礼如仪。毛春圃报告经过情形,略谓,五三惨案发生后,煤炭同业召集大会,抵制东煤。以煤为交通及工厂之原动力,东煤固宜抵制,国煤更宜发展,方有救济。因是组织国煤发展委员会,积极从事,所以有大中华合作公司之开设。其唯一目的,一方抵制东煤,一方开发国煤。所称合作云者,即福利归公,实为挽回煤权,开发国产之要图云。次市党部代表叶家兴同志致训词。又次潘以三答词。次公推谢蘅膓为筹备主任,蒋泉茂、陈玉画副之,总务严仰山、陈翊庭,会计丁莲表、诸文绮,文书潘以三、王屏南,股务陈文彬、汪舜山,交际陆祺生、张一尘,调查毛春圃、汪仁镜。次修正草章,公定发起人为五十人。筹备处暂附煤炭公会内,代收股款之银行钱庄,由主任先事接洽。最后由陆祺生报告,工商部批,谓于本部可能范围内,自当加意维护。财政部批云,已转咨农矿部核办矣,议至五时三十分终茶点会成。

(1928年6月26日)

77. 中央国货公司筹备纪

邬志豪、孙梅堂、张子廉等,筹备发起中央国货公司于首都,并于本埠组织分公司,专为推销国货之机关,昨特假座宁波同乡会宴请各发起人,计到二百余人。首由主席邬君志豪报告筹备经过后,相继演说者,有褚慧僧、各省商会代表王伯勤、南洋华商徐赓华、国货提倡会陈翊庭、丝厂业巨子王介安、前工商司长赵晋卿、煤业大王谢蘅膓等,皆有热烈之演说,并愿大家努力进行等语,散会时已交九句钟矣。

(1928年11月16日)

78. 金华烟草公司出品将发行

金华烟草公司设于法租界新永安街,系甬人陈君集资创办,采用国产原料,装成二十支装华成牌香烟,□物精良,定价低廉,市上所□,闻一日发行,本外埠担任经理者,甚形踊跃云。

(1928年12月17日)

79. 梅园酒家昨日开幕

甬商毛和源、朱维良,及粤商何觐林等,集资创办之梅园酒家,已于昨日开幕,门市营业非常兴盛,户限为穿,日夜往顾因无座而退出者,可四百余人。房间布置最雅者,首推梅厅,内悬名令梅兰芳所书之梅幅,笔意高古,非常雅致。日间该店张宴,柬邀中外名人,由工部局华董袁履登君行开幕礼。晚间,由该店创办人毛和源君设宴,邀请甬粤巨商,到者有冯少山、石芝坤、方椒伯、袁履登、孙梅堂等二十余人,席间谈饮甚欢,咸赞称布置之得宜,认为上海不可少之菜馆。迨钟鸣十下,始各尽欢而散云。

(1929年2月19日)

80. 垦业银行总行昨日开幕

中国垦业银行上海总行于昨日开幕,中外来宾,自上午七时起,陆续到行致贺者,如财政部次长张詠霓、工商部代表朱吾宾、市政府代表岑德彰、临时法院代表张伟夫、法公廨陈介卿、中央银行陈健庵、顾贻毂、李稚莲、中国银行宋汉章、李馥荪、贝淞孙、交通银行卢润泉、胡孟嘉、唐寿民,以及袁礼敦、虞洽卿、叶揆初、叶惠钧、施省之、陈良玉、徐寄顾、吴麟坤、顾稚一、楼恂如、谢蘅牕、戴畊莘、冯炳南、林康侯、王宪臣、孙景西等约千余人。该行为实事求是计,对于同业堆花,均经婉辞,闻所收存款,已达五六百万之多,是该行之信用,可见一斑,将来业务发达,当可操左券也。该行总理秦润卿,经理王伯元,董长秦润卿,监察徐补孙,常务董事王伯元、方巨川、梁晨岚、赵仲英,董事徐寄顾、李馥荪、周宗良、楼恂如、龚子谊、李祖华,总理秦兼,经理王兼,副理何谷声、董占春、王仲元。

(1929年6月7日)

81. 上海种植园总店今日开幕

上海种植园为旅沪巨商虞顺恩君所创办,在江湾东体育路,辟地二十余亩,建设台池亭榭,搜罗奇异种子,培植四时花木,并请专门技师,制造美术盆景,出品之佳,素为各界所赞许。分园在愚园路七十六号,分销处本在南京路角大罗天内,现因营业发展,不敷应用,特在静安寺路五号(即新世界南部)开设总店,兹定于今日开幕,邀请各界参观。闻该店装设华丽,陈列花木,应有尽有,且印有开幕纪念特刊,以赠来宾,女宾莅至,并有鲜艳玲珑花篮一座,藉志纪念。

(1929年7月7日)

82. 大华药房昨日开幕

本埠西马路新创设之大华药房,业于昨日开幕,主其事者,如孙平阶、张光镛等,皆西药界富有实验之人力。该药房特备茶点,款待来宾,本埠各药房如五洲、中央、中法、中西、太和、华英、华美、科发、集成、大陆、济华堂、重松等咸派代表往贺,绅商界到者有汪伯奇、黄楚九、楼恂如、项松茂、何积蕃、江逢治、徐伯熊、刘聘三、毛鲁卿、张集成及各洋行大班等百余人。是日营业颇佳,门售达五千元外,配方亦百余张之多。该药房为四间洋式门面,于门首满缀电灯,入晚火树银花,顿成奇观,内部布置,备极华丽,颇见美术色彩云。

(1929年7月9日)

83. 中华市民银行昨日开幕

公共租界广东路十九号中华市民银行,昨日开幕,自上午十时至下午四时,各界来宾陆续前往道贺者,约计三百余人,由该行常务董事陆维镛、总理吴希白、行长吴俊季诸君殷勤招待。室内悬列本外埠银钱两界及党国要人致送联幛,暨银盾银杯,琳琅满目,与新饰雅洁之屋壁相辉映,颇觉富丽。十一时行启幕礼,由该行名誉董事长褚民谊君主席,行礼如仪,旋致词,最要诸语,为希望在事诸君鼓勇奋斗力行本行预定营业计划中扶助市民生计之市民小借款,及各项业务,助行总理之民生主义云云。旋由银行公会常委林康侯君代表来宾致祝,林君本十余年来办理银行之经验,作种种有益之贡献。末有该行名誉董事陈介卿君代表钱敬人、国货维持会徐赓华两君祝词毕,摄影纪念而散。

(1929年7月10日)

84. 大华中国火柴公司开幕

浦东六里桥大华火柴公司,系甬商戴庚杨君,为抵制舶来品火柴起见,自去年集资筹备，自建制造厂，订购新式机器，迄今有日。昨日举行新厂落成开幕典礼，先期发柬，邀请各界参观。来宾由该公司特备汽油船，在董家渡码头接送，前往参观者，自晨至暮，络绎不绝。制造工作，分制盒、烘磷、刷磷、装盒等十余部，出品与舶来品无异，市上已畅销者，为飞马牌、三星牌等，外埠向该公司定购者，亦甚踊跃。

(1929年10月14日)

85. 宁波饭店及逍遥池开幕

旅沪甬绅金庭荪，在法租界宁波路转角新建四层楼洋房，创设宁波饭店及逍遥池浴室各一所，规模浩大，设备完美，均于昨日同时开幕，宁波路上车水马龙，极形热闹。宁波饭店房间宽敞，装饰雅洁，中西伙食电灯电扇冷热龙头，应有尽有。逍遥池浴室上午十时开池，装置水汀，特开白石双龙浴池西式洋盆官座，所用毛巾浴布，每日消毒，极合卫生，茶房侍候，均甚周到，顾客莫不称美云。

(1929年12月2日)

86. 中国创制原料药剂之先声

本埠白克路九福公司创制百龄机补片生丹、九福乳白鱼肝油等，调制之纯良，久已脍炙人口，兹以维太命一类原料，于医疗及营养上俱属十分重要，而该厂向来所制少量，仅数百龄机配制之用，环顾国内，尚无出品，故于是项原料大规模的制造之研究，特致全力，现已将工程设备计划妥当，决定先出维太命ABDE四种，特由德美法等国运到定制之机器十九种，计费数万余金，正在分别装置之中，准明年起创制发行。并闻一俟该部开工，即拟着手研究，以麦角醒脂，利用紫外光带，造成人工维太命D之方法。该厂制药机器之完备，在吾国久少颉颃，兹再添置扩充，尤足为东亚新药界中放一异彩。闻该公司维太命，将来大量出品后，除发行外，并供全国医药界之需求云。

(1929年12月6日)

87. 上海印染公司开始营业

我国市场盛销之印染棉织物品，大律由外海输来，国人无集资创造者，岁溢金钱,何可限量。去年曾有旅沪湖甬巨商发起,纠合同志多人,募集巨大资金,创办上海印染股份有限公司,并于虹口东华德路高郎桥地方,购地二十余亩,建筑水泥钢管房屋,备作工场,一面派员直接向欧美定铸最新式之印花漂染整理机器多架,以资应用,筹备经年,始行就绪。现工场房屋,业已全部竣工,定购机器亦已转运到沪,装置蒇事,即日开始营业,代客印花漂染整理各种布疋。闻出货异常精良,远胜舶来,极为各界所赞许,代客印花漂染,尤称迅捷。兹将该公司业务种类附录如下,以见我国实业界之成绩。(印花类)鲜艳印花标(自一套色至八套色),双面印花标(自一套色至四套色),印花色布,印花软浆清水布,印花底咬白色子贡,印花直贡呢,各种深色花标,印花时新花呢,印花时新花绒,各种印花府绸,各种印花麻纱,各种印花羽绸。(漂染类)各色种类哔叽呢,各色光斜纹,各色冲素绸,各色素洋纱,军用黄斜纹布,洋红漂布,各种素直贡呢,加阔各档清水漂布,加阔各档粉漂布,隐丹士林各色漂布,隐丹士林各色绸布,海昌蓝各色细布。

(1929年12月15日)

88. 杭州饭庄开幕志盛

西湖风景甲天下,尤以西湖肴馔特佳,鱼称宋嫂,肉号东坡,佳话流传。今有闻人张啸林、杜月笙、王晓籁、俞叶封等在沪地最中心地点(大世界对面)创设杭州饭庄,延聘杭地及京津名庖,除京津名菜外,佳制著名杭菜,如西湖醋鱼、东坡肉、加香仲儿等,名目繁多,应有尽有。昨日为该饭庄开幕之第一日,顾客甚为拥挤,上午十二时许定座已满。

(1930年2月5日)

89. 民丰造纸公司成立

民丰造纸公司,为沪商竺梅先等发起组织,专造各种国货纸版,其制造厂设在浙江嘉兴东门外角里街,一切筹备,业已就绪,昨日上午十一时,假南京路大东旅社三楼,开创立会,股东到会者异常踊跃。公推褚慧僧先生为临时主席,通过筹备期内开支账略,及公司章程逐条修正后,即选举董监,由杨孟龙、孙梅堂诸君等为检票员。结果,洪沧亭、谢衡牕、杨孟龙、何耿星、孙梅堂诸君等当选为董事,谢伯受、徐景伊诸君等为监察云。

(1930年3月31日)

90. 大规模国货火柴公司出现

江苏火柴联合会委员长刘鸿生等，发起组织大规模之国货火柴公司，以抵御号称世界火柴大王之瑞典火柴，其计划以现在"上海"、"中华"、"荧昌"三公司合并，集合三公司之力量，藉对付外来之瑞典火柴。该三公司中，以荧昌公司规模为最大，共设有三分厂，一在浦东、上海、镇江等处；次为中华，设有两厂；再次为苏州鸿生厂。该三厂合并后，资本为三百万元，股份之多少，视其规模之大小为比例，并拟在上海爱多亚路二十八号，设立大中华火柴股份筹备处，刘鸿生君为筹备主任。兼旬以来，积极筹备，大致已告就绪，业经呈请工商部注册在案，不久即可正式开幕。该三公司合并后，总厂批发行所设立于上海，拟在苏州设立分销所，其他南京、镇江等各地，均须设处分销，以资推广。至制造厂，以原有之场所，并不另设，或合并其厂之名称，及商标亦不更动，仅冠以大中华三字，为"大中华鸿生厂"，或"大中华荧昌厂"等，以资识别，而便改良出品之考绩云。

(1930年7月8日)

91. 黄九芝堂药号开幕预志

新药界巨子黄楚九，开设中法、中西两大药房及九福公司，历有年所，显然执新药业之牛耳。人但知黄君为新药之巨擘，不知黄君本系中医，其尊人知罴老人，医名精甚，尤精眼科，家传秘方数十种，均属百试百验。黄君近于经营新药之外，并注意提倡中药，在本埠浙江路中市自建四层高大洋房，组织大规模之中国药号，名曰黄九芝堂，更在杭州钱塘门外西湖之滨，自设胶厂，汲取湖水，杜煎虎鹿龟□诸胶，更将家传各种经验秘方虔诚修合，公开济世。至其余市上所售各种饮片，以及丸散膏丹花露油酒，亦无不应有尽有，并拟优待顾客，于寻常初一十五，及国历一号十五号，照例双九扣外，每逢星期日，亦一律双九扣，共计每月放价八天以广招徕。并拟刊黄九芝堂丸散膏丹总录一书，分赠各界，闻正在印刷中。该堂筹备以来，将及一载，近已各项就绪，闻将于本月内择吉开张，特志其大略，以祝医药界之明星。

(1930年9月5日)

92. 大来银行昨日开幕

宁波路四三八号大来银行,系徐圣禅、竺梅先、俞佐庭、吴岂汀、陈杏初等所创办,募集资本五十万元,呈请财政部核准注册,业经组织成立。昨为该行开幕之期,行内满挂各界致送之屏幛银盾等礼品,密无隙地,财长宋子文氏亦有匾额一方。贺客到者,有钱新之、唐伯耆、周枕琴、秦润卿、徐庆云、褚慧僧、吴蕴斋、王延松、谢蘅牎等六百余人之多,由该行各董监等殷勤招待。闻该行昨日一日之间,收受各种存款有二百余万之巨,他日营业之发展,殆可操券云。

(1930年9月6日)

93. 徐重道国药号将开幕

本埠徐重道国药号,为海上进步最速成绩最优之中国药店,平常营业异常发达,故十余年间开设分店有十余处之多,莫不装潢崇丽,营业鼎盛。该号主人为指挥便利起见,在爱文义路泥城桥西自建总店店基,建筑宏伟,气象壮严。兹以新屋业已落成,定于本月十九日举行揭幕典礼,二十日起正式营业。该号为唤起社会人士一致提倡国药起见,对于开幕典礼,筹备十分隆重。届时一遍邀本市党政军商医药各界领袖人物,莅店参加揭幕盛典,并柬邀各机关各团体代表参与观礼,十八日晚间并在本堂设宴招待全市医药界暨新闻界参观指导。此次该号总店开幕,各界均一致表示同情,咸认该号足以负发展国药之重大使命,故党国要人、海内名流,纷颁词章,颂勉有加,诚国药界新兴气象也。

(1930年11月17日)

94. 徐重道国药号昨晚盛宴

今日举行揭幕典礼

本埠爱文义路泥城桥西徐重道国药总号主人徐君,鉴于现代国产药材落伍,提倡国货者虽不乏人,然采用者仍有顾此失彼之感,窃以国药一道,关系国计民生,至深且巨,故愿牺牲巨资,专聘良师化合丸散膏丹,货真价廉,昨日为该总号新屋落成之期,柬邀全市医药两界暨新闻界莅店参观、指导。

下午六时,并设宴筵款待来宾,届时由该号经理岑志良、医界蔡济平、药界张梅庵、报界黄雨斋等殷勤招待,到客计千余人,济济一堂,皆为时下名人。闻今日由党政军商学各界闻人举行揭幕典礼,定明日正式开幕。该号能本改进国药之精神,努力为社会服务,一洗颓靡不振之习气,殊属难能可贵。他日中国医药,得有发扬光大之一日,该号执国药界之牛耳,可操左券也。

(1930年11月19日)

95. 徐重道国药号今日开幕

昨日各界名流贲临揭幕

本埠爱文义路泥城桥西徐重道国药总号,昨日上午十时,邀请各界名流莅店,举行揭幕典礼,一切布置,极为庄严隆重,到有党政军商医药各界来宾一千余人,盛极一时,兹将其揭幕仪节举礼情形,分志如下:①奏乐;②升旗鸣炮;③各界名流,鱼贯出礼堂,举行揭幕;④全体肃立,向党旗及总理遗像致最敬礼;⑤恭读总理遗嘱;⑥总经理岑志良报告营业方针,词长从略;⑦来宾于右任代表沈其泉及叶惠钧、方椒伯、朱国鹏、黄雨斋、丁仲英、钱庠元、张梅庵,暨卫生局、教育局、本店职工代表等相继演说,莫不善颂善□之中,寓相钦相勉之意;⑧主席致谢词,大致谓敝号抱改进国药之精神,为利济人群之事业,今日开幕,承蒙各界人士宠勉有加,实为殊幸,兹代表敝号主人,竭诚致谢云云;⑨礼毕,全体来宾摄影,以留纪念;⑩公宴,一时泥城桥畔车水马龙,该号礼堂觥筹交错,其盛况为商界所未有。闻该号昨仅举行开幕典礼,今日正式营业,所有分支各店,并自今日起同时举行大廉价一月,以示纪念总店开幕,并答各界之盛意。

(1930年11月20日)

96. 和兴码头堆栈公司开幕

沪绅乐振葆、陆伯鸿、张效良、王云甫、郁葆青君等鉴于我国自航权收回后,航运之发达,大有一日千里之势。而本埠原有各栈埠,类皆旧式,且不数目下需要,爰集资在浦东周家渡购地八十余亩,建造钢制浮码头三座,及最新式钢骨水泥三层楼堆栈一所,可堆存杂货二十万包。该处地形高于浦西,水度甚深,最低潮常有水深二十余尺,均可随时并泊船,图样由公利营业公司顾道生君规划,实为本埠最完备之码头堆栈。昨日开幕,该公司备有专轮接送来者，各界陆续前赴参观者，凡千余人，由经理等殷殷招待，导引参看各部，均表满意，并款以茶点，尽欢而散。

(1931年10月8日)

97. 寿全斋国药总号开幕

浙东余伯明与其介弟福生对于国药素有研究，曾在沪南及新浜路口，开设寿全斋联号，营业向称发达，近鉴沪东区市面日渐繁盛，在华德路辽阳路口，自建房屋，开设总号，对于饮品丸散特加研究，参燕银耳所备尤为上品，已于昨日正式开幕。同时与新记浜路之老店举行廉价，故自早至暮，顾客接踵而至，洵为国药界增光不少云。

(1931年10月14日)

98. 宁绍人寿公司成立

本埠商界巨子乐振葆等，发起创办宁绍人寿保险公司，筹备迄今已将月余，日昨假座银行公会举行成立大会。公推乐振葆君为临时主席，①行礼如严；②袁履登君报告筹备经过，略称本公司资本总额计国币二十五万元，由发起人等全数认足，一次收齐，股款业已缴到，内洋十七万五千元，存中华劝工银行，又七万五千元，存通商银行，筹备期内，并将英文保险单译成中文，以便国人投保寿险，对于保单内容，一目了然，无文字上之阻碍；③讨论章程；④胡詠骐君报告营业概算及计划，略云，寿险事业，欧美各国早已普遍，盖此种事业，直接得以保障个人生产，间接得以维持社会安宁，故公司本此宗旨，采用教育方法，力求普及，内部之管理，均以科学原则为根据，开办伊始，先在本埠及江浙两省附近营业，往后再向南洋群岛等处推广之；⑤选举董事及监察人，当时选定乐振葆、王心贯、楼恂如、胡孟嘉、何梅轩、刘聘三、刘湛恩、陈雪佳、朱懋澄、袁履登、孙梅堂十一人为董事，李祖华、王云甫、吴经熊、洪贤钫、周亭荪五人为监察。礼毕茶点，至散会时已钟鸣五下矣。

(1931年10月17日)

99. 宁波实业银行昨日开幕

本埠宁波实业银行，昨行正式开幕典礼。上午八时，先行开门仪式，由常务董事邬志豪、监察郭永澜,暨经副经理、襄理等,亲自启门,开始营业。嗣于九时,邀请沪商傅晓庵君,行升旗礼,燃放鞭炮,全体董事邬志豪、何绍庭、邬志和、董仲修、卓雨亭、虞同孙、郭永澜等,殷勤招待。各界来宾到者,宋汉章、王晓籁、虞洽卿、傅晓庵、秦润卿、贝淞孙、徐圣禅、张炯伯、朱子桥、许世英、屈文六、傅松年、傅洪水、方椒伯、徐新六、徐寄顾、陈掌文、吴蕴斋、冯诵卿、王心贯、袁礼敦、徐永祚、谢蘅牕、楼恂如、闻兰亭、张继光、殷杰夫、张之江、石芝坤、徐懋棠、厉树雄、黄延芳、张申之、朱吟江、魏伯桢、徐可陞等约千余人,门前车马络绎,殊称盛况。闻该行此次开幕,收到各界致送贺礼,已达一千余份,悬挂幛联,费时数日,并满壁辉煌,光陆万状,开幕日营业存款一项,共计收入三百余万云。

(1932年6月5日)

100. 统原银行定期开幕

定于八月十日举行典礼"统原商业储蓄银行,资本总额国币一百万元,业已一次收足,刻经财政部核准注册,颁给银字一二一号营业执照",将于八月十日举行开幕典礼,并定八月二日,先行开始营业。该行董事长余葆三,董事徐仲麟、余佐廷、秦善宫、陈润水等,均系实业界金融界之巨子,将来于银行业前途,定有相当贡献。

(1932年7月29日)

101. 统原银行昨日开幕

昨日,天津路二十号新创统原商业储蓄银行,正式开幕,资本一百万元专营商业储蓄及各种银行业务,利息优厚,手续简快,颇为社会所欢迎。组织者系金融实业两界人物,经理陈润水君,副理秦善德君、陈春云君,皆蜚声金融界。该行地居适中,陈设亦精丽乔皇。来宾前往道贺者,皆海上闻人,如王晓籁、袁履登、贝淞荪、傅筱庵、徐圣禅、钱新之、林康侯、胡孟嘉、秦润卿、徐寄顾等诸君,计有千余人,车马盈门,至午后尚络绎不绝,颇极一时之盛。各项存款收入,闻自二日开始营业起,至今已有六百余万之数,足见该行信用卓著,前途尽未可限量也。

(1932年8月11日)

102. 王荣昌呢绒西服店今日开幕

北四川路老靶子路口王荣昌号，于今日开幕。闻该号专办呢绒哔叽西装、套头花呢，以及西装属物，各种呢帽，并聘优等技师，专制西装衣着、学校制服、大衣、雨衣，想各界前往购制者必众。

(1932年9月25日)

103. 国货橡胶事业新发展

甬商李祖荫、冯子诒、朱继良等鉴于橡胶制造之需要，舶来品之充斥，乃集合资本，创设国货橡胶厂，专事制造套鞋热水袋等，以供社会之需求。厂址在白利南路五百三十号，营业所设五马路西广福里十四号，定名中国工商橡胶厂，聘请边文卿君为经理，化学专家阮览施君。闻已筹备完全，开工制造，出品优美，坚固驾乎舶来品之上，已开始营业。在此努力提倡国货之际，该厂应时而生，实国货界之一好消息也。

(1932年9月25日)

104. 泰山保险公司开幕

本埠北京路二号华商泰山保险股份有限公司，业于昨日开张，经营人寿、水火、意外等各种保险，资本一百万元，分为十万股，每股十元，业已一次收足，所有董事，均系本埠著名银行家与金融家。董事长徐新六，董事李馥荪、王启宇（著名纱商）、刘鸿生、厉汝熊（华商保险公会会长）、施佩仁（万国储蓄会总理）、陈其均（济业银公司总经理）、任嗣达（邮政储金汇业局会办）、史丹（美亚保险公司总理）、潘学安（大华保险公司总理）、卢子让（泰山人寿保险部经理），监察人三人，为史德之、万国宾（万福麟将军之公子）、沈叔玉（前邮政储金汇业局总办）。董事方面虽尚无正式报告，但探闻该公司之一切组织，概照国民政府颁布之法令办理，是以管理严密，基础至为巩固。

(1932年9月25日)

105. 南京路上新创国货公司大商场

本埠南京路虹庙对面，前绮华公司原址大厦，由上海国货公司承订计划，开设国货商场，筹备已将一月，内部工作，瞬将工竣。前昨两日，该公司宴请各界闻人及国货厂商，到有王晓籁、陆文韶、穆藕初、傅筱庵、姚慕莲、王彬彦、张慰如、项绳武、徐永祚、刘聘三、虞少棠、王介安、陈翊廷、计健南、方液仙，暨厂商代表三百余人。首由该公司总经理邬志豪申述创办宗旨及方针，略谓我国洋货进口年多一年，金钱流出，不可数计，全国经济市场，为舶来品侵占殆尽，查上海为全国商埠冲要，而南京路尤为上海市场之中心点，所设商店多数以舶来品相号召，欲觅一完全国货商店极感困难，同人等有鉴及此，是以集资组织上海国货公司，搜罗各地名厂出品，划分绸缎花边、呢绒、布匹、新装首饰、细毛皮货、五金杂货、烟酒食品、针织用品、化妆药品、橡胶皮件、各地土产等二十余部。凡几国货，应有尽有，并为便利顾主起见，请宁波实业银行在场内分设储蓄部，再在三楼设置批发、通信、国外贸易三部。希望国货能渐次推进，得达到全中国各处皆有国货公司之设立云。继有王晓籁、陈翊廷、王介安等次第发挥贡献种种计划。

（1932年10月25日）

106. 上海国货公司昨开幕

南京路上海国货公司，昨日上午开幕，贺客盈门，如庄崧甫、虞洽卿、王晓籁、闻兰亭、褚慧僧、陈蔼士、王延松、方椒伯、裴云卿、袁履登、郭顺、孙梅堂等千余人，相继前往道贺，由该公司总经理邬志豪、经理朱炳章、副经理陆祖笙等，亲自招待，款以茶点，而参观铺面及二楼商场各部，顾客拥挤异常，实为沪上罕有。商场内部并有宁波实业银行设立储蓄部及礼券部，各界士女，尤称便利。其所陈列各种国货，均为名厂出品，五光十色，灿烂夺目，绸缎皮货，色样精美，因其价廉物美，故得各界乐购。闻全日营业，竟达五万余元，可称国货声中之好消息也。

（1932年11月6日）

107. 中国窑业公司开幕记

中国窑业公司,昨日正式开幕,上午九时由董事长王伯元行开幕礼,亲自升旗,董监事方巨川、梁晨岚、胡西园、□培元、程年彭、陈超泉,总经理胡祖庵,殷勤招待,厂长胡庭梅、周炳贵、李□金、张佑庭,分别招待。来宾到淞沪警备司令代表鲍声,市政府秘书长俞鸿钧、公安局长文鸿恩,商界张公权、秦润卿、金廷孙、黄延芳、吴蕴斋、潘仰尧,文学界陈小蝶、江小鸥等三百余人。首由王伯元致开会辞,后由鲍声、文鸿恩、陈翊廷、俞鸿钧、吴蕴斋、秦润卿等分别演说,至十二时聚餐毕摄影,宾主尽欢而散。

(1932年12月19日)

108. 惠中银行明日开幕

金融界俞佐廷、何谷声、厉树雄、丁家英、邱彭年、史久鳌等二十余人,新创惠中银行,于天津路前上海市银行原址,修葺一新,业已筹备就绪,定明日(二日)正式开幕,遍柬各界观礼。届时车水马龙,必有一番盛况。闻该行资本雄厚,股东类皆巨商,信誉卓著,经理戚仲樵,协理虞仲言、俞树棠等,纯属新轮老手,择奇计赢,营业鼎盛,可预卜焉。

(1933年10月1日)

109. 惠中银行昨日开幕

本埠天津路惠中商业储蓄银行,昨日正式开幕,贺客盈门,存户拥挤,熙往攘来,踵趾相接,几无容足之地。来宾中有中央委员缪斌,国库司长余梅荪,前财长李思浩,银行界宋汉章、陈光甫、贝淞荪、唐寿民、傅筱庵、叶扶霄、陈伟安、林康侯、王伯元、徐新六、胡笔江,钱业秦润卿、谢静甫、李寿山、裴云卿,暨各界王晓籁、虞洽卿、杜月笙、王延松、袁履登、方椒伯、黄延芳、吴荨衡、乐振葆、谢蘅牕、邬志豪等数百人,济济一堂。由该行董事长俞佐廷,偕全体董事及经副理戚仲樵等,殷勤招待,宾主极尽欢洽。并有国府主席林森题赠"通财阜群",考试院长戴季陶题赠"利用厚生",军政部长何应钦题赠"惠工通商",上海市长吴铁城题赠"同人大有"等颜额。门前车水马龙,天津路交通几为之断,其盛况为向所未有。闻该行是日收入存款共有三百余万之多云。

(1933年10月3日)

110. 国泰银行创立会纪盛

国泰商业股份银行为银行界富有经验之巨擘所发起，定资本年总额壹佰万元，已于八日借香港路银行公会开创立会，到会者达三百余人。公推王伯元君为主席，报告筹备经过之情形，及各股东认股者达三百五十余户，股款达八十余万元，次选举董事后散会。结果当选王伯元、俞佐庭、郑秉权、徐伯熊、刘聘之、陈绳武、徐可城、薛春生、孙劭卿、张朗齐、林干甫为董事，王仲允、冯斯□、周永昇等为监察。闻于十月二十日举行第一次董监联席会议，并选举董事长。

(1933年10月10日)

111. 金城大戏院今日开幕

宣传已久之电影之宫金城大戏院，定于今日下午三时举行落成典礼，专诚招待各界，同时恭请吴市长莅院揭幕，届时必有一番盛况。爰将该院内容，略述于下：

建筑全屋采立体式，式样峻伟，高接云霄，姿态庄严，气盖遐迩。入门串堂，作环图形，两边扶梯宽大，场内亦宽敞洁简之致。

服饰门面有玻璃巨柱五座，高可五丈四尺，一时无侪，雄姿焕发，十分瑰丽。华灯既上，则绿光四射，璀璨夺目，与中英文字招，相争成妍。串堂之扶梯亦饰以霓虹灯，内外辉映，蔚为巨观。正门大窗，为故宫式者，配以科学化之颜色，使光线益臻妩媚柔和。场内电灯布置别出心裁，光彩暗藏，雅淡宜人。所有栏杆，全为上乘铝货，皎洁可爱。甬道铺以上等毛毯，轻红淡绿，倍增美感。墙壁粉饰，简洁触目，无丝毫烟火气。戏台两旁，饰以玻璃柱子，异常瑰丽。

设备全院设备，十足摩登，暖气设备，全属最新式者。热气机，非即普通通之热水□，乃特种之新式设备，将热气输送入院，设有自动机关，能自由支配热气，抽还浊气，温度适中，满院是春。至于冷气机，纯采科学新法制造冷气，输入院中。此项冷气，亦能自由增减，就院外之气候，根据卫生之标准，作适当之升降。座设一千八百余，计楼下一千一百余，楼厅七百，花楼一百七十，所有楼上下座位，靠垫皆用弹簧，舒适异常，其式样尺寸与排置，煞费苦心，经多月之研究，七八次之修正，始臻完成。至于高低之适度，地位之宽舒，犹其余事耳。所装有声机,为德国最最新式实音巨型机,发音清晰美妙,不锐不浊,一切嘈杂回声,悉为墙壁所覆之不燃正音纸板所隔绝。放映机为德国安纳门第五号,光线强烈,物体映于银幕上,远近划明。至于银幕之大,在中国堪称第一。

(1934年2月1日)

112. 中国天一保险公司开幕

中国天一保险公司,业于昨日开幕。上午八时,全体职员齐集该公司八楼,举行开幕仪式,并由董事长、总经理分别训词。九时起,接待中西来宾,到有吴铁城、虞洽卿、胡笔江、王晓籁、金廷荪、卢润泉、宋汉章、袁履登、谢葆生、徐新六、林康侯、叶扶霄、徐寄顾、李詠裳、王鞠如、陈蔗青、李大超、潘学安、吕岳泉、冯炳南、李祖韩等氏,西宾则有凤凰、地球、太阳、友邦、美亚、四海、望赍、锦隆、巴勒、通利、普益诸公司大班、董事等,均由董事长王伯元,董监事秦润卿、钱新之、王子崧、孙鹤皋、张芹伯、何谷声、王仲允及总经理梁晨岚,经副襄理秦子奇、黄仲长、李祖超、林子和等殷勤招待。该公司系海上银钱业及实业界巨子所创办,资金雄厚,信用昭著,将来业务之发达,可以预卜也。

(1934年2月2日)

113. 沪商袁履登等集资开采鄱阳煤矿

本市商界闻人袁履登等,发起组织鄱阳矿务公司,决定资本一百六十万元,以后业务之发展,再加以扩充。该矿区在鄱阳县东乡,蓄量极富,且该地交通极便,运输上不受困难。该矿原由当地人士呈准实业部及江西省实业厅集资开采,以规范极小,每日仅能出煤三十吨许,因之袁履登等呈准实业部订约合办,组织鄱阳矿务公司。预计成立后,每日可出煤一千吨左右。

(1934年2月8日)

114. 国泰银行昨日开幕

山西路天津路口新设国泰商业储蓄银行,系金融界巨子所创办,资本实收国币一百万元,业于昨日正式开幕营业。前往道贺者,多系绅商暨银钱界领袖,如徐新六、秦润卿、贝淞生、李思浩、徐寄顾、袁履登、王延松、刘晦之、唐寿民、林康侯等共约千余人,由董事长王伯元、暨全体董监及总经理郑秉权、经理林平甫等,殷勤招待,车水马龙,颇极一时之盛。闻昨日共收入定期活期存款计达七百余万元。又该行储蓄部,系另拨基金,利息优厚,会计独立云。

(1934年3月1日)

115. 元一行开幕先声

崭新金融企业之实现发展工商企业之利器

  沪埠为全国金融商业之中心,人文荟萃之都会,关于全国之经济设施,一切工商企业之发展事宜,无不以上海为根据地,所有设计集资鸠工庄材等筹备手续,概在上海办妥后,然后分向各地,次第进行举办,是以各种经济组织、物质设备,上海一隅,较为完备。但与欧美先进各国相比,当然瞠乎其后,且较大规模、较大资产之事业,如金融贸易保险等等,均操之于外人之手,国人即欲投资新兴事业,苦无门径,如委托外人代办经营,则坐视被客卿获取肥利以去,即汇兑一项,照先总理估计,每年我国损失,为数不知若干万万元。近年来国人于新事业,颇能努力,利权得稍挽回。最近数年来,国人于外国证券物品交易之投资,渐加注意,惟是项企业,绝对为外人所把持,国人不能越雷池一步。于数月前,曾闻沪地金融巨子,有创办是项企业之说,近日始知邵长春、葛哲生二君赴欧美调查之目的,确为此事。昨据确讯,元一行为华商巨子王伯元、何谷声、梁晨岚、戚少斋、王子崧、邵长春、葛哲生等纠集巨资,联合金融界组织,业已筹备就绪,不日开张。该行之资本与规模,甚为巨大,现已筹足一百万元,并为无限性质,故经营之业务范围极广,举凡国内国外各种公信证券物品等交易,无不办理,代客买卖,尤所欢迎。顾王君等所以愿投巨额之资本,不避艰难,不惧外商竞争,毅然决然,创办斯业,实因与纽约华尔街著名棉纱、小麦、证券、物品交易所,暨芝加哥杂粮公会,接洽妥帖,并特约纽约证券业巨商门洽行(Mund)为代理人。同时邵、葛二君在纽约时为国力争地位,折冲樽俎,始得获选为经纪人,是则实为华人之空前荣誉。邵、葛二君业已取得纽约棉花交易所纽约物品交易所及芝加哥杂粮公会经纪人之位置,诚属我国商界破天荒之宏图。国际商业信用地位,从此增高,昔日须经日本人或其他国外之手者,今日可由元一行直接与国外交易矣,是以元一行之成立,非特在国内增加一崭新金融企业,即在国际地位上亦复增光不少,是则元一行之发展光大,当为我国人所公祝共庆。甚盼全国商界领袖,通力合作，互相扶助，以挽狂澜，而巩固国内商业之基础。兹悉该行一切行将布置就绪，于短时期内，即可正式开幕，从此金融界中得独树一帜，国计民生，两有裨益，皆出自王、邵、葛诸君之力也。

(1934年4月22日)

116. 大亚银行将开创立会

天津路十九号即前东三省官银号原址，新设大亚银行。闻该行组织份子，均系各界领袖尤菊荪、秦润卿、王鞠如、杜月笙、徐懋棠、朱如山、傅品圭、程筱六等。业已筹备就绪，现定于七月七日召集全体股东，假宁波路钱业公会二楼，开创立会，选举董事、监察人及报告筹备经过，提议章程等一切事项。年来本市金融一业，颇呈蓬勃之象，然而内地经济枯竭，农村崩溃，病态终不可掩。是银行业者，对于繁荣百业，复兴农村，实负有重大之使命。该行发起诸君，或为实业巨子，或为理财能手，对于业务，自必有确切之计划，崭新之设施，以贡献于社会，将来营业之发展，当可拭目以待也。

(1934年6月25日)

117. 宁波实业银行新行落成昨日开幕

宁波实业银行成立以来，专为社会服务扶助渔农工商发展实业为职志，该行因业务扩展，于昨日迁入南京路新行址营业，举行开幕典礼。各界道贺者，计到虞洽卿、傅筱庵、秦润卿、俞佐庭、袁履登、杜月笙、徐懋棠、张继光、梅哲之、王晓籁、王伯元、陈光甫、吴蕴斋、竺梅先、金廷荪、张慰如、张竹平、许廷佐、徐采丞、裴云卿、王文浩、魏伯桢、张申之、徐新六、朱吟江、章荣初、朱学范、张子廉、徐寄顾、陈继武、黄延芳、徐景祥、楼怀珍、施春山、刘聘三、乐赓荣、沈田莘等三百余人。当由该行董事长兼经理邬志豪暨庄崧甫、洪雁宾、陆祺生、谢企亚等殷勤招待。并为酬答各界盛意起见，除在迁移一月期内，各种存款利息加厚，及另备赠品外，道贺来宾，并赠送开幕纪念册及购买国货优待证各一份，以答雅意。是日交易往来，各种存款，极为踊跃，自朝至暮，顾客如市。该行职员等，办事手续敏捷，酬应极为周到。闻该行经理等热心实业，提倡国货，嗣后仍当本发展实业初衷，积极努力，尤盼各界尽力赞助，共谋合作云。

(1934年10月2日)

118. 国际大酒店定期开幕

中委王正廷及银行界钱新之等集资创办之国际大酒店，已定本月二十日开幕，资本为一百十万元，租借跑马厅畔之二十二层大厦，该大厦建筑工程，亦已落成。中央社记者以该大厦为远东最高之建筑物，特往访该项建设工程师吴清泉等。据谈，该大建筑地价为四十万，建筑需费四百二十万元，而内部装修费达八十万元，因其为远东最高之建筑物，故内外设备莫不力求精美，而趋合时代。该大厦大部分房屋供国际饭店之用，每年租金为二十二万元。国际饭店共有大小房间二百十二间，一切设备均经长时间之研究，即侍应生一百七十名，均经十个月之训练，费资二万四千元，其他如消防设备，除每层设置灭火机外，每隔十方尺之室顶上，均置灭火水机。该机在沪上系创见，凡室内气候高至一百六十度者，该机即自动将大量云水洒下。每机洒水面积十方尺，所以每十方尺装设一机。至于卫生设备，亦莫不力求精备，为沪上首屈一指。

(1934年11月2日)

119. 亚洲银行开幕志盛

亚洲银行为金融界巨子所组织，份子纯正，实力雄厚，历经呈准财、实两部分别给照营业，于昨日上午九时，在宁波路八十九号举行开幕。首由该行董事长徐伯熊揭幕，次为升旗剪彩开幕摄影。各界前往道贺者，计有秦润卿、宋汉章、俞佐庭、杜月笙、孙衡甫、刘晦之、裴云卿等九百余人，车水马龙，盛极一时。由该行全体董监事，暨经副襄理李声洪、周佩璋、沈宝甫、赵玉如、袁雄之、赵宗远，殷勤招待，甚行忙碌，旋复领导各界参观各部，皆称组织设备，俱具科学精神。该行所收各方礼品，如楹联、银盾、银屏、绣屏、丝帐等数达千余，分别陈列于礼堂、经理室、营业部及董监办公室、会客室等处，琳琅满目，美不胜收。该行专营存款、放款、汇兑、贴现、仓库，以及其他一切商业银行业务，□续力求敏捷，管理务期严密，而运筹帷幄，悉取稳健，依此方针进展，该行不独能树立稳固之基础，即于社会经济，亦有相当之贡献。昨日开幕后，各界存户前往交易者，颇形拥挤，统计全日共收存款洋四百八十余万元，亦可谓踊跃矣。

(1934年11月2日)

120. 宁波实业银行复业运动第一声

已组织宁波实业银行复业运动委员会

宁波实业银行经蒋委员长电准,着与孔部长洽商复业,前途已有曙光,现由袁端甫、陈粹甫、曹国华、邬志豪、俞国珍、杨诵仁、郭学序、林康侯、何绍裕、何绍庭、汪北平、陈忠皋、张子廉、王鸿来、项继武、王伯元等,组织复业运动会,发表宣言。兹将宣言原文录之如后:一,宁波实业银行者,吾甬人事业之一也。创办以来,以扶助实业,提倡国货,调济金融为宗旨。主持人邬志豪君,吾甬人事业领袖中之佼佼者。宁行之暂停收解,初非投机失败与夫营私舞弊者所可同日语也,就此,吾人对于该行之搁浅,不胜其惋惜矣,用是乃有复业运动之发动。发动之机有三:曰维持债权利益也,曰保有吾甬人事业上之信誉也,曰同情邬君之国货救国也。在此三端,乃进而研讨其复业之可否,于是有三因矣,昭示吾人以复业之可能者。三因维何?①查该行复业不难,负债不过七十一万元,倘能复业,债务资产,共计一百三十万元,除前董资本五十万元不计外,以对折收账,可得六十五万元相差,欠人六万元;②蒋委员长曾电孔部长救济复业在案,想吾同乡领袖,理合拥护委员长之愿望,共同参加复业,以存救国救民之心;③查该行债权,以宁属商政为多数,对于复业主体,富有情感,该行停止收解,已过月余,债权人态度,一致同情复业,爱护乡谊之心,实出于吾意料之外。有此三点乃引起吾人对该行复业运动之热忱,于是集同志成运动会,而以该行董监为主,而以各界领袖及债权人为宾主者,移其应负之责,以为复业之基实者,各竭其能而助其成,分工合作,异途同归,一致于此。甬人实业之总汇,提倡国货大本营之宁波实业银行,复兴光明在望,左券可操。负责之董监,热忱之债权,与夫急公尚义之各界领袖,如不以吾言为不信,其速加入,此告。并附参加认股之说明:①该行全体股东监董,(甲)为股东者,保全已亏血本计,加认新股,以保前益,(乙)为董监者,承认维持复业而卸责任保全信誉也;②宁属领袖同乡诸公,为维持吾甬人事业信誉计,认股助成复业而全光荣;③该行债权人,为保护自身计,认股协助,致共复业,所有存款,作为现金投资免致吃亏,而利复业之进行。以上三点,本会备印认股书,向各方募认后,当召集认股人会议讨论,如有成效,组织复业委员会,进行复业事宜,如无相当成效,而无复业可能,所认之股,均作无效。本会暂设筹备处于西藏路宁波同乡会内,发起人袁端甫、陈粹甫、曹国华、邬志豪、俞国珍、杨诵仁、郭学序、何绍裕、何绍庭、汪北平、陈忠皋、张子廉、林康侯、王鸿赉、项绳武、王伯元（王、项二君以同乡资格加入）、周永昇同启。

(1935年7月15日)

121. 宁实复业运动会通告

宁波实业银行复业运动会，通告债权人云，查本会成立以来，从事于宁波实业银行复业运动，奔走兼旬，已启复业之门，复业办法，亦经拟定，多数债权接洽就绪，现正着手银行内部整理工作，复业之实现，仅属时间问题。凡该行及各分支行未向本会接洽之少数债权，不论存额多寡，请于五日内，驾临西藏路四八零号宁波同乡会四楼本会办公处，商洽一切。事关债权人切身利益，务祈勿延是幸。

(1935年8月3日)

122. 宁实复业筹备处成立

宁波实业银行，自暂停收解后，经甬同乡及第三者极力呼号，复业声浪，几播全国，并组织复业运动会于宁波同乡会内。该会成立以来，进行颇为顺利，各债权人签认股款，亦其踊跃，已达债权总额十分之七。该会发起人认为运动时间成熟，日前假四马路中央西菜社召集第四次发起人会议。议决，即日起，成立宁波实业银行复业筹备处，所有复运会各发起人，一律继续连任为筹备委员，并另推常务筹备委员五人，积极办理复业增资各事，一俟债权认股告竣，即可定期复业。对于复业增加股本，已订定增股简章，由该处负责人，分头经募，复业之期，当在不远矣。

(1935年8月26日)

123. 宁波实业银行筹备复业呈财部文

宁波实业银行复业事宜，近日正积极进行，闻离复业之期不远。兹觅该行昨呈财政部文云，呈为呈报宁波实业银行停业清理及筹备复业经过情形事，宁商银行受市面不景气影响，金融周转不灵，不得已于本年六月四日，宣告暂停营业，由具呈人委托徐永祚会计师清查账目，并请其会同余华龙、林克聪律师等封存行内契据文件。当时因各董事监察人散处各地，直至七月二日,始得在甬召集一部分董监会议议决,委托徐永祚会计师等为清理人,并代表召集股东会。各清理人为审慎计,函由部派监督清理员罗,呈奉部令,须分向其他董事联名签署委托,以符法定人数。乃复于八月十一日,由罗专员召集新旧两届董监会议议决,追认上届董监会议,并添聘张学文会计师、赵仲鼎律师为清理人,连前共计清理人五人,公推具呈人及董事周永昇,根据议决案,代表致函各会计师及律师,委托清理,并代表召集股东会,而由罗专员据情呈准备案。至九月五日,各清理人就任后,现正积极进行清理事务,在此停业期内,因各债权人利害关系,即于六月八日,召集债权人联合会,筹商保护债权利益,安定社会金融办法。旋即办理债权登记以期集中力量,并分向各界领袖、甬籍同乡,要求援助。时亘三个月,会议十三次,各债权人均为自身利益计,均一致主张复业,因此甬籍同乡及商银行债权人关系人等于七月廿日,召集复业运动会。为维护债权利益保存甬商信誉起见,公决筹划复业办法,及其进行步骤,两个月间,开会六次,并与债权人联合会,商得具体办法,除请甬商领袖招募新股外,各债权人愿以债权额十分之五充作股本,十分之三作为定期两年之存款,十分之二于复业后,发还现金,众意签同。爰于九月九日,由具呈人与债权人联合会,签订和解据,以资信守。该会代表之债权额计银六十八万九千四百五十三元七角一分,业经签具复业认股证者,计银六十六万二千五百三十四元(截止五月十五日)。查办银行所有存款,共计银八十七万五千六百十五元零三分,同意复业而认股者,已达债权总额四分之三以上。其余四分之一弱之债权,当亦能赞同复业,签具复业认股证。赖社会各界之扶助,及债权人等之谅解,使商银行得以转危为安,继续营业,深为感幸。所有债权人联合会及复业运动会进行情形,及复业方案,迭经该两会函呈罗专员,请予转报有案。以上系商银行停业清理及筹备复业之经过情形也。商银行自停业以来,迭奉钧部训令,督同清理,造报表册,并限期分别偿还储蓄存款,及其他债务,各等因,自应遵照办理。关于造报表册一节,上海市内总分行之账册,已经徐会计师审查告竣,将表册送由罗专员呈部有案。外埠分行账册,拟仍由徐会计师继续清查完竣后,转交清理人核办,惟绸集簿据审查汇报,尚须时日。兹先由具呈人责成各分行自行造表汇合,编成总表及总分支行分表藉明资产负债之总额,及细数。此项总表及分表合订一册,今特随文附呈。关于偿还存款一节,除和解据订定,以存款十分之五,充作新股,十分之三,改作定期存款外,其余应还之现金二成,现正催收欠款,处分财产,已集得相当成数,俟复业手续办理完竣后,即可按户偿还,以资结束。至于召集股东会一节,一俟新股招收足额,即可集会报告,以符法定程序也。综上所陈,是筹备复业,即为清理结束之一种,各方有利的简捷方法,大都维护金融无微不至,对此估权债务双方同意之办法,当邀鉴许,理合检具附件,沥情呈报,伏乞察核备查,实为德便,谨呈财政部部长孔。附呈资产负债总表,及总分支行分表一册、和解据副本一份、债权人签具认股证详表一份、增资复业简章一份、复业认股证样张一纸。具呈人宁波实业银行董事长兼经理邬志豪。

（1935年9月20日）

124. 宁波实业银行即复业

筹备处迁至银行二楼办公

宁波实业银行,自上年六月间,暂停收解后,因主持者走避,负责无人,由第三者会同债权人,组织复业运动会,为保护债权利益,拟定复业办法,举行登记,并成立复业筹备处,进行以来,为时已久,所有依照该处规定办法,具领者已达债权总额十分之八以上,而特种往来,亦已核发将竣,尚有少数未曾前往具领者,该处已发出通知函,限于八日前结束,原有该行行址（南京路山西路口）已由筹备处直接向房东订立租约,定于本月八日,迁至原行址二楼办公。惟因银行复业,尚需时日,办理核发存户及整理工作,为节省开支计,将银行楼下全部暂改为商场,现在装修中,定于本月十日开幕云。

（1936年3月5日）

125. 宁波实业银行复业筹备处月底结束

定期复业

宁波实业银行,暂停收解后,经该行债权人会同甬籍同乡,组织宁波实业银行复业筹备处,进行复业工作,非常顺利,依照复业办法,发还存户,已达全部债权十分之九以上,惟尚有少数存户,因地址不详,或迁移未告,致该处无从接洽,顷闻该处接奉财部限期复业之训令,对于未到该处办理手续之存户,经议定限于本月底止,一律前往办理,逾期未办者,将呈部备案,即银行复业后,该项少数存户,仍应遵照复业办法办理,以免歧异,俾全体债权利益,顿以保全,社会金融,得以安定云。

（1936年3月24日）

126. 沪商等组油毛毡

本埠建筑界领袖张继光、张效良二君，及前景泰进口行总理陈景塘君，鉴于油毛毡一项，历年进口之数日加，涓涓不塞，漏卮何限。查此项物品为近代建筑材料中所必备，避屋面之漏水，去墙壁之潮湿，功效颇大，又用于冷气冰厂及游泳池之销路尤广，经调查结果，种类繁多，花色各异，独完备工厂之设立，国内尚付缺如。兹由张君等出面组织一大规模之制造工厂于沪上，定资本总额为二十万元，用最新式之机器，聘优等工程师之教练，出品美观，质地优良，驾乎舶来品之上。所有一切计划，大致已经妥洽，加入之发起人，大都系建筑实业各界之闻人，如虞洽卿、王晓籁、俞佐廷、徐新六、王延松、张继光、张效良、竺梅先、戴耕莘、方液仙、尤菊孙、江万萍、江一平、朱如山、张松山、俞叶封、张申之、朱赓陶、孙德水、陶桂松、沈一云、项连荪、邵景甫、张嘉芳、虞顺懋、顾一琴、蔡明存、虞文浩、陈纯武、戴绍躬、顾士钊、严子裕、陈俊武、王石君、陈景塘诸君，已达三十余人，将来尚有增加，月内可望成立，俟招股足额后开创立会，选举董事监察人。并闻最短期内，即可开制出品，提倡生产事业，助成市面繁荣，诚国货界好消息也。

（1936年5月13日）

127. 甬商组合作轮社

开发镇海与内地航运

镇海自三北招商宁绍等之沪甬班轮行驶，因为内地口岸，可免转口税，致内地货件，多从该埠进出，航运日趋繁盛。惟镇海群岛散漫，交通全恃海运，向日以帆船装货者，每因风浪而延误。兹有甬商郭家栋、楼谷人、何之贞、祝芝祥等二十余人，决计在岑港、金塘、舟山、沈家门、普陀、朱家尖、高亭、长涂、东沙角、衢山、黄龙、泗礁等处，开辟航行镇海轮船，以利货运，且可与上海之宁波班轮衔接。兹已由各发起人招集资本，组织一保证责任轮船，利用合作社，决定租用海轮三艘，开行此路，已经派徐某到台州赁用现在停航中之海轮三艘，一经租妥，便即开行，镇海一埠，此后将更为发达。

（1936年7月7日）

128. 中国贸易商行昨日开幕志盛

中国贸易商行,为甬商沈荣山君主办,行址设河南路五三一弄吉祥里廿号,专营进出口事业,如矿产及工业原料、农产品及山货、牛羊皮及猪鬃、植物油、棉花纱、机器、大小五金以及各项国货出品、进口舶来品,服务周到,办理妥善。沈君前在瑞泰石粉厂、泰来洋行、慎昌洋行及宁绍公司宁绍商轮任职,交游广阔,长袖善舞,与地方各界商业巨子,多相熟识,其营业将来蒸蒸日上,可操左券,已于昨日(廿一日)开幕。来宾有虞洽卿、俞佐廷、叶琢堂、张继光、徐伯熊、袁履登、乐振葆、毛和源等百余人,颇极一时之盛云。

(1937年3月22日)

129. 纸业领袖参加温溪纸厂

认股三十五万元

温溪纸厂,前日举行发起人会议时,认筹股款,非常顺利,本市纸业领袖金润庠、张佩珍、刘敏斋、张丽云、毛纯卿等,现亦参加发起认募股款三十五万元,共襄盛举云。

(1937年4月29日)

130. 甬商梁卓人等承办象西公路

旅沪甬商梁卓人等,近以浙江省公路管理局,对于象西公路,决定招商承办,特联合同志,组织公司,拟定计划向浙江建设厅及公路局承租,其条件将纳保证金三千元外,并以营业收入百分之十三为路租,同时复有商人王绍雄、钮增源等,亦向该局承租,其条件则为保证金二千元,营业收入百分之十为路租。自上项消息传出后,象人投资建筑此段公路者,咸同情于梁方之承办,尽可提高公路之利息,而于投资者本身有利,而公路局方面,曾作一虞之考虑,拟与较慢越之业方,先订草约,闻梁君等,即将重行赴杭,作进一步之接洽云。

(1937年5月27日)

131. 黄金大戏院开幕典礼志盛

到来宾虞洽卿等一千余人孟小冬剪彩杜月笙揭幕

本市八仙桥黄金大戏院,最近由闻人金廷荪氏接办,内部彻底改革,兹已全部修葺工竣,于前(一日)下午四时,举行开幕典礼。到各界来宾黄金荣、虞洽卿、王晓籁、杜月笙、林庚侯、高鑫宾、孙梅堂、袁履登、张善坤、陆京士、张秉辉、王绍斋、王之甫、谢葆生,暨名伶尚小云、李万春、马连良等一千余人。行礼如仪后,即由孟小冬、陆素娟、章遏云三女士剪彩,杜月笙氏揭幕。继由杜氏致开幕词,对该院废除案目,彻底革新,为平剧创一新局面,表示万分钦佩。旋由来宾虞洽卿、王晓籁、林康侯、袁履登诸氏先后演说,语多赞许。末由该院主人金廷荪氏致答谢词,希望各界多予指教,俾复兴我国固有艺术,发扬国粹,直至午后五时半始礼成散会。闻当晚顾客拥挤,上下告满,连日各界预售座券者,尤形踊跃。

(1937年5月3日)

132. 四明银行开市纪盛

十六晨八点钟江西路四明银行悬牌上市,其为热闹本埠,绅商衣冠道贺者络绎不绝,气象恢宏,为商界中之特色。其内容分两部,一曰商业部经营存款、放款、贴现、汇兑、发行银洋各票,一曰储蓄部收存零星款项,按部分科,修理周密。开市之时,储蓄柜存款尤形踊跃,商业部拆出同行现款一百五十余万两。足见我国商务逐渐发达,特登录之以纪其盛。

(1938年9月12日)

第二章 企业章程

1. 上海四明商业银行营业章程

第一条　本银行以普通商业银行兼营储蓄银行业务,禀奉度支部、农工商部批准立案注册,行中除零星存款由储蓄柜收付外,其余一切款项出入俱归商业柜办理。

第二条　本银行按照商业银行通例,以存款、贷款、贴现、汇兑、发行银洋各票为营业之大宗。

第三条　存款分为三种:一曰定期存款,一曰活期存款,一曰嘱咐存款。

第四条　定期存款须于存入本银行时预先指定支取之期限,本银行即于收到之日填给定期存款券,交存款人收执到期后凭券向本银行收取本息,若未到期支取,本银其息只能按照活期算给。到期后如愿续存,应即来行转票,如逾期不即转票,所有逾期以后若干日之利息亦照活期存款计算。

第五条　活期存款不拘期限,随时均可收付,其存款来往均以本银行所给来往册为凭,所有来往之款或随时或于每月底结账前三日,由存款人持册来行,将收付各款逐笔过人,以资核对,另给收银簿支票簿各一册,交存款人收执。来行存款时,用收银簿将银票送至本银行盖给回单。如遇需用时,可将需用数目及支取人姓名填明支票,或签字,或盖图记,向本银行支取,其签字图记式样须先期留存本银行,以便核对。此项支票以存款付尽为度,倘存款已支取无余再填支票,本银行即不照付。

第六条　嘱托存款须于存入本银行时预先声明或防灾患,或拟创业,或备嫁娶,或遗子孙等用。本银行即填写嘱托存款据交存款人收执,日后支取本息,须至约定所办事件之时可照付,利息从优,随时订议。

第七条　贷款分为四种:一曰抵押贷款,一曰保证贷款,一曰往来贷款,一曰信用贷款。

第八条　抵押贷款须将物件除不动产如地皮房屋外,或货物或股票栈单及保险单均须过户,质与本银行,然后贷给款项。即令原人填写押款据或签字或盖图记交本银行收存备查,倘到期不能清还本银行,照各国银行通例,即将所质货物或股票栈单拍卖变价,抵偿押款有余,则交还原主人,不足则仍向追补其抵押之件,照估价至多质至七八成为限。惟栈单须由保火险之据方可抵押。

第九条　按各国商业银行通例,不得将不动产如地皮房屋之类作银行贷款抵押之物件。惟储蓄银行间有仿农工殖业银行办法受不动产之抵押者,本银行因兼营储蓄,从□办理。如有本埠有房屋之地皮欲抵借款项者,本银行亦可酌量受质,倘到期不赎,本银行即将该产照抵押贷款章程办理。

第十条　保证贷款虽无抵押而有殷实商家为本银行所深信者为之保证,本银行担保贷款额数若干,经本银行认可方能应其所贷,即令保人填写保证书,或签字,或盖图记,交本银行收存备查。不得逾额逾限,倘有上落延宕等情,应凭保人一律清偿。

第十一条　往来贷款,乃于来往存款付尽之后再为贷款往来,如欲向本银行称贷此等款项者,须照抵押贷款章程豫将抵押之物件质于本银行,或照保证贷款章程,或照信用贷款章程,方能与之往来。其贷款往来之议定额数不得逾限,当由本银行给予贷款往来册及支票簿收银簿各一册,以凭随时往来支付。

第十二条　信用贷款,既无抵押又无保证然有身家殷实品行端方素为本银行所深信者,或亦应其所贷。惟须订明额数,以为信用之准,此系贷款中之特别者,若非本银行所深信之人,不得援以为例。

第十三条　凡各项存款之利息,除储蓄另有章程外,活期存银长年以三厘计算,定期存银三个月以四厘计算,六个月以五厘计算,一年六厘计算;定期存银以十万两为额,逾多另议。活期存洋长年以二厘计算,定期存洋三个月以三厘计算,六个月以四厘计算,一年以五厘计算;定期存洋以五万元为额,逾多另议。其各项贷款之利息均照本埠市面议定夺。

第十四条　贴现分为三种:一曰本银行未到期票之贴现,一曰各钱庄未到期票之贴现,一曰各国金圆银圆钞票之贴现。

第十五条　凡执有本银行所出期票,如未到期欲更用现款者,可向本银行贴息提现,其贴现利息视票款多少票期长短,均照市价随时酌定计目核算。

第十六条　凡执有本埠各钱庄为本银行所深信之家所出期票,如未到期来本银行欲更用现款者,由本银行持赴出票之原庄,照对经该庄签字或盖图记承认者,均可贴息更现,其贴现利息按照第十五条章程办理。

第十七条　凡执有各国金圆银圆钞票向本银行兑换现款者,均照每日市价核算。

第十八条　汇兑分为三种:一曰押汇,一曰信汇,一曰电汇。

第十九条　押汇即用带根汇,假如有人将货售于某处某号某客,欲在本埠取用现款者,可将此货提单及保险单等过户,质与本银行,作为押汇,经本银行验明确实,即令原人填写押汇券及押汇保证书,或签字,或盖图记,交本银行收存,然后付与所押之款。除原人自□其货运往外,本银行即将其提单及保险单与押汇券一同寄往该处分行或代理处,随即持单向某号某客照期收款。倘主期款不照交,即货亦不能提取,一切按照押汇保证书所载办理。如该处号客先欲将提单报关,须另立保证书方可将提单交付,报单应即送还本分行或代理处。

第二十条　信汇之法有二:其一假如有人欲以款项汇交某处某号某客者,可将此项现款交与本银行验收,本银行即填给正副汇券各一。

(1908年9月27—28日)

2. 上海证券物品交易所股份有限公司章程

第一章　总则

第一条　本所定名曰上海证券物品交易所股份有限公司。

第二条　本所为证券物品交易保证之机关,图货物流通之便利,求价格公正之标准,调剂金融,预防危险,并设置仓库建筑会场等。依照本章程及营业细则之规定,交易左列物件为宗旨:一有价证券、二棉花、三棉纱、四布疋、五金银、六粮食油类、七皮毛。本所经理事会之议决,得于前列各种之物件内停止其一种或数种之交易。

第三条　本所认为必要之公益事业经理事会之议决得采取名誉议董会之意见,资助该事业之进行,或由本所自行办理该公益之事业。

第四条　本所之营业所设于上海,其营业之区划依照证券交易所法第三条之规定。

第五条　本所之资本总额定上海通用银圆五百万元。

第六条　本所存立之年限自注册之日起十年为限。

第七条　左列之事项于营业细则内规定之,一关于开市散市及休业日之事项,二关于经纪人及其他代理人之事项,三关于经纪人公会之事项,四关于委托交易之事项,五关于交易物件之单位、叫价单位货币分别收交期限及交易方法之事项,六关于交易证据金及经纪人身价保证金之事项,七关于经手费及经纪人用金之事项,八关于公定市价之事项,九关于计算之事项,十关于收交之事项,十一关于违约处分之事项,十二关于公断之事项,十三关于停止集会及停止一部份交易之事项,十四关于除名处分及惩罚之事项,十五关于仓库之事项,十六关于其他营业上必要之事项。

第八条　本所之公告于上海通行日报揭载之,但关于交易事项在市揭示之。

第二章　股份

第九条　本所股份定十万股，每股通用银圆五十元。

第十条　本所之股票用记名式，分为一股一张、十股一张、五十股一张、一百股一张之四种，由理事长暨常务理事两人签名盖印发行。

第十一条　股银之缴纳，第一次每股应缴通用银圆十二元五角，第二次以后股银之缴纳由理事会议决于六十日以前通告各股东。

第十二条　股银如不按期缴纳。以过期之翌日起，每百元每日征收过期利息银五分外，得再收因延迟而发生之费用。

第十三条　凡执有本所股票者其变更姓名或纪号时应照本所定书式，退股人及受股人连名签字盖印即可过户注册。

第十四条　股票遭遇毁损或将原有股票分合请求换给新股票时，依本所定之书式提出请求书，并将原有股票退还本所；股票因遗失或毁灭，欲请求发给新股票时，须由本所认为相当之保证人二名以上连署盖印提出请求书，本所以请求者所纳费用将其情由登载公告三日以上，自最终之日起六十日内无申请异议者准给予新股票。

第十五条　股票变更记号姓名时每张征收手续费银洋一角，如须发给新股票每张征收银洋三角。

第十六条　本所每年自十二月二十日及六月二十日起至定期股东总会未开之前停止过户等事。

第十七条　股东之住址记号姓名及图章均须向本所报明，其有变更时亦同。侨居外国之股东委托国内人代表，其代表人之姓名图章亦须报明本所。对于前项之股东由本所通告其代表人，不再通告其本人。第一项及第二项该股东如不向本所报明因之而发生损害之时，本所不负责任。

第三章　股东总会

第十八条　定期总会，每年两次，于一月七月内由理事长召集之；临时总会依理事会认为必要时，或有股份总额十分之一以上之股东要求得开临时总会。

第十九条　总会开会之目的及地点并应行议决之事项须于三十日以前通告各股东。总会之议事除通知书所载议案外，不得涉及他事。

第二十条　总会之议长理事长任之，理事长有事故时，由他职员代之，但他职员全体有事故时，于出席股东中选举之。

第二十一条　各股东之议决权定为一股一权。

第二十二条　不能出席总会之股东委托其他之股东代表，得并行其议决权，但于此时须带交嘱托书证明其有代理权。

第二十三条　总会之议事以出席股东之议决权过半数决之可否，同数时由议长决之，但议长仍得行使其自己所有之议决权。变更章程、募集债款及关于本所之任意解散，必须经股东总额半数以上及资本总额半数以上相当之股东总会决定之。总会议事当日不能终了时，议长无须另行通告，各股东得于翌日继续议之。第二项之规定，其不足数时以出席股东之过半数为假定议决，于四十日之期限内更召集股东总会。其召集总会之通告，必须申明假定议决之旨趣及第二次总会以出席过半数决定第一次决议之可否。

第二十四条　总会议决事项之要点载之于决议录，由议长及临席理事署名盖印并附存股东到会名册。

第四章　职员理事会所员

第二十五条　本所置左列之职员，于股东总会选举之理事须有本所股份二百股以上，监察人须有本所股份一百股以上，及年龄在二十五岁以上者始得当选，理事十七名，监察人三名，理事互相选举理事长一名，常务理事四名。

第二十六条　职员之选举依出席股东议决权之多数为当选，倘有同数则举年长者充之，同岁则用抽签法定之，但依证券交易所法第十条之规定，有各款情事之一者不得被选，职员当选后应即将其姓名报告农商部核准。

第二十七条　理事任期三年，监察人任期一年，但再被选时，得以继任。前项任期满了后尚未届股东总会定期之时日，得延长其任期至股东总会终了时为限。

第二十八条　职员如有缺员时开临时股东总会行补缺选举，但不缺法定员数，且于办事上无其妨害时，得展期至股东总会或下次改选期改选之。前项补缺选举之任期，其职务以补充前任之期限为止。

第二十九条　理事在任期内将自己之所有本所股份交由监察人存执，置放于本所。

第三十条　理事长为本所之代表，执行理事会所议决之事项，依照本章程及营业细则总理其一切之事务。常务理事辅佐理事长处理业务，遇理事长有事故时推举一人代理之。理事于理事会议决业务上重要之事项。监察人监察本所业务进行之情况，调查股东会之议案向股东报告外，遇必要时得调查本所业务财产之状态，请求召集临时股东总会并得列席于理事会。

第三十一条　理事长、常务理事及理事、监察人之报酬依股东总会议决之。

第三十二条　本所依理事会之议决，得聘请顾问或参事员顾问或参事员，可参预本所之重要业务并负指导之责。

第三十三条　理事会设于本所，由董事长、常务理事、理事组织之，议决一切重要之业务。理事会之议长以理事长充之，所议事项之要点记载于议事录，列席理事签名盖印。

第三十四条　本所处理必要之事务，应设相当之所员，所员依理事会之议决由理事长任免之，所员之职务由理事长指挥之。

第三十五条　理事长、常务理事、理事、监察人及所员无论何等名目，不得于本所或其他之交易所买卖，并不得有关系买卖行为之事。理事长、常务理事、理事、监察人如发生前项事件，付临时股东总会决定，所员犯前项事件时由理事会决定之。

第五章　名誉议董及名誉议董会

第三十六条　本所置名誉议董十五名，名誉议董须有商工业上之学识或有丰富之经验者，经理事会之议决由理事长敦聘之，名誉议董任期定以二年。

第三十七条　名誉议董会以名誉议董及理事组织之，名誉议董会由理事长召集之，名誉议董会评议之事项列左：一交易之方法及其履行并关于担保之事项，二关于公断之事项，三关于经纪人除名之事项，四其他认为重要之事项。

第六章　帐簿及会计

第三十八条　本所帐簿之种类式样由理事会议决定之。

第三十九条　本所之结帐期间每年分为两期，自十二月一日至五月三十一日止为一期，自六月一日至十一月三十日止为一期。

第四十条　本所每次结帐期间于总收入款项中扣除总支出外为纯益金，如左处分之：一公积金十分之一以上，二特别公积金随时定之，三所员退职金及抚恤金，四创办人报酬金百分之五，五股东红利，六职员酬劳金，七剩余金。

第七章　附则

第四十一条　金银及有价证券保管方法以理事会之议决另定之。

第四十二条　分派红利按照每次结帐期末日之股东名簿发给。

第四十三条　发起人之姓名住址如左：虞洽卿　海宁路第三十六号，薛文泰　厦门路衍庆里益泰花厂，闻兰亭　宁波路永清里协泰升纱号，李柏葆　天津路长鑫里李柏记洋货号,张乐君 南市毛家弄丰大米号,沈润挹 江西路棉业联合会,邬静斋 天津路新昌源,刘万青 五马路公顺里皮商公会,许松春 江西路棉业联合会,叶惠钧 南市豆市街大隆米行,穆藕初 江西路三和里厚生纱厂批发所,朱葆三 制造局第一三号,沈联芳 盆汤弄集益里恒丰丝号,顾馨一 南市大正米号,苏筠尚 南市洋行街鼎发号,李云书 新闸路第四十号,赵林士 巨籁达路蟠根里,张澹如 三马路兆福里通运公司,周佩箴 三马路兆福里通运公司,赵芝室 大东门凤祥银楼,洪承祁 吴淞路长源里,黄少严 南市洋行街潮州会馆,钱贵三 闸北钱恒泰米号,盛丕华 天津路五百三十一号。

(1919年9月21—23日)

3. 中华劝工银行有限公司章程

第一章 总则

第一条 本银行参照中华民国政府公布之劝业银行条例、农工银行条例设立,定名曰中华劝工银行。

第二条 本银行专以辅助工业之发达或改良为目的。

第三条 本银行为股份有限公司,股东所负之责任以所出之股本为限。

第四条 本银行先经财政部核准注册给照并请农商部备案。

第五条 本银行设总行于上海,其各地方合宜地点,得酌设分行或代理处。

第六条 本银行营业年限自立案之日起,以九十年为限期,满后经股东会议决续办,仍得禀财政部核准。

第七条 凡关于本银行公布事件概由指定之日报公布之。

第二章 资本额及股份

第八条 本银行资本总额定为一百万元计,分五万股,每股银元二十元,一次缴足,缴至四分一以上照章开业。

第九条 本银行股份为记名式,除中华民国人民外无买卖转让之权利。

第十条 本银行股份为记名式,分一股、五股、十股、五十股、一百股五种,股东得随时请银行变更股份之种类,但须纳换票费,每张五角。

第十一条 凡股东将本银行股票卖出或让与他人时,须双方于股票背面签名盖章,送交本银行核阅,以便登记过户,但须缴过户费每张五角。

第十二条 本银行股份为二人以上共有者,应推一人为股东。

第十三条 本银行股份为公司行号及堂记所有者,应推定一人为股东,执行股东权利。

第十四条　如有因相继或遗赠取得本银行股票并用正式证明书向本银行请求过户时,本银行得照前第十一条规定准予过户。

第十五条　股东应将签字或印章式样及住所依本银行所备之用纸照填,送存银行,如有变更,当随时向本银行更正。

第十六条　如有遗失股票向本银行请补给股票者,须具正式书并有二人以上之妥实保证人签名盖章,送本银行声请并应由遗失人出费登报声明,俟二个月后仍不发现,始补给之,一面应由遗失人出具收据交存本银行。声请补给股票者应缴声请费,每张洋一元。遗失之股票若于二个月期限内发现,得通告本银行,取消补给,登报声明。

第十七条　关于声请补给股票之事项有纠葛时应俟确切解决后方照补给。

第三章　职员及董事会

第十八条　本银行规定董事九人,监察三人,由股东大会于二百股以上之股东中投票选举之。董事任期三年,监察任期一年。期满后续被选者得连任,但监察连任以三次为限。

第十九条　本银行于董事九人内互选董事长一人,常川驻行执行本银行各类事务。

第二十条　董事于任期内应将己有之本银行股票二百股,交由监察人保管于本银行。解职时本任期内决算报告经股东大会认可后,前项股票即可交还本人。

第二十一条　董事长之职务权限如左：一董事长于一切业务有代表本银行之责任；二董事长得商承董事会聘用及罢□经理、副经理及重要行员；三董事长于本银行股票及债券以及各项文书应签名盖章；四董事长依股东大会之决议执行本银行一切业务；五董事长有召集董事会及股东大会之权,开会时得充为主席；六董事长应商承董事会编定各种办事及营业细则。

第二十二条　监察人之职务权限如左：一监察董事会执行之事是否合乎章程及股东大会之议决；二监察人对于本行认为必要时得请求董事长召集临时股东大会；三监察人有检查本银行债券印章并监视抽签还簿本等事之责；四公司条例规定一切责权。

第二十三条　董事长、董事及监察人之薪水及酬劳金由股东大会议决之。

第二十四条　董事会议每月一次,会期前应将会议事项通告各董事。

第二十五条　会议事项以董事过半数决之□可否,同数取决于主席。

第二十六条　会议事项有涉及董事某人者,该董事应回避。

第二十七条　监察人得出席于董事会并得陈述意见,但无议决权。

第四章　股东大会

第二十八条　本银行股东会分常会、临时会两种,由董事长召集之。

第二十九条　股东常会定每年三月□日举行一次,其会期会场及会议事件必须于一月以前由董事长通告各股东。

第三十条　股东常会报告前期营业情形及一切帐目并议决盈余分配方法。

第三十一条　临时股东大会须有左列事项方可召集,其会期会场及应议事件于开会十日前通告各股东:一由董事长认为必要事件召集开会;二由监察人表示开会目的请求开会;三由股份总额五分之一以上之股东表示开会之目的请求开会。

第三十二条　股东之议决权及选举权每股有一权。

第三十三条　股东因事故不能到会委托他人代理时,除法定代理人及有议决权之股东外,不得代理本银行行员及使用人不得为代理人。

第三十四条　凡股东之代理人出席股东大会者须有代理证书。

第三十五条　凡股东出席于股东大会时应于出席名簿签名盖印,代理人亦须注明代理字样。

第三十六条　股东会应有本银行股额总数二分之一以上到会始得开会。

第三十七条　股东大会之议事由出席股东(并代理人)议决权之多数议决之可否,同数取决于主席。

第三十八条　股东大会议决事项须详载议决录,董事长、董事及监察人均须具名盖印。

第五章　营业

第三十九条　本银行营业范围如左:一分期定期之不动产抵押借款。二以出产物为抵押之借款。三以工厂机器为抵押之借款。四稳确实业公司之信用借款。五收受各种存款。六收受各种储蓄款。七代理或绍介买卖商品。八代理发行公立私立各种实业公司股票及债券。九附设公共查账会,延订会计专家代公立、私立各种实业公司检查帐目清理财产,其办法另详订之。十附设技术部,延订专门技师为公立、私立各种实业公司计划工程及监督工事,其办法另详订之。十一建设堆栈专为存储货物并做押款,栈章另订之。

第四十条　如有以不动产向本银行做押款时，当估定其价格及调查押款之用度确实后方可借贷。

第四十一条　以建筑物作抵押品，必须附有确实可靠保险公司之保险单，在押款期中保险不得使其满期。

第四十二条　以不动产作抵押之借款其总数至多以本银行估定价格总额十分之六为限。

第四十三条　以建筑物及机械作抵押时须于估价内减去折旧数目若干方可作准。

第四十四条　借主不得本银行之同意而变更抵押品之形状或其所有权时，本银行在借款未到期前可以要求还款。

第四十五条　借款人偿还借款五分之一以上时得按照偿还之数要求本银行发还抵押品之一部份。

第四十六条　借款人不能履行分期偿还之义务时本银行得随时要求全部之偿还。

第四十七条　本银行于抵押品价格低落时，得要求增加抵押品，若借款人不应要求时，本银行得即收回借款之全部。

第六章　债务

第四十八条　本银行资金缴足半额以上得发债券，但不得超过所缴资本金额之四倍，并不得超过分期偿还借款之总额，其为借款起见，发行低利债券时不在此限。

债券之发行不适用公司条例第一百九十一条之规定。

第四十九条　债券票面金额定为十元、五元，并为无记名式，但因应募者或所有者之要求得改为记名式。

第五十条　本银行每年应按照该年偿还借款总数用抽签法偿还债券一次。

第五十一条　本银行依第四十四、四十六、四十七条之规定于偿还期前收回借款时须以该款充偿还债券之用。

第七章　决算及净利分配

第五十二条　本银行帐目每年六月底及十二月底决算两次，由董事长造具财产目录、贷借对照表、营业报告、损益计算书、盈余分配法、债券计算书，提交董事会议，通过后送交监察人查核，再提出于股东大会请求承认。

第五十三条　本银行于每年结账时除去营业费生财折旧股利七厘及债券奖金外作为净利。

第五十四条　本银行所得净利其分配方法如左：一于净利内提出百分之十二以上为填补损失之公积金。二再于净利内提出百分之十三以上为股利不足分配时之预备公积金。三减去以上二项外再将余款匀作一百分，以六十分为股东红利，以十五分为董事长、董事及监察人酬劳金，以二十五分为各行员酬劳金，如有畸零余数结入下期。

第八章　附则

第五十五条　本银行营业如有违背本章程及其他法律时，财政部或农商部得制止之。

第五十六条　本银行得呈请财政部派员查察本行业务。

第五十七条　本章程施行后，如有修改应由董事长提交董事会议，议决后经股东会通过再行呈请财政部及农商部核准。

（1919年10月3—4日）

4. 中华劝工银行招股简章

一　本银行参照中华民国政府公布之劝业银行条例农工银行条例设立，定名曰中华劝工银行，专以辅助工业之发达或改良为目的。

一　本银行为股份有限公司，股东所负责任以所出之股本为限。

一　本银行先设总行于上海，其各地方便宜之处得酌设分行或代理处。

一　本银行营业年限自立案之日起以九十年为限，期满后经股东会议决续办仍得禀请财政部核准。

一　本银行营业范围如左：一分期及定期偿还之不动产抵押借款；二以出产物为抵押品之借款；三以工厂机械为抵押之借款；四稳确实业公司之信用借款；五收受各种存款；六收受各种储蓄款；七代理或介绍买卖商品；八代理发行公立、私立各种实业公司股票及债券；九附设公共查账会，延请会计专家代公立、私立各种实业公司检查帐目，清理财产，其办法另详订之；十附设技术部，延订专门技师为公立、私立各种实业公司计划工程及监督工事，其办法另详订之；十一建设堆栈专为存储货物并做押款，栈章另详订之。

一　本银行资本总额为一百万元，计分五万股，每股银元二十元，一次缴足。以阳历九月十五日起为收股期间，现已由发起人认定四分之一，尚须招四分之三，额满由股东会议定增加或截止。

一　本银行股份为记名式，除中华民国人民外无买卖转让之权。

一　本银行股份分一股、五股、十股、五十股、一百股五种股东，得随时请银行变更股份之种类,但须纳换票费每张五角。

一 本银行股份为公司行号及堂记所有,应推定一人执行股东权利。

一 本银行股份为二人以上共有者,应推一人为股东。

一 本银行规定董事九人,监察三人,由股东大会于二百股以上之股东中选任之。董事任期三年,监察人任期一年,期满后续被选者,得连任,但监察连任以三次为限。

一 本银行资本金缴足半数以上得发行债券,但不得超过所缴资本金额之四倍,并不得超过分期偿还借款之总额,但为借换起见,发行低利债券时不在此限。

一 债券之发行不适用公司条例第一百九十一条之规定。

一 本银行于每年结帐时,除去营业费生财折旧股利七厘及债券奖金外作为净利。

一 本银行所得净利其分配方法如左:甲于净利内提出百分之十二为填补损失公积金。乙再于净利内提出百分之十三以上为股利不足分配时之预备公积金。丙减去以上两项外再将余款匀作一百分,以六十分为股东红利,以十五分为董事长、董事及监察人酬劳金,以二十五分为各行员酬劳金,如有畸零余数结入下期。

一 本银行股份无普通优先之分,亦无红股之名称。

一 本银行收股处指定下列之银行及钱庄,又纳股款时由收股处先给收据,按月息六厘,俟本银行成立后定期登报更换股票。

一 本简章未尽事宜请向本银行筹备处索取本银行详细章程参阅。

一 本银行筹备处设立上海香港路十号铁业公会内。

发起人

穆藕初	聂云台	黄任之	沈信卿	经子渊	郑立三	徐静仁	荣宗敬
荣德生	张知笙	刘鱼义	吴善庆	蔡谷清	余日章	蒋梦麟	胡适之
马寅初	郭秉文	陶知行	贾季英	劳敬修	史良才	杨翰西	薛文泰
钱琳叔	江上达	闻兰亭	项如松	储镛农	朱进之	张兰坪	吴麟书
李柏葆	顾子槃	张秋园	赵正平	曹雪庚	刘星耀	郑粹甫	蔡仁初
何谋轩	穆仔斋	韩玉麟	邱心荣	谢绳祖	楼恂如	严裕堂	徐春荣
沈九成	胡滕容	周厚坤	何葆仁	瞿兑之	张则民	毕雪程	

赞成人

| 宋汉章 | 陈先甫 | 钱新之 | 李馥荪 | 盛竹书 | 林康侯 | 朱成章 | 朱吟江 |

田时霖　秦润卿　汪汉溪　包顾生　邵仲辉　张东荪　郭虞裳
本埠代收股款处
中国银行汉口路　交通银行四川路三十五号　上海商业银行宁波路九号　浙江地方实业银行北京路　江苏银行江西路五十一号。

（1919年10月4日）

5. 利华银行招股章程

本埠商界在沪组织利华商业兼办储蓄银行，已拟章请商会转呈北京农商部立案，并由发起人朱葆三、沈联芳、李志方、姬觉弥、李柏葆、闻兰亭、张咏霓、严渔三、乐振葆、苏筠尚、陈文鉴、谢蘅牕、柳钰棠、钱达三等并将该银行招股章程分发商界广为招股。兹将章程录下。

第一条　本银行为股份有限公司，定名曰利华商业兼办储蓄银行股份有限公司。

第二条　本银行股本，依本银行章程第四条规定，总额为五十万元，分为一万股，每股五十元。除由发起人业经认定五千股外，今招五千股，计二十五万元。

第三条　凡中华民国人民皆得入股为本银行股东。

第四条　入股者可至本银行筹备处或各发起人处认购股份。

第五条　数人合股者应以一人出名为股东。

第六条　入股者应填写入股书并将股银一期缴清，即于交股次日起息。

第七条　入股者股银交上海中华银行，先取收据，候填发股票时再以收条换取股票。

第八条　股东有遵守本银行章程及其他法律规则之义务。

第九条　股东有到股东总会及选举董事、监察人及被选举为董事、监察人之权利，但照本银行章程第二十五条规定其被选举权以有一百股以上者为限。

第十条　本银行招股期限以两个月为限。

第十一条　本银行俟股款收齐后即召集股东创立会。

第十二条　本章程未备之处，悉以本银行章程为率。

第十三条　本章程招股完竣时失其效力。

（1919年11月6日）

第三章 企业会议

1. 宁绍商轮公司开会情形

宁绍商轮公司昨日在四明公所开会，宁绍两帮到者四千余人，而工党居其多数，两点钟开会。先由发起人虞洽卿君报告发起公司之原因，并请到会同乡公决应否创办，全体高呼速办。旋推李薇庄君为临时议长，宣布发起人（初六日止）已认股洋四十八万七百元，并声明由发起人中按照认股权数投票公举暂时经理五位，当举定虞洽卿、严子均、李薇庄、叶又新、方樵苓五人。复由五君委托郑良裕、傅筱安、方耕砚、董杏荪四君为暂时帮理。旋有余民进君演说创办之利害及不办之利害。王清夫君演说今日开会系社会主义，愿各同乡各抱此志，勿使我宁绍人失自立之资格，听者无不动容。继请各同乡讨论办法，有提议订造轮船宜大宜坚者，有提议先租合宜商轮驶走者，有提议他日股东会议事权须定五股为一权者，均经众赞成。是日有兆丰、会余、和康、宏大、瑞丰各庄缴到代收股款三千八百五十一股，每股收四成，计收现洋七千七百零一元，此外又继认股份七万余元，众情极为踊跃，至五点钟毕会后，认股缴股者犹纷纷不散，计前经认定股洋及已收者共得洋五十七万元有奇。

(1908年7月6日)

2. 宁绍商轮公司特别会纪事

昨日两句钟开会，股东到者约千余人。先由总理虞洽卿君请王清夫君宣布开会缘由，略言今日情形与登报前不同，自拟售三德堂地皮之事发生，法公馆租地之议将成，公司势不能不暂搁股东已决定之大达码头而磋商之，且更不得不开股东会重行决议。此日前登报开会之原因也。及前数日见法领开送各条后虑兹多，万难承允，况大达竟允改前此善价之旨，又得蔡道台面告可报洋关之例，并允既系完全华商公司，遇事无不维持。是本公司自然舍大达外无相宜之地，且经大达经理王一亭君面允，该公司北首第一码头准尽本公司停泊，租价亦可从廉。有此竭诚相助，此事可无待公决。然办理三德堂未成之缘由，仍不得不对股东详告之。次由余民进君报告，去年九月以来，公司办事情形，并谓轮船已由公司经理何立卿君赴闽验购，码头虽在华界，有端午帅极力提倡将来厘捐一层必可通融。既由股东李韵标君提议，俟轮埠定夺后，即须登报宣布，以慰众望而期踊跃。众赞成，遂散会。

(1909年3月22日)

3. 宁绍航业维持会招股大会纪盛

　　初九日下午二点三十分宁绍航业维持会同人在四明公所开招股大会，到者三千余人，公推陈子常君为临时议总长，当由陈君宣布一切并演说。谓宁绍商轮公司宁绍一轮可以获利，甬兴因船小吃煤重，略有亏耗。兹拟续招股款三十万，另购大轮一艘，其号比宁绍长二丈阔五尺，低二尺。今乘诸同乡到此，尚祈热心认股款并各劝股为盼。众赞成。次林大松君演说，谓新轮定名一心取万众一心之意，并问众赞成否，俱赞成。又谓集股一事，须要人人热心，无论何界俱有应尽之义务，将来此业发达不特宁绍人之光，亦我中国人之幸也，众又拍手。次倪筱圆君演说（南市商团会代表），谓航业发达，最关中国利权，倘能个个热心，三十万之股何难之有，将来非特一艘二艘并十余艘数十艘，百余艘，亦不难造成，敢为我宁绍人颂，并为我中国人颂，众拍手。次王东园君演说，谓鄙人昨夜趁宁绍去见船中有负蓝布钱袋者确系乡人，告船中人曰：吾媳磨□留积洋五元，吴妻结草绳积洋五元，合吾所积约可得三十元，今有事往申，趁明日开会之便，欲往买宁绍轮船股数股，鄙人对此不禁敬佩之至，今临会诸君必更有热心于彼者并更有财力还□□彼者。鄙人观宁属妇女礼佛望其超渡往往谓之慈航，其实彼所谓慈航者，□吾宁绍则实足慈航也，众拍手。次王清夫君演说，谓宁绍未走之益，他轮每年每只可赢十余万，今每年每只亏数万，此吾宁绍人利权外溢减少之明征也。又德国航业者推亨费公司其发起亦系少数乡人，发起后赢各界赞成，为当今地球上之第一公司。今吾宁绍公司，亦当地此，尚祈人人热心招股是幸。时三钟三十分，休息，继复当场招股，当经招集二万五千余元，现缴七千余元。次陈良玉君演说，谓维持二字，有扶助之意，今诸君能个个扶助，新轮不日可以造成，吾宁绍人自然更觉有光，众拍手。次严劼韩君演唱劝股歌词一则，分五章，人人动听，众拍手。次虞洽卿君报告并演说，谓鄙人倡办宁绍公司，极蒙维持会赞助，定五月二十三日开股东会，今日系专为招新股开会，新船约需四十万余，董事会认集十万外余定招添三十万，自二月至今已达十三万，再由鄙人组认十万，众拍手称善。遂摇铃散会，其时已四点五十分矣。

（1911年5月9日）

4. 宁绍商轮公司股东大会记

昨日宁绍轮船公司在法租界四明公所开第四届股东大会，股东到者千余人。二点振铃开会，先由各股东公推谢蘅牕君为主席，随由主席宣布开会理由。次由石运乾君报告营业情形，略谓，运乾自上年七月接手后，诸事力求撙节，尚能有盈无绌，合以接手以前之亏耗，故能盈亏相抵，此后如能设法整顿，则营业必能蒸蒸日上。次由查账员谢莲卿君报告壬子年账略，各股东颇多责难。当由该公司总理虞洽卿君向众详述与他公司竞争航业即所以挽回利权并公司种种经营之苦心。各股东始无异议。随由虞洽卿君报告停止发息理由。次由谢蘅牕君提议以公司定章与商律不无抵触，请众公举修改章程数员，俾各职员有所遵守，请公决议。各股东多数赞成。当举陈蓉馆、袁履登、应季审、陈季衡、赵林士五君为起草员。次由陈蓉馆、吕耀廷、应季审、李韵标四君提议选举总协理此届毋庸举行，俟明年新船下水后再开大会重行选举，请众公决。各股东亦多数赞成。俟新船下水新章改定后再行选举。次又提议优待券之应否取消，客位之应否加价，与他公司之合同应否订立。各股东均谓此事关系重大，应于二个月期内详加讨论后再行召集股东投票公决，并由四明公所宁绍公会请各帮各业举代表二人维持公司善后事宜。虞洽卿、方樵苓二君首先赞成，各股东亦多数赞成，遂散会。

（1913年6月30日）

5. 宁绍商轮公司股东会纪事

宁绍商轮公司昨日在法租界四明公所开临时股东会，到者二百余人，午后二时振铃开会。首由总理虞洽卿君登台宣布开会宗旨，谓上次股东大会公议建造新船，业已与祥生船厂议定合同，共需造价银廿五万两，奈所收股款不足，现拟续招股款以足抵新船之价为限。鄙人及寓沪旧股东戴嘉宾、傅筱庵等已认定若干，无须由新股东担任。次由股东陈文魁君云订造新船前已由各股东公决取名一新，鄙意此名不雅，拟改为新宁绍，俾同乡人易于辨认，且与旧宁绍连署，全体鼓掌赞成，遂议决新船取名新宁绍。总理虞君又云祥生船厂西人今日亦已到会，应请登台报告。旋由祥生船厂西人登台云，既承贵公司与鄙船厂订造新船，共需建造费廿五万两，现鄙人愿先收银二十万两，其余五万两俟新船落水后，由贵公司于营业项下陆续拨还，籍副贵公司惠顾之雅意,全体鼓掌欢迎。继由会计员某君登台将去年公司营业情形逐一报告毕,并将上年出入账略刊印成书,分送各股东,然后散会。

(1914年3月23日)

6. 宁绍商轮公司第五届年会纪事

宁绍商轮公司在四明公所开第五届股东年会。首由总理虞洽卿君报告开会宗旨,公推余民进君为临时主席,并由经理石运乾君报告去年营业情形。略谓:宁绍甬兴两轮去年客货水脚收入较前年为多,出入相抵计,盈余一万二千余两。鄙人办事两载,才识浅短,愧勿胜任,然我宁绍人始终团结全体,公司营业且能蒸蒸日上。次由查帐员谢运卿君报告去年帐略。次由议长报告修改章程草案。各股东因此项草案仍有未尽合宜之处,公决再行修改。当推王清夫、屠康侯、余民进三君为修改员。次提议宁绍轮附驾长江。由总理报告公司营业困难,谓:新宁绍开车后,若宁绍仍走沪甬一线,为股本计,万不能再走,恐公司尤为受污。故拟赶驶长江,庶可以盈补绌。日后,逐渐推广各路航业,而于创立公司初意属相符。并声明码头、栈房、船三项,拟再集股本五十万元,合为一百五十万。众赞成。次由总理声明:本公司户名只有八千,然我宁绍两府之人何啻百万,而乃尽义务者,只有八千余人。此则八千余人之股东血本,鄙人自应兼顾,除统舱五角遵守外,其余用人行轮一切规则。和德等既为总协理董事,自应勉其难,竭力设法,总以公司营业发达为宗旨,藉以保全股东血本云云。众赞成。次由议长提议公司条例,凡公司股份至少以二十五元为一股,此次修改章程必须更正后呈部,免遭批驳,众赞成。次由议长声明,每届年会分送各股东函件,因住址屡有迁移以致无从分送,此后拟照浙路公司办法。凡属股东,由公司送予证券,作为永远入场券。众赞成。次抽签留旧董事四人,抽定陈文鉴、方耕砚、谢蔺腮、王荫亭四君开选举票匦(姓名权数列后)。末复由俞宗周、王清夫、严忧烈三君相继演说,众均鼓掌。时至钟鸣六下,遂散会。

投票总经理:虞洽卿5271;袁恒之1594;方樵苓1372;李志芳642;傅筱庵560;郑良裕489;赵伯渔479;王荫亭434;吴锦堂424;蔡芹生412;谢蔺腮410;胡芝青352;屠康侯318;高子白291;严子均222;沈鸿来214;邬挺生160;徐棣荪95;陈文鉴59。

投票董事:徐棣荪1653;袁恒之1579;高子白1440;张延钟1362;郑良裕1046;蔡芹生1019;胡子青997;谢莲卿977;方樵苓974;沈洪宝921;邬挺生

911；李志芳849；严子均791；洪复齐788；赵伯渔734；蔡烈昌544；沈联芳504；屠康侯453；虞洽卿442；何积璠275；孙梅堂265；罗念慈247；吴锦堂210；项如松189；林琴香166；傅筱庵151；史攸凤149；何邀月138；叶又新111；陈汝祥111；董杏生105；徐忠信77。

投票查帐员：谢莲卿2868；赵伯渔2342；徐棣荪1961；项如松1754；蔡烈昌1293；屠康侯735；孙梅堂710；邬挺生707；陈锁甫672；胡子青642；洪复齐628；蔡琴生532；郑良裕390；陈锡峰364；董杏生362；高子白312；薛文泰306。

（1914年7月14日）

7. 宁绍公司第六届股东会纪事

本月四号，宁绍公司在四明公所举行第六届股东常会，午后一时许，振铃开会。到会者千余人，首由总理虞洽卿君报告开会宗旨，并请股东会公推临时议长，当推定陈文鉴君，由陈文鉴请方樵苓君为代表，即由方樵苓君莅席宣告，照章签留旧董事四位，请公推二人抽签，嗣推定刘绶荪、韩孝先二君，其抽留者为谢蘅牕君、徐棣荪君、陈文鉴君、谢莲卿君。议长及股东公推开票检票员四人，公推罗绅伯、何达月、陈伯刚、刘耀庭四君，当开选举票匦面同检查。其时，即由经理石运乾君报告去年营业情形，略谓：忝任经理三载，奉职无状，并声明去年不能分派官利，其理由厥有五端，历时甚久。次由查账员项如松君宣读账略，股东诘问陆镜湖欠款尾数六百余两事，议长谓当由公司查明办理。继由起草员余民进君通告修改新章程案。经众股东详晰辩论，颇多更正。内第五条公司原定股本壹佰万元经去年股东会议决添招新股五十万元，合为一百五十万元，维持新股票，内亦经声明此数，旋有股东谢蘅牕、魏鸿文两君谓现下既未开招，请将加股五十万一节从缓再议。总理虞洽卿起言谓股本多则股东担责轻，股本少则股东担责重。今定一百五十万之股，实为股东轻其担责，目前之所以不遽招者，实为维持老股免得折扣起见，是以去年年会有股额，虽加暂停集股之议，至于应付新宁绍船价先由各董事筹垫，俟公司有官利可派时，再行招股归还，则老股东不至受亏云云。嗣经众决议股本以壹佰万元为止，不招新股，遂通过。又第二十二条，公司旧由总协理名称与现行公司条例不符，应将总协理注销，改为经理副经理，公司责任由董事负担云云。复由虞洽卿君谓，总协理名义虽经取消，自有董事会负其责任，且我宁绍公司具有义务性质，自不得不详告诸君，并痛陈加股不加股之利害，今日取消招股，股东负责较重情形等语，于是众股东又欲重议加股。

虞洽卿君谓今日股东大会议决之案，未便忽而更改，今日姑照此议，如欲更改，只有明年年会再行提议云云。继由陈景塘君宣读吴锦堂、朱祥生、华志道、郑佐廷诸君意见书。其时检票已毕，当选董事为袁恒之、王荫亭、严子均、赵伯渔、张延钟、胡芝青、郑良裕七君，当选监察人为孙梅堂、项如松、屠康侯、蔡烈昌、方耕砚五君。时已鸣钟七下，遂振铃散会。

(1915年7月9日)

8. 宁绍公司股东组织联合会

宁绍公司股东长生会等因闻宁绍公司甬兴船由某董事以贱价售与三北轮埠公司大不谓然，昨日在四明公所邀集长寿会、同仁会、安宁会、集全会、新长生会等诸大股东领袖组织联合会，筹议进行办法，以谋对付。一日之间股东之挂号者已达一万余股。兹将关于此事之函稿附录于后。

四月十六日致宁绍公司函：

诸位董事先生台鉴，谨启者，近因风闻吾公司之甬兴轮船据云已由董事会担承业经出卖与个人云云。谣传不一，有向敝处问信者。想现在公司正在发达，船价遂见高昂，且买进不易，何得卖出，况宁绍股份公司虽有董事为股东之代表，乃监督机关是也。公司惟此三船，凡应出卖者亦可称为重要事件。恐非明白宣布，谅不为效也。敝会因是股东一份子，故敢具字上问究属若何，务于三日内明白示复，以释群疑。四明长生会谨启。

二十一日致宁绍公司函：

总协理董事先生钧鉴，顷奉复函已悉，甬兴船为公司三船之一，占财产重要部分，应否出卖当由股东会议决，董事为公司办事人，无处分公司根本财产之权。无论前年有否成议，本年如何议决，不论认为有效。董事与三北公司所订合同，股东等万难承认。二十八号缴船之期应请取消，静候股东常会付大众详慎讨论，再行定夺。目前不得违法缴船，有负股东委托之初意，股东长生会、安宁会、长寿会、集全会、同仁会、新长生会同启。

(1917年4月23日)

9. 宁绍公司股东联合会开会纪事

昨日午后旅沪甬帮长生会、安宁会、长寿会、集合会、同仁会、新长生会因宁绍公司协理董事会擅将甬兴轮船卖于三北公司，特召集宁绍公司股东在法租界四明公所，开联合股东大会，讨论对付方法。兹将开会情形录后。

1. 会场之布置：会场设于四明公所关帝殿前，议席则设于戏台上，股东席则设于殿前右边。挂一木牌，糊以白纸，大书总理虞洽卿，协理方樵苓、傅筱庵，次为董事乐俊宝、谢蘅牕、袁恒之、李志方、郑良裕、孙梅堂、张延钟、王荫亭、徐棣孙等姓名，次监察人项如松、谢莲卿、方耕砚、屠康侯、盛丕华姓名。台中为演说台，左为书记席，右为新闻记者席。

2. 股东之拥挤：股东之到会者异常拥挤，并有由宁绍原籍闻信后附轮来沪与会者。昨日到会各股东计共有二万五千零二十六股之多。

3. 职员之推举：鸣钟二下，先由长生会方椒伯宣布开会宗旨，后由各股东公推方君为临时会长，继又公举周林庆为联合会会长，俞宗周、林瑞甫为副议长，并推举陶耀庭、朱相顺、董杏生、胡尤生、应季审、顾锦华、周仰山、陈宸佐、方椒伯、孙世华、洪丞其、沈相甫、孙世荣、史致怀、应茗香、沈莲生十六人为干事员，继又议设宁波分会，会所即设于四明报馆，并举王东园、赵芝室、冯友生、孙轩蕉四人为甬会主任，众皆赞成。

4. 报告之大略：昨日除总理虞洽卿、协理傅筱庵及董事会全体未到外，公司协理方樵苓及项、谢、方、屠、盛五监察人均到会。先由方协理报告甬兴轮船由董事会决议出售，反对无效；及监察人函电诘问，董事会均置不复各情。次由盛丕华报告本年二月间开董事常会时忽有日人江元来函，原出日洋二十七万五千元购甬兴，董事多数主张出售。虞总理谓与其售与日人不如售与三北公司，计九八元十六万两。惟此事最好俟股东常会始行出售，不谓多数董事决议速售，傅协理主张尤力。继由屠康侯报告反对无效，原拟将公司一应图章封存，讵董事会仍置不理，不得已请高易律师函至海关理船厅声明情形，要求勿予过户，惟能否有效殊不敢必应，请各股东设法为监察人后盾云云。

5. 股东之激昂：方协理及盛、屠二监察人报告时，各股东已极激昂，至此有某股东要求说明此次主张出售各董事究属谁何。盛谓董事王荫亭当时曾表示反对意，孙梅堂、张延钟二董事则于决议后始行到会，各董中坚持出售者为乐俊宝、袁恒之二人及协理傅筱庵，各股东闻之即议论纷纷，主张不一。

6. 讨论之结果：嗣有黄和卿、李征五提议，俟虞总理由京回沪时请方协理询以收买甬兴之主意，惟甬兴既限于二十八号过户，应即由监察人项、盛、屠三人请求公共公廨出谕阻止过户，并向律师接洽，至总协理职权应由股东联合会名义出函，委托董事会擅卖甬兴咎有应得，应由监察人代理董事职务，以股东大会选举日为止。大众赞成。末由俞宗周、林瑞甫相继演说而散。

(1917年4月28日)

10. 宁绍轮船公司临时股东会

通过改订章程

宁绍商轮船公司各股东前因该公司原订章程不合现时情势，当于前次大会时公同决定，另行修改，并推举王东园等为起草员，征集各股东意见，切实修改，曾志前报。兹悉该股东等因公司章程现已改竣，亟应通过施行，特于日昨借北市总商会开会宣布，各股东之莅会者共计五千七百余权，于午后二时四十分振铃开会，公推袁恒之为临时主席。袁主席即请起草员王东园将修改章程逐条宣读，请众讨论。经各股东研究之下，多无异辞，除逐条通过外，惟对于新章第四条第二项内"此项零股票每股银五元五零股为一整股"一语公决改为"以二十五元为一整股"；又第十一条第三项之"零股票每张征收银贰角"一语改为"征收银一角"；又第三十一条之"本公司设董事九人，监察员五人，由股东会选举之董事当选应将股票交存监察人"一条，各股东对于董事监察员之规定人数意见不一，有主张加添者，拟增董事为十一人，监察仍五人，有主张减少者，拟定董事仍九人，减监察为三人。赞成反对争执甚烈，经主席提出意见，请众投票公决，并派陈蓉塘、王东园等四人监视投票，结果主张减少者得二千八百零八权，主张加添者得二千九百十三权，多数，遂照加添者之主张通过，无异，章程通过。

后复经各股东提议三事：甲、假定股东权数，即以今日莅会之五千七百余权为准；乙、前次甬兴案内支出之律师费四百两、杂用一百两，应归公司开支；丙、新章程施行后应行改选之董事监察等职员，俟定期开会再行照章选举。会议即竣，已五句余钟，乃宣告散会。

附录　宁绍商轮股份有限公司章程修改草案

本章程草案经前次股东常会决议，公推审查员先行审查，限四十日完竣，再开临时股东会通过，旋经审查员审定登报两星期，征求各股东意见，承各股东投函商榷者颇不乏人，复经审查员参酌各股东意见书，重行修正订定如左，应请公决。

第一章　总则

第一条　本公司定名为宁绍商轮股份有限公司。

第二条　本公司专营航业事务。

第三条　本公司航路先行驶沪甬及长江各埠,得续谋扩充固有航路及重要产业有变更时,须经股东会之决议。

第四条　本公司股银总额一百五十万元,分为六万整股,每整股计银二十五元,但从前发行之股票有数在二十五元以下者得换给零股票,此项零股票股银五元五零股为一整股(改为以二十五元为一股),股本银额经股东会决议得以增加。

第五条　本公司设总公司于上海,分公司于宁波、汉口,但航业扩充时得以增设。

第六条　本公司公告刊登上海通行新闻纸二家以上。

第二章　股份

第七条　本公司股份专招华人,非华人不得为本公司股东。

第八条　本公司股票应载明左列各项并加盖本公司图章,由董事签名或盖印:1. 公司之商号;2. 创立注册之年月日;3. 股银之总额;4. 股份之总额;5. 股份之编号;6. 所占之股数;7. 股东之姓名;8. 该股票发给之年月日。

第九条　本公司股票如不背定章,得任其辗转买卖。

第十条　股票买卖时非向本公司注册过户,本公司仍认股票所载之股东为股东。

第十一条　遇有股票注册过户,本公司得征收费银如左:一整股至十整股每张征收银五角,十整股以上每张征收银一元,零股票每张征收银贰角(改为征收银一角)。

第十二条　五股以上之零股票只准换给整股票,不征收过户费银,但遇有零数得准换给零股票,其过户费依第十一条征收。

第十三条　已换给之整股票不得再分换零股票。

第十四条　凡遇股份过户应用本公司所定过户书式载明各款,经出让人及见证人签名或盖印。

第十五条　在定期股东会前三十日起至股东会后七日止暂行停止过户注册。

第十六条　股票若遭遗失或焚毁或被盗之时,股东可将股票号码、股份银数及失去原由,详细载明,有二人以上联名具保,得向本公司请求发给新股票,唯须先行登报声明,经六十日后并无申请异议者,准补给新股票,其一切费用由失去者担任。

第十七条　股票若遭遗失或焚毁或被盗等事,经登报后有出而干涉时,本公司非得地方官厅或商会判决之据,概不补给新股票。

第十八条　本公司股票以一股为一号,按次编列。

第十九条　本公司设股东名册,应将一切关于股份事情分列详载。

第三章　股东会

第二十条　股东会分定期会、临时会两种,定期会每年三月第三星期举行之,临时会董事或监察人认为重要事件或由股份总额十分之一以上股东联名请求,均得召集开会。

第二十一条　定期会除选举董事、监察人及查察上年公司营业状况复核账略分派利益等普通事件外,如另有提议事件,须于知照信内或通告中预先声明。

第二十二条　凡临时会应将开会原因及所议事件预先声叙。

第二十三条　定期会议长于到会董事或监察人公举一人充之,临时会议长于到会股东中公举一人充之。

第二十四条　股东之决议权及选举权开列如左:一整股至十整股每一股得一权,十一整股至一百整股每二股递加一权,一百零一整股至五百整股每三股递加一权,五百零一整股至一千整股每四股递加一权,一千整股以上每五股递加一权。

第二十五条　股东会之表决,议长认为不必投票法时,得改行起立法或举手法,但到场股东有二十人以上反对者,仍须用投票法。

第二十六条　不论用投票法或举手法均以到场多数之赞成为决议,如可否同数,议长得加一权决之。

第二十七条　不论定期会临时会,股东均应亲自到会,如遇有事故,得委托他股东代表到会,唯须另有嘱托书,于开会前交与公司收存。

第二十八条　股东而受他股东嘱托代表者,得并行其选举权及决议权。

第二十九条　股东会未决事件得延长会期,但最多以三日为限。

第三十条　股东会决议各事应记入议事录内,由议长及到场董事签押,并书明会议之地处时日及到场股东名册,一并存于总公司备查。

第四章　职员

第三十一条　本公司设董事九人(改为董事十一人),监察人五人,由股东会选举之董事当选应将股票交存监察人。

第三十二条　凡附本公司股份五十整股以上,年在二十五岁以上者,有被选举为董事、监察人之资格。

第三十三条　董事任期二年,监察员任期一年,期满后如仍被举,得以继续任。

第三十四条　董事任满改选时应签留前任董事三人。

第三十五条　董事中互选会长一人,副会长一人。

第三十六条　董事会议事以会长充议长一职。

第三十七条　董事于任期内应给酬金,由股东会决议之。

第三十八条　董事处理公司重要业务及经理人选任解任,得以过半数决议行之。

第三十九条　董事不得兼任监察人。

第四十条　董事办事细则由董事会决议之。

第四十一条　董事如有左列各事之一,即行退任,由同次股东会候补当选人推补:1. 受破产之宣告;2. 患废疾;3. 失本公司股东之资格;4. 三个月不到;5. 执行业务或代表公司有不当之行为及违背本公司之定章。

第四十二条　监察人之退任适用第四十一条第一、第二、第三、第四项之规定。

第四十三条　监察人不论何时,得要求董事报告总分公司一切情形,而检查总分公司所存财产及一切簿据函件。

第四十四条　董事及监察人并营本公司同等之营业,但经股东议定者不在此例。

第四十五条　监察人于任期内应给酬金,由股东会议定之。

第五章　计算

第四十六条　本公司每届年底总结账目一次,由董事造具簿册及监察人之报告书于次年定期会提出之。

第四十七条　各项注册经股东会承认后,所有盈余应先提出公积金、轮船产业折旧金及股本正利外,照下列十五成分派,各股东十二成,董事监察人一成,本公司职员二成。

第六章　附则

第四十八条　股东会议事细则另定之。

第四十九条　本章程如需更改必经股东会之决议。

第五十条　本章程有未尽之处,悉依公司条例办理。

(1917年7月16日)

11. 宁绍商轮公司之股东会议

宁绍轮船公司各股东于昨日午时借北市总商会开第二次股东临时会,

修正公司章程。到会股东计三百余人。当由各股东公推陈蓉馆为临时议长，宣布开会宗旨。次由审查员方椒伯报告修改章程草案，开第二次临时股东会之理由，并述七月十五日已将草案逐条报告。唯董事监察人人数及零股过户注册各节稍有更改，现请各股东细核草案，以便实行。遂经众股东公同讨论，分别决定如下：第一二三条并无讨论，照案通过。第四条"每股银几元"拟加一"圆"字，改为"银圆几元"，众赞成。第五条至十九条止，股东无讨论意见作为通过。第二十条至三十条止，股东亦无意见作为通过。第三十一条至四十五条止，内唯三十一条"当选董事应将股票交存监察人"拟改为"合格之股票交存监察人"，众赞成。第四十六条至五十条止，股东亦无意见作为通过。次由临时议长报告此项章程，既经通过，应定期照章开会，选举职员，以便呈部注册。旋由股东中提议第七条文字之修正为"本公司股份专招华人，非华人不得为本公司股东，但原系华人，现入外籍者不在此例"。议毕散会，时已三点四十五分矣。

(1917年8月13日)

12. 三友实业社股东会纪事

三友实业社开创于民国元年，专制洋烛芯，成效大著。嗣该社经理又以毛巾为日用所必须，于四年五月九日起专心研究。至去年八月始告完美，所出各货销场甚广，于是邀集股东议加资本，扩充营业。昨日下午，假北四川路翠乐居开股东大会，会场情形录下：(一)推举王亨统为临时议长。(二)推举马佐臣、陶文栋为纠仪员。(三)经理沈九成报告股款及现时营业并建筑新厂情形。(四)修改章程。董事沈九成、陈万运、郑宜亭、徐祝三相继发言，欲图公司之巩固，当以自纺棉纱为最要，嗣经各股东详细讨论，决议股份增至二十万元，以利进行。(五)预备选举，公推刘廷黻、徐献坪为监票员。(六)休息。(七)选举董事及监察人，共计到会九百十八权，当选董事七人，徐祝三、沈九成、郑宜亭、王亨统、史悠凤、陈春生、陈万运当选，监察二人，马佐臣、虞畊霞当选。(八)闭会聚餐，时七下钟矣。

(1918年5月22日)

13. 宁绍公司股东联合会议纪

十四日下午二时，宁绍公司股东在纱业公所开联合会成立大会。到者二百余人，首由吕耀庭登台报告今日开会，请公推临时主席。众公推方椒伯为主席，全体赞成。主席宣布开会宗旨，略谓，本会因前次股东常会诸多争执，诚恐于前途颇有妨碍，为此发起股东联合会，以公正之主张，达巩固之目的，我入会股东宜一致进行云云。次宣读会章，经全体起立通过。次公推投票检察员。当经公推陈蓉馆、吕耀庭、俞国珍、陶辉庭，众赞成。次提议公司股东常会未决问题两种：(一)选举问题，(二)分红问题。当场议决选举董事任期未满延长半年，至明年常会选举。次议分红利，全体决议官利七厘，红利五厘。照发公积八万，存至明年，俟有盈余一并发给股票。以上两条主席付表决，全体起立通过。次议十九日公司股东大会联合会应否派代表到会，众议决公推今日当选会长评议员代表联合会赴会，其余各会员自由到会。次提议公司存款，须平均摊存殷实钱庄，以银一万两为率，以防危险，众赞成起立通过。次议联合会股东所执之大会，选举决议等票须送致职员会，由会长会同各职员一致照报，以免分歧，众赞成通过。次决议事务所移设宁波同乡会，众赞成。次俞宗周演说发挥和衷共济之效。次开选举票，当选人如下：正会长当选虞洽卿，副会长当选田时霖、方椒伯，评议员当选何蝶轩、吕耀庭、蔡仁初、陈蓉馆、朱哲甫、刘星耀、顾锦华、楼恂如、张云江、胡庆元、蔡烈昌。

(1919年5月15日)

14. 宁绍公司股东联合会纪事

宁绍公司股东联合会，昨在宁波同乡会事务厅开全体大会。到会者百余人，公推方椒伯君为临时议长，当由方君报告开会宗旨。略谓，本公司股东会将届，为此特开大会，对于公司各事应行从长讨论。其开会秩序如下：1. 摇铃开会；2. 推举临时主席；3. 主席报告开会宗旨；4. 讨论七月十五日股东会之主张；5. 讨论股东会各议案；6. 结合股东之进行方法；7. 摇铃散会。经众逐项研究决定办法多件，至散会已钟鸣六下，详情续闻。

(1919年8月4日)

15. 记宁绍商轮公司之股东会

昨日下午新钟二时，宁绍商轮公司借总商会开第十届第三次股东大会，到者股东七百余人。董事会会长乐俊宝，副会长方樵苓，董事高子若、李志芳、王荫亭、孙梅堂，监察人盛丕华、谢莲卿等若干人。会场台下为全体股东，台上为董事席、核算处、监察人席、新闻记者席。议会顺序列左：1. 振铃开会；2. 公举议长；3. 议长宣告开会词；4. 第十届结账盈余分配案（董事会提议）；5. 新当选董事监察人任期案（监察人提议）；6. 更换新股票办法案（董事会提议）；7. 监察人保管董事合格股票案（监察人提议）；8. 股东会规则案（董事会提议）；9. 照章招足股本加添轮船案（股东联合会提议）；10. 拨还维持会用款及留维持会纪念案（同上）；11. 四明公所函请加捐案（董事会提议）；12. 议留前任董事三人；13. 选举董事八人（用记名联举法）；14. 选举监察人五人（同上）；15. 闭会。时至二时三刻尚未开会，股东有质问者，迨秩序既复，遂振铃开会，公推王清夫君为临时议长，宣告开会宗旨，略谓：第十届四月二十号第一次开会因议案未决，五月十八第二次开会因票权误算未能成立，故今有第三次开会之举，目的所在无非谋宁绍之发达。众鼓掌。

嗣举纠仪员四人，为陈良玉、韩硗轩、徐忠信、洪承祈。当有田汝霖君发言质问戊午年终结账盈余三十八万三千九百四十元零三角六分八厘中现提出公积二万元，何以于除提拆过计余洋十六万八千零三十五元七角四分六厘项下又拟提公积股份八万元。董事答称此系拟作为第九项照章招足股本加添轮案新造船只之用。经方椒伯、童康龄、田汝霖、徐忠信等再三讨论，其结果为股东应分官利七厘红利五厘，并议决留存戊午年盈余八万元依照十届股东会决议案办理。嗣因第九项添轮案与分配盈余案有关，遂一并讨论决定所余八万元，不许作押款，若不造新船，则须将该八万元分配股东。又由董事声明决无作押款之事。嗣讨议第五项新当选董事、监察人任期案，童康龄主张明年三月定期会改选，现毋庸议，众赞成。田汝霖君动议章程有应修改之处，童君康龄亦言今日尚有十二、十三、十四三项须俟修改章程时一并附议，众赞成。

遂议第六项更换新股票办法，议决：1. 登报公告拟定六个月，各股东于阴历闰七月初一日至十二月三十日止，携带前发行之股票息折并小图章，亲至本公司更换股票，外埠则可在分公司办理或通信本公司索取印鉴纸盖章与旧股票息折一并寄至公司，公司用双挂号将新股票息折等寄去，如逾上定期间则须另征手续费；2. 新股票须填注股东真实姓名；3. 前发行之股票如系记号堂名商号机关等向由某股东代表者，此次如欲更换某股东户名，亦须照章第十一条过户法办理；4. 期满六个月后，公司造报股东名册，如须更正者以寄达十日后为限。第七项监察人保管董事交存合格股票方法案，童田二君稍有讨论，嗣决议当照原案通过。第八项股东会规则案，童君完全反对，洪承祁君主张与章程一并起草，众无异议。第九项已与第四项一并议决，故不付讨论。第十项拨还维持会用款及留维持会纪念案,众赞成并决议作文叙维持会之有功于公司,镌刻铜牌分悬宁绍各轮以为纪念,众赞成。第十一项四明公所函请加捐案,洪承祁君要求发言,略谓:公司前曾捐公所贰仟元,今既函请加认,苟有余力,不妨应允。嗣后徐忠信君以捐款一事凡为四明同乡均宜力助,何必以公司名义加认捐助,此时有起而争执者,众议纷纭,莫衷一是。方椒伯君主张按权投票表决,而亦有反对之者。卒由田汝霖君建议此项捐款应由董事会商议办理,但不得超过原捐之数,众赞成。十二十三十四三项,童君曾主张取消,众已赞成,故不付讨论。

嗣以曾有修改章程之议,遂公推田汝霖、方椒伯、洪承祁、宋薛三、王清夫、洪雁宾、陈蓉馆、陈伯刚、王心贯九人为修改章程起草委员,并由议长宣告阴历十月第二星期特开临时股东会专事讨论章程,又言七月初一为发息期。遂摇铃散会,时已五时矣。

(1919年8月11日)

16. 宁绍股东联合会纪事

宁绍商轮公司因修改章程,定于阴历本月三十日下午借总商会开临时股东会。该公司股东联合会干事方椒伯君业已将各股东委托带领入场券及议决票并章程草案各件均已向该公司领到,候各股东于开会前向事务所领取云。

(1919年12月18日)

17. 振泰纺织公司选举董事

振泰纺织股份有限公司,于旧历本月初七日在画锦里振华堂洋布公所事务所开创立会,到会股东二百余人。二时许振铃开会,当经各股东公举李柏葆为临时主席,即由李君说明纺织之需要情形并组织原委,嗣由王启宇报告经过办事情形,又由顾子槃宣读公司章程,逐条由股东通过。唯第二十二条监察人之任期,原章任期一年,连举得连任,经股东讨论后加"但不得连三任"六字。由盛丕华对于文字上略有修正,余者均无异议,各股东亦无提议及询问等事。于是公举顾子槃、张云江、陈少舟、金赐之为监视唱名记录员,又举周辛伯、顾吉生、顾查卿、黄瑞霖为轮流唱名员,当众开筒唱名毕,计顾子槃、余葆三、李伯葆、王启宇、包凤生、朱子齐、周辛伯、王作霖、郁葆青九人当选为董事,次多数为吴青卿、徐承勋、吴芝轩、金赐之当选为候补董事。原定当日散票再选监察人,因时间已钟鸣六下,不及再选,改定十三日下午二时在振华堂选举监察人云。

(1920年1月1日)

18. 宁绍公司股东临时会纪事

通过修改章程及股东会规则

宁绍商轮股份有限公司于上月间开股东大会,讨论修改章程草案,因不足法定人数,决定续开大会议决。昨日为开第十二届股东临时大会之期,会场仍借总商会。到会者为董事张延钟、孙梅堂、乐俊葆等,并股东百余人。其预定秩序如次:1. 振铃开会,2. 公推临时议长,3. 议长宣布开会词,4. 公推纠议员,5. 决定第一次临时股东会议定章程草案,6. 讨论股东会规则草案,7. 闭会。于午后二时开会,公推方樵伯为临时议长,并推顾锦华、张志刚、何梅仙、金芝山为纠仪员。方樵伯就席后,起谓,前次讨论股东会修改章程草案,虽经众股东逐条修正,惟彼时到会股东不足法定人数,遵照公司条例,应续开大会决议,故今日再请众股东大会解决,究竟各股东对于前改章程,有无异议,请各抒所见云云。时有股东朱葆三声称,此项修正章程草案所列各条别无讨论之处,惟第八条原文"本公司股票应载明左列各项,并加盖本公司图章,由董事三人签名盖印"等语,应请于由"董事"下增加"及经理"三字,第十九条第三项原文"决议变更或增减航路及买卖重要产业之计划"一句,应请将"变更或增减航路及"等八字删去。各股东讨论之下表示赞成。又某股东以第二十九条原文"凡附本公司股份五十整股以上年满二十五岁者有被选为董事"一节,有所抵触,提出讨论,各股东以董事一职需资格经验完全之人方能充当,即便选举时,有年未满三十者,其资格必富,年岁一层,可不必变更,决定仍照原文办理。方议长以前项章程,既别无异议,遂将股东会规则宣布,众亦无异辞,议毕散会,已钟鸣四下矣。

(1920年1月19日)

19. 交易所重订棉纱标准之会议

结果仍以云鹤牌为标准

上海证券物品交易所棉纱部经纪会,于日前开会筹议佣金证金标率诸问题,议决以恒丰厂之云鹤商标为标准等情,已纪前报。兹悉华商各纱厂以当日会议之时因仅提德大鸿裕等五厂之宝塔等五种,而以锭子多少为资格,不足以昭公允,纷纷向该所诘责,仍定于昨日下午四时,重开研究标准会,再行商定。列席者为纱业董事兼交易所名誉董事贾玉田,棉纱部经纪会会长边文锦,副会长陆竹坪(前报误为陆祝堂),暨诸筱甫、贾瑞伯、郑寿之、项甘伯、张继芳、闻兰亭、陈冕卿、薛润生等。开会后,首先将华洋各厂所出商标纱样陈列,研究各纱之身骨权量,每包之轻重(每包计秤见重者十磅之七五,轻者十磅之三七五)。遂经边陆闻贾四君评议,以价格为准绳,将来涨落,照定价升降,乃议得德大之红宝塔一百六十五两,恒丰之云鹤一百六十五两,溥益之地球一百六十六两,鸿裕之宝鼎一百六十六两,三新之红团龙一百六十二两,老公茂之天官一百五十八两,振华之双象一百六十五两,内外之水月一百六十五两,厚生之双喜一百六十五两,上海之双虎一百六十一两,申新之人钟一百六十五两,申新第二厂之飞马一百六十五两,宝成之如意一百六十六两,日华之丹凤一百六十一两,三泰之日光一百六十五两,怡和之红龙一百五十七两,同昌之月季一百六十一两,杨树浦之牧羊一百五十八两(以上皆十六支大包纱)。又东方纱厂之十六支文明纱,外间事货甚多,所售之价,较他项牌子相去十五六两,参差不一,故一时难以遽定,嗣后价格平稳,再议加入,厘定价格。旋又将二十支纱各项商标厘定,电车一百七十七两,地球一百八十一两,宝鼎一百八十两,宝塔一百八十一两,如意一百八十两,采花一百八十两,牧羊一百七十八两,五福一百七十九两,三星一百八十两,水月一百七十九两,双凤一百七十六两,双象一百七十九两,云鹤一百七十九两,飞马一百七十九两,人钟一百七十九两,双喜一百七十九两(以上皆二十支大包纱)。鉴定毕,又议重订标准事。众议以拈阄法为最公道,乃将农商部注册之华商申新第一厂之人钟、申新第二厂之飞马、振华厂之双象、恒丰厂之云鹤、德大厂之宝塔、厚生厂之双喜、鸿裕厂之宝鼎、溥益厂之地球、同昌厂之十六支月季、二十支电车等,画成阄子陈列,公推贾玉田为公证人,当众拈阄,揭晓,仍为恒丰厂之云鹤牌,众皆鼓掌,口呼云鹤万岁。此次交易所对于所定标准事,深为困难,惟有拈阄,最为公道,事遂解决。至于外埠如南通、杭州、苏州、无锡、河南等处厂家,所处商标棉纱之加入,该会得临时酌量审定。至六时,始各散会。

(1920年6月28日)

20. 华兴水火保险公司股东会纪

上海华兴水火保险公司，前日午后举行第十九届股东常会。由总董朱葆三主席，宣布开会宗旨。略谓，本公司开办至今，已届二十余年，向取稳健主义。总理梁炳垣君，办事诚正，遇事亲往调查，查明即赔，毫无留难隔膜之弊。凡彼此均属华商，接洽较易，故保户日增。际兹商业竞争时代，扣佣甚微，而今届竟获五万盈余，实属难能可贵云。继由梁总理宣布今届共收保费十余万两，除去赔款开支，尚余五万余两。如股东官利，仍照八厘摊派，尚获净余一万五千余两云。公决股东官利仍照八厘开派，通告各股东即日起，持折至公司支付云。末由各股东讨论此后进行事宜，旋即散会。

(1920年7月26日)

21. 证券物品交易所股东会纪

日昨(二十九日)下午二时，证券物品交易所假上海总商会开第一次定期股东总会。股东到者二百三十五户，计七万八千六百五十九权。各理事及监察人全体俱到，二时三十分钟，议长虞洽卿君宣布开会宗旨：(一)议长指定冯芝汀、朱子谦为纠仪员。(二)理事闻兰亭报告开幕以来营业状况：(甲)本所注册呈批各件，略谓，本所现在各种营业，系遵省令。本所现在所定名称，系奉部令，本所之基础，至今日可谓确定；(乙)宣布养成所开办情形，略谓，本所为新创事业，一切人才，非预先养成不可，费时六个月，耗财八千余，始克有今日之成绩；(丙)本所房屋，现已自行购置，计费银二十万零；(丁)营业种类，现在先做证券、棉纱、棉花、粮食四种；(戊)经纪人总额，共计九十五人；(已)理事邹静斋，于本年五月二十五日出缺，互选周佩箴为常务理事。(三)理事郭外峰报告开业后交易状况，略谓，本所于七月一日开幕，二日开始营业，交易种类，先分证券、棉纱、棉花三部，至八月二日，杂粮部开始营业，计自开业至八月二十七日止，实在交易，共四十六次矣，而各种成交数已颇可观。经手费共收八万二千元左右，平均每日可收一千七百余元。本所有此成绩，足为各股东贺。而股票交易本所股票，八月期交割者，实有一万一千六百余股之多，足见本所信用之一斑。而经纪人能得顾客之信用，亦于此可见。(四)理事盛丕华报告本所开业前之收支账目(已有印就之决算册分给股东)。(五)议长报告议决事项二件：(一)展缓股东定期总会日期，请予追认案;(二)变更停止股票过户日期,请予追认案。经全体股东通过。(六)举行补缺选举,由议长指定马乙棠、陈文甫为投票管理员,贾玉田、金雪胜为开票管理员。结果,郑培之得六万二千二百八十七权,最多数,当选为理事。报告毕,散会,时已四句余钟矣。

(1920年8月30日)

22. 宁绍商轮公司股东会纪
四明公所今日开紧急会议

昨日午后,宁绍商轮股份有限公司,假法华民国路四明公所,续开第十一届股东大会,到者百余人。摇铃入座后,推举临时议长,或推洪承祁,或推乐振葆,或主无论何股东均可推举。正在讨论之际,讵因乐振葆出言不检,遂致引起扰攘。当由王馨毕喝令多人用武,用长凳击破长生会朱锦华君之头部,幸未致命。顾相臣君,亦被击伤。一时秩序大乱,移时始各纷纷散去。闻内有若干股东,正拟在大会时发表种种意见,及闻肇事,多有半途折回者。而四明公所,因此事有违定章,特印函分送该公所各董事,请于今日(二十日即旧历初九日)下午三时,来所开紧急会议。兹将原函附录如下:迳启者,今日下午二时,宁绍公司开股东大会。假本公所为会场,方摇铃开会之际,忽有王馨毕喝令用武,击破长生会顾朱两君之头部。公所乃正大光明之地,竟有此不法行为,实属目无法纪。而宁绍公司方面,须负破坏假借本公所为会场之章程。兹订明日(初九)下午三时,特开紧急会议,务希望准时必到,以便公决,专此顺颂台安。四明公所启(阴历八月初八日)。

(1920年9月20日)

23. 宁绍商轮公司定期开股东会

宁绍商轮股份有限公司,兹因一年届满,经董事会议决,定于旧历四月二十二日,在四明公所开常年股东大会。所有该公司第十二届庚申年收支账略,业由正副会长乐振葆、袁恒之、方樵苓造具报告,并经监察员何积璠、盛丕华、谢莲卿、方耕砚等复核无讹,分别签押。俟开会时,当众送交查阅。兹将是项账略预先披露于下:1.该股本公积等二十一项,共洋一百五十七万零二百二十九元四角八分八;2.存汇通等二十九项,共洋六十万四百十元九角三分四;3.存新老宁绍船本等二十五项,共洋一百二十一万零二百三十六元九角五分四;4. 收老宁绍水脚等二十七项,共洋八十六万五千六百六十五元八角八分六;5. 收新宁绍水脚等,共洋三十八万三千五百八十二元八角四分二;6. 支老宁绍缴用等十七项,共洋六十二万五千二百四十元四角八分六;7. 支新宁绍等缴用十七项,共洋二十一万六千三百七十元零七角七分二。以上庚申年计盈余洋二十四万四百八十元四角,除公积(二十分之一)计洋一万二千元,除官息洋七万二千八百元,除各轮折旧等共洋三万零八百零四元八角八分二,再加己未年分盈余洋七万五千三百二十二元八角三分四,两共盈余洋二十万零一百三十六元三角五分二厘。

(1921年5月24日)

24. 组织夜市物券交易所之会议

  大发公司大世界,昨日上午,开全体股东会,经理黄磋玖报告,现于大世界内组织夜市物券交易所,股本一百万元,每股洋十元,先收一半专营证券、棉纱、面粉等夜市交易,此种夜市交易所,美国德国等皆有,甚为发达云云。经各股东一致赞成,旋议支配股本办法。黄君拟入大发公司股东得二万股,余由各业发起人及各经纪人共同投资,以便开办。经股东徐贤昌、郑镕之等以大发公司得股太少,公举黄为全体股东代表向各发起人要求大发公司名下须得三万七千股,以便支配各股东共沾利益。黄君答,俟尽力磋商后,若何情形,再行开会决议,至大发公司原有股票,每股洋一百元,夜市交易所开办后,当将一股改为十股,换给每股十元之新式股票,以便日后市面流通。经众一律赞成,旋即散会。

(1921年6月13日)

25. 中央信托公司聘定总经理

  中央信托公司自第一期股款收足后,业经开会成立,选定董事及监察人。兹该公司已聘定中国银行副行长严成德为总经理,袁近初为协理,田我醒为主任。日昨特假座联华总会设宴欢迎,发起人及董事监察人均到。席间由董事长田时霖致欢迎词,旋由严君致答词。又次由袁近初、田我醒二君相继演说,兼申谢欢迎意。末由宋汉章、魏清涛致辞殇祝,宾主尽欢而散。

(1921年7月5日)

26. 证券物品交易所股东会纪

宣布领到营业部照　议决增加股本五百万

昨日下午二时上海证券物品交易所，借上海总商会，开第三次股东定期总会。股东到者共二百十五户，计八万二千一百四十八权。各理事及各监察人莅会者均超过法定人数。首由议长虞洽卿指定朱榜生、刘石荪为纠仪员，并宣布开会辞，略谓，本所于民国五年发起，经过许多困难，至今日始得政府批准，发给营业执照，中间反对者有人，破坏者有人，同人不避艰难，由鄙人入京，请政府维持原案，发给营业执照，在京逗留十七个月之久，始得如愿办到，而当时反对本所者，至今亦纷纷设立交易所，足见本所之设立，确甚正当，而当时反对者未免囿于一隅也。继将营业执照五纸，一一宣示于各股东，计证券部执照一纸，为第一号。物品部执照联号四纸，第一号为花纱布匹，第二号为金银，第三号为粮食油类，第四号为皮毛。部中所发交易所营业执照，以本所为第一次云。次闻理事兰亭报告经过情形：甲、营业种类，略谓，本所营业种类，证券、花、纱、杂粮四种早经开办，现在金银交易正在筹划，八月内当可开始营业，至布疋皮毛等项，亦拟次第筹办。乙、经纪人名额，略谓，本所现在各经纪人人数，共计一百零四名，金银尚不在内。丙、开市日数，略谓，本届营业，共一百三十三天，共收入经手费五十八万五千七百余元，平均计算每日可得四千四百余元云。丁、营业用基地房屋，略谓，除前次购买四川路一号房屋及仓库，暨新市场地产外，本期又添购新市场地基两方，又地产一方，连前共值洋一百十八万五千余元云。次闻理事报告往来文牍，略谓，本所为给照事，迭向农商部呈请，至本年六月二十八日，始奉部批准，分给营业执照五纸，令行江苏实业厅转给，并于七月五日，由上海总商会转到实业厅来函，并营业执照五纸，本所对于农商部之注册执照手续，至今日可谓已经完全云。次郭理事外峰报告营业状况，略谓，现在上海已成为交易所世界，因此有恐本所营业将大受影响者，将来究竟如何，殊难预测，唯已经开幕之各交易所，其营业与本所相同者，已有多所。而本所营业并未受若何损害，则将来营业发达，正未可限量云。次盛理事丕华报告收支账目，略谓，本所营业用地基房屋，共值洋一百十八万五千余元，银行钱庄存款三百零一万五千五百余元，营业费及各项摊提费奖励金等外，纯益金共计三十六万八千六百余元云。次议长报告李理事柏葆，于本年三月二日出缺，次盛理事报告第二期结账，纯益金分配及发给日期案，均照案通过。次闻理事报告张理事乐君辞职案,股东秦待时主张尊重张君自由意志,准其辞职,所留理事一席,与李前理事遗缺,一并于今日补选,以省手续,遂通过。次议长张继芳、薛润生为投票管理员,秦待时、张秉三为开票管理员,结果,吴耀庭得八万零二百六十六权,张静江得七万七千八百五十五权,均以最多数当选为理事。次议增加股额及资本案,各股东纷纷发言,大体均赞成。即由议长以"股本总额增加五百万,股份总额改为五十万股,每股以二十元为单位,此五十万股内之四十万股由老股东照老股票平均分配,其余十万股,由本所经纪人及职所员承受"之议案付表决,全体通过。次议收股手续及时期,与十万股之分配方法,众股东均主张由理事会从长计议,务求于本所全体及社会金融,两有裨益,俟有确定办法,再行公告。散会,已五时矣。

(1921年7月11日)

27. 日夜银行股东会纪

上海日夜银行开幕以来,昼夜兼营,营业种类尤多创格,致营业非常发达。近由各董事提议,以原定股本不多,经营范围尚嫌太狭,亟宜添加资本,以期发展。于昨日下午复开股东大会。到会者四万六千一百股。当由各股东公决,由原定五十万资本改为伍佰万元,先收足一百二十五万元,俾合部章,呈请注册。当场由各股东认定股款,并将老股十元改为每股五十元,先收四分之一,凡老股一股得购新股一股,除□购者购认外,余由董事会认足云。

(1921年11月21日)

28. 中外交易所之临时股东会

中外信托公司分设之中外证券物品交易所,因被四号等经纪人欠款搁浅,由监察人依据公司条例一百七十二条,召集临时股东会,于昨日下午一时,在法大马路鸿运楼开会。先期函请董事长林嵩寿及常务董事刘孝纯出席报告,届时二人均未到会,只由梅池律师代表,函复不能依照公司条例,且于三十号召集发起人会等语。股东以本公司章程系林董事长手订,载明均照公司条例,今乃不到股东会,而自相矛盾,反对原订章程,莫不闻而哗骇。于是众股东就股东中推举李征五君为主席,先由监察人等报告一切,后议决选举检查员二十六人,投票结果,李征五、应梦生、邬志豪、金友生、冯志卿、周桐庄、吴亮生、应季审等当选。散会时,已钟鸣七下矣。

(1921年12月30日)

29. 民新银行股东会纪

昨日午后二时,本埠民新银行假座西藏路宁波同乡会开第一次定期股东会。共到股东七十九户,计二万四千二百三十五权。首由董事长李云甫报告营业状况。略谓,本行以民国九年九月成立,十年三月二十五日开始营业,七月开筹设分行,于九月十二日营业。本届终结,计总行纯益十二万四千三百三十四元九角一分,甬行纯益四万三千三百零三元五角一分,除□提建筑费及董事部开支外,共得纯益十五万二千一百八十九元六角三分。经监察人查核无误。次讨论纯益金分配案,决定提法定公积金二十分之一外,余分配如下:(一)特别公积金二万二千元;(二)股东红利每股三元,共九万元;(三)董事监察人酬劳一万元;(四)行员奖励金二万元;(五)五剩余金二千五百八十元一角五分,共议决于三月内发给红利。次选举监察人,用连记投票法选出赵林士(二一五七五权)、陈馥苞(一九五九五权)二君为监察人,遂散会。

(1922年2月20日)

30. 通商交易所股东会纪

英大马路抛球场口通商交易所,现拟另行改组,于昨日(十九日)下午二时开全体股东大会。到会股东计有四万六千三百二十五权,首由股东包达三代表报告该所经过情形,继即提议改组,略谓,本所从前几经挫折,赖诸同志坚持不懈,得庆成立,唯现以交易所风潮激荡,本所际此时局,殊抱虎尾春冰之惧,若非另图改革,殊不足以谋久远,兹拟改为证券贸易公司。诸君以为可否,请公决。当经多数赞成改组,表决通过。定名为通商证券贸易有限公司。次拟定章程,讨论改组办法及规模进行,并举定范回春为董事长,黄磋玖、包达三、郑兼庵、谭楚堂为董事,黄敏之及刘君为监察人,遂散会。闻该所现拟大加改革,从事扩充,于明日起暂停买卖,定于下月迁至大世界对面日夜银行楼上营业云。

(1922年2月22日)

31. 五金交易所股东会纪

江西路十八号上海五金交易所，昨日下午一时，在该所市场开股东会。首由主席傅品圭报告开会宗旨，并经过情形。次由会计理事戴耕莘报告帐略。旋讨论营业方针，各股东主张解散者有之，主张进行者有之，纷纷陈说不一。后经理事长用权数付表决，计赞成解散者只有一万五千余权，而反对解散者占二万一千余权。现从节省开支着手，闻不日预备正式开幕云。

(1922年2月22日)

32. 五洲药房股东会纪

前日（十九日）下午二时，五洲大药房借座宁波同乡会开第十五届股东年会，到会者权计七千零八拾八权。公推王仙华为临时主席。先由总经理兼董事项松茂代表董事会报告上年历届议案，并述上年股东大会原议公司股本规银五十万两，呈部注册，实收规银三十五万两为限，嗣因收买固本肥皂厂，需厚集资本，故有董事会决议增收十五万两，合足五十万两，因并未登报招股，截至去冬止，共收足规银四十六万九千六百两。报告毕，众无异议。次报告营业状况，仍由项君起述上年营业收入，总数一百二十七万有零，较前年未有增加，其原因系湘鄂战争，长江上游销售滞钝，加之天津分号停顿数月，此为特别情形，然按诸实际，殊有进步，盖无以上原因，则收入总数必可较前大为增加也。又去年收买固本肥皂厂（今改名五洲固本皂药厂）垫款颇巨，幸所制肥皂成绩甚佳，粗皂香皂销路极畅，若今年再加整顿，公司营业前途颇可乐观云云。旋由众议决上年官余利，定四月初一日起给发。次将修正公司章程分别讨论，逐条通过。继议续行招股问题。项君复起立申说，谓五洲固本皂药厂，规定制造共分四部，除原有制皂部外，将公司故有之制剂部化妆品部一并迁入厂内，又因药房经售原药，皆运自欧美，特增设制药部，制造各种原药，以期挽回利权。继招足股本六十万两，改为一百万两注册，曾经董事会讨论，认为可行，今特请股东公决，众均赞成，遂通过。继即选举董事监察人，投票后，公推郑厚培、谢培德为检票员。检查结果，鲍贤昌、项松茂、张蟾芬、贝润生、李观塘、王仙华、高翰卿当选董事，陈培生、陈培初当选为监察人。事毕散会，已钟鸣七下矣。

(1922年3月22日)

33. 夜市交易所股东会纪

上海夜市证券交易所,昨日下午三时,在日夜银行楼上开股东会,理事长黄磋玖君报告,因交易所种种潮流之险恶,以致本所亦陷于困难地位。鄙人现拟专心于日夜银行,料理代本所所做之股票押款事项,所有本所理事长一席,无暇兼顾,敬向股东辞退。各股东同声挽留,请再维持一个月,且看情形,再定办法。黄君谓据鄙人眼光观察,交易所发达希望极为稀少,现为保全股东血本起见,拟将日夜两交易所及日夜银行大发公司四项机关,合并改组一大公司,专营银行及大世界事业,则将来尚有希望,如本所股东赞成此项办法,则再行召集日夜银行大发公司及日市交易所股东会,共同协议等语。当由股东投票表决,赞成者居多数。

(1922年4月2日)

34. 干茧丝吐交易所临时股东会志

华商干茧丝吐交易所,昨日下午二时,在爱多亚路一百零七号门牌,开临时股东会。共到三百二十户,计二万五千四百五十五权。由董事长李征五主席,报告开会宗旨,对于本所进止问题,请各股东解决。讨论时,各股东略有争执,主席付表决,如赞成开市者,请投甲种赞成票,反对者请投甲种反对票。当公推胡甸孙、应梦生两人为检票员,并请捕房西丹纳及该所法律顾问杨国权律师为投票开票监察。结果,赞成开市者计二百户,一万八千七百八十五权,反对者八户,计三百四十五权,决议赞成开市,遂散会。

(1922年4月22日)

35. 兴业烟草公司临时股东会纪

本埠中国兴业烟草公司,昨日午后三时,在宁波同乡会召集临时股东会,计到会股东三万五千零二十八股,董事长邱渭卿君,因在镇海放赈不能出席,特委托董事陈重言君为代表。主席报告开会宗旨及公司账略、营业状况毕,即请股东讨论公司善后方法。其时有股东王君,陈述意见,大略谓,本公司总理简君,因款事纠葛,已由董事会委托代表起诉于法公堂,现在公司负债甚巨,而股东血本亦将完全无存,总理固然负责,即董事长亦有失察之处,鄙意拟请股东会选举委员五人,会同董事清理账目,维持公司善后,对于债权方面尤须妥为应付。主席即以王君之案付表决,全体赞成。主席遂请股东投票选举委员,并请李次阁、乌崖臣为检票员。结果,颜筱初得一万九千八百六十八权,汤节之得一万九千八百二十四权,应季审得一万九千七百六十四权,朱葆三得一万九千六百五十六权,李次阁得一万九千零八十二权,当选为委员,遂散会。

(1922年4月29日)

36. 三友社之股东会

前日本埠三角牌毛巾厂,即三友实业社股份有限公司,假东新桥洋货商业公会,开股东常会,报告十年份营业情形,选举董事监察,提议分配官余利,公积提存极多,以固基本。新选董事监察,均系连任。是日该公司并于会场外,另开一室,为临时陈列所,陈列该厂各种毛巾、制作日常应用之品,不下数百种,花样繁多,颜色鲜艳,定价亦颇低廉。记者到场参观,目不暇给。该公司于举行股东常会时,特设临时陈列所,以供股东之研究,洵属创举云。

(1922年5月23日)

37. 日夜银行选举会纪事

新董事会成立　改名共发公司

日夜市两交易所及日夜银行大发公司四公司,合并入日夜银行后,昨日(十五)在大世界开股东选举大会。主席黄磋玖君报告四公司合并经过情形,并拟改定新公司名称为四合公司。嗣经各股东公同议决,改为共发公司,专营日夜银行及大世界两种营业。旋即投票选举,开票结果,黄磋久当选为总理,次多数赵芹波君。至协理则叶山涛君当选,次多数赵芹波、高价人君,另高庆堂、曹斌臣、王挥宾、伯庸、孙衡甫、卢筱嘉、杜枚叔、叶山涛、袁履登当选为董事。包远三、赵芹、曾桐孙当选为监察人。先是监察人中有朱君当选,后有股东沈君提出抗议,以朱昔于被选举实格不合,表决作为无效,以次多数之曾桐孙君选补云。

(1922年10月17日)

38. 证券交易所五六届股东会纪

　　昨日午后三时，上海证券物品交易所，在该所大市场，补行第五次股东会，并行第六届股东会。届时股东到者，二百九十二户，计八万三千三百八十权。已足法数。首由议长虞洽卿君宣布开会辞毕，推定李征五、郑寿芝二君为纠仪员。次由沈理事润挹报告经过情形，略谓，本所去年二月底因本所股交割买方违约后，大局震撼。幸由经纪人公会主持，双方和解，得以逐渐办理了结。自四月起有全球货币物券交易所加入，共同营业，方期恢复旧观。不料至九月间，全球宣告清理，本所营业，又大受打击。理事会为保全股东血本计，不得不勉力支撑。一面办理善后，筹商借款，一面裁减所员，节省各项开支。至第五期及第六期营业，因受上述两项打击，颇觉清淡，收入甚少，远不如前数期之丰富。次由闻理事兰亭报告收支账目，第四期计亏损洋三十八万三千余元，第五期计亏损洋六十六万二千余元，此种亏损大部分，均系受本所股交割风潮之影响。次郭理事外峰报告议决事项：(甲)展缓第五次股东总会日期案。(乙)第六次股东定期总会，与补行第五次股东会合作并举行案，全体通过。(丙)为谋营业之重兴，与信用之回复起见，提出下列办法，请求股东会予以承认案：一变更股额，仍定为五百万元，取前届所议决增加股本案，即日销，其已增收之股款，由本所分别筹还；二收买全球交易所全部财产，其代价为本所股票面一百五十万元；三向中华兴业银公司借银圆二百余万元，订明给以票面一百万元之本所股为酬报；四修改现行章程第四十条。以上四项，均经全体通过。(丁)全体理事监察人辞职案，众股东均赞成改选。当由议长推定邵景甫、金润庠二君为投票管理员，薛润生、张继芳、陆志乾、郭秀夫四君为开票管理员。结果薛文泰、吴耀庭、沈润挹、周佩箴、闻兰亭、郭外峰、虞洽卿、顾文耀、叶叔眉、张稷臣、郭东泉、李云书、郭振鸣、冯芝汀、赵周金、陈学坚、厉汝熊十七人，当选为理事，次多数为周孝怀、冯友笙、徐镛笙、陆竹坪、屠侯康等。张纶卿、周枕琴、赵芝室三人为监察人，次多数吴惠卿、杨河清二人。散会时，逾七时矣。

(1923年1月24日)

39. 棉业银行股东会纪

　　中国棉业银行，于四日在总商会开第一届股东会。到会股东一万零十六权,公推潘作楫为议长。旋由董事长秦润卿报告上年营业状况。略谓,本行自前年开幕,至年底仅四个月。除将官利按分外,未开股东会。故以今年为第一届股东会期。至本行营业宗旨,不做信交及他种厚利放款。去夏沪市商业冷淡,时局又不甚安靖,以致本行放款不多。去秋在汉口设立汇兑所,营业扩充,年底结账,得有纯益二万八千一百五十余两云云。复经酌定官利五厘,报告注册章程。投票选举金益芝、夏仲芳、孙仲康为监察人,王清泉、潘志铨为候补监察人。摇铃散会,时已夕阳西下矣。

(1923年3月5日)

40. 中华捷运公司股东常会纪

界路中华捷运公司,自前年改革以来,营业向称发达。昨在该公司楼上开股东常会。到会股东,如王一亭、朱榜生等,计六千七百五十六权。由总经理黄延芳主席,报告去年营业状况,及分配盈余办法。全体通过,并举王儒堂、钱新之、王一亭、吴蕴斋、黄廷芳、童季通、戚莼芳、娄鲁青、张我华君等,为第十一届董事,又朱榜生、丁子盈等为监察人云。

(1923年3月25日)

41. 中央信托公司股东会纪详

中央信托公司第二届股东定期会,前日(二十五)下午二时,在总商会议场集会,情形略纪昨报。兹因昨纪与事实微有不符,再纪其详情如下:是日股东到五百余人计十三万七千七百四十权,照秩序开议。(一)振铃开会,照章由董事长田时霖君为议长。(二)议长报告开会宗旨。(三)监察人报告账略,众无异议。(四)总经理报告营业状况。(五)董事长报告纯益金分配案,通过。曹慕管、俞丹屏二君提议十二年度起,官红利均应经股东会后发给,众赞成。(六)董事长报告本公司前经呈报农商部,现已奉批准予立案,并蒙审改章程九字。又报告有一议案,由股东曹子安君来函提出,本公司股本总额一千二百万元,改为三百万元,各股东已一次缴足股本,嗣后无须续缴,此议案因曹君函到已迟,通知书中不及列入,今日应否提出付议。曹兼三、俞丹屏二君主张提出,曹慕管君附议。股东多数赞成。议长声明此案属于变更章程,今日临时付议,只能议定草案,须开第二次股东会决定。王晓籁君言开第二次股东会之手续,系根据公司条例第一百九十九条,即当场宣读,请股东注意。寿孝天君言今日议此重要提案,应用投票法表决。议长谓既须投票,秩序第八节应提前行之,遂公推曹慕管、蒋梦芸、田龙章、金佐臣、经仲涛、魏善甫、陶润之、王盈昌八君为检票员。投票结果,反对者二千七百八十权,赞成者十二万七千六百九十八权,已过股份总额半数,草案成立。(七)选举监察人,股东投票。(八)公推检票员,已提前推定。(九)报告当选监察人,为田子馨、裴云卿、何鹤鸣、魏鸿文、张树屏五君,候补前列者,为何长庚、胡纯艿、万印楼、宋汉章、何联第诸君。(十)振铃散会,时已钟鸣八下矣。

(1923年3月27日)

42. 五洲大药房股东会纪

昨日五洲大药房,假座宁波同乡会开股东大会。到会股东计六千八百八十五权,公推王显华君为临时议长。首由总理项松茂君代表董事会,报告上年营业大概,谓总店营业总数一百十四万七千余元,又本厂肥皂销售三十七万元,各埠分店如济南、北京、营口、蚌埠,及本埠太和,皆有盈余。惟天津、汉口、芜湖,颇有亏耗,截长补短,总计分店方面尚有盈余。总分店合计盈余十万零四千余元。余照章提存公积及特别公积外,股东得派官余利一分二厘云,经众通过。次由监察人报告本公司财产项下天通庵路洋栈连地基十八万元,徐家汇总厂连亚林化学厂并入及添建厂屋,共四十八万余元。公司存货作最低折实三十六万元。另有客账二十余万元,尚不在内。查公司现有股本五十万两,今所有实产,已超过一百万之数,基础颇称稳固云云。继由董事报告厂中组织,如蒸汽干燥化验制造各部,均已粗具规模,历年营业进步,前途颇有希望。今为扩展起见,已将现在发行所房屋基地,购作自产,预备改建。上年额定股本未敢收足者,盖公司无用款之必要。兹为购买店门基产,今年拟续收股本二十五万两。由股东张克明君提议,以半数在两月内尽老股东认购,其余尽公司职员及与公司有关系之人酌购云云。经到会股东一致赞成通过。遂由股东投票改选,推朱寿门、张克明二君为检票员。选举结果,鲍咸昌、项松茂、王显华、贝润生、高凤池、张蟾芬、李觐唐,均当选董事(次多数张小良、刁信德、夏筱方)。监察人曹兰彬、陈培初当选(次多数陈培生、鲍咸亨)。议毕,散会。

(1923年4月3日)

43. 振华油漆公司股东会纪

振华油漆公司,昨午后二时,假法租界新桥洋货公所开股东大会。推乐振葆为议长,报告壬戌年营业状况及收支帐略,并谓上年营业达十四万余两,计获盈余一万八千两,比前年更佳,深为公司前途贺。述毕,请公决官余利,由各股东议给官利八厘,红利俟下届盈余并给,经众赞成通过。次由邵晋卿经理报告上年赴湘粤考察,颇收效果,现已分设事务所推销,上月已售出一万余金云云。未为重选监察人,开票结果,王云甫、傅松年仍连任,次多数丁顺安、程厚坤为候补当选人。选毕时已下午,遂振铃散会。

(1923年4月16日)

44. 中华工业公司股东会纪

旧历三月初七日,中华工业有限股份公司,在总厂开第四届股东年会,到会股东共一千六百八十三权。遂宣布开会,公推赵晋卿主席,报告开会宗旨,书记员宣读十一年度股东会记录毕。林总经理报告往年营业状况,略称:去年本公司之营业,因海内同胞乐用国货,所以本公司发明之中华葛、中华纱各种边带,定货拥挤,畅销全国,营业前途,颇有希望,此堪为我股东告慰者。十一年度报告书,业已照章编就,请各股东查阅。惟照目下营业发达情形,原定股额五十万,除收足二十万元外,其余三十万元急须添招云云。随由到会股东决议先招十万,每老股二股,许加新股一股,倘需要时,再行续招。次由刘吉生君代表总董报告,去年共得一分八厘,股东会无异议,通过。次由主席提议选举董事监察人,经各股东投票结果,最多数当选董事者,刘鸿生、刘吉生、刘然青、姜炳生、林宾琛、杜家坤、张鹤隐、郭仲良、邱向清、杨奎候、赵晋卿、杨才清、谢培德诸君;当选监察人者,朱舒堂、李悦生、林嘉丰、张伯荣诸君。事毕散会。

(1923年4月26日)

45. 中央信托公司股东会纪

中央信托公司昨借总商会,开第二届第二次股东会。二时半开会,议长田时霖报告开会宗旨后,即将第二届股东定期会议定草案,请股东逐条讨论:一、减少资本总额,原定一千二百万元,改为三百万元,一次缴足;二、合并股份方法,原定二十四万股,改为十二万股,每股计银二十五元,旧股票两股,换给新股票一股,凡执旧股票十二元五角者,暂给零股收据;三、修正章程条文,依据一二两项,将原章程第三第七第二十二条改易,第七第九条全删。投票表决,大多数通过。四时半散会。

(1923年5月21日)

46. 证券物品交易所续开股东会

上海证券物品交易所,于昨日下午三时,续开第七次股东总会。到会股东一百四十九户,共八万零九百十权。由理事长虞洽卿宣布开会辞,略谓,今日开会,仍为第七次定期股东总会。因七月二十九日之会,经大多数股东当场决定,延会一星期,所以今日续行开会。照开会顺序,请王彰孚、陈葵生二君为纠仪员,并有沈理事润挹、郭理事外峰、闻理事兰亭,分别报告经过事实、营业状况及收支账略,股东均无异议。旋由理事长起言,鄙人于前届开股东会时,曾经对众声明,俟本所未了各事归结清楚后,即行辞职,现在本所诸事已完全结束,应请各股东另举贤能,以重职务,而利进行云。当由闻理事将辞职书宣读一过毕,并询各股东意见如何,即请公决。当由股东陈如馨起言,理事长辞职一说,股东等万难承认,盖理事长热心任事,久为各股东所崇拜,现在本所对于前事,虽已办有眉目,气象为之一新,营业前途,尚待发展,理事长何得遽行辞职。复有股东秦待时起言,照本所章程第十九条之规定,总会之议事,除通知书所载诸案外,不得涉及他事,理事长辞职书既未列入通知书中,当然不成问题,全体股东一致赞成,遂散会。

(1923年8月6日)

47. 荧昌火柴公司股东会纪

增加资本二十万元　暂借东安栈为第一厂

荧昌火柴公司,于前日下午,假东新桥洋货商业公会开股东大会。到者五十余人,共二千五百余权,已足法数。至二时振铃开会,公推王一亭为主席。首由主席报告该公司第一厂被火焚烧,损失二十余万。后经临时董事会议决增加资本二十万元,重行建筑,图样亦已绘就。故今日之会,请诸君从长计议云云。后经到会股东讨论之下,金以目下两厂所出之火柴,尚不能供社会之需要，但重行建筑，太费时日，为今之计，一面暂借被火焚毁之第一厂间壁东安栈，稍事修理，即行开工，一面从事建筑，时间上较为经济。主席付表决，群皆赞成通过。继即磋议增股办法，议决每股本为十元，现定五十元，共增二十万，分作一万二千股，交股作八折计算，因上年尚有红利四万垫入。议毕散会，时已五点矣。

（1923年12月25日）

48. 中国棉业银行股东会纪

昨日下午二时，中国棉业银行假西藏路宁波同乡会演讲厅开第二届股东常会。到会股东，共一万一千五百余股，已过半数以上，公推潘澄波为临时议长。次由董事长秦润卿报告上年营业状况。略谓，去年春夏，市面平淡，秋冬之际，正凡百农产旺收时，银根忽然奇紧，相持几二月，为从来所未有。本行于一年之中，业务幸称平稳，净结余银九万八千余元。次投票选举监察人三人，夏仲芳君得九千七百七十六权，金益芝君得八千六百零三权，孙仲康君得四千六百七十五权，当选为监察人。次多数吴梅卿君得三千二百零二权，潘志铨君得一千五百三十五权。并议决阴历二月初十日，分发官红利云云。散会时已钟鸣五下矣。

（1924年3月3日）

49. 中央信托公司股东会纪
通过分配纯益案　照章选出监察人

中央信托公司，昨假总商会议事厅，开第三届股东定期会。下午三时，股东陆续到会，计股数十二万三千五百二十二权。依秩序开会，照章由董事长田时霖为议长，报告开会宗旨。次由监察人裴云卿报告十二年度帐略（先有第三届帐略印发股东，计纯益金三十七万五千余元）。时股东曹慕管起言，要求公司将股东会议决案印发股东。议长答言，自本届股东会起当照行。次由总经理严成德报告十二年度营业状况。次议长提出纯益金分配草案，请股东公决。经股东讨论后，付表决照原案通过（股息每股洋一元）。次由董事王晓籁报告呈财部注册已蒙批准之经过，并朗诵奉部批修改及令订之该公司章程，及该公司银行部章程、储蓄部章程毕。由议长请股东追认，众无异议。旋即照章选举监察人，先公推田子馨、孙铁卿、曹慕管、田相儒、罗绅祥、钱虎臣、曹子安、经仲涛八人为检票员。投票毕,开票。何长庚、田子馨、裴云卿、魏鸿文、张树屏五人当选为监察人,金润泉、胡莼芗、陈焕传、万印楼、朱吟江为次多数。时已六时,遂散会。

(1924年3月3日)

50. 五洲药房股东会纪

五洲药房于昨日下午借座宁波同乡会正厅开股东年会,到会股东共计七千九百四十二权,公推王显华君为议长。首由总经理项松茂君代表董事会报告十二年份营业情形及分派股东股息红利议案,众无异议。次由监察人报告决算一切账目,均极确实,甚为满意。复由董事提出北京股东高发唐君意见书,付众股东讨论。由谢培德、窦耀庭、李观唐三君议定整顿分店办法,归新董事会同总经理从长计议,通过。最后更选董事监察人,举鲍咸亨、毛文吟二君为检票员。选举结果,鲍咸昌、何梯青、史量才、张云江、项松茂、牛惠霖、王显华七君均当选为董事(次多数曹兰彬、李观唐、高翰卿三君),监察人陈培初、陈培生二君当选(次多数姜证禅、张蟾芬二君)。议毕散会,已钟鸣六下矣。

(1924年3月31日)

51. 明星公司股东会纪

结束第一次扩充招股事宜

明星影片公司于昨日下午二时,借座宁波同乡会举行股东大会。是日到会股东共八千五百八十七权,公推袁履登主席。次扩充招股办事委员,报告公司组织之发起,及扩充招股之经过。次选举董事及监察人。董事当选者为麦君博、袁履登、张石川、王云甫、任矜频、邵子眉、何泳昌、郑正秋等十一人,次多数为陈百勇、杨德三等。监察当选者为张澄、赵风芝、何懋堂等三人,次多数为石运乾等。选举毕,讨论第二次招股事宜,当即公推杨德三、陈百勇二君为委员长,至六时许始散会。

(1924年12月12日)

52. 上海证券物品交易所股东总会纪

昨日午后二时，上海证券物品交易所，在本所市场开第十二次股东总会。股东到会者计六万五千一百八十权，理事长因事未到，公推沈理事润挹为主席。主席宣布开会辞毕，推定缪锡藩、陈信泉二君为纠仪员。首由郭理事外峰报告经过情形，及营业状况。略谓，本届营业期间，自去年六月至十一月，虽名为六个月，而六月份因受时事影响，停市多日，实际上不过五个月零。纱花金银三部交易，以金银为最发达，总计三部佣金收入，共二十三万四千八百余云云。次由叶理事叔眉报告收支帐略。略谓，本届所得纯益金计九万三千八百余元，惟旧账整理项下，损失尚未补足，本届照章仍难分派。报告毕，主席推定邵景甫、范秉琳二君为投票管理员，邵挺如、杨崧生二君为开票管理员，由各股东投票，选举理事十七人，监察三人。开票结果，虞洽卿、闻兰亭、周佩箴、郭外峰、沈润挹、李云书、吴耀庭、叶叔眉、冯友笙、屠康侯、杨河清、张稷臣、周孝怀、郭东泉、赵撷金、王彰孚、厉汝熊十七人当选为理事，次多数为郭振鸣、郭振权、温钦甫三人；监察人赵芝室、徐镛笙、张亦飞三人当选，次多数为毛鉴清、薛润生二人。选举毕散会，已四时半矣。

(1926年2月1日)

53. 女子银行股东会纪

昨(七日)日下午二时，为南京路女子银行举行第三届股东常会，由副董事长兼代理董事长姚慕莲君主席，报告欧董事长惠然女士逝世之后，由本席暂时代理，今届开会合应选出董事一人补足董额，并例选监察人三人云云。继由总经理严叔和女士报告十五年度营业状况。监察人李芸葆君证明十四年度账略及盈余支配案毕。选举董事及监察人，结果欧伟国君以最多数当选为董事，徐张智哉女士、杜梅叔夫人、李芸荪君三人当选为监察人，遂茶点散会。

(1926年3月8日)

54. 三友实业社股东会纪

本埠三友实业社有限公司，昨日下午二时起，就南京路总办事处，召集第九届股东年会。计到股东四十二人,于二时半振铃开会。公推乐振葆为议长,继由该公司总经理沈九成报告去年营业情形。监察虞□霞报告十四年份帐略,并提议各项事件,决议自夏历四月初十日起发给官余利。最后选举董事七人,监察二人。计当选者,为史悠凤、乐振葆、沈九成、岑廷康、张延绳、郑宜亭、张泉生,次多数何梅仙、陈万运;监察二人,为虞□霞、刘廷黻,次多数王云甫。五时茶点而散。

(1926年5月3日)

55. 远东运动场昨开股东会

远东公共运动场,昨日下午,假座宁波同乡会开股东会。到会股东,计有六万九千二百余股,他如朱葆三、王佳林、顾子才、方椒伯、黄金荣、张啸林、杜月笙、姚紫若、刘春圃、马宕青、张天锡、俞叶封、曹振声、石运乾、姚鑫之、包达三,以及法律顾问逖百克、张一鸣等二百余人。先由主席范回春报告经过情形,次由会计宣读账略,最后提议增加股本三十万元。当经各股东讨论后,一致赞成,表决通过,五时散会。

(1926年6月2日)

56. 宁绍公司补选董事长

方椒伯当选

宁绍商轮公司因董事长朱葆三君作古,昨日下午四时,特开董事会,举行补选各董事。互选结果,方椒伯君当选为董事长。所遗董事一席,以次多数洪雁宾君递补。

(1926年9月5日)

57. 四交易所股东会纪

上海证券物品交易所

昨日午后二时,上海证券物品交易所在本所市场开第十四次股东总会。股东到会者,共四百六十八户,计七万八百二十六权。理事长虞洽卿主席。首由主席宣布开会词,次沈理事润挹报告经过情形及营业状况。次叶理事叔眉报告收支帐略,报告毕,提议核实资本总额减少每股银数案。闻理事兰亭照案宣读一过毕,由股东徐玉书君起言,以此案由理事会提出,关于减资一层,本席极表赞同。惟兹事体大,应请理事会将所内资产负债相抵之数,再行审查一过,减为二百五十万元,是否适当。鄙意今日大会将减□案决定至应减之数及其方法,付托理事会详细讨论核实确定,再开始临时股东会,或俟下届常会通过,未审各股东意见如何。当由闻理事兰亭将徐股东之意见,重行申述一过,并请各股东如有意见,即行发表。各股均无异议,遂依照徐股东主张,决议。次投票选举监察人,赵芝室、徐镛笙、张亦飞三君,以多数当选。散会,已五时矣。

(1927年1月24日)

58. 宁绍商轮公司昨开股东年会

宁绍商轮公司,于二十四日午后二时半,在宁波旅沪同乡会,开第十八届股东年会。到会股东计一万二千二百七十二股,计九千一百二十一权。方椒伯主席,袁经理报告丙寅年营业状况。监察人谢莲卿报告丙寅年帐略。次股东票选董事监察人。开票结果,当留旧董事三人方椒伯、方樵苓、乐振葆;新选董事八人,何棋轩、谢蘮愳、孙梅堂、王心贯、楼恂如、何积璠、傅品圭、徐棣苏;候补董事十一人,袁履登、屠康侯、项松茂、洪贤宾、何绍廷、李志方、谢莲卿、王云甫、施才高、李永裳;监察人五人,王云甫、石运乾、谢莲卿、洪贤钫、周仰山、洪雁宾;候补监察人五人,王云甫、傅其霖、楼恂如、刘鸿生、项松茂。旋即散会。

(1927年4月25日)

59. 九福公司股东常会纪

昨日(二十九日)为九福公司改组后第一届股东常会。下午二时半假大世界共和厅开会,由到会各股东推黄楚九君主席,周鸣冈君记录。主席报告去岁营业状况,又提议发息办法。公决本届应派官利红利各一分(通过)。再由主席报告,有严独鹤君为百龄储蓄会事,投函本公司,拟要求酌派红利于各储户,此事可否实行。当将原函宣读如下:(上略)贵公司发行百龄机以来,戚友中购服者甚多,均能奏效。今者尊处联合中法中西两大药房,创办百龄储蓄会,舍亲张状甫君及敝友魏习之君等,均先后储款,并得购赠服百龄机之权利矣。最近魏君更于无意中购红云牌香烟两听,拆得A字大香宾票,并附有调换券，券上载明逢春秋两季上海赛马，红云牌年年有附赠A字大香宾票之举，依赛马期前五十天举行，是购吸红云牌香烟者，每年有两次巨大之希望，办法固尽善也。闻福昌烟公司亦由先生总理其事，鄙人因诸戚友对于百龄储蓄会，俱深感兴味，颇愿为借箸之筹，谋贵公司之进步，特贡愚见如下。凡所云云，亦所以代表诸戚友之意思，兼符先生普及百龄机之初旨也：（一）百龄储蓄会，既为广大销路，促成服者恒心而设，故按月派定专差，赠送百龄机于储户，以便利服者。惟度其利率，大概按月在四五厘间，益以所赠百龄机，照批发论价，尔共利息，亦不过一分左右而已。揆之上海通市，月息一分，随处可得，尚未足为喜，不若进一步设想，在贵公司盈余项下，酌提若干，散派储户，想各储户皆常服百龄机者，贵公司对于老主顾，年有春宴之举。今若以红利惠及储户，是化靡费为正用，逾于春宴远矣。想先生当不惜此区区之利也。且四行储蓄，亦有分红办法，不妨援例行之也。（二）红云牌香烟调换券上载明积券五十张，可于春秋两季赛马五十天内，向福昌公司挽附赠A字香烟宾票之本牌香烟一听。此举极为有趣，鄙意百龄储蓄会，于每年春秋两季赛马前，对于百元之储户，即可赠以附有赠品之红云香烟一二听。如果拆得A字大香宾票，而此票竟能中彩，则储户之幸运何如，是则更大有趣味矣。好在先生为福昌公司之总理，必可订一妥善办法，期以实行也（下略）。严独鹤启。此函读毕，股东周梦白君，出席发言，对于储户分派红利，似当郑重讨论，总以不越营业范围为旨。监察周邦俊君谓，百龄储蓄会，为间接推广百龄机而创。盖百龄机为立试立验之补品，苟能人人入会，储户再得红利之分润，自必同情于本公司。服百龄机所得之效力，亦必辗转介绍于亲友。果尔，则试服者日多，一试而见效，得效而常服，销路于是大开。故提派红利于储户，办法甚为确当，应请主席付表决。后经黄云华、范和甫等各股东一度讨论，即行通过表决。主席再提议，储户分红办法，略谓本公司分公司红利，总数以一百七十份分派，拟在置产奖励两项下，酌提若干。如是则与股东权利不相侵犯，公决在置产项下拨出二份，奖励项下拨出四份，共拨六份，派与各储户（通过）。主席又报告本公司营业益见发达，原有房屋，不敷办公。现在白克路自建三层洋楼，将来百龄机与生丹可同在一处制造，并已向外洋订购最新式制药机器，不日运沪。新屋一月后即可工竣，俟新机装齐，再行柬邀股东参观。提议毕，已钟鸣四下。乃进茶点，尽欢而散。

（1928年4月30日）

60. 商务印书馆股东年会纪事

昨日商务印书馆在总商会开十六年股东常会，股东到者连代表共九百零五户，计二万八千九百八十二权。三点二十五分开会，全体向国旗党旗总理遗像行三鞠躬礼，恭读总理遗嘱。推举丁斐章君为临时议长，由董事会报告十六年营业概况。大致谓上年受时局影响，营业减少甚巨，盈余微薄云云。次议盈利息分派之议案。嗣即投票选举董事、监察人。董事当选者，高翰卿、鲍咸昌、丁斐章、王岫庐、李拔可、张菊生、夏筱芳、郭秉文、盛同孙、杨端六、高梦旦、叶揆初、吴麟书十三人；监察人当选者，陈少舟、黄汉梁、秦印绅三人。时至五时四十分散会。

(1928年5月14日)

61. 宁绍商轮公司股东会

宁绍轮船公司，于五月十三日即阴历三月二十四日午后二时半，在宁波旅沪同乡会开第十九届股东会。到会股数九千九百四十四股，计八千四百六十权。公推方椒伯君为议长，宣布开会辞后，经理袁履登君报告丁卯年营业状况，监察人谢莲卿君报告丁卯年收支帐略。揭示当选监察人五人权数，姓名如下：石运乾、谢莲卿、洪贤钫、周仰山、洪雁宾。又揭示候补监察人权数，其姓名如下：张延龄、何绍庭、林康侯、王云甫、邬挺生。至四时闭会，摇铃而散。

(1928年5月15日)

62. 民生烟公司昨开股东大会

民生烟公司昨假西藏路宁波旅沪同乡会，开扩充股份成立股东大会。各股东到者，极行拥挤。三时振铃开会如仪。公推周菊人主席，总经理孙宝祚因病不能与会，由协理谈心斋报告公司扩充股份经过营业及塘山路自建新厂业已告竣，不日即可出品，并述以后营业方针。各股东投票选举董事及监察。结果，孙宝祚、戎镇燧、谈心斋等当选为董事，水祥卿等为监察云。

(1928年9月23日)

63. 明星影片公司第五届股东会

前日下午四时，明星影片公司召集第五届股东会。出席股东八十四人，股数九千九百八十四权。主席陈百男。(报告项)①总理张石川报告招股经过；②发行部主任周剑云报告一年半营业状况；③会计师徐永祚报告帐略。(议决案)修改章程：(甲)章程第二章第五条，本公司资本总额定位二十万元，分作二万股，全体通过；(乙)章程第三章第十二条，本公司每年召集股东会一次，于阳历十一月行之，全体通过；(丙)章程第五章第二十六条，由职员酬劳内提出一成，特别抚恤内提出一成，共二成，作为董事及监察人酬劳金，全体通过。(临时提议)①股东余楠秋提议，此后制片取材应请注重教育；②股东洪深提议，此后应摄制有艺术有趣味之影片；③股东鲍咸锵提议，此后除顾及艺术外，尤当注重娱乐性，藉以提起群众对于中国影片之兴趣为主旨，由协理郑正秋起立接受三股东之提议。(选举董事及监察人)推丁润清、王宗铭唱票，尤观成、马艺之记数，由主席开瓯，计当选董事郑正川、袁履登、陈华霖、鲍咸锵、张长福、姚豫元、麦君博、郑超凡、朱继良、胡方锦，次多数张巨川、董天涯、王玉书，当选监察赵佩芝、周剑云、徐梦痕，次多数陈百男、杨剑花。

(1928年11月6日)

64. 景泰公司股东会记

本埠仁记路二十一号景泰进出口行股份有限公司，昨日上午十一时，假北京路大加利菜馆，开股东常会。到会股东达六百六十权，已超过法定权数。当由众股东推余葆三君为临时主席，继由总经理陈景塘君报告营业经过情形，并代表监察人报告十七年份决算册。次推举吴廷范、王启宇二君为检票员。投票改选本年监察人。结果，仍以王心贯、赵松源二君连任为本年监察人(全体鼓掌)。嗣由顾子槃、孙梅堂、王启宇、蔡琴孙、石忠安诸董事，讨论此后营业方针。遂举行股东叙餐会，直至钟鸣三下，始各尽欢而散。

(1929年4月8日)

65. 中和烟公司昨开股东大会

中和烟草股份有限公司，昨假西藏路宁波同乡会，开第二届股东大会。

三时振铃开会如议,公推邵德铭为主席,行礼如仪。次由总经理沈延康报告公司营业经过情形。并由经理俞伴琴发表今后推广出品种种计划。监察宓彰宝报告公司收支账略毕。当场投票选举监察,结果,宓彰宝、刁恒忠当选为监察云。

(1929年4月25日)

66. 宁绍轮船公司股东常会纪

宁绍商轮公司昨在宁波同乡会,开第二十届股东常会,到股东一万一千三百五十八股,九千二百九十五权。二时半开会,公推方椒伯为主席,行礼如仪。首由主席宣告开会,次经理袁履登报告戊辰年营业状况,次监察人洪贤方报告戊辰年收支账略,次董事会提议修改公司章程,由主席提出草案,逐条讨论,照草案通过。并议决依照公司条例,以到场股权未过半数作为议定草案,于二星期内,依法再行召集股东会。次选举董事、监察人。至五时散会。

(1929年5月7日)

67. 商务印书馆股东常会纪

商务印书馆昨借爱而近路纱业公所,举行十七年度股东常会,股东到者连代表计八百五十一户,共两万六千八百五十一权。三时十五分开会,行礼如仪。公推丁斐章君为主席,由董事李拔可君报告十七年份营业概况,监察人秦印绅君报告结算账略,均极确实。次议分派盈余,经议决通过。次选举董事、监察人,茶点散会。

(1929年5月13日)

68. 宁绍商轮公司第二次股东会

宁绍商轮公司为修改章程,昨日下午二时,开第二次股东会,在西藏路宁波同乡会开会,公推乐振葆君为主席,行礼如仪。首由主席报告,略谓,本公司本届定期会提议修改章程,因到场股东未过半数,作为议定草案。今日召集第二次股东,到场股东过半数之议决,即可通过。当即逐条宣读,略事讨论,经全体决议,照草案通过,至四时散会。

(1929年5月13日)

69. 宁绍商轮公司股东会

宁绍商轮公司,于昨日下午二时,假座西藏路宁波旅沪同乡会演讲厅,召集第二十一届股东年会。到股东四百余人,公推乐振葆君为主席,行礼如仪。即由各股东投票选举监察人五人,揭晓,以洪贤钫、谢莲卿、王云甫、洪雁宾、周仰山五君当选。次由总经理袁履登君报告十八年营业状况,及本年购得轮船一艘,装重二千四百吨,定名"宁静",并报告发给股息七厘。末由监察人王云甫君报告十八年收支帐略。待散会已钟鸣四下矣。

(1930年4月14日)

70. 五洲药房股东会记

五洲大药房股份有限公司,昨在西藏路宁波旅沪同乡会,举行股东常会,到会股东共计一万八千三百二十一权,占公司实收股本百分之七十一。公推高翰卿君主席,董事兼总经理项松茂君报告上届营业情形,及本厂自制出品,均印列表册,销数成绩颇佳,所有公司各项账簿,暨财产目录,由徐永祚会计师列席证明,并修正公司章程。旋即选举董事、监察人。议毕,茶点散会,已钟鸣六下矣。

(1930年4月28日)

71. 中国垦业银行股东常会纪

中国垦业银行,于六日下午二时,在宁波路总行二楼开第四届股东常会,共到股东数十人,代表股权一万七千一百七十权。由董事长秦润卿主席报告二十年度营业情形,及纯益数目。继由监察人方巨川报告帐略。随由全体到会股东,通过纯益分配案。即照章改选董监事,结果秦润卿、王伯元、梁晨岚、龚子渔、周宗良、李馥荪、徐寄庼、楼恂如、何谷声九人当选为董事,方巨川、徐补孙、赵仲英三人当选为监察人。

(1932年3月7日)

72. 五和织造厂股东常会纪

五和织造厂,于十日下午二时,假座宁波旅沪同乡,召集第三届股东常会。到会股东八十三户,计一千零十八权。由董事长徐仲麟君主席,宣告开会。次由□经理任士刚君报告业务状况。监察人应仲退君,报告决算帐略。并由会计师董维城君,当场证明审核属实。次通过分配盈余,及修改章程。末为选举董事及监察人,选举结果,当选徐仲麟、楼恂如、陈布雷、陈绳武、周文达、钱箕傅、陈润水、陈钦孙、梁悟庵诸君为董事,徐伯熊、应仲退二君为监察人。并议决自七月二十日起,在该厂批发所发给股息红利。散会时已六句钟矣。

(1932年7月11日)

73. 九福公司股东会纪

日前九福制药有限公司,在白克路该公司二楼召开股东大会。到会股东,极为踊跃。经公推藏守愚为主席,即由主席报告到会股数权数,均已超过法定数额。照章开会,先请经理陈星五报告上届营业状况。陈垦五遂起称,本公司接手以后,适值国内外事变迭起。先之以空前之水灾,继之以东北沦陷,益以南洋方面土产跌价,市面萧条,金融阻塞,几无不在衰败减退之中。本公司勉励进行,于革新营业方针之下,各项出品销数,均有显著之进步,殊可告慰者也。继由监察人李征甫报告帐及分配盈余,再由上席报告筹建新厂计划称,本公司出品百龄机、生丹、五福乳白鱼肝油、补力多等,虽已备得国内外人士欢迎,但本公司所负启发制药工业使命,殊不能以此满足。方今吾国新药事业,已上轨道,如中华药典及药商管理规则,均已颁布。对药用原料、药典制剂,以及注射针药等物,亟应扩充厂址,加工制造,惟以原址不足周旋,应另于工厂区域,择地迁建,而将发行所迁于营业区域,以利进行。并请厂长沈剑川化学师说明筹建新厂方案,及其增制出品之分期进行方针,颇为股东赞许,即经照案通过。继临时讨论数案毕,照章改选第二届监察人,仍以葛彦衡、李征甫、陆穆堂三君为最多数,连选连任,李一鹏为候补监察人。

(1932年7月20日)

74. 证券物品交易所股东会纪

上海证券物品交易所,昨日午后二时,在该所市场,开第二十五次股东总会。到会股东,已过半数。理事长虞洽卿主席,行礼如仪。首由主席宣布开会辞,继由理事报告经过情形,营业状况,监察人报告收支帐略毕。并无提议事项,遂散会,已逾四时矣。

(1932年8月1日)

75. 亚普耳电器厂改选记

中国亚普耳电器厂,于九月九日,在南京路一百八十九号召集临时股东会议,改选董事及监察人,到会股东贺培元、秦润卿、王伯元、胡组庵、胡西园等二千零五十七权。公推秦润卿主席,报告开会宗旨,继由该公司总经理胡西园陈述二十一年上届营业状况,并电机部新厂设施计划毕,各股东遂开始投票选举,由楼恂如、朱镇南检票,周晴宣唱票。结果,张咀英、何谷声、秦润卿、王伯元、赵仲英、梁晨凤、胡组庵、胡西园、董占春当选为董事,屠培成、贺培元、戴惟庵当选为监察人。略进茶点,散会。

(1932年11月11日)

76. 宁绍轮公司股东会纪

宁绍商轮公司为依法修正章程,召集第二次临时股东会,昨日下午二时,在宁波旅沪同乡会开会,到会股东计五千七百四十九权。公推董事方椒伯主席,主席报告上次股东会因不足法定人数,修正章程草案,已经通过,作为假决议,依法应召集第二次股东会,对假决议行其决议,兹将假决议提出,请各股东讨论云云。经逐条宣读付表决,全体起立通过。

(1932年11月21日)

77. 上海证券物品交易所股东会

上海证券物品交易所,于昨日午后二时,在该所市场,开第二十八次股东总会。理事长虞洽卿君主席,行礼如仪。首由主席宣布开会辞,继由理事报告经过情形、营业状况,监察人报告收支帐略毕,即改选监察人,赵芝室、杨河清、张澹如三君当选。散会已逾五时云。

(1934年1月29日)

78. 大中华橡胶厂股东会记

本市大中华橡胶厂创设于民国十七年,为沪上首屈一指之橡胶制造厂。所制造钱牌套鞋等出品,久已风行全国。该厂原有资本一百十万元,为两合公司性质。兹以扩充营业,发展海外贸易起见,特添召资本金九十万元,合计为二百万元,改组为大中华橡胶厂兴业股份有限公司,股款已于上月二十五日完全缴足。昨特假香港路银行公会召集全体股东,开创立大会。到股东余芝卿、薛福基、杜月笙、林康侯、吴哲生、余性本、尉迟洵炽等一百五十九人,计股权三万六千一百四十一权。该厂并请立信会计师到会证明,社会局亦派代表茅震初到会指导。行礼如仪后,公推余芝卿为主席。首由主席报告该厂筹备扩充经过情形,继由该厂经理薛福基,宣读公司组织章程,经一致修改通过,旋即开始选举。结果,当选董事十一人,计朱惠人、杜月笙、余性本、吴哲生、薛福基、余芝卿、余介如、尉迟洵炽、蒋彬贤、李济生、洪念祖等;监察三人,计林康侯、施耕尹、余茂堂等。

(1934年2月5日)

79. 中国垦业银行股东常会纪

中国垦业银行,昨日下午二时,在本行三楼议事厅,开第六届股东大会。出席股东人数,占全体二分之一以上,共计代表股权一万七千六百六十二权。当由董事长秦润卿主席,报告二十二年度业务进展情形。次由监察人赵仲英报告二十二年帐略。旋即讨论纯益分配,均经到会股东一致通过。最后改选监察人,结果,以徐补孙、方巨川、赵仲英三君当选。

(1934年3月5日)

80. 天一味母厂股东会纪

本埠天一味母厂股份有限公司,于十八日下午二时,在华盛顿路该公司第一制造厂,开第七届股东大会。当推范耘勋为主席,报告本届营业状况。次由监察人乌崖琴君,报告帐略,无异议,通过。并照章改选董事及监察人,董事当选者,为向侠民、水渭臣、傅松年、范耘劬、叶垒君、张继光、陈松源等。监察人当选者,为乌崖琴、周梦燕等。该厂出品味母、味母汁,精美优良,尤推为国货调味品之翘楚,素为国人乐用,故营业蒸蒸日上,近更新出副牌全星味粉一种,风行国内外,前程未可限量焉。

(1934年3月19日)

81. 宁波实业银行股东会纪

稳固金融基础 力图振兴实业

宁波实业银行成立于民国二十年十一月,宁波金融实业两界热心人士所发起,成立两载有余,业务非常发达,于本月十八日在宁波同乡会开第三届股东会,出席股东一百九十二户,股数三千三百八十六,权数二千二百四十二,足法定数开会。公推邬志豪君为主席,全体股东起立,向党国旗总理遗像行最敬礼,静默三分钟,纪念已故创办人项松茂、王才运两先生之遗迹。主席报告本行营业状况云,本行根据创办人之宗旨,各董事之计划,谋实业之发展,使金融实业之合作互助,所以在定海沈家门开设分行,扶助渔业之发达,又在宁波开设分行,扶助渔农工商之发展,创设免费汇兑,平民经济借贷,以谋桑梓之幸福。总行设在上海,注重扶助国内外国货贸易之发展,联络同业,分任协助,专为国家社会谋公众有益之业务,使银行基础稳固,逐渐发挥种种一切振兴实业之计划,此则可以告慰于各股东耳,并希望各股东临时指教,不胜幸甚。监察人林康侯代表报告账略,略谓,按照上年决算账略,业经徐永祚会计师查核盖章,送与鄙人等审查盖印。本行除摊提公积暨摊提各项开支外,计纯益洋四千余元,另制帐表分送各股东,请众公核。议决,全体通过。股东朱炳章等七人十月一日来函,提议修改章程,董事人数改为十一人,经众讨论,议决通过。改选董事监察人,公推袁瑞甫、曹国华、蒋君毅等四人为开票检查员。选举揭晓,邬志豪、项绳武、林康侯、何绍裕、邬志和、周永昇、曹国华、陈粹甫、何绍廷、董仲修、卓雨亭等十一人当选为董事,袁瑞甫、庄崧甫、陆祺生三人当选为监察人。六时会成。

(1934年3月22日)

82. 长城唱片公司召开董事会议

河南路一百五十二号长城唱片公司,系纯粹华股所创设,专以灌制长城牌唱片为营业,自去年五月开业以至今年六月,适为一周年纪念,虽在十分不景气市况之下,而营业仍非常发达。现闻该公司董事长张啸林君,为报告与审核上年度之账略起见,特于今日召开董事会议,并讨论以后进行之方针。所有董事,除旅津之叶庸方、李组才二君不能来沪参加外,余如张澹如、杜月笙、李孤帆、李祖绅、李祖恩、王文治及监察人秦待时、俞叶封、孙养侬诸君,均可全体出席。又闻该公司第三期新片,已向德厂定制,大约八月十五前后,准可继续发行,内中花色,较前更有精采,尤以梅杨合唱之霸王别姬九、十、十一、十二段及余叔岩、梅兰芳、程艳秋、孟小冬、荀慧生、尚小云、金少山诸角之片,为最受观众所欢迎云。

(1934年6月4日)

83. 上海证券物品交易所开会纪

上海证券物品交易所,昨日午后二时,在该所市场补开第二十九次股东常会并临时会。到会股东计二百七十二户股权,计三万九千八百四十权,均过半数,由理事处虞洽卿主席,行礼如仪。首由主席宣布开会辞,嗣由冯理事报告经过情形,及营业状况,继由费监察报告收支账略。接开临时会,主席宣布开会辞后,提议事项:一、关于金银部营业与金业交易所合并,请予追认案,由闻理事报告;二、关于华商证券交易所股份之让渡,请予追认案,由盛理事报告;三、处理本所地房产及善后办法案,由盛理事报告。均经各股东照案通过。散会已逾五时矣。

(1934年11月12日)

84. 华丰公司董事常会纪

华丰化学工业原料公司董事会,本月一日,在国际饭店,设宴欢送董事方液仙赴粤,代表该公司接洽业务,并考察实业。到董事监察方液仙、张寿镛、杜月笙、俞佐廷、林康侯、张慰如、诸文绮、薛润生、黄瑞生、谢仲复、杨绍臣、谢筱初等,均相继致辞欢送。嗣即开董事常会,董事长张寿镛主席,经理谢筱初报告业务。旋讨论上次董事会关于盐务署征收硫硝酸查验费事。决议,本公司会同各团体联络办理。继讨论广东省营化学工业厂,本埠华安化学颜料厂,托本公司独家经理事宜。至三时始摄影尽欢而散。

(1935年3月4日)

85. 中国通商银行昨开股东常会

中国通商银行,于昨日下午二时,在外滩该行三楼,召开股东常会。计到股东二百余人,代表股数二万六千二百七十股,合计股权二万一千四百五十九权。公推徐圣禅主席,行礼如仪。首由主席致开会词,略谓:本行在国内银行界悠久之历史及卓著之信用,四十年来,以各股东之和衷共济与各职员之勤慎稳健,故业务日隆,信用日著,前途发展,更未可限量。望各股东一本初衷,各职员共勉始终,于稳健中力谋求进取,发扬光大,共策进行云云。次由主席报告二十三年度营业概况。复次由监察人谢继善报告二十三年度帐略毕。继由股东厉志川临时提议本行为顺应潮流积极前进起见,应于最短期内,在国内各大城市添设分支行处,以调剂社会金融,救济农村破产。主席付表决,全体起立通过。嗣并议决关于添设分支行处问题,俟新董事会成立后,由新董事斟酌情形,负责办理,务于最短期间,一一实现。后即选举董事及监察人。选举结果,傅筱庵、徐冠南、徐圣禅、孙衡甫、杜月笙、张啸林、朱子奎、谢光甫、盛泽承、盛蘋臣、周高卿等十一人当选为董事,傅其霖、俞佐庭、朱焕文、傅品圭、黎润生、厉树雄、张伯琴等七人为候补董事,傅其霖、何少寅、谢继善、戴承志等四人当选为监察,蔡立青、夏普东、金里人等三人为候补监察。选举毕,即宣告散会,时已钟鸣五下矣。

(1935年4月15日)

86. 统原银行开董事会

统原银行前日开董事会,因前董事长余葆三君及董事李祖荫君,已于去年辞职,曾于三月十七日由股东补选李霭东、任侠民二君为董事,并于昨日莅新,原任董事为俞佐廷、徐仲麟、陈绳武、秦善福、秦善德、陈润水诸君,改选监察人为姚德馨、毛廉甫、徐伯熊三君,公推李霭东君为董事长。新猷焕发,可为该行得人庆。

(1935年4月19日)

87. 五洲药房昨日举行股东常会

五洲大药房有限公司,昨日在西藏路宁波同乡会,举行第二十八届股东常会。到会股东三百五十八户,共计一万六千一百五十九权,公推黄石安君主席,由董事兼总经理项绳武君报告上年营业情况,略谓本公司以应社会之需求,年来努力增制新出品多种,并扩充业务范围,故营业颇有锐进之概云云。次由监察人报告帐略,徐永祚会计师列席证明该公司各项账簿暨财产目录、贷借对照表、损益计算书,确实无误,并支配纯益金,选举董事、监察人。至傍晚始散会云。

(1935年4月22日)

88. 大沪银行昨开股东会

本市大沪银行,昨在本行三楼会议室开第三届股东常会,报告营业,改选监察,兹分志如下:

会议情形:到会股东计竺梅先、骆清华、郑筱舟、沈金甫、郑泽南、邬志豪、李积卿、俞国珍、干鸿赍、马少荃、边崇贤、林逸宴等七十八人,股权二五四二权。由俞国珍主席,行礼如仪后,首报告营业状况,次由监察人李和卿报告账略毕,即改选任满监察人。当选监察者李和卿、金润庠、邬志豪三人,顾振民当选为候补监察人。

营业报告:本行开业之初,适于沪战之后,商市金融均呈衰颓之象,迨至去年,更因受美国白银政策之影响,银根奇紧,岁阑将届,深具历史信用之银行钱庄倒闭者,层见迭出,而本行营业迄今,为时仅岁序三更,独能屹立于惊涛骇浪之中,措置裕如,稳渡难关。虽由于本行向来稳健政策,得社会之信仰,要亦上叨股东诸公指导之功,下赖诸同仁之力,此后市面稍有转机,则本行业务之开展,自不无希望,此则堪为股东诸公告者一也。本行去年以来业务渐盛,收付频繁,原有山西路行址,不足以敷展布,爰择址于南京路五一〇号,鸠工兴材,至去年十二月一日始克迁入,以交通便利,行基宏伟,业务遂大见兴旺。年终决算时,所有本行资产总值、储蓄部总分部资产总值,均较上年度增高,此则堪为股东诸公告者二也。本行第二届第三次董事会议决,设立杭州分行,遂着手筹备,于去年九月三日开幕,营业时间为时仅三个月余,而各项存款之收受,已达十余万元。如能给以相当期间,则业务之得逐渐开展,自在意料之中,此则堪为股东诸公告者三也。本行以本埠各重要区域,各银行均遍设分支行,业务方面,竞争甚烈,爰为避重就轻起见,择内地商业繁盛之县市,设立分办事处,以期多得服务农村之机会。因鉴于浙属平湖县,交通便利,居民殷富,而该县除有旧式钱庄执金融枢纽外,新型银行组织,尚未见设立,遂择址于该邑东门大街,以极简省费用,设立平湖办事处,于四月十五日开始营业,深荷当地人士信仰,尤得平湖舆论界之好评,此即堪为股东诸公告者四也。本行此后营业方针,自当一秉向来稳健进取之旨,努力向前,并仍当择商业兴盛之内地县市,而为他行所未及注意者,逐渐设立分办事处,以扩大本行服务社会之金融网,而有以仰俯股东诸公之雅望焉。

(1935年4月29日)

89. 天一味母厂股东会讯

上海天一味母厂股份有限公司,于昨日下午二时,在华盛路该公司第一制造厂,开第九届股东大会。当推范耘劬君为主席,报告本届营业状况,次由监察人乌崖琴君报告帐略。无异议,通过。并照章改选董事及监察人,董事当选者为范耘劬、叶墨君、向侠民、水渭臣、张继光、周梦燕、盛安孙等,监察人当选为乌崖琴、王桂馥等。该厂出品味母汁及金星味粉,精美优良,素为国人所乐用,故风行国内外,前途颇乐观云。

(1936年3月16日)

90. 大中华橡胶厂昨开二届股东常会

大中华橡胶厂兴业股份有限公司,昨日下午四时,假香港路银行俱乐部,召开第二届股东常会。到股东李济生、林康侯、谭九如、施静涛、朱德如等一百九十户,计股权三万零四百六十八权。由董事长余芝卿主席,蒋曾裕记录,行礼如仪。首由主席致开会词,经理薛福基报告二十四年份营业状况。继由前任监察施经善报告审查二十四年度帐略。薛福基报告上届股东会通过修改章程,已奉实业部准予变更登记。旋即讨论:(一)十四年份盈余分配案,议决,分配公积金二万元,股息十六万元,滚入下期四万二千二百六十五元七角二分。(二本外埠发行所有增设及变更,应将章程第四条下半段酌改,议决通过。议毕,改选本年监察人。开票结果,余茂裳二万六千七百十八权,林康侯二万六千五百八十二权,施经善一万零八权,当选为候补监察。选举聚餐,至八时许散会。

(1936年4月22日)

91. 天原电化厂股东常会

天原电化厂,昨日下午二时,借宁波同乡会,举行第六届股东常会。到董事吴蕴初、朱子廉、郑赞臣、林涤庵、李安石、张祖康等六十余人,共计三千三百权。行礼如仪后,由主席朱子廉报告最近营业状况,继由经理吴蕴初公布二十四年度出入账目略,末即讨论章程修改案。并改选董事及监察,至五时散会。

(1936年5月11日)

92. 四明银行投资一百七十五万元

俟二次股东会通过承认

四明商业储蓄银行,创立于清光绪三十四年八月。资本初定一百五十万两,先缴足半数,及至民国十六年,始完全收足,合为一百二十五万元。该行本年五月二十四日,开定期股东会议时,提议增加股本一百七十五万元,连前合为四百万元。当经到会股东假决议,今特遵照公司法第一百八十六条三项规定,定于六月二十一日(星期日)下午一时,仍在该行召开第二次股东会议,将上项增资案,依法决定承认。规定六月十一日起至二十日止,请各股东携带股票,并引鉴图章,至该行领取入场证。

(1936年6月6日)

93. 华丰造纸公司股东会

本埠华丰造纸厂股份有限公司,昨日下午召集全体股东会议。计到董事褚慧僧、杜月笙、俞佐庭、竺梅先、金廷孙、张继光、金润庠、□阴三等数十人。首由主席褚慧僧,报告营业状况。经理竺梅先,公布上年度收支账目后,即讨论十万余元纯益,应如何分配。议决,除抽出六千元酬劳经理协理之外,其余悉数投资于实业。另行增设牛毛毡织造厂。闻该厂已经筹备完竣,定于七月一日可开始制造。末即改选张啸林、王问翰、孙梅堂、陈元福等为本届监察人。该公司为推广宣传起见,并于十四日招待本市报界,赴嘉兴制造厂参观云。

(1936年6月11日)

94. 大来银行昨开六届股东会

　　大来商业储蓄银行昨开第六届股东会议,出席股东竺梅先、陈寿芝、徐圣禅、孙鹤皋、俞佐庭、郑少坪、周智卿、王文翰、金润庠等二千人百余股,共计二千七百余权。公推主席周智卿,报告开会宗旨后,即由经理竺梅先报告二十四年度营业状况,及监察人宣布十年度收支帐略,所得纯益为十四余万金。末即改选金润庠、王文翰为本届监察人,至五时散会。

(1936年6月13日)

95. 宁波实业银行将开旧股东会

讨论定期复业方针　发还储款月底结束

　　南京路宁波实业银行停业后,曾于去年九月间,由债权人陈忠皋等发起筹备复业,迄今已一年有余,向各方招募新股,业已就绪。股额总数为五十万元,陆续发还储户存款达债券总额百分之五以上,唯尚有少数因地址不明无人领取。该筹备处兹奉令限于本月底结束,准备开始复业,未领储款存于其他银行,并由财部特派员签字盖章,将来储户来领仍照数发还。兹悉该筹备处奉令后,定于下月十四日召集旧股东开临时大会,报告筹备及招募新股经过情形,并讨论复业方针云。

(1936年7月30日)

96. 国泰银行股东大会昨假决议准备清算

俟三十日二次大会通过之　即日起停止放款发还存款

　　新声社云,国泰商业储蓄银行,于昨日下午二时借座宁波路钱业公会会所举行临时股东大会。因出席股东不足法定人数,当假议决清算,定于三十日再开临时股东大会通过之。兹志详情如下:

　　营业艰难:国泰银行资本一百万元,于民国二十三年二月二十八日开业,设储蓄信托两部,总经理为郑秉权,经理林平甫,今因某元字庄影响,以致储蓄部存款,均为提出。及至昨日截止,定期活期总约四万元,而各项放款最多时达四百余万元,今已逐渐收回。该行各董事鉴于市面之不景气,营业之艰难,特召集临时股东大会商决之。

议决清算:昨日临时股东大会,到股本四千五十四权,已超过半数,股东一百八十户,未足法定人数。由董事长王伯元主席,行礼如仪后,首由监察人报告上半年度决算,总经理报告营业状况,继即开始讨论此后营业问题。一部分股东主张清算,授权各董事办理;一部分股东要求查核后再行决定办法。经投票表决,赞成清算三千三百九十三权,反对者五百二十六权,因不足法定人数决定八月三十日下午二时再开第二次临时股东大会通过之,六时半许始散。

目前办法:新声社记者昨晚晤董事长王伯元氏,据谈今日临时股东大会股权虽已超过半数,而人数则不足法定,所以假议决清算,须八月三十日之股东大会通过后实行,但今为减少股东损失起见,决定即日起停止一切新放款,对放出之款,设法追索。至于各项存款则予以发还。

(1936年8月10日)

97. 女子银行董事会决议投资五十万元
定期召开股东大会　集议招收新股办法

上海女子商业银行储蓄银行,创立于民国十三年五月,资本总额为二十万元。系上海银行业同业公会联合准备委员会委员银行,于二十二年春间,又因公司法之规定,增加资本三十万元。同时加入银行票据交换所为交换银行。今经董事会决议,为扩展业务,增加资本五十万元,连同原有资本,共为一百万元。已定十一月二十二日下午二时,在南京路该行召集股东临时会,通过增加资本,集议招收新股办法。业已公告各股东,准时莅会,共筹进行。

(1936年11月19日)

98. 宁绍公司昨临时股东会

宁绍商轮公司,于昨日下午,假宁波同乡会召开临时股东会,到会股东二三八人,计一五二一一权。公推股东俞佐廷主席,宣讲开会词。次由监察人周静斋报告召开股东大会之主旨,及五项事由。次由董事会方椒伯报告公司情形,及对于周监察所举五项之说明。次董事会监察人向股东提出总辞职。主席付表决,多数通过,并决议补选董监。次由主席提出董事会及周监察之公司整理方案。经众讨论,决议,交新选董监相机办理。又决议修改章程第三十三、三十五条。兹将当选之董监姓名录下,董事俞佐廷、竺梅先、张继光、周静斋、傅品圭、翁先天、王问涵、孙性之、郑中庸、金廷荪、陈洋君,监察人李祖古、金润庠、洪贤钫、李汝贤、乌崖琴。

(1936年11月29日)

99. 宁绍轮船公司昨二次股东会

宁绍轮船公司,昨日下午三时,在宁波同乡会召集第二次临时股东大会。到股东九十四人,股权八五五六权。由俞佐廷主席,报告第一次临时股东所议决各案。因第一次股东会,出席股东不足法定人数,故今日特请各位股东,对上届各案,有无异议,即作为通过云。当时各股东一无异议,即由主席宣告作为通过。旋即散会。

(1936年12月20日)

100. 天一味母厂股东会

天一味母厂股份有限公司,于前日下午一时,在虞洽卿路宁波旅沪同乡会,举行第十届股东常会。当推范耘劬君为主席,由经理报告本届营业状况,及监察人报告帐略,无异议通过。并照章改选监察人,当选者为乌崖琴、王桂馥二君。该厂制造味母味汁及味粉,品质优良,销路日广,故本届股东会中决议增资,扩充营业,前途颇具乐观云。

(1937年3月1日)

101. 大中华橡胶厂昨召开股东会

本市大中华橡胶厂兴业股份有限公司,于昨日下午一时,借座香港路银行公会,召开临时股东会议,到会股东余芝卿、李济生等一百二十五户,计三万零三百八十九权。由董事长余芝卿主席,行礼如仪,主席致开会词,经理吴哲生报告二十五年份营业状况,监察人余茂堂报告二十五年份决算账略,及董事长余芝卿报告上届股东会修正章程第四条已由社会局转奉实业部指令备案。旋即讨论提案:1. 本公司为适应环境,扩充营业,加股二十万股,增资一百万元,连前共合资本三百万元,仅本公司老股东优先认购,限四月二十日前增缴认股书及股款,请公决案,议决通过。2. 红利及公积金分配案。议决通过。议毕茶点,至四时散会。

(1937年4月5日)

102. 民丰造纸厂股东会决增资

民丰造纸厂于昨日下午二时,在宁波路同和吉三号召开临时股东会议。主席褚慧僧,报告开会宗旨。经理竺梅先报告二十五年度营业状况,及添购卷烟纸、新机及计划扩充范围情形。监察人孙梅堂报告二十五年度决算帐略。协理金润庠报告规定新出品种类,及呈请实业部依法给予专制权情形,并通过分配营业红利。旋即开始讨论,结果:(一)准增资一百七十五万元,合成股东三百万元。(二)将二十五年股东股息红利,历届公积金本届应提公积等,悉数改作新股股款,不足之数,由各股东按照原有股数,比例认缴,限于本月二十日为截止期。至七时散会。

(1937年4月5日)

103. 五洲大药房昨开股东常会

五洲大药房有限公司,昨日在福州路该公司六楼大礼堂,举行第三十届股东常会,到会股东五百四十二户,共计二万八千三百六十七权。当即宣告开会,公推刘春圃君主席,由董事兼经理项绳武君报告廿五年度营业状况,略谓,上年时局安静,金融稳固,加之秋收丰稔,人民购买力转强,故公司营业亦较前进步云云。次由监察人报告账略,徐永祚会计师列席,证明该公司各项账簿暨财产目录、资产负债表、损益计算书,均确实无误。并支配纯益金,选举董事、监察人,至傍晚散会云。

(1937年5月3日)

104. 中国国货公司加推常务董事

上海中国国货公司增加资本后,加推董事两人监察一人,于昨午借座大陆商场三零五号,举行新旧董监联席会议,由方液仙主席,当加推方剑阁、任士刚、胥仰南、叶友才四人为常务董事,连原有之常董史海峰、蔡声白、方液仙共七人,仍由方液仙为董事长,并兼总经理,原任副经理李康年升任经理,并聘叶子渐副经理云。

(1937年7月21日)

第四章 企业经营与管理

1. 宁绍公司之集思广益

宁绍公司为整顿营业起见,于今日起,设立投函甑于宁绍、甬兴两轮,并于甑外贴示六言韵语,照录如下:宁绍公共营业,办事不嫌精详。为求集思广益,是以设立此箱。利弊应兴应革,尚祈惠我数行。封固投入甑内,所言不拘短长。五日到船启甑,鄙人自备钥囊。审查确已可行,自当即日改良。函无姓名住址,概不理覆请谅。

(1911年3月29日)

2. 化学工业社发行牙粉

中国化学工业社采用国货制成牙粉一种,以鹿头为商标,其粉香气馥郁,性味甘凉,实为卫生之良品,取价尤格外从廉,想爱用国货者必乐于购用也。

(1912年6月23日)

3. 宁绍公司新船下水

杨树浦瑞镕船坞近为宁绍轮船公司代造轮船一艘,名新宁绍,昨已工竣,计长三百十五英尺,载重二千六百吨,超等舱凡九,官舱二十有三,房舱七十有二,并另设特别病房,计全船可容三千余人,兹已择期明日下水云。

(1914年6月22日)

4. 方九霞润记之新出品

近来沪地银楼一业,非常发达。闻大马路石路口润记方九霞银楼,新近发明一种景泰蓝磁油嵌花金戒,能嵌出各种花鸟人物以及中西文字,极为美观,故自出品以来,一般爱用此项金饰者,皆纷纷往购,大有应接不暇之势,并闻此项景磁金戒用于婚礼上者为数尤夥,是亦我国工艺界美术之进步也。

(1918年5月27日)

5. 银楼创设工艺学堂

英大马路杨庆和久记银楼经理沈间剑为研究工艺起见，特在该银楼余屋内创设工艺义务学堂，专收贫家子弟学习工业，概不收费。已聘请艺师吴秋生为教习兼授绘图习字等课，昨已将设学章程转呈县立案矣。

(1918年5月29日)

6. 中华皮鞋公司添设代售处

中华皮鞋公司自总店移至南京路泥城桥后，开支节省，大加整顿，对于工厂一面愈益注重，故近来营业非常发达。兹又为便利顾客起见，特托步瀛鞋号(大马路画锦里口)代理发行，其价格与总店无稍差池云。

(1918年5月30日)

7. 宁绍轮船先开普陀

三北公司总理虞洽卿君代宁兴公司向香港华商购买泰山商轮来沪，托由虹口船坞略事修葺，并改名宁兴，以资营业等情，已纪前报。兹悉该轮业已修竣，于昨午起，先行试开普陀，其官舱客舱之布置，颇为适用，且极美观云。

(1918年8月10日)

8. 大世界发售纸烟

大昌烟公司婴孩牌香烟畅销已久，近又由英美烟公司特制一种天坛牌上品香烟，在本埠及外埠经理发行，并于大世界商场特设零售柜，每小匣十支，取价小洋一角，中匣一百支，价洋一元，并有金镯、金戒、香水、香皂等特别赠品。前日为发售之第一日，售去七千余匣，赠出金镯三副，金戒三十余支，其余物品不计其数，昨日生涯更盛，颇为社会欢迎云。

(1918年11月1日)

9. 大昌烟公司营业之发展

大昌烟公司自去夏开幕发行婴孩牌香烟,继以天坛、五福、纽约等牌,营业非常发达。昨因联络同业感情,在大世界共和厅特备中西茶点,柬请南北各烟纸店同业茶话,并随意至各游艺部游览。先后到者三千余人,宾主尽欢,至六时后始散。

(1919年10月15日)

10. 交易所员养成所开课式纪

日昨为上海证券物品交易所所员养成所举行开课式之期,午后二时开会。首由筹备主任虞洽卿述开会词,次发起人闻兰亭、沈润挹、王道尹代表余正江、交涉员代表邵树华等相继致训词。次讲师诸青来演说,略谓,上海交易所几经挫折,卒底于成,甚佩发起诸君之毅力。古人云,行而后言,发起诸君有矣。吾愿来所诸君,亦记具行而后言之精神,以担此新事业之巨任也。次徐君演说,略述交易所与金融界之关系。次赵师复演说,略谓,美国金融之枢纽,在于各地银行,各地银行之枢纽,在于纽约之金融市场,纽约金融市场之枢纽,在于纽约之交易所,故彼邦之实业家,每晨阅报时之注意于交易所之消息一如吾国人之留心专电也。次中国公学校长刘南陔演说,交易所与经济界之影响,并谓诸君来所,须抱求智识之欲望,具应付时世需要之精神。后毕云程演说,略谓,办理交易所,须有共和国民之精神,盖交易所最重守法,若吾国人之旧习,只重人治,则必无善果。末由发起人郑静斋致谢辞,遂由主席宣告闭会。

(1920年1月12日)

11. 五洲药房派员出洋

五洲药房自丁未年开设以来,已十五年,闻各省代售该药房出品各药,约有数百家,其自设支号,亦有十余岁,总经理项松茂君近更力谋扩充,拟在闸北建设制药厂,并在宁波设药棉厂,俾各种原料不必仰给舶来品,以塞漏卮,而挽利权。现已选定周庭璋、孙友笙两君,前往美英法德瑞士荷兰等国,考察制药事业,已向交涉公署及驻沪各领事署请领护照,不日放洋云。

(1920年3月13日)

12. 东陆银行开办储蓄

本埠东陆银行,自开幕后,因行长方椒伯、贺荇舫及营业长陆晓峰等,均商界中素有经验信用者,故营业颇为发达。兹闻该行为便利各界起见,于原有资本内划出二十万元,开办储蓄,规定各项章程内,有凡房金学费等储蓄,均可按期代付,生□千金云。

(1920年4月4日)

13. 振华纺织公司宴客纪

杨树浦振华纺织公司,自归薛文泰经理以来,所出双象牌纱,异常发达,上年盈余颇丰。昨为该厂分红之纪念日,假宝善街复兴园设宴,到者皆系商界巨子,并各纱号各花行执事,约三百余人,颇为热闹。

(1920年5月21日)

14. 东陆银行副行长之接替

本埠东陆银行副行长贺荇舫,近奉总管理处调任京行行长,所遗之职,派林斗南充任。闻林君系甬人,历任钱业及宁波商业学校校长,前由中国银行总管理处副总裁张公权特聘为总稽核长,于银行业务,富有经验,已于昨日交替云。

(1920年5月28日)

15. 大昌烟公司船在苏游行

本埠大昌烟公司,派有游行船两只,于昨晨抵苏。该船满扎旗彩,美丽异常,船中置有军乐队两班,于开驶时沿途奏乐,观者如堵。该船之游行队在苏城厢内外游行一周,沿街销去婴孩牌香烟多箱。

(1920年6月25日)

16. 交易所总董宴客

上海证券物品交易所，现因内部规划，皆已完备，开幕在即。昨晚八时，总董虞洽卿特在本厅三层楼设宴，宴请绅商两界，暨本所各部经纪会会长会员，列席者招待员暨各经纪部并来宾二百余人。屋顶挂五色国旗，并天平旗各一面。天平者，以示出入公平正道之意。并悬有前大总统黎元洪书赠匾额一方，文曰"五均遗法"四字。一时车水马龙，宾主交欢，至十时始兴尽而散。

(1920年6月27日)

17. 达丰厂聘请英国技师

塘山路达丰染织厂，聘有化学技师，专制丝光线蜡护染色漂白种种纱线。近因推广营业起见，又复重金聘请英国染料专家，来厂研究，务求价廉物美，较舶来品有过无不及，以期堵塞漏卮。闻该厂经理王启宇、协理霍福庄、主任杨杏堤均颇热心实业云。

(1920年8月20日)

18. 纱业信托银行宴请报界记

上海纱业信托银行发起人徐庆云等，于昨日午刻，假座一枝香餐馆，邀请中西报界及商业重要分子四十余人叙餐。宴次，由徐君起立致欢迎来宾词，并演说发起人发起上海纱业信托银行之宗旨及经过之情形，由冯炳南译成英文，谓棉纱为人之必需品，我国本富于棉产，现棉厂一业，已日臻发达，倘无相当之金融机关，决不足以资周转，且中外互市，经营方法，日进不已，倘无智识上之交换，尚何进步之可言。各国操商业胜算，其主要原因，厥在电信络绎，故能瞬息千里，我国于此项机关，尚存阙如，故敝行除棉纱业外，对于其他各项实业，亦负责辅助提倡调查责任。凡我国各地及国外大埠，每日之汇率，各物之价格，棉市之涨落如何，均应互通消息，务使我国实业界，追踵欧美，并使各国之经商我国者，了解我国商业及社会状况而有所着手者。敝行股份总额，定位五百万元，分作十万股，每股五十元，由发起人全数认足。第一期股款四分之一，现已收足，第二期股银，俟开幕时，当即征收，其余视营业上必要时，由董事会议决定收足之。此次附股于敝银行者，什九皆为敞同业人,故表面上,虽为一种普通之股份有限公司,而实质上,实为一种同业金融及精神合组之机关也云云。继由中西各报代表答词,致谢徐君等之邀宴,并希望该行及华洋贸易之发展。至四时,始散。

(1921年6月26日)

19. 明华银行宴客记

北京明华银行之上海分行,曾于上星期宴请同业。昨晚七时,该行复假座一江春宴请各界人士,到者三百余人。该总行行长,为童今吾,昨晚宴时,由该分行邵芷湘行长与童广甫、童汝馨等招待,至九时,始散。

(1921年6月27日)

20. 夜市物券交易所宴会纪

上海夜市物券交易所理事长黄磋玖暨全体理事,于前晚宴请经纪人于法租界鸿运楼,七时纷纷戾止。席间先由黄磋玖致词,略谓,今日承诸君莅临,无任欢迎,闻聆教益,并祝诸君鸿运亨通云云。次常务理事包达三演说,略谓,本交易所内部办事手续,务求详备,对于顾客买卖,务求便捷,总使买卖双方,得充分之保证。并报告日夜银行办法,黄磋玖君欲以天发公司派余之夜市交易所股份二千股,照本让归本银行,则银行尚未营业,已获利益,银行股份,虽由发起人认足,但经纪人与本银行有直接关系,亦得分认股份,每人以五十股为限云云。又次常务理事朱叔源演说,略谓,交易所为平准市价,保证双方交易安全之新事业,年来已成立者均蒸蒸日上,但均系日市交易,一般日间有职业者,尚有向隅之叹。考之欧美,于日市外并有夜市交易所之组织,同人等爰有夜市物券交易所之发起,刻下开幕在即,颇受社会信仰,但兴一事业,而希其日新月异,为无限之发展者,有三要素,时间、地理、人和是也。本交易所开夜市交易之先锋,时间已占先着,况大世界之地点,南北适中,对于顾客之吸引力,当较他处为盛,地理上亦可占胜利,至于人才,则诸君皆商业巨子,无烦赘述,而内部办事员与经纪人双方,皆和衷共济,相见以诚,于人和两字,亦可自诩,本交易所事业之发达,当可操券,愿诸君各尽三觥,祝诸君利市三倍云云。次经纪人代表黄渔庭、陆泳黄相继致谢词,尽欢而散。闻经纪人于二十六日晚间,假座一品香,开经纪人恳亲会,双方均积极进行,期于下月初旬正式开幕云。

(1921年7月26日)

21. 三北公司欢宴各国工程师志

前晚,三北轮埠公司,假座大东旅社,宴请改良上海港口各国工程师,暨浚浦局全体工程师,到者如法国工程勃利亚、中政府代表工程师好奈尔、浚浦局顾问翁特氏,及该局总工程师海德生、司多克、加得利博士,并中西各工程师,陪宾张尔云、周启邦、薛作宾等三十余人。当由该公司张海曙、总船主包士等招待入座,董事董兰舫、经理盛冠中、虞顺懋主席欢迎。席次,由董兰舫致欢迎词,由张尔云译述。次由法工程师勃利亚代表全体答谢。次由浚浦局总工程师海德生代好奈尔工程师演说,关于发展上海港口种种希望,并祝中国前途之幸福。继由经理盛冠中致词。席毕,总工程司海德生复演说,略谓一部份人,现尚误会浚浦局关于改良港务之进行,谓有损中国主权,此皆未明浚浦局计划情形,予深望以后关于港务问题,得诸君之指导赞助,而释误会,则他日工程告成,上海之发达,即航业之发达,谨举杯祝上海商业进步,三北航业进步云。至钟鸣十下,宾主始尽欢散。

(1921年11月6日)

22. 五金交易所宴会纪

上海五金交易所,于昨日十二时,假座四马路一家春,宴请各经纪人,到会者有理事长傅瑞鑫,常务理事戴耕莘、张运济、钱芳洲、俞馥棠,全体理事、监察人、经纪人等约百余人,由理事长傅瑞鑫、常务理事戴耕莘等先后演说。略谓,本所自筹备迄今,已达三月于兹,经过情形,当荷洞悉,兹不赘述,尔来各项筹备,业已就绪,关于经纪人事项,急待接洽,故今日宴请诸君到此,共同讨论,以利进行,望诸君子各抒伟论。旋由经纪人协商,定今日下午二时,在该所开会选举会长,议决一切,为始业之准备。闻该所拟定于十二月一日开始营业云。

(1921年11月14日)

23. 美华利钟表公司之聚餐会

美华利钟表公司于本月元旦日午刻，假座宁波同乡会，举行元旦叙餐会，报告一年来营业状况，发表最新组织法，并欢迎新职员就任，欢送特派员丁君赴美就学。总公司暨各埠分号各制造厂职员代表等到会者凡百四十余人，自孙总理以下各职员之报告及演说词甚多，大抵兼含颂祷勖勉之意。

(1922年1月3日)

24. 交易所宴客纪

上海证券物品交易所，昨晚假座大东酒楼春筵宴客，来宾六百余人，由理事长虞洽卿及闻兰亭、郭外峰、盛丕华等一一招待。席间由虞理事长演说，略谓：本所创设最早，幸蒙各界推信，去秋交易所潮流险恶，而本所安稳营业独盛。继由来宾称颂，至九时尽欢而散。

(1922年2月13日)

25. 明星影片公司宴报界纪

该公司现已积极筹备并创办影戏学校

昨晚六时，明星影片公司筹备处，假座一品香，宴请报界人士，宾主共约三十人。该公司之旨趣，为研究影戏，制造影片，期望中国人在世界影戏之艺术界上占一位置，以补家庭学校社会教育之不足，且不致浸假而任外国影戏占有特殊势力于中国。现定同时开办明星影戏学校，延聘专家教授，养成影戏人才，其筹备处执事名单如次：筹备主任丁伯雄，副主任张石川，筹备员郑正秋、任矜菊、舒慰萱、何懋棠、张伟涛、郑介诚、周剑云、张巨川、詹松山、丁怡新。昨晚宴叙至十时乃散。

(1922年2月20日)

26. 上海日夜银行春宴纪

上海日夜银行，自客岁创立以来，营业尚为发达，昨晚六时，该行在宝善街复兴园大开春宴，列席者如中西各银行、各种商业，与报界人士等，共约数百人,由黄楚九偕同人石枕流君等殷殷款待,宴叙至九时许,始尽欢而散。

(1922年2月22日)

27. 宁绍轮船添开星期班

宁绍公司开驶沪甬间之宁绍轮船,向例于每年夏季添开星期班,兼驶普陀山,以便迎送一般往普陀进香之游客。其行驶办法,星期日由申开甬,星期一上午十时由甬开往普陀山,星期二回甬,照常开申。闻昨日星期,该轮船已开始实行云。

(1922年7月10日)

28. 宁绍商轮公司来函

敬启者,顷阅贵报本埠新闻栏内,载有宁绍轮船添开星期班一则,查敝公司新宁绍轮船开驶沪甬有年,申开礼拜一三五,甬开礼拜二四六,即每夏兼行普陀数趟,每逢礼拜五期由申开甬,礼拜六上午由甬开往普陀,礼拜日上午由普回甬,下午开申,历年以来,未误正班,人所共知。本年于兼行普陀一事,尚未定期,而贵报之新闻栏内忽登此则,殊属失实,务请贵报将此函登入来函栏内正误,是所盼祷。宁绍商轮股份有限公司敬启。七月十号。

(1922年7月11日)

29. 中华皮鞋公司纪念廉价

南京路抛球场中华皮鞋公司,为余华龙等所创办,初办之时,因外人公司旧有势力坚固,颇难抵抗,余君苦心经营,已历五载,现时营业发达,已超过外人公司之上。阳历七月十五日,为该公司五周纪念日,特举行纪念廉价半月,各种男女皮鞋,悉照原价折扣出售,有九折、八折、七折、六折、对折等数种,一视成本之多寡,而定折扣之优劣。该公司货真价实,从未廉价,为中西人士所称道,此次纪念廉价,诚各界购鞋之良好机会也。

(1922年7月15日)

30. 舟山轮船公司宴客

舟山轮船公司之舟山轮船，建造工程完全告竣，业于前月下水，现订于阴历本月初六开班，船主为周云龙君，经理为胡馥华君。昨晚该公司特假法租界鸿运楼宴客，到者百余人，觥筹交错，尽欢而散。

(1922年8月25日)

31. 中华皮鞋公司优待出洋学生

南京路抛球场及北四川路中华皮鞋公司，为上海有名皮鞋制造家，年来销售本埠西客，为数颇巨，且为购买者深为赞许。又该公司对于学界购用颇加注意，每届学生出洋时，发给优待券，以示钦仰学生勤学深造大意。兹悉今届该公司又新制欧美最新式样数种，以备出洋者之选购云。

(1922年8月27日)

32. 明星影片明日开映

明星影片公司新摄之《游沪记》及《劳工之爱情》二剧，自明日起，在静安寺路夏令配克影戏院开映两天，每日自下午二点半起至十一点止，共分三次。前昨两日，该公司已派员四处张贴广告，装置木牌，并雇用大汽车一辆，分发传单。闻每次二剧俱同时映演，剧内最有趣之情节，则却泼林之两脚轿、祝医生之失意及滑稽医病各节云。

(1922年10月4日)

33. 明星影片开映志

明星公司所摄之《滑稽大王游沪记》及《劳工之爱情》二剧，昨日夏令配克影戏院开映，至二时，该公司职员张石川、郑鹧鸪、周剑云、任矜苹等，俱亲自莅院招待。门前由天津路三二零号晨社代销部派有工读学生四人，发售该社所发之"晨星中国影戏号"。至二时半，观者踵至，第一次约一千二百人，第二次八百余人，第三次尤为拥挤。观者对于二剧俱极欢迎，每逢发笑之处，即闻鼓掌之声，其光线造意插字，俱在从前所演各中国影片之上。闻晨社所发行之晨星,已售去二千余册,该社已预备发再版云。又闻明星公司在影片未映以前,曾应南京某巨商之请,特派任君矜苹赴宁接洽租片事务,与南京百利影戏院及花园饭店曾为一度之商榷。兹闻南京方面,已决定于十日、十一日、十二日三天,映演是片,闻该公司已派郑君鹧鸪于昨晚乘车出发矣。

(1922年10月6日)

34. 三友实业社营业发达

三友实业社,自设门市部于英大马路石路西首以来,营业日形发达,出品花色更精,近复发明在毛巾等品上刊印不褪色之标识,如喜庆大事,或嫁妆赠品,均可以某府某堂等字印上,他如浴堂茶楼酒馆旅社,可以牌号照印,此番新洁庐浴堂新开,全部用品,皆向该社特制,见者称美。

(1922年10月13日)

35. 明星影片公司消息

明星影片公司,自将业已摄成之《游沪记》及《劳工之爱情》二片映演后,进取精神,益形奋发,曾于十月十日,在靶子场摄取万国义勇军中华队"扎营""夜战"及交涉公署"阅操"各节。昨日,又在"彭浦""大场""罗店""浏河"等处,摄取汽车游行大会,而前演两片,因维多利亚戏院主人关磨司之要求,已于昨日由宁运回,定明日起在法租界恩派亚大戏院映演云。

(1922年10月16日)

36. 三友实业社新制国货

英租界南京路三友实业社,素制国货各种毛巾浴衣等,俱受社会欢迎。兹该社沈九成主任,以沪市所销外洋独幅被单,为数极广,以其美观用途,俱较三幅拼合之被单为佳,特嘱厂师设法仿制,现已制成,颜色品质,俱在舶来品上,售价则较舶来品便宜三分之二,每条定价两元一角(舶来品每条七元),故自发行已来,购者甚多云。

(1922年11月3日)

37. 振泰、达丰两公司之欢宴

昨晚六时，振泰纺织有限公司，与达丰染织厂，在一家春设宴，公请疋头业、纱业、报界，到者百余人。由该两公司之董事长余葆三、厂长王启宇、营业主任周辛伯等招待。餐毕，主席余葆三君致欢迎词，谓本厂不论漂布、西缎、丝绸、直真呢、哔叽、丝光斜、冲素绸、洋丝标、黄斜纹等，均能如法漂染，与欧美来货，并驾齐驱，即销路亦日渐扩充。如是务请各纱厂，添纺细纱，以便织造较高之布疋，再经布厂，或漂或染，成为纯色之完美疋头，较之洋货，决无异标，更请报界之鼓吹指教，此实提倡国货于国计民生两有裨益之举也。本厂在中国方面，第一创办，实为棉业界承上应下之机关，因此纱厂推广细纱销路，添织细布，而人力木机厂，亦可仿造洋货疋头，先织后染。在泰西各国，认为此种工业，系染界之最进步者，已达完美阶段。兹请上述三界及全国同胞互相辅助，广为宣传，则棉业幸甚，本厂幸甚。次陈良玉君代表来宾答词，八时许，尽欢而散。

（1922年11月4日）

38. 荣昌祥之二十五周年纪念

新世界对面荣昌祥洋货号，现以二十五周年纪念，特将呢绒各货，削价出售，以答顾客之雅意。故各货标价，一例较以前为低，如与平日相比，则至少有八折，且货色花样甚多，减价至阴历九月底截止云。

（1922年11月10日）

39. 华生电器制造厂之昨讯

虹口华生电器制造厂之各种电气机械，素为各界赞许。兹悉该厂又有各项最新出品，如交流电用一百开未安"机变器"，二十五个启罗华次；二百念伏而次"直流发电机"，四个启罗华次。一百十伏而次"直流发电机"，及六匹半马力司汀引擎，交流电石板开关表等，国人尚极少制造，其成效之佳，可卜与舶来品并驾齐驱。且交货亦速，定价尤廉，故国内各埠之经营电气事业者，无不乐用云。

（1922年12月20日）

40. 明星公司之欢送会及影片

欢送回美摄剧家　影片将成者三　已成者七

明星影片制造公司,因前月来沪之美国著名摄剧家葛雷谷君,定十七日下午五时,乘亚细亚皇后号,往小吕宋,该公司总理张石川君,特于下午二时在寓内预备茶点,与葛君话别。届时葛君偕同来之著名影戏名伶勃勒达女士(Miss. H. Blead)等十余人同来,由明星职员郑正秋、郑介诚、任矜苹等招待入席,后由张君致欢送词。次葛君作答,略云,此次同人来沪摄取影片,得贵公司之协助,异常感激,至于贵公司之组织,范围虽小,而设施则佳,有学校,有印洗之黑房,有接片室,有玻璃房,此后努力进取,则前途正无限量也云云。至四时,送葛君等至新关轮埠,始别。闻葛君于明年四月将重游上海云。

又该公司已成、正在摄取之各片如下:(正在摄取中者)《歇浦潮》及其余两种。(已成之片)一、《滑稽大王游沪记》,二、《劳工之爱情》,三、《怪遇》,四、《顽童》,五、《双十节万国商团中华队阅操》,六、《爱国东亚两校运动会》,七、《沪太长途汽车游行大会》七种云。

(1922年12月22日)

41. 三友社营业近闻

南京路石路西首三友实业社,新出独幅大被单多种,颜色有净白、妃红、淡蓝与湖色数种,定价甚廉,购者拥挤,早时出货不敷应售,今已增加制造,不日将有大幅被面制出云。

(1922年12月29日)

42. 公济药制棉花厂之商况

甬商公济药制棉花厂,在宁波东乡东吴镇,向设总发行所于本埠美租界爱尔近路均益里八十九号,专造药制棉花等药料,其花丝细长,渗水灵快,质料之净洁,出品之精美,较诸日货之脱脂棉,胜过甚多,故近来销路甚广,本埠各大药房均经售云。

(1922年12月29日)

43. 三友社之橱窗布置家庭雏形

南京路石路西首，三友实业社门市部，橱窗中陈列该社新出之优美家庭用品，如床毯、柜毯、全幅被单、软布幔、大毛巾被、枕套等，布置成一小家庭之雏形，颇引起过客之注意，且标有明价，均甚低廉云。

(1923年1月26日)

44. 四明银行将发行新纸币

北京路四明银行，原有之银圆钞票，因使用过久，破旧较多，而随时销号，以致不敷供应，今已呈准财政部币制局，特向美国钞票公司，及财政部印刷局，另印新票，以补缺乏。兹闻此项新印之钞票，业已印就，式样庄严而又极美丽，定于本月三十一日（十二月十五日）发行，同时并将此次新票样本，分送中外各银行及各钱庄存照云。

(1923年1月27日)

45. 化学工业社之春令化妆品

河南路中国化学工业社，自在槟榔路购地建筑制造厂以来，出品逐有增添，举凡化妆用品，已能应有尽有，定价亦尚低廉，如五十号东方香水每瓶五元，三十号紫罗兰香水每瓶三元，各种一号香水每瓶一元。香水精每瓶二角五分，大号生发香水每瓶八角，二号生发香水每瓶六角，大号花露水每瓶四角，二号花露水每瓶二角五分，三号花露水每瓶一角五分，四号花露水每瓶一角，玉容化妆乳每瓶二角五分，杏仁乳每瓶一角以及各种香皂生发香油等，有百数十种。又该社新制三号特种雪花精，售价每打六角五分云。

(1923年3月18日)

46. 美华利新到钟表

南京路虹庙对面美华利钟表号，由庄君祥麟经理，营业颇为发达。该号除经售各种钟表以外，兼带修理。庄君于修理一门，尤为注意，盖钟表若无正确之修理，则一经损坏，随即等于废物，故修理无专门人材，殊为缺憾，现庄君特聘专门技师，精修各式钟表，务必使人满意。新近又到有钟表多种，瑞士厂保十年夹金表，每只价洋十元，德国五寸闹钟，每只售一元八角，此外若夜明表、螺钿表，以及金表诸品，花色甚多，售价亦廉云。

（1923年4月7日）

47. 大中华公司续招股款呈部文

本埠大中华纺织公司董事鲍咸昌、聂其杰等，为续招股款，并声明前呈错误，请换新照。上农部呈文云：呈为前呈错误之处，声明更改，恳请核准事。窃敝公司原有股本一百二十万两，嗣以公司扩充，不敷周转，曾于上届股东会议决，增加股本，以资展布。招募至今，计已收足五十一万八千八百两，现请先按一百七十一万八千八百两，准予增资注册，仍当陆续招募，以增至三百万两为止，续募之款，即作为优先股。前次所报章程第三条，拟改为本公司资本总额，定为上海九八规银三百万两，现先招收一百七十一万八千八百两，其余陆续招募，作为优先股，同条第二项第三十九条第二项，均请一并删除。又注册执照，请按照修改公司注册规则，由部直接发给，以便应用。除发照业已呈缴外，理合声明更改，恳请钧部核准换给执照，实为公便，谨呈。

（1923年6月24日）

48. 龙章造纸厂更换锅炉

本埠龙华路龙章造纸厂，系前清时期开办，年有盈余，营业蒸蒸日上。今年该厂因旧有之兰加休老式锅炉生汽不足，且耗煤日多，已决计将该项老式锅炉五具，完全更换，故向本埠英国拔柏葛锅炉公司，定购拔柏葛水管锅炉三具，每具附有自动加煤机，二具常用，一具备作。依工程师之预算，此项新添锅炉，每日用煤，可自四十五吨减至三十四吨左右，即每日省煤至十余吨云。

（1923年7月11日）

49. 证券物品交易所昨宴报界纪

爱多亚路上海证券物品交易所，昨晚在大东旅社三楼，宴请报界人士，到者约二十人，由闻兰亭、沈润挹君等招待。酒酣，沈君致辞云，今日敝所邀请诸君子酒叙,荷蒙不弃,惠然肯来,非常荣幸。敝所去年发生风潮以来,一方维持现状,一方办理善后,兢兢业业,不敢懈怠,凡所以顾全大局者,无不竭力为之。本所股和解一事,现已办竣,而以后营业需用现款,亦已筹足二百万元,分存本埠银行钱庄,对外信用,想能渐形恢复。窃思敝所之能维持至今,得有转机,其出于报界之时加扶助者,实为一大原因,此敝所所十分感激者也。以后尚祈常赐教言,以匡不逮,无任盼祈之至。并由戈公振致辞而散。

(1923年7月14日)

50. 化工演讲大会之第十次演讲

药业上化学之关系　我国制药之亟待发展

前晚(二十二)商品陈列所举行第十次化工演讲大会,仍请吴润东主席,首由五洲固本皂药厂厂长李觐唐讲演《药业上化学之关系》,分五项十三条。(甲)药业制造上化学之关系,(一)原料之配合,(二)手续之经过,(三)出品之检查;(乙)药业贩卖上化学之关系,(一)药品之运搬,(二)药品之保存,(三)药品之鉴定;(丙)药业需用上化学之关系,(一)药品之取扱,(二)药品之辨真,(三)药品之反应;(丁)药业上国权及经济之关系,(一)平时关系,(二)战时关系;(戊)吾国药业发达之必要,(一)他动的发达,(二)自动的发达。继由苏州大达药布厂技师郑福民讲演《吾国制药业之亟待发展》(略)。

(1923年10月24日)

51. 荧昌请领运硝护照之省批

本埠荧昌火柴公司曾备具照费,请总商会代领洋硝硫磺护照,以便赴关验提。昨接该会复函,谓顷接江苏督军省长会批第七百三号开,荧昌火柴公司购运洋硝硫矿,请领护照呈一件并费银,均悉,候转咨陆军部查核办理,此批。旧照涂销,收款回单制发等因。奉此,除将回单存会备查外,合应抄批奉达,惟祈察照,一俟领到护照,再行转达可也。

(1924年2月19日)

52. 女子银行邀宴各界

女子银行发起者,女界为欧彬夫人、严顺贞、张默君、黄琼仙诸女士,男界中为宋云生、邹挺生、黄家枬、刘宾南等，约共二十余人，原定资本额二十五万，后因投资者踊跃，扩充至五十万，故刻下尚有余额。前晚发起诸人，特假某酒楼邀宴各界人物。总商会会董劳敬修即席演说，略谓，余于二年前曾敦劝欧彬君发起一女子银行，从事提倡女子储蓄及商业，时欧君以无暇兼顾为辞，今渠已作古，而欧彬夫人果能联合各界，发起此行，可谓竟欧君未竟之志，今赞助者既多，将来事业，定能发展，余当尽力赞助云云。

(1924年2月27日)

53. 五洲药房派员赴日考察

本埠五洲大药房昨日派张光镛、陈鉴心二君赴日考察商业，携有上海总商会致日本东京、大阪两处商业会议所函。文曰：迳启者，本月二十八日接敝会会员五洲药房函称，派张光镛、陈鉴心二人赴日本东京大阪等处，考察制造工厂及调查药业情形，请贵会备函介绍东京、大阪两处日本商会，以便二君随带赴日，俾资接洽等语到会。查贵国为工业先进，此次敝会会员所拟观光东京大阪两处，又系文化工业中心，如承允为指导，介绍参观，定获提携之益，尤与两国商务有裨。叨在邻谊，用敢具函渎陈，即祈查照惠诺是幸。

(1924年3月30日)

54. 百龄机药片验准之批词

九福公司发明百龄机药片以来，销路日广，外埠批购尤为畅旺。现该公司因市上药品每有私掺猛烈药质，甚至夹入违禁药品，图效一时，贻患无穷，致服者每不敢轻易尝试，为证明优劣，特将原方所配王道中正有益人身之剂，遍请中外名医考验证明外，复呈请本埠内务部违禁药品管理局按方化验，准予立案销行，给领化验证明书，证明确有原方所合之补剂，并给第五十五号批示云：请求人九福公司请求书一件，据送化验请求书，并百龄机药片，同药方到局，业经本局化验，核与原方相符，自应准其立案销售，合行批示该公司遵照，仰即来局具领化验证明书可也，药片并方存，此批。

(1924年4月11日)

55. 染织公司拟多请护照之函询

达丰染织公司,因练染系光布疋及丝光纱线所需黄镪水,咸购自外洋,每日约用五十箱,每箱两百磅,共需一万磅。此项黄镪水,须呈部请得护照,方能进口。而护照有一定之限制,其量数甚微,不敷应用,呈请时,颇费周折。拟同时多请几张,以便陆续报运,俾得继续不绝,未知有此办法否。昨特秉此意旨,函请上海总商会详为指示,以便遵行。

(1924年6月2日)

56. 女子银行之新营业

抵押首饰　代收学费　经理旅行

南京路女子银行开幕以来,营业殊为发达,该行除经营银行普遍业务外,尤注意于下列四项营业:一、抵押资产首饰,该行鉴于各种企业,全恃金融活动,及将各种资产首饰前往抵押,均极轻利优待。二、代售旅行券,该行经售各埠轮船火车之车票船票,并代定舱位,以便行旅。三、代收学费,普遍学校于开学时,收集学费,琐屑周折,恒感困难,故该行可代各学校收集之。四、该行发售之礼券,既甚美观,且可随意储蓄或兑现,颇受社会欢迎,惟以前所发售各券之银数,均有定额,为图便利起见,可随各主顾之意,不拘多寡,随签缮其数额云。

(1924年7月21日)

57. 明星公司之欢迎会

明星影片公司全体职员,昨晚在公司办事室欢迎由粤来沪之麦□博、杨达三、陈伯男三君。入席后,由张石川主席,继由郑正秋、周剑云、任矜苹、郑鹧鸪四君代表致欢迎词,次由麦□博、杨达三、陈伯男三君致答词。麦君为广东民镜图片公司主人,数年前即研究摄制影片,凡摄影需用之水银灯、炭精灯及最新式之"倍尔好□摄影机",无不齐备。现麦君等已将所有器具由海船装运来沪,装入明星公司。闻摄影机共有五架云。

(1924年12月11日)

58. 四明银行继续发行纸币部批照准

本埠四明银行总理孙遵法，前因该行继续发行纸币，曾请财政部立案。昨日接到财政部批令云，该行沿袭前案，发行纸币，应予照准。至所请免派银行监理官一节，亦准予变通办理，仰即知照。

(1925年5月22日)

59. 中华皮鞋公司通信贩卖之便利

南京路中华皮鞋公司，向以制造时式男女皮鞋为名，工作之佳，远过舶来品，该公司经理余化龙君又为便利外埠购者起见，特设通信贩营部，备有鞋样绘图及章程等，函索即寄云。

(1925年9月3日)

60. 利兴烟公司近闻

本埠利兴烟公司，为巨商张竹卿君独资创办，已十余年，其出品如大乾坤牌、一字牌、铁锚牌等，均选上等烟叶制成，发售以来，极蒙本外埠吸者欢迎，以故营业日臻发达。近该公司为优待同业起见，自八月十五日起，凡向该公司批购大乾坤两大匣（即五十包）以上者，得赠麻纱巾乙条，多则类推。

(1925年9月30日)

61. 中国化学工业社之纪念赠品

河南路四四四号中国化学工业社，今届第十四周纪念，仍循例备赠宝匣五万只，凡购该社三星牌雪花精、香雪及观音粉、三星酱油精等各种出品，满大洋五角者，概赠宝匣一只，多购照赠。匣内赠品价值一角至五元不等，如真皮挈箱线毯床毯等都二百余种，俱切合日用之品，故深受购者欢迎，闻已赠出二万余匣。其广东路六八号第二发行所同时照赠，门市亦极闹热云。

(1925年10月28日)

62. 荧昌火柴公司推定继任经理

浦东烂泥渡荧昌火柴公司第一二两厂经理邵尔康，于本月夏历十二日，因病逝世，遗缺迄未递补。前日午后，经该公司召集各董事开会推补，到者为王一亭、贝润生、乐振葆、李志芳、陶秉钧、李皋宇、郑宜亭、徐祝三、徐钦葆、朱子谦等数千人。当以邵君经营厂务，煞费苦心，致公司营业，蒸蒸日上，今忽逝世，殊堪悼惜，但所遗职务，甚为重要，亟应举人接替，以维厂务等情。经众讨论，结果，以朱子谦君才具优长，身家殷实，堪以继任邵君之职云云，各董事一致通过，至四时许散会。

（1926年2月1日）

63. 九福公司今日由飞机分发纪念片

荷兰飞机来沪献技，已有数日。本埠发行百龄机补片之九福公司，印就百龄机广告纪念明信片四十万张，定于今日（天雨顺延），由该飞机飞行时散发。该明信片印刷精良，届时必能轰动一时云。

（1926年5月28日）

64. 九福公司昨散飞机传单

本埠九福公司，昨日（二十八）下午三时许，假荷兰飞机散发百龄机传单十万份，此传单印刷精美，式如邮政明信片，上绘一飞机图，并有天台山农题"天上人间都不老 飞机散遍百龄机"字样，闻拾者颇多。该公司为引起各界兴趣起见，并于十万份中提出一三万份，加盖图记，拾得者可持向该公司换折扇一柄，故当飞机翱翔空际之时，万头仰观，皆冀一得此空前纪念品云。

（1926年5月29日）

65. 荧昌注重工人卫生之转达

淞沪警察厅严厅长，以天气炎暑，特致函总商会，请劝各厂停止午工。兹总商会接荧昌火柴公司报告停止情形，并转复厅函云：迳启者，案准贵厅函开，以天气奇热，嘱为转商工厂，注重工人卫生，正午停止工作等因。当经分函各工厂照办去后，兹准荧昌火柴厂函称，敝厂对于工人工作，向例一届夏令，正午每日必停止工作，藉资休息。近日邀请西医王君叙才，对于各工人一律施行避疫针，以故外面疫疠虽盛，而敝工厂各工人极告平安等语到会。除俟各工厂复到续行奉闻外，相应将荧昌火柴厂办理情形，先行备函奉复，□请查照，是荷。此致淞沪警察厅，上海总商会。

(1926年8月13日)

66. 天一影片公司拍摄外景

天一公司第八次、九次《珍珠塔》、《大侠王武》二剧，开摄业已多日。日昨导演邵醉翁、裘芭香二君赴苏徐等处，摄取外景，随行者有摄影徐绍宇及男女演员三十余人。其《珍珠塔》一剧，系胡蝶、丁子明、吴素馨主演，大侠《王武》一剧，由魏鹏飞君主演。该片取景多用天然风景，盖徐州一带，万山重叠，层峦丛翠，以之拍侠客武艺片，较为适当可观。

(1926年9月4日)

67. 明星公司南洋招股员将放洋

近年国产电影日见发达，而出品最优、产额最多且最得社会信仰者，厥惟明星影片公司。近因扩充营业，作大规模之发展，遵股东会议决，添招新股四十万元，其计划宣言，已于本月九日在申新二报露布，并印有极精美之招股计划书。凡该公司一切设施，暨现任各董事、各职员、各导演、各演员之小影履历等，概行刊入，全书一百余页，以上等铜版纸道林纸印成。至招股手续，国内各界投股者，由各大商埠该公司之委员担任接洽。华南及南洋一带，专由该公司派遣之周剑云、陈百男、林祝三诸委员担任招募。周君为该公司董事兼发行主任，陈君为董事兼总务，林君为制片主任，此三君皆为国产电影界中有数人物，亦该公司职员中最出力者。现定本月二十号搭吉佛生总统号先赴香港，然后再赴南洋一带，所定行程共十六埠，如香港、广州、安南、暹罗、新嘉坡、吉隆坡、马六甲、金保、坎罗、太平、比能、爪哇、泗水、巴达维亚、三保垄、斐列宾等埠。闻三君此行，携有该公司新出影片数部，俾得在各该埠就地宣扬云。

(1926年10月14日)

68. 明星公司国外招股委员会今晨放洋

　　明星影片公司,因鉴国产电影业日见发达,观众程度亦渐高明,非有真实之艺术作品,殊不足飨众望,为推广营业提高中国电影计,不得不于摄制上作大规模之行动,遂于本届股东会议决,添招新股四十万元,合原有股本为五十万元,其详情暨该公司现有之成绩及将来应办事业之计划等,已于本月九日在申、新二报露布。至招股手续、营业预算等,则另刊专籍,任各界索阅。此书印本昂贵,故索阅者须纳印本洋四角,稍示限制。招股委员本埠除袁履登、王云甫、邵子眉、姚豫元、何泳昌外,尚有该公司职员张石川、郑正秋、张巨川、董天涯、洪深诸君,外埠固定者暂定六处,北京石杏楼,天津王玉书,苏州陈筱蕃、江赓飚,杭州徐梦痕、陈子明,宁波姚和清,汉口郑孝坤。收股银行与上述诸委员通信地址,亦于前日(十九)在申、新二报封面广告上发封。国外招股委员,由该公司特派现任职员周剑云、陈伯南、林祝三三人担任,定今晨搭提督公司吉佛生号轮船放洋,先赴香港,更转至广州、安南、暹罗、新加坡、吉隆坡、马六甲、金保、坎罗、大平、比能、爪哇、泗水、巴达维亚、三保垄、斐列宾等处,除于一年前已有接洽外,临行后携有本埠总商会及各大商号之介绍书,故必得各该地华侨之热烈欢迎。连日本埠各影片公司及个人为周林三君饯行者,不胜缕指。个人方面如明星公司张石川,六合影片营业公司各委员各顾问,家庭工业社天虚我生、李常觉,著易堂书局涂小巢,元元帽庄樊竞美,画家工悚、江小鹣,申报周瘦鹃,神州影片公司汪煦昌、郑益滋、施济群,大中华广告社凤昔醉,孔雀电影公司程树仁,东华大戏院沈诰,华茶公司唐季珊、张织云,新闻报严独鹤、严谔声,暹罗代表钟伯铭及朱飞、董天涯等,预料今晨三君临行时,往江干欢送者必甚拥挤。闻周剑云君此去,除为明星公司招股外,又由六合公司委任调查上述各地之电影事业及接洽营业之代表云。

(1926年10月20日)

69. 三北公司新建轮船请介绍

　　上海总商会接三北轮埠公司来函,请求介绍文云,敝公司为衔接长江上游航线,特建吴兴轮船,常川行驶宜昌至万县重庆,并在万县重庆分设公司,聘刘湘波、童斗皋二君为经理,发轫伊始,端赖商界领袖,为之提倡维持,请贵会分函万县重庆两商会，随时赐予维护，以资提倡。兹悉该会已代照转矣。

(1926年12月4日)

70. 三北公司疏通航运新办法

本埠三北轮埠公司，因开驶沪汉各轮，被当局扣充军用后，各处待运之货，堆积甚多，若不疏通，不特货将霉烂，并因节近年关，诸待结束，欲碍及金融，故徇各商帮之请，决将长江上游各轮如长安、德兴等船，暂时替行沪汉，以便疏通航运。

(1926年12月7日)

71. 老宁绍将往来沪甬

宁绍公司之甬兴轮，自被征运兵以后，迄今多日，未奉归回，以致沪甬往来，船只减少，商旅咸感不便。兹悉该公司为求沪甬人便利起见，在甬兴未曾收回以前，暂以老宁绍船代甬兴，照新北京班头，逐班开驶，业已订定于二月初六日起开行，其买办一席，仍请甬兴轮船买办朱贡禹担任。

(1927年3月9日)

72. 老宁绍准今日开甬

宁波旅沪同乡会，为维持沪甬交通，函宁绍商轮公司，请将老宁绍改驶沪甬。函云：敬启者，据旅沪各帮同乡公函称，沪甬往来，人数日增，目前新江天停班，甬兴、宁兴又因故未能照常开行，新北京又掉换盛京，客位不多，趁客装货，诸感困难。闻宁绍公司老宁绍轮，因长江航线未通，在停班期内，请为改驶沪甬，以便交通等语到会。用特函请贵公司将老宁绍改行沪甬，以顾乡谊而便行旅，至为公企，此致宁绍商轮公司，宁波旅沪同乡会启。现闻该公司业已议决，准于今日（十一日）起，按照新北京班头开行，其并船地点，在宁绍公司第五号码头。从此沪甬旅客，当感便利不少矣。

(1927年3月11日)

73. 宁绍公司取缔茶房多索酒资

宁绍轮船公司，因近来甬埠已安，来沪避难甬人，纷纷乘轮回里，船上茶房，因乘客拥挤，有乘此多索小酒钱，殊与公司原定章程不符，故昨已查出茶房三名，立即开除，以昭炯戒，并通告各乘客，以后乘船，如各茶房故意多索，请记明茶房姓名，函告公司，俾便取缔。

(1927年3月30日)

74. 五洲药房欢送张辅忠赴德

五洲大药房固本厂制药部部长张辅忠，定于二十六日赴德研究有机化学，并赴各工场实习。该公司经理项松茂君，特于前晚假座功德林设宴祖饯，到董事史量才、张云江及公司厂方职员等三十余人。酒次由项君致欢送词，略谓张君为浙江医药专门学校药科第一期卒业生，学识优良，服务本厂多年，成绩卓著，今张君虚怀若谷，弃其固有之地位，赴德研究，好学不倦，殊堪钦敬，异日学成归国，定能为我国医药界开辟新纪元，并明张君将来，仍能为五洲服务，则尤为欣幸云云。次由董事会代表张云江、厂方代表叶淡丞、来宾项康原诸君，相继致词，均勖勉有加。末由张君致谢词，尽欢而散。

(1927年7月24日)

75. 九福公司改组股份有限公司

本埠九福公司，于民国十二年开办以来，以其所售百龄机功效神奇，营业逐年发达，将来利益，未可限量。因此深知该公司情形者，常有投函要求附股，该公司因限于定章，未能接受，故皆婉辞谢绝。刻以补品推销，于医药两界，颇有关系，决定开放利权，与医药界公开合作，自本年阴历七月份起，改为股份有限公司，定股额为国币五十万元，分作一万股，每股五十元，自留百分之六十，该公司同人认百分之十，尚余百分之三十，专备：一、中西医士，二、药剂师，三、化学师，四、新旧药业职员等四界人物附股。现已订定股章，登报发表，本外埠医药界闻此消息，前往索章认股者，踊跃异常，闻不日可以满额云。

(1927年7月28日)

76. 九福公司发行生丹之先声

本埠九福公司，自开办以来，业经四载，专售百龄机补片，效力伟大，销路广阔。该公司今欲与医药界切实合作，改组股份有限公司，宣布章程后，医界人物，纷纷加入，未及一月，即行足额，著名医师计有二百余人之多。前日该公司在宁波旅沪同乡会开股东大会，主席以人才济济，提议更改章程，增加董事至十七人，选举结果，以志昨报。又闻该公司因营业顺利，大加扩充，聘请药物研究员，以便续出新药。盖东西洋各国，对于新药发行，极为郑重，必经多数医药学家之研究试验，始敢出售。该公司所出百龄机补片，亦经多数名医试用证明，原料配制，完全适合中国人体质，故发行后效力伟大，得有今日之成绩。闻该公司此次聘请著名中西医师、化学师、药物学专家等数十位，多系得有英、美、德、日博士学位，及中国著名医士，经验学识均极丰富（名单已载前日本报），担任研究，拟再行发明一种人人宜服之重要药品，取"得之同生""生生不息"之意，定名生丹，现已从事研究，于功效方面，非但取其灵验伟大，尤须注意国人体质，一扫外国药品违反国人体质之弊。今闻该公司研究员，已由董事会正式聘定，从此人才济济，萃于一堂，将来发展，未可限量也。

(1927年9月7日)

77. 九福公司欢宴中医界

本埠九福公司，前日（十八日）下午六时，在四马路一枝香，宴请中医界，到者计有神州医学总会、中华医学联合会、中医学会等三团体，共二百余人，济济一堂。黄楚九、丁仲英、夏应堂（由其公子代）主席。酒半，丁仲英君起立演说，谓百龄机之营业，日增月盛，今欲益加扩充，故与医药界公开合作。西医已知原方，我中医尚未知百龄机中究含何种药物。然百龄机之原料，虽系西药，而由国人配制，故适合国人体质，有病治病，无病补身，其补正扶元，滋阴降火，开胃健脾，如中用九制千年首乌、九制黄精珠粉、辽参、霍斛、瓜蒌、谷芽等品，合制而成者，故常服真能长生不老。且百龄机配制得宜，有利无弊，诸君既知其功效，自可尽量介绍于病家服食云云。继蒋文芳医士演说，百龄机富国强民，有无穷之希望。谢潜庵医士详述百龄机调理病后之功效。刘民叔医士演说百龄机中含维他命，所以能有病治病，无病补身，并有意想不到之效力。崔光济医士演述病家服百龄机之成绩,更发表以百龄机手治其子女疾病之成绩。王一仁君更有医药界联合意见书分发来宾。钟鸣九下,尽欢而散。

(1927年9月20日)

78. 九福公司昨宴研究会员

九福公司前为扩充营业,续出新药起见,聘请中西著名医师及化学师等三十位,组织研究会,以便研究续出之新药,昨日该公司特假座四马路一枝香,宴请研究会员,宣告研究会成立。到王培元、吴蕴初、王逢治、汪企张、周邦杰、蒋益生、姚尔昌、刘悟淑、邓源和、秦剌海、朱寿田、朱增宗、夏慎初、董振民、沈云扉、黄祥甫、徐梓楠、何亚杰、陆鼎傅、尤彭熙、周梦白等,一时入席。酒半,主席黄楚九起立,略谓本公司拟续出生丹,现正在配制中,将来当请各位研究员共同研究,以资完善。一俟百龄机销路年满一百万元,并拟建造新屋,特辟研究所,得与诸君常叙一堂,则新药业之进步,当未可限量云。至钟鸣三下,尽欢而散。

(1927年11月7日)

79. 福昌奖励券开奖

昨日本埠福昌烟公司,在大世界举行第八期奖励券抽签,本外埠同行到者约千余人,上午十时起开奖,迨事毕已下午一时矣。开出头奖第一六二九号,为太仓福利烟号所得,其二三奖夺标者,亦属外埠同行。又闻该公司现正别拟办法,以示鼓励同行及吸户,故奖励券自本届后,即行截止云。

(1928年5月11日)

80. 减价声中之中华协记皮鞋公司

南京路抛球场东中华协记皮鞋公司,出品精良,定价低廉,平日营业发达,每年仅减价一度,时在阳历年底,近闻该公司以招徕顾客,提前举行,已于昨日起开始廉价,新货折减,存货尤廉,女鞋自一元起应有尽有,雨天穿着,最为相宜,购者极行拥挤云。

(1928年5月11日)

81. 国货运动周之第七日

设备完善之五洲固本厂　出品所以精良

吾国化学工业，尚在幼稚时代，欲觅设备完善之工厂，颇不易得，惟上海五洲药房所设之五洲固本厂，最称完美。厂在徐家汇，占地三十余亩，即该药房收买德商固本肥皂厂原址。今该药房将续买亚林化学厂、南洋木塞厂及中华兴记香皂厂合并于一处，内部完全系德国机器。闻总经理项松茂君，对于厂中规划，不遗余力。内容分制药厂制皂两部，及化学研究部。制皂部有四大汤克Tonk，均为制造肥皂之利器，其搀用工人及搅拌、矸轧各项机械，均按利学方法布置，故制出之肥皂，质地纯净，坚结耐用，其副产品粗制甘油，通销市上，为工业界中之上乘。至肥皂打印装箱，全用机工。香皂之制造，设有极大之玻璃干燥室，利用日光漂白，及自然干燥，均极合法。香料贮藏室，芬芳馥郁，设有铁网盘旋间、原料切碎机、香料搅拌机、螺旋暂筒机，设置地位，井井有条。其余包装纸匣各室，泰半用机力居多，颇为特色。制药房设有蒸馏室，计蒸馏机四架，各设冷却机。一为蒸馏依打Jether锅；一为蒸馏甜硝依打，清淡香精、无水酒精，其他蒸馏之药物；一为杏仁水蒸馏锅；尚有蒸汽木装置一架。其热力皆用蒸汽Steam，所有蒸发煎煮各锅，一律用蒸汽之热力。酒类及膏类之蒸出器，排列二行，为圆锥形底，都有螺旋开放机、滤过装置及压榨器，备有多种制丸部。在楼上所设轧片机，一为美国式，一为德国式，轧出之沙达明片及各种药片，洁白有光，阿斯必林片形式尤佳。其大小各种模型，均为最新式。丸剂以小机械制作，中有研磨机一架，研制油膏之用，筛粉机、研粉机、包装机罗列室中。制造亚林防疫臭水之蒸汽锅边，设有升华室，升华纳夫脱林结成雪花片。其锅炉统系德国制，分前后两座，合计四百匹马力，其前面有蒸馏灶两架，安设合度。南面木工场，进即为木塞制造部，有爆车、切车、拉中及摇箱等，每日可制木塞二万枚。以上为挽回权利抵制外货之日用品。该厂中设有轻便铁道，皂药两部，运输往来，甚称便利。

(1928年7月14日)

82. 九福公司奖励柜友新章

本埠九福公司，近以其著名百龄机补片，销行之远，固由配制之神与功效之大，而各处柜友之热忱推销、口头介绍，要亦与有功焉，为酬谢其推销盛意与鼓励其努力经销计,订有奖励柜友新章,遍发本外埠同行。大意谓自本月份起,不论批购多少,按额附赠利益券,此项利益券,大号值洋一角,小号值洋五分,专为酬谢柜友而设。凡经手售去一瓶,即可填写一纸,大瓶填大号,小瓶填小号,每届月底,可以汇寄该公司照数酬谢,不折不扣。因此各大药房、各大药号、各洋货号,凡经售百龄机者,其伙友莫不努力介绍,起劲万分云。

(1928年8月29日)

83. 宁兴轮增设电影音乐

三北公司行驶沪甬班之宁兴轮,加建新舱位一层后,近又在船内建设无线电报、无线电话,约定上海放送音乐及京剧,以娱旅客,同时更在头特室内,特开电影场,每晚开船后,即开演电影,开沪埠近海班轮之创举,而超越同航线内各轮之布置。昨日为第一次举行,该公司主人虞洽卿氏特亲乘该轮赴甬,顺便观察船内之新设备。凡乘头等室之旅客,均得享受此音乐电影等利益云。

(1928年10月7日)

84. 九福公司今日宴商联代表

全国商会临时代表大会,此次在沪总商会开会,人才济济,集全国商界领袖于一堂,恂为难得之盛会。本埠九福有限公司总理黄楚九君,本属总商会会员,且因该公司发行百龄机补片,业已畅销全国,得力于各地商会之赞助者不少,乘此全国商会代表来沪之便,特于今日(二十四日)下午七时,假座西藏路一品香大厅,宴请全国商会代表及本埠总商会执行委员,以尽地主之谊,而表感谢之忱。并闻备有戏剧数出,以助兴趣,想届时必有一番盛况也。

(1928年10月24日)

85. 九福公司昨晚欢宴商联代表

百龄机发行所九福有限公司,昨晚六时,假座西藏路一品香西菜社大厅,欢宴全国商会代表,到冯少山、王晓籁、赵晋卿、穆藕初、叶惠钧、卢迺赓、虞洽卿等二百余人，由该公司董事庞京周、周邦俊、马炳勋等，总理黄楚九及吴虞公、陈星五等招待，七时入席，并演京剧助兴。酒半，周梦白代表主席黄楚九致欢迎词，略谓，诸君皆属全国商界领袖，此次连袂光临，曷胜荣幸，敝公司谨表示十二分之诚意，以欢迎诸君。抑敝公司前为推销百龄机起见，组织推销队，分发各县，所到之处，辄赖各地商会诸君，赞助进行，现在百龄机得以畅销全国，饮水思源，应感谢各地商会诸君赞助之盛意，今备薄酌，藉表谢忱。次庞京周演说百龄机之原理及功效等。次由冯少山、穆藕初等代表答谢，并演说提倡国货，各人均须以身作则。八时京剧开场，并摄一影，以留纪念。并有得天居士登场出演五台会兄，各代表尤为欢迎。直到钟鸣十一时，始各尽欢而散，该公司并赠各代表百龄机样瓶数瓶，以便试服云。

(1928年10月25日)

86. 五洲药房考试会计员

四马路五洲大药房，业务日益发达，制造厂男女职工五百余人，总店职员二百余人，司帐人员，仍不敷分配，故有招考会计员之举，惟自登报之日起至上月底止，本外埠报名投考者达千余人，得面试合格者一百五十人，连日函约面试，异常慎重。闻候全部试毕，再经审查，以定去取，如书法清秀、算术精通、富具经验者为合格，正取十名，即令被取人觅具本埠殷实商店担保，派任职务。备其取十名，须候随时补充云。

(1928年11月6日)

87. 天一烟公司扩充股份

天一烟公司为烟业股商孙宝祚、陈长庚等所发起，开办至今已经历年余，其出品别克登、时美牌等各种香烟，闻价贱质美矣，各处颇为风行。该公司经理陈长庚君，因欲扩充营业起见，添增新股五万元，昨借南园酒楼，宴请各界。到有股商何东启等五十余人，由陈君当场召集，在座各界认购新股，极为踊跃，成绩非常美满云。

(1928年11月26日)

88. 明州烟草公司之新烟

南京路四十七号明州烟草公司,为海上巨商集资创设,自办机器,采用佛及尼烟叶,卷制上等香烟,现已出有金表牌一种,五十支罐装,不特烟丝黄嫩,气味芬芳,其装潢之美丽,卷制之考究,尤胜外货。每二罐售洋一元,备有赠品,平均每十五罐中可获一种,如真金钢戒指、真十八开真白金手表、中山表及闹钟等,陈列南京路该公司楼下橱窗内,供人参观。日来闻获赠品前往领取者甚众,益得顾客之信任,以故发行伊始,销数极旺,外埠愿任经理者,纷纷投函接洽,出品有供不应求之势云。

(1928年11月27日)

89. 泰康公司实现劳资合作

泰康食品公司,前晚开劳资双方业务讨论会。行礼如仪,主席乐汝成报告,略谓中国统一告成,生产尚未见发达,原因在于劳资不能合作之故。但我们劳资情感,向素融洽,希望努力研究。当由职工会代表发表发展营业办法。当议决招待主顾,由职工会领导群众,改良货品,发明科学,由总经理饬工程师研究,并定星期日开会以资联合。

(1929年1月8日)

90. 泰康公司劳资乐观

泰康食品公司自实行劳资合作创行星期业务讨论会,于前晚开第二次常会。主席乐汝成行礼如仪,略谓本公司谋营业上进展,增作国货生产光荣,幸荷劳资双方见察,实行和衷共济,对于过去成绩可观,将来当有无穷希望,务惟一秉精诚、携倡劳资合作之先,进而励业务之发达。当由职工会代表报告最近一周间工友之勤状,并希望总经理再饬工程师状,各种出品特用科学化,以重卫生而利业务。十一时散会。

(1929年1月15日)

91. 郑钟潮往德考察实业

本埠四马路汉成洋行系甬人郑钟汉君所创设，专门进口德国各种货品，公平交易，营业甚盛。乃弟钟潮，为该行华经理，精明干练，经验丰富。近鉴于我国工业幼稚，非自设工厂，从根本上谋发展，不足以言挽回利权，爰定于新正初三日，由沪启程，转大连乘西比利亚火车，直往德京，考察彼邦工厂情形，商业状况，以为回国后设厂准备，并将便道参观德国来浦赛地方不日举行之盛大展览会，以广见闻。此次与郑君同行者，有德人开福耳君、佛司君。郑君驻德，将以三月为期，内除参观各大厂外，对于镀镍机厂、宽紧带厂、制革厂等，闻将加意研究，以便回国后之发展。昨日各界公宴郑君于大东酒楼，为其饯行，到者有美丰银行大班开福耳君，云飞大班卜鲁华君，美通华经理卢寿联君，云飞总经理盛夔圭君、律师蒋保厘君，万国储蓄会陈居骏君等百余人，济济跄跄，盛极一时。闻今日正午，万国联欢会同人又将在福禄寿饯行。

(1929年2月5日)

92. 五洲药房赠送含情图

四马路五洲大药房总店，及天后宫桥第一支店、北四川路第二支店，以新年伊始，全国统一，为助各界雅兴起见，特联合赠送含情图，购货满洋一元赠送一张，但以一人一张为限。闻数日之间，已赠出一万五千余张。此图为海上美术家所绘，布置设色，极其工整，而神态栩栩如生，无怪沪人士争先恐后，欲得一帧，悬悬座右云。

(1929年2月21日)

93. 五洲药房考试训练班

五洲大药房为养成店员人才起见，登报招生，投函报名者达千余人，审查合格者计一百三十余人，昨假总商会举行考试，并由总经理项松茂君偕同诸教员，分班面试，秩序井然。闻佳卷颇多，试毕时已五句钟，所有录取名次，定三月五日，登报揭晓云。

(1929年3月2日)

94. 五洲药房训练班昨日开学

  昨日下午二时,五洲药房附设店员训练班,在徐家汇制造厂举行开学典礼,到政、学、商各界名流数十人,行礼如仪。首由该公司总经理项松茂君,报告创办宗旨,各教员履历课程及训勉学生,语多恳切。马相伯、虞洽卿、潘韦两局长、江问渔等演词畅切,来宾演讲中以王东园最为慷慨激昂,诙谐百出,一时掌声雷动。礼毕,全体摄影,已钟鸣五下矣。

(1929年3月12日)

95. 九福公司给发特别奖励金

  白克路九福公司所发行之百龄机补片,清补带润,为男女老幼人人相宜之常服补品,中外人士,殆已无一不知,销数之大,亦为中外各药物所罕观。自去年起,该公司为酬答国内外经售家柜友努力推销,并补助其生计起见,曾有利益券附赠,计分大小两种,大号值洋一角,小号值洋五分,随货发给,凡柜友经手售去大号一瓶,即填一角券一纸,小号一瓶,填五分券一纸,按月向九福公司兑给现款,办理周密,各地柜友受惠,殊不在少。该券除按上项定额,兑付现款外,并有各店柜友之比较,即于每店经手销数最多之一员,另给特别奖励,以资激劝。此次奖励金已经该公司核计就绪,据闻各埠各店,其比较经手最多之一员,均有发给,多者数十百元,少亦数元数角不等,颇足为生计方面之资助,刻已分别发给通知书,请各店友具领矣。似此优待,故该公司营业发达,日进不已,得者亦笑口大开,万分愉悦矣。

(1929年5月6日)

96. 三友实业社收新股发余利

  上海三友实业社,专织各种精良棉织用品。该社成立迄今,已十有八载,积经验所得,向市间用纱,尚感困难,去岁,在杭垣盘得通益公纺织染厂,用上等棉料,纺制精良粗纱,不但生产量顿增,且其出品,亦能逐渐改良,冀达价廉物美之目的。本届股东会决议,增资六十万元,其股额悉由老股东认足,定于夏历四月十二日起,开始征收新股一月,并发给上年度之官余利,登记之新股东,须俟一月期满后,倘有余额,得可酌量分派云。

(1929年5月20日)

97. 九福公司广送生丹

　　本埠白克路九福公司,原只发行百龄机一种,旋因感于舶来丹药漏卮之大,特延中西著名医师、药师、化学师三十余位,组织研究,审定良方,再行配制生丹一种,成分纯选王道新药精华,功效竟有得之则生效力,去年曾经试销,深受爱国人士之欢迎,谓其功能起死回生,较诸舶来丹药,尤胜万倍。本年添机制造,销路益起。兹为宣传功效计,将于下月至七月,每逢朔望上午九时起,在城内城隍庙英大马路虹庙,广赠进香士女,每人一包,分文不取,藉以广结善缘。闻其所赠,系用赛璐珞装小匣生丹,备极精美云。

(1929年6月4日)

98. 九福公司将发行康健指南

　　太极拳为国技精髓,迩经各界提倡,风行全国。近闻本埠九福公司编印康健指南,商请褚民谊先生摄取太极拳图五十幅。褚君热心国术,慨然许允,并撰太极拳说明,及其所发明之练习太极拳心械两种,一并加入。他如各种卫生法、急救法、百龄机功效等,内容极为丰富,印刷精良,用上等道林纸,一星期内,即可出版。届时拟广赠各界,以提倡国术,保障国民之康健云。

(1929年6月13日)

99. 九福公司昨开研究会

乳白鱼肝油研究成功

　　本埠九福公司,鉴于舶来品乳白鱼肝油充斥上市,思发明一种□□□乳白鱼肝油,能胜过舶来品者,以资补救。该公司厂长兼化学师沈济川君,研究三载,现已成功,所制出品,确已超过舶来品之上,即以浓度而论,最佳之舶来品乳白鱼肝油,为一百八十余倍,该公司出品实有二百余倍。昨日该公司特在二楼会议厅,邀集各研究员开会研究,到美国化学硕士陆龙传,工业技师吴蕴初,中法药厂厂长周梦白,医师夏慎初、宋梧生、高凌伯、邓源和等,及该公司经理吴虞公、陈呈五。厂长沈济川报告研究发明乳白鱼肝油之情形,及制造上一切手续。如一、重要原料之检炼方法,详述鱼肝油之维太命含量,用动物试验标定,以及乳化剂白树胶中养化素之如何除去方法。二、乳化胶质化学原理乳化剂之性质,乳化之方式,及应用机械,系根据司托克"小球体自由降落之平均速度"定律,及克利满、司脱姆两氏之"油点浮腊分布"方程式,使乳白鱼肝油历久不致分离。三、矫味的研究,略谓鱼肝油之腥臭物质,大概为一种"爱明"体,固可设法除去,惟鱼肝油中所含之维太命,亦同时破坏无余,致失功效,故用最新适宜之矫味剂调制之。四、保存及包装之方法,因维太命A,受光受热,便易养化消失,所以采用黄色玻瓶,以资保存,包装时每瓶均将空气除去,灌以二养化炭气,故功效极可经久不变。报告毕,各研究员均极满意,至七时散会。闻该公司根据科学原理,制成此种乳白鱼肝油,时间及经济,耗费甚巨,现已成功,即将发行,同时并拟将研究之经过,详细发表于著名医药书报之上,以引起全国医药界注意云。

(1929年8月12日)

100. 九福公司昨日宴客纪

本埠九福公司,以发行百龄机补片著名,去年更发明生丹,有起死回生之效力,深得各界信服,现在国货生丹,更为社会所需要,海上各大商店,纷纷向该公司定购大批生丹,运往各地,以应民众之需求。昨日该公司为酬答各商店热心推广国货生丹起见,假座四马路杏花楼,宴请经销国货生丹之各大商店经理及上级职员,由该公司经理吴虞公、陈星五及中法药房经理马炳勋、徐斌才等招待,七时入席,并招大世界之吉评三王无能等演艺,以助觞政,宾主尽欢,至十时始散。

(1929年9月28日)

101. 三北鸿安发行航业债券讯

三北鸿安两公司因停航损失,呈请政府补助,经行政院第十九次会议决议,准予发行航业债券三百五十万元,由政府保息八厘,并由财政工商交通等部批示核准。兹悉该项债券条例,亦已奉到财政部第八六八六号批示核准,所有该债券基金保管会,亦经组织就绪,公推秦润卿为委员长,其保管委员会规则,业已呈部备案,今该公司正在预备发行手续,一俟债券印就,即可发行。其债券条例全文及部批，明日续登。

(1929年10月8日)

102. 上海三北鸿安公司航业债券条例

财政部批准文

一、本债券定名为上海三北鸿安两公司航业债券。二、本债券以三北鸿安两公司全部资产六百余万元为担保品，所有全部资凭证，交由基金保管会保管，其规则另定之。三、本债券总额为银元三百五十万元，分万元券、千元券、百元券三种。四、本债券年息八厘。五、本债券按票面十足发行。六、本债券民国十八年七月一日发行。七、本债券自十八年七月一日至十八年十二月末日付息，不还本，自十九年一月一日起，每六个月摊还总债额十三分之一，一年分二期给付，于六月末日十二月末日付给之，至民国二十五年六月末日，如数偿清，其利息亦分两期随本摊付，利随本减。八、本债券应还之本，由三北鸿安两公司全部营业收入，自十九年一月起，按月提出银元四万五千元，拨交基金保管会保管之。九、本债券经行政院第十九次会议议决，呈奉国民政府核准发行，保年息八厘，由财政部指定交易所税项下，按月拨付基金保管会，每月额数十另表规定。十、本债券之还本付息机关，由基金保管三指定之。十一、本债券定为不记名式，有请求记名者，亦得照准，但以中华民国国籍为限。十二、本债券条例，自呈准财政部工商部交通部核准之日施行。

财政部批　第八六八号　呈暨条例均悉，查原呈所询保息税款如何拨付一节，应由该公司先将基金保管会组织成立，一俟本部将交易税款催征报解时，即由本部随时拨交该基金保管会存储备付，以符原案。至所送航业债券条例各项规定，及迟半年还本各节，尚无不合，应准备案。惟按条例第二条应行订定之基金保管会规则，仍应先行呈部核准，以昭慎重，合行批仰该公司遵照办理，此批，十八年八月九日。

(1929年10月9日)

103. 杨庆和发记银楼出品之特别

棋盘街杨庆和发记银楼，制作精良，久已脍炙人口，今义国皇太子与比国女公主大婚盛典，蒋主席赠送纹银博古彝鼎等件数种，系该银楼制造，其式样之堂皇雅致，故有比众不同之妙，业已赍送放洋。兹届冬至西节将近，该银楼特备各种新颖精制器皿,陈列橱中,装璜美丽,光耀夺目,专为赠送西人礼品之需,而且价目标明,随意选择,故近日生意非常忙碌云。

(1929年12月10日)

104. 三友社续印历书赠送

社会局所编之十九年份新历书,内容完备,切合市民实用。三友实业社为提倡推行国历起见,爰备大批,在门市部分赠顾客,颇蒙各界珍爱,惟存书已不甚多,顾客购货之索讨者,犹纷至沓来,故与家庭工业社等,商准社会局照版另印一批,在门市部继续赠送,向该公司购货三元以上者,各赠一册,藉利推行云。

(1930年1月9日)

105. 三友社赠水仙花

南京路浙江路东三友实业社,大减价展期七天,将所种之水仙花,赠送顾客,故各部商场,士女如云,更形拥挤,凡购货三元不领□者,均赠一盆,如还盆则可得二棵。

(1930年1月21日)

106. 三北公司整顿营业

本埠三北轮船公司,年来甚有进步,但去岁受环境之压迫,营业清淡,较历年为甚,该局为谋整顿营业计,乘此二月分商运清淡,客货不动之时,由沪总局,电令外埠各分局,着令暂停业务,清理账目,以为整顿之预备,其建造新轮,亦在进行中。惟在此理账期内,上海总局,对于各轮船之出口营业,仍照常开行,至三月一日起,便可恢复原状云。

(1930年2月4日)

107. 亚普耳厂增加出品种类

中国亚普耳电灯泡厂,为上海热心实业之资本家合股创办,实力雄厚,设备周密,内部自经理以至各部办事人员,均属于青年有为之士,艰苦奋斗,六年于兹。故该厂所出灯泡，价廉物美，各处争购。现鉴于电器为用日广，特再增加出品种类，除电灯泡外，再制电炉、电壶、小马达、电扇等种种电器，以塞漏卮。

(1930年2月23日)

108. 五洲皂药厂复国货工联会函

上海国货工厂联合会，接五洲固本皂药厂来函，愿往新嘉坡陈列货物。略谓，接准函开，愿参加新嘉坡国货流动展览会，望即来会登记等由，此奉。关于推广海外贸易，敝厂极表赞同，惟敝厂人员，均有固定职务，一时乏人可派，前往贸易，若能参加作为陈列，则敝厂当精选出品，按照陈列手续，请贵会代为运往，以供展览，所需费用，如贵会有定章候示照奉云云。

(1930年8月11日)

109. 三友之菊花大会

上海三友社园艺部，园地产数十亩，艺菊四万余盆，计各种三四百种，自十一月一日起，开菊花大会，欢迎各界前往参观云。

(1930年11月2日)

110. 大中华火柴公司派员入川

市商会昨函成都总商会云，迳启者，案据江苏火柴同业联合会函推，前燮昌火柴公司协理现充大中华火柴公司营业主任陈九如君，现奉派赴宜渝成都等处，调查火柴事业，请致函当地商会，代为介绍，以便随时接洽指导等情。查苏省火柴业，现为抵制瑞典火柴侵略起见，联合燮昌、鸿生、中华各公司为巨大之组织，以固团体实力，此为大中华火柴公司发起之原委，此次特派陈君九如赴川省各处，从事经营，事关发展国产，抵制外人垄断，所负使命，颇为重要。据函前情，相应汇函奉恳贵会，俯赐随时协助，俾此行得达圆满目的，曷胜公感，此致成都总商会。

(1930年11月4日)

111. 五洲药房国产货品畅销

固本职工积极军事训练

五洲大药房出品医药用品等，向得社会人之乐购，该公司补益灵药"人造自来血"，当兹寒令，行销甚畅。"地球牌新鲜牛痘苗"经卫生局检定合格，现已应市。该公司近鉴于国难当前，特将固本厂全体职工五百余人，编制义勇军一团，今日方在积极训练中。四马路该总公司门口，复设置报告牌，每日报告国事要闻，并加按语，文字简明警惕，路人停观者甚众。

(1931年10月21日)

112. 种植园菊展盛况

江湾上海种植园主人虞顺恩，昨前二日，在园内举行时菊展，陈列自艺名菊三百余种，及所饲各种鸡种，公开展览，并于昨午召宴上海诸画家及新闻界，到有徐朗西、钱子忍、谢公展、王师子、虞澹涵、洪雪帆、张静庐等三十余人。宴后，由诸画家合作菊画十帧，至六时始散。闻二日内参观者，签名达八百余人，售出名菊种颇多。

(1931年11月20日)

113. 华成烟公司悬赏一万元

自万宝山案后早与日商停止交易　能提出未断确证自愿罚洋一万元

华成烟公司出品各种香烟，其所用原料及印刷品等，均非仇货，叠经上海市商会、抗日救国会、国货大同盟会、卷烟厂同业公会、彩印业同业公会等团体调查属实，出具证明书，认为国货确实可据。近因日商橡皮印刷所失窃锌版一案，内中查得有刊刷该公司美丽牌香烟之锌板，不肖之徒，遂纷纷藉词肆意诋毁，甚至有致函该公司质问者。兹该公司为表明心迹计，特悬赏一万元，凡有能提出证据，证明华成自抵制后仍有与日商厂号有交易者，经合法之商人团体，判认属实，自愿罚洋一万元，如有夸张为幻有意污蔑者，则挽同仁法律事务所依法起诉，严惩造谣云。

(1931年12月9日)

114. 福昌烟公司宴客

本埠福昌烟草公司总经理黄金荣君，鉴于此次暴日侵沈，黑主席马占山将军，孤军御侮，为国争荣，薄海公仰，特发行一种马占山将军香烟，俾国人吸烟思人，永矢弗谖。昨晚特设宴敏体尼荫路桃花宫酒家，招待本埠新闻界，共到四百余人，黄君因往漕河泾家祠察建筑工程，未及赶到，特请□嘉鹏君代表出席，觥筹交错，直至十时许，宾主始尽欢而散。

（1931年12月28日）

115. 天一试映两部有声新出品

天一影片公司第三部有声影片《芸兰姑娘》，系邵醉翁导演，陈玉梅、孙敏、马陋芬主演，为一哀感凄艳之大悲剧。又第四部有声影片《上海小姐》，系李萍倩导演，杨耐梅、宣景琳、李丽莲、孙敏、秦哈哈主演，为一抨击都市生活之社会剧，以上两片，现已摄制完竣，定本月二十七、二十八两日上午十时，在新光大戏院试映。

（1932年1月27日）

116. 九福公司广播特别节目

本埠白克路九福公司，即著名国药百龄机、生丹、补力多、九福乳白鱼肝油等之发行者，近为服务公众卫生及促进公共高尚娱乐计，特自上星期六起，每晚十一时，在大西路XRLE播音台，广播特别节目。除常请著名歌唱音乐家，传播节目外，并为增加听众兴趣起见，于上星期日作赠品余兴，传播赠品办法，听众均有得赠机会，至其特别节目，均于上一晚传播宣示。上星期日所播之卫生演讲，为该厂化学师沈济川之《饮水的卫生常识》，凡饮水中所含杂质及细菌等不卫生之物质，多所解释，并说明如何分离与消毒之方法，

（1932年4月28日）

117. 华生厂电风扇应市

华生电器制造厂，创设迄今，已十六年，制造各种电器用品，为吾国最有

历史与经验之厂,而该厂制造之五十六寸四翼吊风扇、三十六寸四翼小吊风扇、十六寸四翼摇头交流抬风扇、十二寸四翼摇头交流抬风扇、六翼打空气风扇,行销已来,遍于国外南洋荷属各地及新加坡各处,国内则各大城市均所采用。盖该厂为完全国货,货质坚韧,价值低廉,故为各界人士踊跃乐用。该厂今年所新出之三十六寸四翼小吊风扇,尤合各个写字间及旅馆房间之设置。该扇费电极省,转数迅快,闻各界采购,更形踊跃。该厂事务所在南京路香粉弄,本外埠各大电料行,均为代售出品云。

(1932年5月5日)

118. 中国化学工业社派员赴南洋考察

中国化学工业社职员郭永康君,为考察南洋实业情形,及调查工艺推广业务,于昨日上午十一时,乘坐荷兰邮船芝民加拿号出发,上海国货工厂联合会代表徐建范、上海机联会代表孙吉人、上海市民提倡国货会代表张德斋、河南路商联会代表林谷云、市民分会代表方液仙、化妆品同业公会牟月秋、珐琅同业公会方剑阁、达华工业厂总经理邵达心、瑞和坩埚厂主任徐新之,及郭君亲友徐缄若等五十余人,齐聚码头欢送。当由邵君代表致词赠别后,郭君并发表此行之所负使命及考察目标,谓拟往小吕宋、爪哇、安南、缅甸、暹罗、马来岛及英、美、法、荷各属,考察工商,取优撷长,藉资借镜,预计行程,约须六个月方可归国。

(1932年5月14日)

119. 徐重道总号特聘医家送诊

徐重道国药号,鉴于大战之后,民生凋敝,特聘该号医药顾问蒋文芳医家,每日上午八时至十一点半,在泥城桥爱文义路总号内送诊。蒋君系八代儒医,精治内外妇孺各科,历任卫生局中医试验委员暨医校讲师、医刊编辑等职,学验丰富,并得名医丁仲英担任贫病给药,诚病家之福音云。

(1932年6月5日)

120. 宁波实业银行新设施

本埠宁波实业银行,自四日正式开幕后,营业甚称发达,全行职员,抱服务社会之旨,对于顾客,招待殷勤,一切手续,力求敏捷。现为便利各界起见,特将营业期间延长,凡星期日上下午,照常营业,所有各种存款,订息亦较优厚,自六月四日开幕日起,一个月内,优待存户,各种存款利息,概按定章加给一厘。闻该行另设特种往来,各界存入,尤为踊跃,所订办法,简便异常,凡存洋五十元或银五十两,即可开户领用支票,尚有宁波七邑免费汇款、及国货流动押款等,现正积极计划,将来实行,非唯旅沪甬帮各界,共庆便利,即本国国货商家厂户等,均可赖以发展也。

(1932年6月12日)

121. 大中华东沟梗片厂电灯电力

由浦东电气公司供给

大中华火柴公司,近来营业颇为发达,在浦东东沟,设有梗片厂一所,规模宏大,管理完善,为国人自办火柴梗片厂之巨擘,装有一百二十马力蒸汽机连发电机一部,厂中所需电灯电力,均自开机供用。嗣以核算煤炭工资修理等费,开支较大,颇不经济,且管理烦琐,殊多不便,机单有限,不能任意扩充,而浦东电气公司,电单充裕,日夜供给,取费亦廉,较为合算,故该厂现已停止开机,完全改由浦东电气公司接电供给,闻每月动力费,可省不少云。

(1932年6月18日)

122. 三门湾辟埠公司昨在商会招待各界

由代表报告辟埠经过及计划 备轮欢迎参加考察不收费用

三门湾辟埠公司,于昨日下午四时假市商会大礼堂招待各界,到王晓籁、林康侯、张啸林、潘公展、王延松、袁履登、吴光宗、徐义衡、吴利国、何炳贤、赵晋卿、邬志豪、郑澄清等六十余人,由许廷佐主席。兹志详情如下。

报告代表:三门湾辟埠公司代表邓振铨君报告云,今日敝公司假座商会邀请各位到来,一面将敝公司辟埠方针及进行步骤报告,一面藉此机会,得向各位领教。今日天气炎热,承各位不弃,惠然光临,足见各位关怀实业,并厚爱敝公司,盛情可感。

辟埠起源:今日报告大致分二点。第一点敝公司辟埠之方针及沿革。我国社会经济之恐慌,一方面固系受世界经济恐慌之影响,然而另一方面,未尝不是因为矿产宝藏未开发,同受着交通不便之影响,以致工商实业不发达所致,兄弟与许廷佐先生同辟埠原发起人几位同志,因欲想为国家社会做一点实际上有福利的事,因此在民国十八年间,即发起开辟三门湾商埠之议。查三门湾地方,在温州与象山之间,距离天台山仅百余里,土地肥沃,物产丰富,为浙东几县之门户,尤以敝公司所拟辟为商埠之海游江巡检使山一带为最适中。巡检使山一带,水面极平,积水甚深,可停数千至万吨之大船,是浙东很好的港滨,我国因为幅员广大,故无人注意到此地。前清光绪年间,意大利曾经要求租做军港,清廷未许,于是国人始知其名。民十一年间我国侨胞,拟回国开辟三门湾商埠,嗣因国内连年军事影响,遂搁置未办。兄弟与许先生深知那里地势重要,实藏其富,辟成商埠,不特是应人民急切的需要与要求,而且可以开发实业,充裕国税。民十八年兄弟们发起辟埠后,得商会诸公之赞助,遂蒙政府特准许先生承办。

过去成绩:四年之中,许先生独资办理,已将水陆道测量完毕,灯塔码头堆栈,造好数起,欲求精密确切的通盘筹划,不免多费时日。许先生近因个人所办商业数起,精力不能兼顾,并鉴于各方面热心实业与建设同志,愿参加共同办理此事者颇不乏人,是以许先生愿将承办特权,让诸公司,俾易集中人材,共同努力,早观厥成。兄弟本系军人,不谙商业,乃许先生以兄弟为发起人,挽同办理,并且勉以实业救国之大义,于公于私,似乎难以□置,因此兄弟始参加负无限责任。

扩充计划:改组公司,已呈奉行政院实业部核准,公司股额为二百万元,除百分之六十为无限责任股东担任外,其百分之四十股款,已着手招股,俟股款缴齐,即正式成立,按照原定计划,积极进行,第二点原定计划系分三期进行。

进行步骤:第一期办理水陆上交通,先租一千吨轮船一艘,往来上海三门湾福州间,轮运三门湾附各县到沪、闽各地旅客,及物产货品进出,使三门湾成为附近数县之进出总口,同时并修一条马路通天台,与浙省最近将成功之省道衔接,并先建筑市内必要马路一部分,其他如与修旅馆码头堆栈转运公司,建设短波无线电台等,均为第一期应办事项。第二期时,交通既已便利,则商埠人口,当已增多,即修造市房一千幢,增加大轮船一艘,小轮一艘,办储藏饮料,添修市内马路,办理电灯、市内电话、长途电话,均为第二期应办之事。其第三期之计划,办理关于开发矿产、渔盐场、农垦、森林及自来水公司等,其范围较大,需款颇巨,自非敝公司独力经营所能办到,彼时惟有视自己财力为标准,择要举办,或添招股本,或另组公司,互助建设。总之兄弟与许先生及敝公司同人对于此种事业,明知经纬万端,办理不易,然而竟忘其绵薄,锐意从事者,盖深感政府之委托,并荷商会诸公扶助的雅意,更与社会人士渴望之殷,兄弟等惟有自矢尽其全力做去,做到那步算那步,还望各位不客气的随时指导,并望商会诸公继续的扶持,将来敝公司得到一点成绩,三门湾附近民众得到一点福利,都是各位所赐。

　　欢迎参观:附带报告,敝公司因为欲想使各界关心建设与实业的同志们,早时到三门湾考察,故此先将许先生益利公司之益利船定期本月十八日下午四时,专送各界考察诸君到三门湾实地考察。今天到会诸君,均已正式致函欢迎,请各位劳驾。如各位有好友愿偕往者,请介绍通知,敝公司均一并欢迎。此行在三门湾停泊二日,顺道开至普陀一游,亦停泊二日,即开回沪上。船中设备完全,并向浙省府请有兵舰一艘,随船保护,旅行很安全。此行考察后,敝公司于短期内,即另租一船专驶三门湾上海福州三处,以利交通。旋由王晓籁、林康侯、赵晋卿等相继演说(词长从略)。

(1932年8月13日)

123. 明星公司参加道路游艺会

　　中华全国道路协会,假座西藏路新世界举行十二周年纪念展览游艺大会一节,已志前报。兹悉内容布置及各方接洽,已告妥帖,决定十月八日为开幕日,海上各大非职业游艺团体,俱将参加义务表演。闻最前三日(八、九、十三天),为明星影片公司,如郑正秋、胡蝶、郑小秋、夏佩珍、龚稼涛等诸大明星,届时将登台表演各个人之拿手杰作。又闻久未现身银幕之前辈明星张织云女士,亦将单独表演历代妇女之装束。该会为扩大建筑道路运动起见,对于此次举行之游艺会,除已固定之各影片公司参加义务表演外,尚须征求各界非职业游艺团体参加表演,以襄盛举。

(1932年10月1日)

124. 亨得利新辟钟表修保部

　　南京路新新公司对面亨得利钟表行,最近新辟日用钟表修理保险部,凡用户只纳少数保费,平时无论机件损坏、玻璃打碎,以及较准快慢、上油去灰等等,均可不费分文,修理配件,均属从前未有。且该行平日工作与信用颇佳,修理保险部,因系新开,取费尤较低廉。

(1932年11月12日)

125. 国货公司昨招待各界

南京路上海国货公司邬志豪、王晓籁、陆祺生、朱炳章、朱德超等,于昨日正午,在冠生园饮食部,招待各界。席间,由邬氏演说,略谓,今天志豪等代表上海国货公司,招待新闻界及国货团体诸君,承蒙联袂光临,无任欣幸。敝公司创办的意义,第一,国家经济是一个国家的命脉,数十年来,舶来品充斥市场,中国的市场,差不多完全被外国货占据了,无穷的漏卮,滚滚的从太平洋流出去,经济侵略的痛苦,我们已深深的感到,要想设法补救,非积极提倡国货,使用国货不可。第二,近年来国货工厂,已由萌芽而渐显发旺的气象,生产方面和消费方面,要想在前途得着切实的便利,非实行合作不可,最近国民的痛苦,尝因要买国货而不知何处去买,那件是国货,那件是非国货,若能认识,有了国货公司,就有了产销合作的机关。有此二大理由,敝公司就在国难方殷中呱呱坠地。我们所做的工作,虽然是已实现,但还不敢自说完美,又恐孤陋寡闻,一定有赖于集思广益,希望诸君,指示改进方针,使敝公司继续努力,俾国家经济,得恢复一些元气,至于招待不周,还请诸君原谅。次复由冯少山、沈田莘、汪英宝、陆星庄、陆祺生、舒蕙桢女士等,先后演讲,言词均甚恳切。舒女士力主政府党部与人民合作,劳资双方合作,经济界、实业界合作,有此三合作,则国货前途,定有乐观。词毕,相率参观公司内部,靡不钦佩邬君进行之得法也。

(1932年11月16日)

126. 宁绍寿险公司刊发营业报告

本埠江西路五十九号宁绍人寿保险公司,实施科学管理,组织健全,倡用教育方法,推广营业,一载以还,成绩斐然,现刊印营业报告一种,广赠各界,俾可明了兹公司欣欣向荣之近况云。

(1932年12月30日)

127. 五洲药房近事一束

总店店屋扩充:五洲大药房,总店在本埠四马路,营业有年,该公司近以业务发展,顾客拥挤,颇有招待不周之憾,故于本月起,特将门市部扩充一部,现已布置就绪,仕女惠顾,当甚感便利。

温度预测竞赛:该公司为引起顾客兴趣起见,特举行温度预测竞赛,凡能测中国历二十三年二月十四日之最高、最低温度者,即有名贵之赠品赠送,计有头奖一个,独得十灯双喇叭落地式无线电收音机一座,二奖二个,各得五灯一九三四年式无线电收音机一座,其余奖号甚多,均有名贵赠品。唯须填写该公司刊登申、新两报之与赛券,方能有效,详细办法,可向该公司询问。

特别赠品举行:时届冬令,人人需滋补以及卫生诸品,该公司无不齐备,现为优待门市顾客,特备美容霜、固本香皂、香水精、精制日历等赠品,自本月四日起,二十四日止,赠送顾客,本埠总店支店同时举行。

(1933年4月5日)

128. 亚普耳厂装置新式机械完竣

中国亚普耳电器厂,创办已近十年,各种出品,莫不精益求精,故能斐声国内外,其制造亚气泡部分,月前改装新式机械,已详前报。嗣悉制造长丝泡及可乐泡等机械,不惜重大牺牲,亦经改换最新式者,目下装置已告完竣,照常制造,产量增至每日二万余只,足以应付各地之需求。闻该厂当局,欲使国人明了各种制造程序起见,拟定期招待电器专家级学术团体前往参观云。

(1933年12月5日)

129. 中国化学工业社积极提倡种植除虫菊

中国化学工业社,为力谋国产原料自给起见,积极提倡除虫菊之种植,频年以还,颇著成绩。近该社除虫菊试验场之秧苗,已告滋荣发□,为求普及各界种植起见,特将秧苗酌量分让,凡有志种植除虫菊而需要良好秧苗者,可于二月二十日前往上海河南路一一五七号该公司代办部缴银预定。又该社鉴于历年需求者众,秧苗每感求过于供,为促进各地农场合作起见,凡曾购该社种子育有苗本余存而愿脱售者,亦可向该社接洽,以便尽量收买,以冀调剂各地之需要云。

(1934年2月1日)

130. 中国通商银行南市分行经理易人

中国通商银行南市分行，开办已有多年，营业蒸蒸日上。原任总理刘君，擘划经营，颇著贤劳，兹因操劳过度，乞退休养。该行总管理处，固留不获，爰另任处中要职，所有南市分行经理一席，特擢升沪行襄理于寿椿君继任，并又调升崇明堆栈主任罗宏彦君为南行襄理，递遗沪行襄理之职，则由券务科副科长胡宸圭升任。闻于君毕业于沪江大学，服务银行界已有多年，定于今日履新视事，该分行前途行将益见进展云。

(1934年2月19日)

131. 华生电器厂赠送电气学计算簿

上海华生电器制造厂，因鉴于各界对电气计算方式之困难，特由工程师杨、钟、褚三君会撰各种电气计算表格及方式说明，并经该厂总管理处编订，内容计分：一、各种电气计算方式说明。二、该厂各种铜图。三、二十三年二十四年记事页簿面。用真皮烫金制成，面积长度四寸半，阔度三寸半，式样精致，内容丰富，纸张用圣经纸印成。现该厂不日开始分赠全国电气工程家及实业界。

(1934年3月22日)

132. 华生电器厂积极参加国货展

本埠华生电器制造厂，创设于民国五年，迄今垂十有八年，所制各种出品，行销国内外，远至菲列宾、印度、南洋各岛，在国内则各大城镇，几无不有华生厂出品设置于电灯厂或商店居户之内。开春以来，天气渐暖，各界纷纷函询该厂今年各种出品风扇之式样暨价格，以便预定批购。闻该厂除详为答覆外，近将所有出品，分别运往各地展览陈列，藉便各界人士赏鉴。最近应杭州市各界国货展览会，暨本埠沪北国货展览会之邀，该厂均积极参加，以供国人观览。

(1934年3月28日)

133. 垦业民教馆储蓄处庆祝儿童节之储蓄

中国垦业银行民众教育馆储蓄处,为庆祝儿童节,鼓励儿童储蓄起见,特举行扑满储蓄游戏,凡四月四日起至四月二十三日止,在此二十天内,向该处开立儿童特别储蓄者(此项存款大洋五角,即可开户,最多以五十元为限,利息特别优厚,但以儿童本人前往开户者为限),每户赠送精美扑满一只,将来凭此扑满举行一种极有趣味之游戏,分别赠给无线电收音机、足球、乒乓球、各种儿童定期刊物及教育用品等,以增兴趣,详章可向文庙公园内该处索阅。

(1934年4月3日)

134. 海员保险开办

四明保险公司,开业以来,凡火险水险汽车各种保险次第举办,信用昭著,保户踊跃,近另辟海员特种保险一部,专保服务于大小轮舶趸船码头及与船舶有关系之职工,其方法系一年一度,并不连续至五年十年以上,保额只限一百元至一千元,保费极轻,且可分期缴付,处处顾全海员之生活状况及其能力,而手续之简便,尤使一般海员易于明了。特聘前招商局科长洪雁宾为经理,设事务所于公馆马路祥安里三号,于四月一日开始受保,备受各轮船各海员团体之欢迎,数日之间,投保者已达千余户矣。

(1934年4月8日)

135. 华生电器厂参加北京铁展

本埠华生电器制造厂,创立迄今,已有悠久之历史,制造各种电器用具,精良异常,成绩斐然,所出各式电气风扇,尤为海内外人士所称乐用。该项风扇自问世以还,已遍及全球,盖其品质之精良,构造之工巧,式样之美观,实驾乎舶来之上,诚为我国货之光荣,国内历届展览会,该厂所参加者,辄受优特等奖。惟该厂向以提倡国货为职志,不自矜满,对于制造方面,仍悉心研究,力求精美,以期造诣益深,兼副爱用国货人士之期望。最近该厂接铁道部第三次北平展览会来函征求出品,业已应邀向该会登记参加,并闻已将各种电器出品运往北平陈列,俾该会开幕时,以供国人展览。

(1934年4月15日)

136. 上海国货公司实行产销合作之先声

征求全国各工厂出品

南京路虹庙对面上海国货公司,成立以来,已有年余,各工厂先后加入者,达三百余家,成绩斐然可观。兹闻该公司经协理邬志豪、陆祺生两君,本提倡国货之热忱,为实行与全国各工厂产销合作起见,特设法竭力征求各工厂优良出品,并在各大埠设立联合办事机关,俾便接洽。近日凡已加入及未加入之各工厂,纷纷致送出品,至为踊跃,除预备参加芝加哥博览会外,一面为优待门市顾客计,以抽签法,赠送各工厂良好出品,以资提倡。此实产销合作初步计划,各厂家皆可往该公司三楼进货部接洽。

(1934年4月20日)

137. 上海国货公司组织设计训练两部

附各界劝用国货书

南京路虹庙对面上海国货公司经协理邬志豪、陆祺生两君,近为积极提倡国民购用国货起见,特组织设计部,使各厂家改良出品,减低成本,组织训练部,使公司职员殷勤招待顾客,内部规划,颇为周到。并闻该公司有致各界劝用国货函云,中国人购用中国货,这是国民应尽责任,全国同胞,如能购用国货,则农民可以尽生产之力,工民可以尽制造之功,商民可以尽推销之责,人各尽其材,地各尽其利,富裕国家经济,即是强国之根本,挽回外溢利权,即是抵抗之妙策。本公司抱着救国宗旨,务使杜绝漏卮,富民强国,希望全体同胞,一致努力云。

(1934年4月25日)

138. 戴耕莘定期出国考察

定十一日启程视察期为六个月　将遍历意法美德各国考察实业

商业界巨子戴耕莘氏,对于提倡国货卷烟,不遗余力。其所经营之中国华成烟草公司,经其十余年之艰苦奋斗,其经营状况,已蒸蒸日上,全年营业,已达七百余万元,每年向政府纳税,亦达七百余万元。外商卷烟充斥中国市场之现状下,该公司殊挽回利权不少。现戴氏为谋国产卷烟进一步之发展与改良,特决定于本月十一日放洋,赴欧美各国实地考察,裨资借镜。昨据戴氏谈话,此次出国的目的,系为考察,并研究各国关于卷烟制造、工厂之生产及管理情形,及参观国际各大产烟叶区,实地视察,对于最近世界国际商情,亦有所探询。预定中之目的地,为英美德意等各国。定于本月十一日搭意轮"康梯凡第号"赴欧。先由意登陆,视察该国制卷纸厂及各大工业组织。次再转车至德国脑亨疗养院,诊视心脏病,约在该地有六星期之勾留,然后再赴欧美各国,此去日期预定为六个月云云。闻戴氏此次出国,为获较实际及精确之效果计,并聘钱承绪博士为顾问。此外同行者,尚有朱联承、徐正贤二君。将来返国后,除戴氏等自身更增一种丰富之事业经验学识外,并将拟具详细报告,公开发表,裨资注意发展国产工业者之观摩云。

(1934年5月5日)

139. 华生电器厂参加北平铁展会

铁道部第三次沿线产物展览会,定于五月二十五日在北平开幕,铁部因久慕华生厂所出电器用品,制造精良,特由展览会征集股长亲至该厂征求参加。现该厂决将各种出品以最新式者运平陈列,并由该厂重要人员于十六日乘车赴平,亲自布置一切。

(1934年5月15日)

140. 中国化学工业社招待三星蚊香经销商号

中华化学工业社出品之三星蚊香,行销国内,允推独步。该社为促进产销合作起见,一昨特假座西藏路宁波同乡会招待各经销商号,到有烟业商号代表四百余人,席间觥筹交错,宾主尽欢。会场大门前,绘有巨幅图画,图中绘一军人,举枪与蚊虫宣战之状,寓抵抗外货之意,警惕有趣。旁有彩亭一座,内绘一女子作睡眠状,燃三星蚊香一盘,姿态安怡,观者如堵。沿梯置有圆径三尺之三星蚊香巨盒数十只,及悬有特大之蚊香,颇能引起行人注目。大门前悬有数联,文云:"经十余年奋斗改良,方能压倒舶来,执国产之牛耳;为亿万人欢迎提倡,始克风行海外,树工业之权威。"会场中标语甚多,如"提倡国货要产销协力进行"、"扑灭蚊虫是新生活运动的重要工作"、"一个蚊子,每次可产卵四五百个,二十四小时内即成子蚊"、"蚊虫是人类之大敌"等,语皆警惕,不胜详录。是日下午六时半起,并有张治儿、赵希希等之滑稽戏,以佐余兴。完毕后,举行摸彩,赠品有中国国货公司之四十元礼券及电风扇、手表、衣料等珍贵物品,并由中西电台播送演说词。一般来宾,莫不兴高采烈。

(1934年5月16日)

141. 大中华橡胶厂出品参加国展受众欢迎

以双钱牌出品著名之大中华橡胶厂,此次参加南市蓬莱市场国货运动大会展览会,计分发卖陈列两部,发卖部各种橡胶鞋类,价廉物美,陈列部则将该厂橡胶出品,装潢陈列,深得参加国展会观众之欢迎与赞美云。

(1934年6月4日)

142. 华生电器制造厂参加国货橱窗竞赛

华美烟公司发起之国货橱窗竞赛大会,为我国创举,本埠国货工厂一致赞美,踊跃参加,以科学新颖之陈设,发扬出品之精良,分期竞赛,意至善良。华生电器厂特加入第三次竞赛,于本月二十一日起将出品陈列十天,钩心斗角,力求雅致。凡当日在华美烟公司门市部购买各种香烟价值最多者,得有头奖,赠送值价四元之华生电熨斗一只。能在十天内购买华美香烟价值总数最多者,得特奖,赠值价五十六元之卅六寸华生吊风扇一只;次多数者,为特二奖,赠值价四十元之摇头抬风扇一只。想热心国货欲得华生赠品者,届时当有一番盛况。

(1934年6月18日)

143. 国货橱窗华生厂昨日开始陈设

订有头奖特奖办法

中国华美烟公司发起之国货橱窗陈列竞赛大会,以其南京路地点适中,加以参加者之各出心裁陈设新颖,遂为各方珍重,大有一登龙门声价十倍之概。第三次加入者,原系益丰搪瓷厂,嗣华生电器厂以时令关系,商得益丰搪瓷厂兼得华生厂同意,乃双方互掉日期。该厂业于昨日开始陈设,全部布置,清静雅致,而右旁橱窗为华美烟公司布置出品之红蓝买司干香烟,则富丽堂皇,互相对照,觉得浓淡相宜,动静配合。又自昨日起订定赠品办法,凡在华生电器厂参加陈设竞赛十天期内,往南京路五九零号华美烟公司门市部购买各种用品者,当日最多数一人,翌日可领取华生电器厂熨斗一只,价值五十六元,当日结束均于晚间八时至九时之华美播音报告。

(1934年6月22日)

144. 华生厂悬奖征求本年暑天热度预测

华生电器制造厂,为激发各界兴趣,及测验心理起见,特举行暑天热度预测,凡测中者,均分别赠送电风扇,以留纪念。兹将测验办法及赠品支配分志如下。甲、测验办法。一、指定测验七月十日起,三十一日止上午正十二时最高热度之一天为合格。二、测验最高热度须测明整度及零点度,以华氏为标准。三、应测者将预测表填就后(见另表),再以华生商标剪下,黏贴角上,附邮寄下。四、最高热度,根据上海天文台报告为标准热度。五、测验函件以七月九日为截止期。六、上项测验于八月十五日以前根据上海天文台报告登记揭晓。乙、赠品支配。一、凡预测与标准热度相同者,赠五十六寸吊风扇一只,值价七十八元。二、凡预测与标准热度相差高一零度者,赠十六寸台风扇一只,值价四十元。三、凡预测与标准热度相差只一零度者,赠十二寸台风扇一只,值价三十八元。四、以上赠品,以一名为限,依接到预测表先后为次序。

(1934年6月24日)

145. 华生电器制造厂参加江苏省会国展

本埠华生电器制造厂,所出各种电气风扇省电耐用,久已脍炙人口。今夏适逢奇热,该厂一年来储备之货,数日间已销售一空,打破数年来之销数纪录。昨闻该厂鉴江苏省会国展会开幕在即,规模宏大,意旨深切,特应该会之邀,参加展览,藉以引起各地民众之认识,业已派员赴省从事布置。

(1934年7月20日)

146. 商务印书馆复业二周纪念

新旧一千二百种半价发售　自八月一日起举办两个月

本埠商务印书馆自复业以来,瞬值二周,生产能力,业已恢复,所有因一二八沪战被毁各书，大致均已重版，复业后初版新书亦在千种以上。兹特就新近重版书及初版新书中提出一千二百余种，发售半价两个月，以志纪念。半价书各科具备（内字典词典十种），陆续陈列，以门市或通信现购为限，每人限购每种一部。此项半价办法，上海总馆及各地分馆一律同样办理。本埠该馆发行所及静安寺路霞飞路虹口三支店，已定自八月一日起举办，并于第一周内先行陈列半价书三百余种。据该馆某职员云，该馆向售廉价之书，多在八折上下，且多系局部廉售，如此次所提新书，多至千种以上，一律只售半价，实为空前之举。又每种廉价书提出五百册，综计该馆于此次纪念半价时之牺牲总数，多至数十万元，自读书界方面言之，即可节省书价数十万元，实为购读新书之绝好机会云。

(1934年8月1日)

147. 新宁绍轮改善复班

宁绍公司新宁绍轮，每年大修一次，即每次对于各级舱位革新改良一次，此次对于头二三等及统舱之设备，更加改善，而于卫生事项，尤极注意，使乘轮者随时随处，均得到安全之愉乐，而于头等舱之大餐间布置，较原状尤增进，已达到外洋之邮船化矣，在国内近海轮船中，新宁绍已居领袖地位矣。明日起，照常复航宁波，茶房接待及侍奉旅客，亦厉行新制，以期旅客舒适，宾至如归云。

(1934年8月12日)

148. 洪荆山辞宁波实业银行副理

宁波实业银行开办迄今，已历三年，初聘傅生贵、孙纫兰为经、副理，未几先后辞职，今年改聘曾国华为经理，洪荆山为副理，讵未数月，忽又同时告辞，迭经董事长邬志豪、常务董事陈粹甫等挽留甚切，均属无效。兹录洪君辞职后该行覆信云，迳启者，本年七月二十五日接准台端，七月二十四日来函内开，迳启者，前奉钧处函开聘荆山为沪行副经理，就职之初，当言明以三个月为试办期，兹因办事困难，且一切未得当局谅解，自七月底止辞去沪行副经理及苏州分行监理等职，务乞照准，实纫公谊等情。准此。查台端供职本行，辛劳倍著，正赖鼐才共济，以图发展，奈台端忽萌退志，迭次挽留，未蒙首肯，殊甚怅惘，兹既辞意坚决，只得姑如台命，应予照准，尚希不遗故旧，时予指教,毋任盼祷,此致洪荆山先生,宁波实业银行管理处启。

(1934年8月19日)

149. 四明保险公司聘郑澄清为副经理

四明保险公司在本市南京路中,为旅沪甬绅孙衡甫、俞佐廷、谢瑞森等新创办,规模宏大,信用素著。该公司近为图业务更形扩充计,特聘请本市商界闻人郑澄清君为副经理。郑君历任本市商协会执行委员、商整会委员,现任市商会执行委员,努力本市商运有年,近正经营实业,交友颇广,与本市各业领袖交谊素笃,以信用素著、规模宏大之公司,更兼郑君交友广阔,相得益彰,预料业务必能日益发展也。

(1934年8月24日)

150. 宁绍人寿保险公司杨培之定期赴美

入本雪佛尼亚大学研究保险

宁绍人寿保险公司保单部主任杨培之君,前攻读沪江大学商科,于民国十七年应全国各大学商业论文锦标,赞誉交颂,颇得该校校长刘湛恩之器重,同学诸辈,咸皆推爱备至。嗣于十八年毕业,得商学士学位,即受聘友邦人寿险公司,始知人寿保险,不仅个人之身家生命得有保障,即整个社会之繁荣,影响甚巨,乃不避艰苦,竭力探讨人寿保险之原理,与乎社会之实施,苦口婆心,善言倡导,聆者莫不动容,一呼百应,宁绍人寿保险公司寿险专家总经理胡咏骐,延聘为保单部兼续费部主任。杨氏对于新营业之推广,旧营业之维持,能积极负责,不避劳怨,深得总经理之嘉奖。今杨氏感吾国之寿险事业,尚属萌芽,兹特请假赴美求学,于九月四日乘杰佛逊总统号,入本雪佛尼亚大学,专攻人寿保险,预期二年,再入美国保险公司实习,冀诣深造,他日学成返国,效劳寿险界,俾竟其"寿险救国"之素志。连日沪上各团体及诸亲友道贺饯行者颇众云。

(1934年8月27日)

151. 平沈通车遇害旅客宁绍人寿三倍赔款

本年七月一日第一次平沈通车,在茶淀车厢轰炸,当时曾有旅客尹道恪者,任职本埠华业银行,由北平往北戴河避暑,被炸身故。兹因尹君曾在本埠北京路宁绍人寿保险公司保险,以故该公司曾一再催促其家属前来领取赔款,惟以尹君身前指定其乃兄公毅为领款人,而彼则因惊痛之余,久留牯岭,本月九日来沪,该公司即于二小时内如数赔款。兹闻尹君身前曾保有意外险,照章因外伤亡而死于公众车舟内者,须三倍赔款,以故所保保额仅二千元,而领得赔款竟有六千元之多。

(1934年9月12日)

152. 两路与宁绍三北轮船公司办理旅客联运

试办一年

两路与宁绍轮船公司及三北轮船公司,办理联运,磋商数次,只以码头上建筑行李房经费分配问题,尚未议妥,延未实行。现在该问题业已解决,而行李房之建筑尚需时日,为积极进行起见,决将旅客联运车船票,先行试办,其行李联运,则俟码头上行李房建筑完成,再行办理。兹将旅客车船联运暂行办法,要点录下:一、本办法暂以发售其旅客车船联运票为限。二、路局以慈溪、叶家、丈亭、余姚、马渚、五夫、驿亭、曹娥江八站为联运站,宁绍及三北,以上海码头为联运站。又双方以宁波为联运站。三、联运客票价目,以车票价与船票价合并算收。四、联运客票,当日有效,惟由宁绍三北发售之联运客票,旅客于翌日抵宁波乘车,仍得适用。五、联运客票全部或一部分,未经使用,应于二日内,持向原经售处,请求核签退款,按照九折退还,过期无效,至所扣退票手续费十分之一票款,应归原退票处所得,惟旅客请求退票,其咎不在旅客者,不得扣取手续费。六、双方员工,因办理联运公务往来,得临时商准对方同意,准予免费乘坐联运站间火车及轮船。七、宁绍三北轮船,如遇修理时,应由宁绍三北预先通知路局,以便在车站张贴布告,俾众周知。八、本办法自中华民国二十三年七月一日起,至二十四年九月三十日止,为试办期间。(中央社)

(1934年9月14日)

153. 五洲药房优待各校购结核症用药品

上海市教育局昨训令本市各小学云,案准五洲药房函开,窃查结核一症,弥漫全球,为祸之烈,未有过于此者,而以东方民族,尤具感传之素因。兹值吾国经济衰落,生活窘迫之秋,传染之广,更可想见,是以沪上各团体有防痨协会之组织,将藉此以普及预防之常识,与促进早期之治疗,诚救亡图存之要道,刻不容缓之伟举也。顷悉贵局得中国红十字会幼儿科协助会于本市比德西成等小学,实施检验,而诊查结果,竟有十之六七反应阳性,已由贵局分别轻重,设法治疗,具见吾教育当局,爱护学童,关怀国民康健之至意。敝公司经营新药,自属卫生事业之一,自应视力所逮,勉尽绵薄,兹除捐五百元,以为学界疗养结核之助外,对于疗养应用药品,特订优待办法,录呈如后,非敢好施,亦聊尽天职而已等由,并附结核症疗养药品优待办法一份。准此,查本市结核试验注射,自上年度举办后,颇引起各界注意,今年度再继续办理,各校所有虚弱儿童及已证实罹有肺核儿童,应即联络儿童,从速疗治。该药房所制之结核症疗用药品,可即依照该药房发出之优待规则办理,合亟抄录优待办法,令仰各该小学遵照,此令。

附抄发五洲药房结核症疗养用药品招待办法。一、此项办法,以本市小学生购用疗养结核症之药品为限。二、本公司印有优待证,分送各小学校,证明后即可凭证,向四马路本公司购办。三、本公司自制出品地球牌麦精鱼肝油、五洲乳白鱼肝油、止咳露等,一律减收半价。四、医师处方,只收成本。五、其他针药等项,由本公司代备,不取手续费。六、本办法以一年为期,自民国二十三年九月一日起至二十四年八月三十一日止,过期无效。

(1934年9月16日)

154. 九福公司新出紫光麦精鱼肝油

本埠白克路九福公司所出百龄机补力多等各新药,精良有效,久著声誉,而其制药厂制药机械之设备,尤为全国各药厂冠。现因社会经济衰落,为普利平民健康计,特利用固有机械,添制平民之紫光麦精鱼肝油一种,制时悉以最新装置之紫外光线放射,使每滴鱼肝与麦精,均增加丰富之甲乙丙丁四种维太命,功效伟大,不言而喻。闻定价极廉,装置分一磅、五磅二种,以便个人及各医院各药房分别采用,现正在加工制造之中,不日即可出品。

(1934年9月18日)

155. 信谊药厂霞飞博士将赴美演讲

马斯南路信谊化学制药厂所发行之各种良药,如维他赐保命、力活肝、结晶体赐保命、乙种维他命、妇万灵等出品,共有百余种,久已风行全球,历为我国医师所赞许,乐于采用,其中尤以维他赐保命最为名贵。现美国学者,对霞飞博士所发明之出品,深加钦佩,故特电请霞氏,前往讲学。闻霞氏因鉴于美国制药界之发达,拟乘机前往考察,故已允其所请,讲题已定为内分泌之与人生及维他赐保命对于人体有益之原理,行程约三月。按霞氏对于制药,研究有素,经验丰富,今因赴美演讲,同时考察美国制药事业,回沪后,当有无限之心得,贡献该厂,故该厂同人,特于今晚宴饯行,以祝成功云。

(1934年9月28日)

156. 宁波实业银行宴客记
新行址落成暨三周年纪念

宁波实业银行,因新行落成,定于十月一日迁入,举行开业典礼。昨晚六时,该行假座西藏路一品香大礼堂,宴请本埠各界领袖,到吴市长代表李大超、虞洽卿、林康侯、俞佐廷、秦润卿、袁履登、褚慧僧、张继光、胡桂康、何绍庭、何绍裕、潘公展、屈文六、沈田莘、胡纯苇、傅其霖、薛春生等一百余人,由陆祺生、洪雁宾、谢企亚等招待。当由邬志豪起立,略谓,本行宴请各界,蒙诸公惠临,曷胜荣幸。夫国家社会之组织,非政治经济实业人才,互相合作不为功。观夫每年入超八万万,所以白银出口,无法限制。敝行三载以来,承各界领袖同乡父老,竭力赞助合作,专为实业界服务,无如限于范围,不能普及,希望各界领袖,共同补助,即国家与社会均蒙其利,外货进口,可以减少,国内实业,即可发达。敝行抱服务社会之旨,追随各界,提倡国货,如扶助国货事业,发展国外贸易,协助芝加哥博览会、中华产销公司等。举办国货流动押款,国货公栈,次第设立,自维才力有限,尚望各位源源协助与指教,使敝行得以遵循进行,毋任盼感。又考查欧美各国,关于金融事业,莫不与农渔工高交通矿业等互相合作,故其国家实力充足。银行事业集中社会经济扶助社会生产,俾供求相应,断不能偏于一隅。若经济集中于都市,共谋近利之事业,而放弃循环式之利益,此则不可,比如实业发达,则银行事业,亦必随之而进展,反之,则断难独立而存在也。助人即自助,利人即利己,此敝行所抱之宗旨也。兹乘宴会之前,宣布斯旨,请各位予以指教云。虞洽卿演讲,略谓,鄙人旅沪五十年来,环观世界大势所趋,非仿效欧美各国,发展各种实业不为功。昔年,鄙人发起四明银行、宁绍轮船公司、物品交易所等,均为发展国内实业、国际贸易之要旨。昔年志豪先生与鄙人及同乡诸公,创办宁波实业银行,其主义与鄙人相同。该行三年内，计划与毅力，奋斗精神，实堪钦佩。现该行基础稳固，成绩可观，将来该行发展，定无限量，尚望同乡诸公及各界领袖，共同赞助，并望同心协力，共谋实业之发展，即非特宁波实业银行之成功，亦国家社会之福也。兹借主人杯酒，为诸公敬祝康健。褚慧僧演说，银行能扶助实业，实业亦可扶助银行，生生不息，为不二法门。当入超年计八万万银元，白银出口，经济衰落，非大家共商办法，不能补救，须用政治力量，救济国民经济，如国家经济统制，实为一最有效力办法。国内生产发展，外货输入减少，国家前途，无量进展云。潘公展演说，今天蒙宁波实业银行东召宴会，得聆各界鸿论，毋任欣快。考经济原则，银行事业，本以调剂金融为主义，与实业各界同共合作，使国内经济富裕，民生日阜，农村复兴，工商业发展，故银行与各界，关系至为密切。现宁波银行与上海各大银行，均能扶助实业，诚系银行界之实做者，愿嗣后进一步之努力，预祝成功云。永安堂胡桂庚演讲，南洋侨胞热心爱国，乐用国货，惟经济与运输，均感不便，又缺乏考察与调查，深望国内各界与侨胞共谋合作，使国际贸易发达，指日可待。又华侨所发起南洋国货展览会，望各界赞助，以广于成。林康侯演说，鄙人忝为该行董事，对于宁波实业银行，较为关切。该行三年以来，经过许多奋斗精神，一切已告安妥，譬如三岁小孩正在保养之期，规模初具，种种计划进行，端赖各界领袖暨同乡父老，予以竭力赞助之。各人演讲毕，已届八时半，欢尽而散。

（1934年9月30日）

157. 两路与三北宁绍办理旅客联运

沪杭甬铁路与宁绍商轮公司三北轮埠公司，定于十月一日（即今日）起，办理旅客车船联运客票。该路与该公司，昨特会同发出通告云，自十月一日起，本公司本路办理往返上海与曹甬段之慈溪、叶家、丈亭、余姚、马渚、五夫、驿亭、曹娥江八站车船联运，以宁波为链接站，暂以联运客票为限（旅客行李包件暂不办理联运），上海第一、第二营业所发售此项联运客票云。

（1934年10月1日）

158. 五洲药房嘉惠学童

捐金教育局疗养结核症　结核用品半价购者踊跃

本市五洲大药房近鉴于吾国社会经济衰落，人民生活窘迫，而结核一症,流行甚广,尤以本市各小学学童,患者竟达十分之六七,除捐助市教育局现款,以为学界疗养结核症之助外,并将其精治之各种结核疗养应用药品,特订半价优待办法,详情已志本报。兹悉本市各小学当局,以五洲药房此种爱护学童、关怀国民健康之精神,殊勘敬佩,而该公司各种结核用品,又经久著成效者,故已遵照市教育局训令,联络儿童,踊跃购用。闻该药房此项优待办法,以一年为期。

(1934年10月4日)

159. 宁波实业银行营业新途径

宁波实业银行,自迁移新址后,业务极为发达,现悉该行为辅助各工厂计,与上海国货公司暨中华国货产销公司,订立国货流动押款特约,在该行一楼设立国货市场,推销国货,该行营业,特辟新径,国货前途,利赖匪浅。兹觅得该行国货流动押款章程列左:本行为扶助国货工商业便利产销合作起见,特设国货流动押款一种,其办法如左。一、以纯粹之中华国货得向本行押借款项,其所押之货,既得本行之同意,仍可自由销售,名为国货流动押款。二、凡所押国货,均须市上通销者为限,而其价值,须照现行之市价为标准。三、以货物价值之上落,定押款之折扣,如遇市价低落,应向押款人增加抵押物品,押款利息及期限,双方面议之。五、凡委托上海国货公司门市部或中华国货产销公司批发代理销售者,由上海国货公司出立存货单证明,其存货单可作本押款之抵押出品。六、存公司未销出之剩余货物,应由押户限期赎还,倘须继续订借者,则由本行酌定之。七、押款货物均须保险,其保险单,须交存本行并过入本行名义。八、流动押款,均应觅具妥保。九、到期不能售完之货,如押户不能取赎者,本行有自由拍卖之权,押户自愿抛弃先诉抗辩权,倘拍卖不足,应由担保人负清偿本息之责。十、本章程由本行随时修改之。

(1934年10月12日)

160. 五和织造厂参加国货橱窗竞赛会

华美烟公司主办之国货橱窗陈列竞赛会,自经国货界同人踊跃参加以来,连续陈设者已有十三大厂商,其第十四次加入竞赛者五和织造厂,日前亦已开始,窗饰特异,赠品有鹅牌出品棉毛衫卫生衫等,欢迎参观。

(1934年10月14日)

161. 张素民博士讲演白银出口税问题

国立暨南大学银行系主任张素民博士，日昨在宁绍人寿保险公司同人俱乐部演讲白银出口税问题，略谓，自政府施行白银出口税后，各界人士发表意见者甚多，惟此类问题过于专门，即专家发言，立辞稍有不慎，即引起误解。据个人所见，可分四点述之。一、白银出口税之效果与禁止白银出口同，所不同者，表面上较和平，可以免除商民之惊慌耳。二、白银出口税，目的固在防止白银出口，然其作用则在压低国内银价，压低银价，即压低币价，提高物价，此即为通货膨胀之一种方法，论者不察，有否认之者，有赞成白银出口税而同时反对通货膨胀者，颇令人难解。三、近数月来吾国白银出口之多，固不尽由于货物入超之增加，即令其惟一原因在于入超，然减少入超，绝非一不着边际之"购买国货"标语所能办到，减少入超，应求如何推销国货于海外，征收白银出口税，减低国币价值，确不失为推销国货之一切实办法，其他推销之法，在改良品质与减轻成本，只盼顾客买货，此为旧式经商方法，自己推销货物，乃为现代经商方法，故吾人应倡"推销国货"之标语，以代替"购买国货"之标语。四、白银出口税之最后成效如何，须视政府能否禁绝私运白银出口而定，至外汇平市基金，一万万元恐尚嫌少，若外国银行有意捣乱，则此数耗尽颇易云。

（1934年10月28日）

162. 二周纪念声中上海国货公司之盛况

联合三百余家名厂　征集数千种国货

南京路虹庙对面上海国货公司，自举行二周纪念大减价后，总理邬志豪、经理陆祺生诸君，联合国内三百余著名厂家，征集数千种精美国货，分列四十余部，咸抱牺牲主义，削价贱卖，藉以扩充国货运动之基础，一时各界仕女，纷纷前往乐购者，将近万人。昨日适值星期，统计一日售价所得，竟逾二万金，突开空前未有之盛况，而各种赠品尤多精美实用。午后，复假华美电台，延请上海名人轮流演讲提倡国货之需要，并请申商恒社两票房李白水、郭涤涤、洪雁宾、吴江枫、赵培鑫、袁森斋、汪良俊等诸名票友，播唱平剧，一心影片公司滑稽明星裴杨华、范哈哈、程笑亭、管无灵、赵希希、蒋田奎、陆奇奇、陆希希、仲心笑、刘快乐、朱翔飞、何双果、杲□、刘春山、盛呆呆等，播唱各种滑稽。夜间由天影片公司男女明星陈玉梅、陆丽霞、范云朋、舒鉴锏、李英、马东武、萧正中、张振铎、阎文达、傅桂凤、吴一笑等诸名星,播唱平剧话剧。预测今日前往购货者,定必更形踊跃云。

(1934年11月5日)

163. 和兴钢铁厂改组和兴炼钢公司

沪上实业家前在浦东周家渡创办之和兴钢铁厂,出品精良,即如竹节钢条一项,经由上海英工部局、中国工程师学会、吴淞同济大学,化验合格,给有证书,后因时局关系,暂行停办。现下重行集资,改组为和兴发记炼钢公司,大加扩充,增添设备,刻已筹备就绪,聘请冶金专家(即炼钢工程师)担任炼化工程,专铸:一、建筑用之竹节钢条,长短尺寸随定;二、三尺长之家具硬钢,可供车刀及开山凿子之用;三、机件浇钢,可供铁路造船厂、机器厂、纱厂、面粉厂等机器上应用之任何大小机件。以上各物,均可照样浇铸。闻该厂业经开炉,出品较前益形精美,各处定购者,甚为踊跃,诚外货倾销中提倡国产钢铁救国之佳音也。

(1934年11月12日)

164. 美国烟公司派员来华考察烟业

美国烟公司董事长韦麟亨、总经理哈里达、协理高文登等三人,此次应华成烟公司董事长戴耕莘之邀,来华考察烟叶事业,拟将我国烟叶运销海外。市商会常委金润庠、商务科主任马少荃等,特于昨午,在该会会所设宴招待韦麟亨等,并邀戴耕莘、袁履登、陈燕青、柯干臣、骆清华、曹庆华、李洪钧、胡西园、叶荫三、郑发清、谢福生、朱伯元等作陪,济济一堂,颇极一时之盛。闻韦麟亨等三人,现定于明日由戴耕莘陪同飞轮赴青岛,再搭乘胶济铁路车前往黄旗堡、二十里堡、□家坊子、杨家庄等产烟地区,从事考察。市商会昨特电鲁省韩主席,饬令随时保护云。

(1934年11月15日)

165. 山东产烟区域戴耕莘视察回来

谓前途颇有希望

　　华成烟草公司董事长戴耕莘，于本月十四日偕同美国烟业商务韦麟亨等三人赴山东青州所属黄旗堡、二十里堡、□□□、杨家庄、辛店。各报亦认中国烟叶，甚可推销于海外。惟外人心目中，恐吾国农民有不当之行为。如从前之农产物出口，往往以沙泥凑杂，或以水浸潮，因而不得外人之信任。是至可痛惜者。此次与韦麟亨等同往各产叶地视察，即可洞悉吾国农村状况、农民行为、及烟叶品质，此行极为满意。鄙人曾与各界接晤，对于烟叶之运销国外，均认为于国内之农村经济大有裨益。承各地欢迎亦为热闹，而官厅保护周密尤为可感。在济南时，与各银行家接谈，请其多设办事处于各农村，贷款于农民，以救济农村。盖种烟叶之农民，须用豆饼灌溉，及烧煤烤焙。其所费较其他耕种者，资本为大，而为利亦短。报载采收烟叶，有向沪银行贷款说不确。盖国人已于民国二十年份，在青岛设有中国烟叶公司，鄙人忝为董事长，早向实业部注册。建有厂房堆栈及烤烟机等，专事采择国产烟叶，成绩颇著。此次偕美烟叶巨商等同往视察，以资研究。而鲁省土质肥美，种植烟叶，最为适宜，且所产烟叶，较前续有进步。同行美商亦认与在美所产者相差无几。尚能续渐研究，以谋改良，则大有希望。鄙人曾向鲁省建设厅张幼山厅长建议，请其督率农民耕种，亟蒙嘉许。张厅长以烟叶为鲁省出产大宗，颇注意于农民生产提倡为切。对于此点，极表同情。不但使国内烟厂尽量采取，杜绝漏卮，抑亦谋畅销海外，占国际贸易优良地位，使永久勿衰，鲁省农民之经济，必然蒸蒸日上。

(1934年11月20日)

166. 南京路上海国货公司国货贩卖团成立

宁波实业银行创办平民借款　宁波同乡会同时举办职业介绍所

　　南京路上海国货公司总经理邬志豪君，因鉴于市面萧条，经济恐慌，为维护平民生产，推销国货计，特组织国货贩卖团，以资补救，并商准宁波实业银行，创办平民小额借款，俾一般告贷无门者，得所问津，一方贷款，一方贩卖，周流不息，冀卜平民经济之生存。并探悉西藏路宁波旅沪同乡会，原有职业介绍所之组织，此次逢该公司发起国货贩卖团，经派员向该公司邬经理接洽，拟应该公司招请团员之需要，同时进行职业介绍事务，一般失业同乡，望于一月四日起，前往该会登记，幸勿失之良机云。

(1935年1月1日)

167. 中国垦业银行救济农村

拨款二百万元受质农产物 本外埠共设置仓库计九所

中国垦业银行，向以辅助工商业为职志，对于国内国人经营之棉织、毛织、面粉、电器、玻璃、水泥等大工业，莫不分别贷款，尽力维护，最近又为致力农村复兴起见，特由董事长兼总经理秦润卿氏，在常董事会议席上提议，决于本年内，增加农产物为质之放款，其数以达到二百万元为度。一面增设仓库，除已于上海设置四所、天津二所、宁波一所外，新近复在浦东杨思区，设立棉花仓库两所，共有十四号栈之多，目下已堆置各种籽花花衣等二万余包，值价百余万元，分别由该行受质，其利率最低时，只有月息六厘五毫。同时该行复鉴年来浙江内地公路建设，一日千里，交通日便，决先就鄞、慈、姚一带，择要建筑农村仓库，尽量以低利受质各种农产物。至华北方面，该行对于皮毛棉花等产品之出口押汇及押款，承做极多，对于利息汇水手续等，无不予生产者以无上之便利云。

(1935年1月29日)

168. 中国垦业银行钞票信用卓著

春假期内照常十足兑现

中国垦业银行，为沪上银钱业诸领袖集资设立，董事长兼总经理，为秦润卿氏，其营业方针，向采循序渐进政策，十分谨慎，故数年来，声誉卓著。该行发行钞票，准备十足，检查公开，流通市上，远近称便，乃一部份人，为某（日文报）新闻所惑，因此以谣传讹，多有持钞票向该行兑现者，虽不旋踵真相大白，谣风顿息，但该行鉴于时届春假，各银行须休业四天之多，为服务社会起见，特定自二月四日至七日春假期内，无论日夜，一律照常十足收兑本行钞票，以资便利。按该行在一二八一役，炮火连天，各地交通断绝之际，该行钞票，仍能到处兑现，最为国人所称道，此次春假期内，照常兑现，犹不过服务社会之小端耳。

(1935年2月3日)

169. 上海国货公司实施科学管理

唤起鼓动国货商业之组织

南京路虹庙对面上海国货公司,为南京路最早创办之推销国货机关,近鉴于经济恐慌之袭击,商业亦继工业衰落之后,发生空前之影响,致停业倒闭之事实,踵趾相接,该公司为自卫计,特委托中国统计社研究自卫及发展业务之计划。兹经统计社研究结果,认为目前商业严重状态,实为中国改革商业组织,发展国货商业之机会。据该社负责人谈,中国之商业组织,就其形态言,实为外国商品之推销网,对于中国工业之发展,有极大之阻碍,更就各个商业机关加以研究,则觉经济组织,与人事组织,皆不甚健全,若能将此两种组织,加以改革及援助,则能力必可增加,足以抵抗经济恐慌之袭击。故该社已商准该公司正副经理陆祺生、王屏南二君,将采用任□菽之治商论,实施科学管理,以增人事组织之力量,现对全公司各部,业已拟定初步成本会计,以鼓动全服务人员之责任观念,而业务之发展,亦可见其效果。在该社之见解,并欲藉此业务发展之事实,以唤起国人经营国货商业云。

(1935年2月20日)

170. 上海国货公司实施科学管理演讲会

今日起举办存货廉价部

南京路虹庙对面上海国货公司,自委托中国统计设计社计划科学管理后,已由该社绘成各部图样,确定每部成本会计,通告于三月一日起实行。昨晚,该公司为使各职员明了科学管理之价值与意义起见,召集全体职员,举行演讲会,由该公司监理任矜苹君主讲,讲题为"为什么要用科学管理"。大旨谓,今日中国之病,大者凡三,曰治国无政策,曰治业无计划,曰做人无方法。所谓无政策无计划无方法,皆系听其自然之谓,听其自然,乃为一种不合科学意义之行动,亦可谓为无一定目的之行动,不合科学意义,或无一定目的之行动,其行动之结果,每不能推进事业,或能推进事业,其进步常甚迟缓,或仅为偶然之进步,而非必然之进步,甚或只见进步,而不知所以进步之原因。若实施科学管理,即可使治理事业者之行动,成为有计划之行动,可使其行动依照计划,达到一定之目的,并可使行动者,能自知其行动,是否已得到价值及是否已尽力与有无增加尽力之方法。例如本公司某一部份,每月之开支三百元，营业收入之获利，以一分利计，则每月须有三千元之营业，即每日有一百元之营业，否则即为治理营业者未能尽力，或治理者确以尽力，而无法增加其营业，则此一部份即应撤换。所谓科学管理，并非神秘之方法，乃使人力、时间与物力，不为无价值之耗费，如有耗费，必须使得生利之代价。故此后公司所发之各部营业升降表，表中划有红线，红线即为各部人员自察是否尽力尽责之标准线。倘每日所划之营业线，不能超过红线，即为营业亏折之现象，各部如果有此现象，应即研究致此现象之原因，并设法消灭此原因，此即知其失败研究原因，进求成功之意也。故科学管理，非神秘之方法，乃用以鼓励人群，尽力奋斗，其为事业谋进取之成功云。兹该公司自今日起，举行存货大廉价，出清存货，进足新货，为实施科学管理作准备云。

(1935年2月23日)

171. 亚普耳厂发起国货连环赠送

亚普耳发行所迁至北京路山西路西，开幕之日，曾赠送各种赠品，顾客颇为满意，纷纷函电该厂，要求继续数天。闻该厂亦以赠送各种精美国货，不啻间接提倡，故已购备大批美亚绸料、中国窑业玻璃杯、无敌花露水、五洲固本皂、三友三星毛巾等，定十三日起继续赠送四天，凡往该所购货者均有赠送。

(1935年4月4日)

172. 孙纫兰任亿中企业银公司经理

亿中企业银公司，为旅沪甬商竺梅仙、邬云程、孙纫兰等所创办，收足资本国币五十万元，兹已领到营业执照，择于本月十五日开幕，地址北京路庆顺里。该公司聘定经济专家孙纫兰为经理，范振曜、戴文钊、陈雨润为副襄理，其营业方针，极为稳固，预料发展，拭目可俟云。

(1935年4月10日)

173. 华生电器厂电扇特点

本市华生电器制造厂，乃中国首先创造电器规模最大之电器制造厂，电器出品，大如发电机、变压器，小则各式电器风扇，如五十六寸、三十六寸吊式风扇，十二寸、十六寸台式风扇，及打空气风扇、火车风扇、轮船风扇等多种,品质坚固,制造精良,早荷社会所称许,问世以来,十有数年,行销遍及全国,各大商埠均设有经理所,即国外南洋群岛暹罗、印度等处,均多来函订购。兹闻该厂以时届夏令,电扇上市,为履行保用十年信条起见,凡备有华生牌电扇者,不论本外埠,均可寄送本市福建路五百十一号该厂事务所修理部,免费修理,不取分文。

(1935年5月1日)

174. 中国化学工业社将举行除虫菊收获礼

河南路中国化学工业社,向在沪西虞姬墩、安浪渡、西派、华家宅等四处,陆续辟地三百余亩,种植除虫菊花。按此项菊花,可以作为制造三星蚊香、三星蝇杀倒、虫敌等杀虫药剂之原料。十余年来,该社努力提倡,除将所收之花供自用外,另再选留种子,播育苗秧,分让各地同志试种,以期国产足供取给。兹届此项除虫菊花盛开,即可收获,该社又将乘此机会,举行一简单而真挚之收获典礼。并悉该社已请求得吴铁城市长、俞鸿钧秘书长之允许,在本月二十五日下午一时半,莅临安浪渡该社第二除虫菊试验场所撷花式,同时邀请本市市政府各局局长、各报记者、各农林机关代表、各名人及曾与该社合作种植除虫菊者参襄典礼。又据该社发表,各界同志之欲参加观礼者,亦所欢迎,惟限于确属种植除虫菊者,方可备函向该社报名登记,领取观礼券,准该日下午一时,在河南路二五七号,该社大门口集合,乘汽车出发。

(1935年5月18日)

175. 两大工厂各谋打开难关

大中华橡胶厂工作减半　美亚绸厂以出品折工资

(新声社云)工商业因受市面不景气影响,致存货堆积,销售困难,大中华橡胶厂减少工作,美亚绸厂以出品充作工资。兹分志详情如下:

大中华厂　徐家汇路大中华橡胶厂,共有男女工人四百余人,开设亦已多年,大中、大中央等均为其分厂,在橡胶业中颇占相当地位,因受农村破产,市面不景气影响,销路呆滞,存货堆积,故经由厂方议决,为维持工人生计,将全部工人,分为二班,按周轮流工作,暂以六个月为期,一待营业转色,即恢复原状云。

(1935年5月24日)

176. 中国化学工业社除虫菊收获礼

昨到各界四百余人　吴市长举行撷花式

中国化学工业社,在沪西蒲淞区安浪渡地方所设之第二除虫菊试验场,菊花盛放,特于昨日下午一时三十分,在该场举行收获典礼。事前柬请上海市长暨各机关长官、各团体代表及新闻记者与社会上有志种植除虫菊人士,前往参加。计到吴市长及中央党部农人科科长范苑声、市政府秘书长俞鸿钧、财政局长蔡增基、社会局科长吴桓如、市立园林场场长包伯度、农会主席俞振辉、浙江建设厅化学肥料管理处李昌世、蒲淞保卫团沈宗鉴、王同福,十区党部侯隽人、侯叔达、十区四分部姚煜、高桥区市政委员潘鸿鼎及劳敬修、孙筹成、邝笑庵、吴伯新等四百余人,由该社备汽车迎送,并由当地公安局分驻所暨保卫团,派遣长警、团员,到场维持秩序。来宾到齐后,即举行开会式,由该社经理李祖范主席宣告开会,行礼如仪。

主席报告:略谓,今日本社举行除虫菊收获典礼,承蒙市长暨各位长官,各界人士,莅临指导,敝社毋任欣感,谨此致谢等语。

市长训词云:主席,诸位,今日我来参加中国化学工业社除虫菊收获典礼,来到此地,我看见许许多多从城市赶来参加的人,我感觉非常的兴趣。上海城市,到这里路途颇远,交通不便,然而竟有这许多人到此来,足见人民对于农工业之重视,而中国化学工业社,多年致力工业,提倡农产,成绩优良,足以引起社会人士之兴趣与信仰也。兴办实业,有三个要素,即一原料、二技术、三资本,若仅有资本,而无原料,不能成为一种独立工业,仅有技术,而无原料,亦然。我国提倡工业二十余年,迄今国货仍不能与外货竞争,而达到挽回漏卮之目的,此何故?盖因只有资本技术,而原料不足自给,此乃不容讳饰的一件事实。我国原料,每年运到外国,不知多少,外人以我们中国的原料,制成工业品,仍运来中国,赚我们的钱,岂非大可痛的事?假使我们能以自己的原料,制成工业品,则挽回利权,莫可限量矣。蚊香一物,在社会上需要甚广,中国向来用的是旧式的蚊烟,自从外国新式蚊香输入以来,遂相率改用外货蚊香,每年漏卮,甚属可观。中国虽有自制此种新式蚊香者,但因其唯一原料之除虫菊,国内尚无出产,仍不得不仰给外国。中国化学工业社有见及此,毅然提倡种植除虫菊,经多年奋斗,终告成功,其坚持精神,实堪佩服。因中国化学工业社除虫菊种植试验成功,而给国人一个好榜样,使一般人尤其是工商界,急功近利之习惯观念,为之矫正,以上系我所供献给诸位的一点感想。兹再就我们市政府立场来说，蒲淞镇原是本市的一个大镇，今得中国化学工业社提倡除虫菊；使得农村复兴，市面繁荣，本市长有厚望焉。完了。

范氏演词：中央党部农人科范苑声科长，演词云，兄弟因事到沪，适逢中国化学工业社举行除虫菊收获典礼，遂得参加，因而发生一点感想。世界各国，工业发达程度，非常之高，而中国工业犹在落后，何故？我们须要知道，振兴中国工业，较欧美各国不同之点，中国系以农立国之国家，于提倡工业之中，应当首重农业。国人虽知提倡工业，但往往忽视农业，是以如此，我们欲振兴中国工业，必须先从改进中国农业入手。中国化学工业社深知此义，是以竭力提倡种植除虫菊，使制造蚊香原料，得以自给，而农民经济亦得极大裨补，对于振兴中国实业，实有最大之功效，最大之意义，云云。

主席答谢：市长当场亲题字云："三星菊为三星蚊香之原料"，主席再报告，顷蒙市长给除虫菊题名为"三星菊"，因为此项植物，在我国系由本社首先提倡种植，而且为本社出品三星蚊香之主要原料，是以特题此名，以示奖励，并蒙市长注意本社试验场，距城市之交通，允予加以改进，此则不特敝社感激，想亦此地附近居民所同深感谢者也。

行撷花式：末由市长领导至菊花田内，举行撷花式。礼毕，散会，时正三时，来宾仍乘该社所备汽车归去。

（1935年5月26日）

177. 三大名烟优待吸户

本市和兴烟公司，规模宏大，出品精良，经理胡麟趾君，为烟业巨子，学识经验，均极丰富。该公司所出红妹牌香烟，第一次举行红妹点将时，吸户参加踊跃，赠品全数依次送出，信用卓著。现因各界要求第二次继续举行，办法比以前便利，得奖希望更大。点将图及简则，可向各烟纸店索取，当场并可掉无敌肥皂一块。新出十支新金壳牌香烟，装璜富丽，包内附有原底名贵明星照片，玲珑美观，十分可爱，为各界所欢迎，空壳四只，亦可参加红妹点将（惟空壳不可掉换赠品）。又十支装扁庐山牌香烟，式样美丽，烟味优良，发行以来，供不应求云。

（1935年6月14日）

178. 三北公司长兴轮聘谢葆生为业务主任

三北公司沪汉班长兴轮船舱位舒适，行驶迅速，为长江班各轮之冠，现已延聘谢葆生君为该轮业务主任，定于今日就职。按谢君前担任招商局新铭、新江天、怡和公司德和各轮业务，经验宏富，办事认真，加以该轮班期准确，设备完美，一经谢君担任业务，更能积极整理，亦沪汉客商之福音也。

(1935年7月2日)

179. 交大研究所证明亚普耳灯泡优点

国货电灯泡，当以亚普耳牌为最老，规模为最大，所出之灯泡，亦最省电耐用，支光准确。兹经国立交通大学研究所之试验，以理字第一〇五号报告，证明亚普耳灯泡具有下列之优点：①灯泡十二只，连续通电一千小时后，灯丝均未损坏，其烛光数亦未降至百分之八十以下。②同标码灯泡之耗电率，甚为均匀。③每烛光耗电率及每华脱流明数，均合标准。④连续通电一千小时，烛光之降低度，亦合标准。因此各地用户，近来均有函电订购，虽受同业之嫉妒中伤，现反能大量生产。

(1935年7月5日)

180. 宁绍人寿保险公司聘戚正成君为襄理

北京路宁绍人寿保险公司，向以教育方法，推广营业，以冀社会人士，认识其中利益而投保。最近该公司聘请教育界名宿戚正成君为襄理。按戚君为上海沪江大学文学士，曾任上海青年会商业日校教务主任、华东基督教育总干事，并特派赴日考察教育专员，暨华华中学校长等职，现受该公司之聘，以其治学专材，襄赞寿险业务，可收异途同归之效，良以寿险业务，于今日之我国，正需教育工作，以资灌溉也。

(1935年7月28日)

181. 三北长兴轮力谋革新

三北公司长兴轮船，自闻人谢葆生接任业务主任以来，对于内部兴革，整饬不遗余力。谢氏又以际兹南昌新运总会督促航轮实行新生活之时，对于祛除陋习，澄清积弊，尤为注意，所有轮中茶役，均施严格管理，并派定职员讲述新运要旨，务使对旅客有礼貌，对工作有秩序，实行以来，成绩斐然，一般旅客咸加赞许。闻该轮将于明晚由沪开往汉口，沿途各埠，一律停靠，昨日各界赴汉旅客，向三北公司预定房间者，颇为踊跃。

(1935年7月31日)

182. 大世界实行平民化

荣记大世界，为上海唯一大众化之娱乐场所，门票低廉，百戏杂陈，游客如百川归壑，尽被吸收，故营业殊为发达。该游艺场前为游客利便计，曾雇用男女茶房，分布各场，招待来宾，伺应茶水。不意该茶房等近来竟敢暗中需索无厌，事被管理员发觉，立即全体解雇，并取消茶堂，以免游客有格外耗费，游客如欲解渴，另设经济香茗，每杯仅取铜元一枚，是诚名副其实之平民化办法，大世界益形热闹，晚间登屋顶乘凉者尤多。

(1935年8月6日)

183. 人和厂精制冬令毛织品

甬商孔祖同、孔祖安君昆仲，眼光深远，创设人和织造厂于本埠贝勒路三七三号，以胜利牌为商标，出品棉毛内衣羊毛内衣等，织造精美完善，早已风行全国。近鉴各界提倡游泳，乃于春间出品廿四年式羊毛游泳衣四十余种，均以经济实用为原则，闻出品之初，则行销各地，且远及南洋群岛。因该厂以薄利为宗旨，故外埠商号，向之订长期包销合同者，已有多处。近闻该厂已着手织造开米来春秋衫、女子新式羊毛外套、围巾、运动衫、童衫等冬令羊毛用品，想届时又有一番新的贡献云。

(1935年8月19日)

184. 天一保险公司新聘妇女部主任

天一保险公司，服务社会，信誉久著，兹因推广业务，并便利女界投保人寿起见，特聘请蔡陈汉侠女士为该公司人寿处妇女部主任，以便与女界专诚接洽保寿事宜，而免隔阂。蔡女士历在本市务本、智仁勇各女校担任教课，并于女青年会、妇女节制会、麻风会等处办理公益事务,素具热忱,交游亦广,现在该公司服务,必能多所擘划,为妇女界谋福利,凡欲与蔡女士面洽寿险事宜,可于每日上午九时至十二时,或下午三时至四时,迳往该公司妇女部可也。

(1935年9月22日)

185. 亚浦耳厂编印电灯泡常识

中国亚浦耳电器厂,所编"电气常识"第一种《电灯泡》付印已久。因印刷所排印迟缓,至今日始行出版。内容丰富,印刷精美,欢迎各界索阅。不取分文,惟须有机关商号之盖印函件,方得照赠。

(1935年10月6日)

186. 五洲药房今日分送全运会选手赠品

五洲大药房以此次全国运动大会出席选手,或侨寓海外,或僻处边疆,不辞跋涉,殊称难能,兹大会即将闭幕,该公司以国货工厂地位,为宣传国货起见,特备精制出品之"固本药皂"、"一三一牙膏",及"星球牌纯蜜"三种,定于今日上午专差分送各队选手,每人一份,以资试用藉留纪念。

(1935年10月19日)

187. 亚普耳助理工程师钟朗璇考取留美官费

钟朗璇君,广东南海人,国立交通大学电机科学士,为中国亚普耳电器厂助理工程师之一,因该厂设备之完美,故服务以来,对电器制造之经验,颇有心得。兹钟君为再求深造起见,拟留美攻读电器制造,乃投考清华大学官费生,最近揭晓,钟君名列前茅,已预备首途赴美。

(1935年10月25日)

188. 宁波实业银行核发储款

复业筹备处拍卖大批细软皮货

宁波实业银行复业筹备处,于本月五日,开始在西藏路宁波同乡会内,核发各存户二成现金，均依部批及该筹备处所定之复业办法办理。现闻该筹备处，对于四十元起至二百元止储蓄存户，发给二成现金，已过半数。其第二批，自二百元以上至五百元储蓄存户，已在办理查对通告之中，财部特派员罗宗孟，亦常驻该处监督，亲自核对盖章，秩序井然。少数未经认股存户，临时前往认股者，非常踊跃。同时该筹备处，将银行债务人抵偿各种细毛皮货时新绸缎衣着，削码之外，再打对折，货价低廉，存户选购极其拥挤云。

(1935年11月11日)

189. 九福公司聘请名医免费服务

脾素特辟治疗处

九福公司新出肺病特效药脾素注射剂，自在本报揭橥以来，深受医药家之注意，现闻业已应市发行，各大药房均有经售，藉便各大医院各医师就近采用。而该公司为证明脾素在肺病治疗上之真确功效，并为造福平民计，于十二月二日起，在二楼特辟治疗处，以三个月为期，除星期日外，每日上午十时至十二时，聘沈郑浩女医师，下午十二时至二时，聘施汝雄医师，免费服务，凡购脾素注射剂者，均可请该公司医师代为注射，手续费等一概不收分文。

(1935年11月29日)

190. 中国天一保险公司扩充人寿保险业务

北京路二五五号，中国天一保险公司，资本五百万元，专营人寿水火各种保险事业，董事及监察人，均为国内金融实业界领袖，及华侨巨子，故信用卓著，又得总经理梁晨岚氏之擘划经营，营业乃蒸蒸日上。最近梁氏为扩充人寿保险业务起见，特聘保险专家李迪云氏为该公司副理，兼人寿部营业主任。李氏系圣约翰大学出身，留学欧美，归国后，任华安合群人寿保险公司营业部监理十有余载，嗣又一度任大陆报馆副经理，学识经验，极为丰富，曾交游素广，此次荣膺该公司副经理，自能胜任愉快，预料今后该公司营业当益发展云。

(1935年12月2日)

191. 五和厂征求白鹅照片揭晓

五和织造厂自去年十一月举行公开征求白鹅照片以来，参加者极为踊跃，成绩良好，前晚该厂特假冠生园举行评判会，藉以审定名次。是时邀请列席者，除该厂任士刚、罗庆藩二君外，计有摄影专家郎静山、胡伯翔、胡伯洲、邵雨湘、杨玉成，及顾问孙道胜等人。揭晓名次第一名为太仓陆敬临，奖国币五十元。第二名无锡王劳生，奖国币三十元。第三名本埠新闻路郑容隐，奖国币二十元。按中奖名额原定三名，惟该厂为酬谢参加者热忱起见，特增添七名，故第四名至第六名各赠该厂出品棉毛衫四件，第七名至第十名各赠棉毛衫三件。中奖诸君于揭晓日起，即可随带底片至该厂征求部领奖，如在外埠则该厂由邮挂号寄出。

(1936年1月17日)

192. 国产卷烟纸研究成功

民丰纸厂数度试验　筹款制造四月出货

(大公社云)吾国人士之每年消耗于卷烟者，为数甚巨，而卷烟之烟盒外壳硬纸，及卷烟用纸，多仰给于舶来品，每年损失，尤堪惊人。兹有本市民丰造纸公司，研究制造卷烟用纸，除造成香烟外壳硬纸外，近复仿造卷烟之外表皮纸，刻已成功，预计于本年四月间，可以出货。将来如能代替外货，则每年可减少漏卮四五百万元。大公社记者昨特往访该公司负责人金润庠，叩以仿制经过，兹志其详情如下。

卷烟用纸制造颇难：裹卷烟叶之外表白纸，平时吸者均不甚注意，但制造时颇多困难。因普通纸张，一经燃烧，即有臭味，使人难闻，如以之裹烟，则于吸时即感有难受之纸气。同时纸张每多小孔，如以之裹烟，则因漏气不能吸食，更因燃烧速度，须于烟叶相等，否则烟叶已经燃烧，纸张尚未烧完，即成中空之象，或则纸张已经烧完，烟叶尚未烧尽，又致烟叶散落，不能再吸，故制造此种表纸，必须有三条件：一、纸质洁白无臭味；二、纸张坚韧无孔；三、燃烧速度与烟叶速度相同，因之颇难制造。

研究三年始获成功：民丰厂研究制造卷烟表皮纸，已有二三年，曾经数度试验研讨，煞费苦心，结果觅得相当之植物原料与水量，并于三年前派工程师陈君，携此水与原料，赴德国试验，复于去岁派工程师褚、吴两君，赴日本实地考察,归国后,又经数度研究,始得成功。

筹款制造四月出货:该厂现已筹款八十万,向外国订购专造卷烟纸之机器二部,一部已先运到,现已在制造中,预计在本年四月间可以出货。据称,此种卷烟表皮纸之制造,因缺乏把握,极含有冒险性,届时是否能完全成功,与舶来品相同,犹难逆料,但该公司悉心研究,力谋改善,必可得成功之一日也。

年挽漏卮约五百万:卷烟纸虽为微小之物,但因国人嗜烟者之多,故其耗费数量,亦颇不少,每年所出之华商卷烟,达七八十万箱,每箱须卷烟纸一卷,故每年所耗卷烟纸亦须七八十万卷。按之现在市价,每卷须值五六元,每年所费当达四五百万元,如该厂能成功,则可减少一笔漏卮。因该厂之出品,可足敷全国华商烟厂之用云。

(1936年2月6日)

193. 留美保险专家杨培之转日考察回国

宁绍人寿保险公司保单部主任杨培之氏,办理寿险业务有年,经验丰富,学识优长,提倡团体职工保险,尤不遗余力,为国内杰出之保险人才。前年为求深造计,赴美入本雪佛尼亚大学专攻保险学,潜心研究,造诣益深。毕业后,得商学专科硕士,成绩优异,深为该校当局所嘉许,派赴美国各大城市保险公司实习,颇多心得。业已学成返国,特再转道赴日本考察该国国有财产保管及团体职工保险,现已抵日,约有二星期之逗留,然后搭日轮"皇后号"回国,约三月五号抵沪。届时,沪上亲友当有一番欢迎盛况。盖杨氏以保险专才贡献我国保险界,必有一番新猷。

(1936年2月21日)

194. 上海国货工商与厂商合作

举行联合大拍卖

南京路上海国货公司,自清理拍卖以来,社会热心人士,前往购买者,非常拥挤。兹闻该公司清理已将结束,惟各部存货尚巨,继续拍卖。又闻各厂商感受经济之压迫,不得已以精良之出品为抵押,该公司念同舟共济之谊,痛兔死狐悲之心,互助合作,所有各厂抵押存货,统在该公司联合削价拍卖,以调剂工厂之金融,推销廉价之国货,亦社会人士所乐闻也。

(1936年3月9日)

195. 中国垦业银行特设服务处

中国垦业银行,专办商业储蓄银行一切业务,历年以来,本其服务社会之宗旨,处处为其顾客谋利益,最近该行又特设服务处,凡其顾客以下列各事委托者,均可代为办理,所有各种费用,或予以减轻,或完全免费,以示优待。兹将服务各项摘录如下。一、代付各种款项,凡房地产、捐税、房租、自来水、电灯、电话、自来火、保险、学费、及其他款项均可代付。二、代收款项,凡各种票据、证券、股票本息、各种经常收益,均可代收。三、汇款,凡汇往该行分支行所在地者,一百元以下汇费免收,其他各地从廉。四、保管事件,凡以债券股票单据等委托露封保管代收本息,保管费手续费免收,租用保管箱,另予优待。五、保证事件,凡各种信用上之事件,均可代为保证。六、代理事件,凡房地产租金,买卖房地产,建筑设计代收股款,买卖另整额债券,各项保险,均可代办。七、投资及置产之指导,凡对于资金之运用,难于解决者,均可洽商。八、其他各种委托事件。以上各项,均极繁复,人人无不视为畏途,今由该行出为服务,自将为其顾客,便利不少。闻该行特延专家主理其事,先由本埠总行及各支行着手,俟有成绩,再推广于各地分行云。

(1936年3月26日)

196. 陈仁征任宁绍水火险总理

宁绍水火保险公司营业甚巨,信用卓著,其总经理一职,本为胡咏祺君兼任,胡君因刻任宁绍人寿保险公司总理,兼保险公会主席,事务繁忙,无暇顾及,已经提出辞职,所有宁绍水火保险公司总经理,业经该公司另行推举宁绍轮船公司之协理陈仁征君继任。陈君为航界干才,兼顾保险业,亦已多年,与沪上各业界均有相当感情。陈仁征君已徇公司当局之敦促,于昨日荣任总经理之职,各方交好同志及各业界得闻纷往道贺。陈君人极谦和,学验俱优,此后保险业前途,定可得其大才之设施,而为无量之发展也。

(1936年4月16日)

197. 华生电器厂等组联合市场维持国货

我国电器事业,自由华生、华通、亚浦耳等厂努力制造应世以来,已有二十余年之历史,出品较舶来品有过之无不及,颇受国人欢迎乐购,因此外货风扇,渐见淘汰。本年外商力思有所复兴,特计划在上海制造,以其减低成本,各种另件分拆进口,以谋关税之减轻,谋夺我国货风扇起而代之。兹据电器制造业同业公会主席胡西园氏谈,夏季将届,外商已积极配置电扇五千架,倾销市上,以图攫夺国货市场,本人已联合华生、华通组织联合市场,备就优良风扇四万架,以资对抗,并为普及人们购用,务使本国金钱不再外溢,特将成本格外削低,一面并呈请党政机关一致提倡,以塞漏卮云。

(1936年5月12日)

198. 郑源兴考察蛋业回国

据谈华蛋品质优良 货价尚需提高

黄浦路一二一九号茂昌股份有限公司为我国经营蛋业公司之巨擘。该公司鉴于近来蛋品受世界经济恐慌及国内外同行竞争影响,蛋价逐步下跌,蛋厂亏本,已有年余,农村收益,因之减少,国际收支抵补,亦形短绌,爰派总经理郑源兴氏,于本年一月二十一日出国考察,始于前日抵沪。其发表谈话要旨尤应注意者,我华蛋在世界市场,是否照世界市价出售。倘低于世界市价,则迅速设法提高。据在外调查所得,华蛋出售,价格虽不在世界市场之下,然尚有提高之可能。因华蛋品质高尚,为他国出品所莫及。并望同业亟应合作,共同提高货价,以挽回成本,期使我政府对平定汇市之努力,不致失望,我蛋业不致再遭受亏折,使能立足,其有功于农村之收益与国际收支之抵补,当非浅鲜云。

(1936年5月27日)

199. 三北鸿安理货员俱乐部理监事成立

三北鸿安江海轮理货员俱乐部,所属各轮会员,以原有俱乐部之组织,不合需要,鉴有改变组织之必要,爰推代表集议,决定改组为"中华海员三北鸿安理货互助会",即经呈准中华海员特别党部发给许可证书在案,特于三日下午二时,举行会员代表大会,选举理监事,成立。出席代表葛兴隆、徐子祥、倪全兰、张瑞铭等,及列席会员暨来宾陈元龙等四十余人,中华海员特别党部派杨忠汉莅临监选,海员上海分会派卢交风指导,主席徐德才,记录张秉华。行礼如仪后,主席略将改制等情形报告毕,上级党部监选员略致训词后,即讨论决定要案多件。选举结果,徐子祥、洪以霖、徐德才、张瑞铭、姚仁生当选理事,蔡云卿、顾纪根当选候补理事,蒋友卿、黄世法、葛兴隆当选监事,郭松林当选候补监事。礼成散会。后旋即举行第一次理监事联席会议,公推徐子祥、洪以霖、徐德才为常务理事,推葛兴隆为常务监事,聘请张秉华为总务股主任,兼救济股主任,曾狮为调查股主任,并议决其他要案多起云。

(1936年7月5日)

200. 四明银行增股通知股东限期认股

改为四百万元

四明银行已收股本二百二十五万元,每股一百五十元,共计一万五千股,前经股东大会决议,增加股本一百七十五万元,并将每股金额减为百元,分为四万股,当由董事会将议决案,呈报财政部,一面通函各股东认股。闻该行因股东分处各地,函件往返需时,故限期于二个月内答覆,届时如认股超过限额时,将比例核减后,通知换发新股票云。

(1936年7月8日)

201. 三北长兴轮优待学生

三北轮埠公司之长兴轮,行驶迅速,设备新丽,招待周至,饭馔精洁,称雄于沪汉线,素为旅行人士所推誉。近者暑去秋临,各校纷纷开学,该轮为优待学界起见,除团体搭乘,仍照旧例减费外,并对于学生个人,不拘搭乘任何舱位,凡能证明其本人系学籍者,即无各该学校当局之正式函件,亦可一律照票价七折,以示优待,并寓减轻家长负担之意云。

(1936年8月18日)

202. 三北公司整顿长江码头

三北公司长江各埠码头趸栈等设备之便利与完善,久为沪汉沿江各埠客帮,及往来旅客所悉。近为力求改善起见,特将芜湖原泊江心需用小船上下之宁安趸船,移置于芜湖招趸船,北首江岸,建筑浮桥,可步行上岸,不用舟渡,且该处地位适当,尤属难得。该公司上下水轮船,业已靠并,对于装卸货物，上下旅客，靡不益称便利云。

（1937年4月1日）

203. 五洲药房附设卫生顾问社

五洲大药房，以夏令将届，疫疠堪虞，为辅助国人进行个人家庭公共各项卫生起见，爰有卫生顾问社之组织，加入者可询问关于卫生各项问题，询问疾病诊疗之方针，并可得特别赠品，享受优待特价，及赠阅卫生刊物等利益，不论性别年龄个人家庭团体，均得加入为社员，惟以一万人为限，现正欢迎加入，详章可向四马路该公司七楼索取。

（1937年4月17日）

204. 五洲药房添设最新式X光机

五洲药房本服务社会精神，为适应各界人士及医师需要，特由德国购得最新式X光诊断机及治疗机。该机价值数万元，为沪上仅有之新式模型机，现设于福州路总店四楼，已由专家装置妥当，本星期起即可应用，并聘谭以礼医师主持一切，复由谭医士邀请沪上X光专家丁医师担任助理。名医利器，相得益彰，此后医师对于病人之诊断及治疗，当更便利不少矣。

（1937年5月13日）

205. 三北等轮公司改善轮机员待遇

大管轮薪给增加　拟整个改善计划

三北、鸿安、宁兴三轮船公司全体轮机员，最近曾请中国轮机员联合总会，致函该三公司请求改善待遇。兹悉三北公司，以其他公司，对于轮机员待遇，均有提高之意，故已将一部份轮机员之薪给，先行增加，如嵩山轮大管轮丁德标，新宁兴轮大管轮张亚昌，及派往外国领船之大管轮曹俊瑶等，原薪本为九十元左右，现已增至一百三十元至一百四十元，又有派往领船之二管轮等，原薪本为六十元左右，现已增至一百元。按此项薪额，较高于现下各公司之薪给标准，据闻该三公司，并拟有整个改善计划，不久可望公布实施云。

（1937年6月18日）

206. 五洲药房夏令赠品盛况

五洲大药房于本月十四日起,举行夏令大赠品,消息已志本报。兹悉该公司此次赠品,办法优厚,顾客多趁此时期往添购货物,故连日四马路总店及本市七个支店,莫不门庭若市,得赠品者皆喜形于色,且得赠品极易,凡购货者均赠圆扇一柄,如购本牌货满五角以上,或购外牌货满二元以上者,即可任选物美实用之赠品。闻为日无多,幸勿失此一年一度之良机也。

(1937年6月26日)

第五章 企业之发展与评价

1. 展长宁绍内河轮船航路

浙江民政司呈朱都督文云，案查接管卷内，本年八月初十日，据宁绍内河轮船公司经理王廉禀称，该公司自去年分设内河轮已达一载，营业尚称发达。惟查湖州至梅溪一带，乃商旅辐辏往来最众之地，尚乏行轮，商旅诸客实多掣肘。敝公司为便利交通振兴实业起见，兹拟现在所走之杭湖班接长路线，兼走梅溪，以期行旅迅速，为特具禀仰祈司长察核准予立案接行，并请移知吴兴安吉两县知事一体保证，俾利交通而充实业等情。经前司长褚辅成以该处河道是否宽阔，堤岸是否坚固，能否准予行轮，批饬吴兴、长兴、安吉三县知事查复在案。兹据该县等先后呈复前来。据称，湖州至梅溪中间须经过下源渡、小溪口等处，平时行轮于堤岸，尚无损害，惟夏秋雨季或遇山洪陡发，水涨平堤，轮船往来沿河斗堤最易坍塌等等。本司严加察核，该经理禀请展长航线，自系为便利交通起见。既据查明平时行轮于堤岸尚无损害，自应准予展长航线，惟夏秋两季或遇山洪陡发时，应即暂行停驶，以免损坏堤岸。除咨财政司转饬税关查照，既分令各该管知事随时保护，遇水涨时即便饬令暂行停驶，并谕饬该公司遵照妥慎开行，一面仍将展长线路遵章赴部报明换给执照外，仰祈钧府俯赐察核备案云云。

(1912年10月31日)

2. 新宁绍轮船试车志盛

宁绍公司向上海瑞镕厂订造之新宁绍轮船，于阴历九月二十四日下午二点钟，在宁绍码头行试车礼，观者如堵。船主为那威人爱轧令君，离码头时以活动机器摄影并放大小纸炮，下船参观者不啻三四千人。礼毕，船主展轮至吴淞口外川沙方始回轮，每一小时能行十四迈一三，闻照订造合同，预定速率快一迈有奇，迨抵码头则已钟鸣七下矣。船身长三〇四尺，阔四六尺，由上海老耶士验船师验明，系用头等原料构造而成，船身之坚固称为头等，而房间之宽敞，光线之透彻，犹余事也。大菜间八间西式装修并有洋式弹簧床，全房装配洁丽，共计可容十八人。特等舱二十三间，亦均有弹簧床。头等舱三十六间，二等舱三十六间，两间相连，隔以玻门，开闭如意。船员寝室亦颇宏壮。大舱既深且宽，不但上下货物称便，且能多载，此外又有银舱、医室、信袋间、意见书筒、邮政筒，罔不毕具。客房外，另有男女厕所，且备太平衣、太平舢板,种种优点,不胜枚举。关上注册,准可搭客二千三百人,式系明轮,马力二千二百匹,新式炉子、电灯、机器、探海电光机器,一应俱全。闻此次该公司特备银杯两只,分赠瑞镕厂验船师以留纪念云。

(1914年11月14日)

3. 宁绍公司扩张航路

沪南宁绍轮船公司所有宁绍甬兴两轮专驶沪甬一路,开办以来,营业颇为发达。兹为推广营业起见,特添制商轮一艘,命名曰新宁绍,并另辟长江航路,以新船专走沪甬一路,业已开驶多日,其旧走沪甬之宁绍商轮经公司决定,改开长江班。昨日为宁绍轮开赴汉口之第一次,该公司总理虞洽卿君特将该轮□灯挂彩,预备茶点,于午后三时,邀同各股东及本埠绅商齐集船上行礼志庆。闻到船者共有千余人之多云。

(1914年12月31日)

4. 大钟工厂之应时扩充

本埠美华利钟表号自创设大钟工厂至今成效卓著,近自劝用国货会实行劝用以来,国人之购求国产钟表异常热心,该厂应时势之要求添备机器,赶制台钟、摆钟等数十种,均能花样翻新,时计的准,虽已添工人日夜赶造,仍复应接不暇云。

(1915年7月2日)

5. 庆和银楼之新建筑

英大马路集益里口杨庆和久记银楼开设二十余年,颇著信用,近因原址隘窄,不敷展布,特在虹庙弄口建筑新式四层楼洋房。该经理惨淡经营,添聘优等工匠督练金叶金条,并制造中西新式首饰甚为精美,新房定于下日落成,即可开幕,并已绘具商标呈部注册立案矣。

(1916年10月18日)

6. 银楼生意之热闹

英租界大马路杨庆和凤记银楼于旧历本月二十五日开张后，所有南京路一带宝成裕记德记新老凤祥裘天宝等各银楼自晨至暮均异常热闹，赤金之价一律照常价每两减洋两元左右。调查久记、裕记两家至昨日止，共销出赤金八千八百余两，计值洋四十余万元，其余如裘天宝、德记、同丰永等七八家亦一律免工资，共售出赤金一万两零，约值洋五十万元。此种装饰品趋之若鹜，社会之日趋于奢侈于此可见。

(1916年11月23日)

7. 大世界建筑工竣

沪滨公共游戏场所，昔惟张园、愚园等处，近自民国初年，黄楚九发起楼外楼后，又建筑新世界，营业发达，于是有啸云天劝业场等继之而起。现黄君又发起大发公司，在法租界西新桥堍开地建筑大世界，于本年正月间开始兴工，经营五阅月，全工始竣。地位较之他处游戏场更为宽敞，内亦设有商场、俱乐部、动物院及各种杂耍等花样繁多，现正从事布置，大约月底即可完全，下月初可能开幕。想届时一般士女又必争先恐后联袂往游也。

(1917年7月10日)

8. 宁绍公司添招股本

宁绍商轮公司于前清宣统元年创办，迄今已有十载，行驶航线颇称安稳，运输商货亦甚发达，现已添招股本银五十万元，扩充航业，特备各项计算营业册，呈请农商部注册备案。昨奉部批如下：来呈阅悉，准予先行注册备案，以资进行而维航业。

(1918年3月8日)

9. 中华皮鞋公司近况

中华皮鞋公司自去年九月初开幕以来，业已著有成效。惜该公司总店规模太大，耗费过多，亦为营业前途之一大障碍。兹经理人余华龙有鉴于此，特将总店迁至城桥东块以节开销。此后,成本较轻,实事求是,其获利当可操券矣。

(1918年4月16日)

10. 三北公司添购新船

华商三北轮船公司近向香港粤航公司价买轮船二艘,一名播宝,改名敏顺,一名哈德安,改名惠顺。拟定航线,夏秋二季均从上海一往汉口,一往天津,经过镇江、南京、芜湖、九江、牛庄、烟台等处,冬春两季均从上海往福州、汕头、广东、香港、新加坡、仰光、日本、海参崴等处。曾遵章呈请交通部注册给照,并缴呈播宝哈德安旧照二纸,当经交通部令行江海关监督转给船照并已由部令行各关监督一体保护矣。

(1918年6月12日)

11. 三北公司新船到沪

三北公司总理虞洽卿曾于去岁得悉香港华侨所置之泰山轮船,因装有汽缸四支,行驶虽速,用煤甚多,航行以来未见获利(该轮走香港麦高二埠),各股东无意经营,筹议售卖,并决定不售外人,情愿贱卖于华商。故由虞君赴港接洽,出资承买,双方议妥后,由该轮船公司要求虞君不准插班长江宁波,只许航行外洋,交涉至今,始于日前开驶来沪。闻该轮系双枝烟筒四汽缸,客人舱位甚多,现由虞君改名宁兴,拟再修葺并将汽缸拆卸其二,以省用煤云。

(1918年7月25日)

12. 老九章绸缎庄明日乔迁

老九章绸缎庄近因营业发达,旧屋不敷应用,特于英租界大马路盆汤弄口建筑四层楼洋房。兹已告竣,装饰齐全,定于夏历八月十七日乔迁开幕,并于昨日中秋节柬邀各界参观。一时如总商会会长朱葆三君等前往,道贺者颇众,西人亦不少,收贺帐贺联尤夥,均由该庄经理前国货维持会会长房吕葆元君亲自导引参观。下层为绸缎部陈列各品,如九成缎、九成纱纬、成缎纬、成纱绮霞缎、华丝葛等,其花式之新颖,五光十色,多为前此所未有。该部又分设吴服部,专以售诸东洋人,洋装部专以售诸西洋人,尤见设备之周。第二层则为洋货部与皮货部,陈列各品均为日用所需。其他各层井井有条,会客室、休息室等亦应有尽有,而光线充足,空气流通,尤为该庄建筑之特色。该庄开创五十余年,专以提倡国货为事,每年输出外洋不下数十万。新屋地点适中,交通利便,其营业日益发达,可为预卜。闻该庄今日尚续请各界参观一日云。

(1918年9月20日)

13. 老九章绸缎庄开幕

老九章绸缎庄因营业发达,于英界大马路盆汤弄口建筑四层楼洋房新屋。昨为兴迁开幕之期,上午五时三十分由大股东姚颂南君、严渔三君、王荫亭君启门行团拜礼,宁波同乡会由盛竹书君代表致颂词云,中华民国七年夏正八月十七日为老九章绸庄兴迁开幕之期,同人欣幸吾乡商业之发展,爰缀词而为之颂曰:华洋通商,沪滨为先,百业竞争,亦既有年,庄严灿烂,罗列市廛,曰我九章,今又兴迁,建筑巍峨,高耸云天,商品精良,种类万千,唯一巨铺,绝后空前,锦绣纷华,绮罗明鲜,布置周密,设备完全,经营宏达,用祝绵延。由总经理房吕葆元君、副经理潘达三君致谢词,旋即开市时至六时止,已收入现洋八万余元,及记账二万余元。其店友支配为绸缎部主任何翼卿,又洋装部主任厉芹生,吴服部主任沈韵三,洋装部主任邵申荣,皮货部主任蒋志刚,中文书记陈谘,西文书记杨彦宾诸君。

(1918年9月22日)

14. 中华皮鞋公司之进步

南京路泥城桥中华皮鞋公司开幕年余,初虽稍有亏负,后经经理人余华龙竭力整顿,遂得逐渐发达。所出之鞋式样精致,价值又廉,颇为沪上人士所称许。近又仿造美国纽约及波斯敦最流行之新式靴鞋数种,极合西装之用云。

(1918年10月5日)

15. 裘天宝新屋落成开幕

裘天宝银楼向设公共租界大马路五福弄口,现为扩充营业起见,在公共租界大马路香粉弄,择地自建洋房,现已落成,于昨日开幕。所有各种金银饰物于此数日中格外廉价,以广招徕。昨日自晨至暮顾主纷至沓来,至夜间十二时,收市结算共计售出各项金银首饰等件价银十五万元。是日间壁宝成裕记银楼亦售出货价五六万金,而恒孚、泰亨源、永丰馀生涯亦不恶。闻恒孚共销去足赤金一千四五百两,泰亨源、永丰馀各销去饰金三四百两,尚有杨庆和久记、宝成德记、新老凤祥、费文元、方九霞等,是日亦有二三万元交易云。又该银楼间壁新开之德新祥洋货号为甬商某某等所设,亦于昨日开幕,凡各种洋货绸缎布疋及陈设玩具均从廉出售,故自晨间五时开市起至夜间十二时收市,统计一日间营业收入达一万数千元云。

(1919年4月2日)

16. 荧昌公司工作之忙碌

浦东烂泥渡荧昌火柴公司迩来营业发达,各处来函订购者应接不暇,故第一第二两厂工作大忙。其装制火柴之女工虽广为招聘,终嫌缺乏,是以工资已迭次增加,照目下女工工资较诸去年已增十分之四,男工亦增十分之二,且当地女工不敷需要,现在由浦西招来者亦不下百余人,统计两厂男女工人现已增至一千五百余人。

(1919年9月2日)

17. 化学工业社添设第二发行所

公共租界五马路(即宝善街)中国化学工业社创设八载,自设工厂制造各种化妆品、药品、化学药品等类,往岁以舶来品充斥市面营业未见发达,近自抵制某货以来,一般爱国志士咸乐购用国货,该社营业骤形兴旺,每日装运各埠不下数十箱,其工厂执事人等日夜督工赶制,尚有应接不暇之势。该总理方液仙于化学研究有素,故其所出各品能受各界欢迎。现该社因原发行所房屋窄隘,门庄忙时极为拥挤,因在大马路商租龙华制革厂房屋为第二发行所,已于初八日开幕,特行减价一星期,以志纪念云。

(1919年9月6日)

18. 振华油漆公司之扩充

振华公司于今春开办采办原料备机制造,所出油漆颇受欢迎,现该公司为力求进步起见,添筹巨股,将光华新源两公司出资收并,组成有限公司,前晚邀集推销各号经理及南洋侨商,假四马路三兴园设宴欢叙,并报告设厂自造原料及新机化炼白铅粉产品佳好之情形。惟某外商近已连日将其舶来品贱售,与之竞争矣。

(1919年12月13日)

19. 新世界重行开幕

公共租界静安寺路西藏路转角新世界游戏场,前因营业失败关闭后,各股东不甘中止,添招新股,另举总理,改组内部,现经修饰一新,已于夏历元旦日开幕,游客颇为拥挤。其北部之马戏场,改筑剧场,跑戏场中心之□机架等玩具,移至南首该场中心,栽以树木花草,其他亦稍有更变。最热闹者,为楼上之木□,楼下之宁波花鼓戏,而南部两层楼之中西餐厅,改为小洞天茶座,每客一壶,雇有青年妇女值堂,意在招待一般游客,以冀营业发达。

(1920年2月23日)

20. 振华油漆公司新屋落成

振华油漆公司,因潭子湾自造厂屋竣工,定于十八日(昨日),举行落成礼,并在厂设备茶点,先期柬邀各界人士前往参观。昨日届期,午后一时,由该公司经理邵晋卿会同股东乐振葆、岑廷康、陈椿源、何绍廷、应子云、张兰坪、李剑雄及各职员到厂布置一切。未几有来宾百余人,先后赴厂。由邵经理会同各股东招待,导入会场。当由来客公推宁波同乡会会长张让三致词,祝该厂发达。继谢复初、谢碧田等相继演说良久,即由邵经理邀饮茶点,并请全体来宾参观全厂部分工场而散。

(1920年4月19日)

21. 明华银行在沪设汇兑所

甬商董谨吾,曾游学日本,毕业经济科,回国后,迭任北京中国银行、吉林官钱局、东陆银行等要职,经验丰富,近复集资组织明华银行,已告成立。设总行于北京,在申设立汇兑所,业已开始营业。上海汇兑所主任为邵芷湘,系甬江资本家,向在沪甬开设钱业,于银行业务亦颇有经验云。

(1920年5月8日)

22. 证券物品交易所营业发达

证券物品交易所,自开幕以来,棉纱证券等买卖,日见畅旺,每日有佣金二千余两,以是该所股票跌而复涨。各经纪人之佣金,七月份最多数者,推棉纱部,如边文锦、陆竹坪、张继芳、薛润生、毛鉴清、黄渔亭等,各有六千金,证券部如洪董梁、孙棣山、诸严甫、庄鹤卿、杨河清等,各有二三千金,各经纪人颇为满意。现杂粮部已定于明日(二日)始,先行买卖,油豆饼继续筹备,小麦、生仁、芝麻、菜子、菜油、菜□等类,现正在物色最高之品,定为标准,经纪人额,已经满足。外间闻此消息,咸争购交易所股票,因而股票涨价也。

(1920年8月1日)

23. 证券物品交易所营业之发达

证券物品交易所之证券部,如公债票、兴业银行股票、汉冶萍股票及各项公债,棉纱部则加增小包标准等类,次第进行,逐渐完备,是以该所股票,市价已达五十七八元,足见其营业之发达。现闻该所虞理事长,又提议将在沪洋商各种实业之外国股票,物色种类,添入证券部,俾便华人买卖,又面粉之绿兵船粉,单独标准,亦拟添入,现在接洽一切,中秋时节,可以发表云。

(1920年9月15日)

24. 中国化学工业社总发行所迁移开幕

中国化学工业社,为方液仙君手创,已历十载,所创三星牌各种化妆品,精美绝伦,大受社会欢迎。向设总发行所于五马路,兹因营业日渐发达,原有房屋不敷办事,特租河南路四百四十四号为总公司。昨为开幕之期,先时邀发礼帖,请各界参观。到者有总商会副会长秦润卿君及南洋檀香山华商各代表等,均由该公司总理方液仙、经理胡士浩及各职员殷勤招待,并备名点,以款待来宾云。

(1920年10月16日)

25. 通商银行添设分行

中国通商银行洋经理麦卸尔君,现因营业发达,仅有总行一所不敷发展,爰特议定于虹口乍浦路天潼路口八号洋房内添设通商银行分行一所,华买办一席,由总行买办傅筱庵派王君前往担任,现已布置就序,约在下月初旬,即行开幕营业云。

(1921年1月15日)

26. 中国通商银行分行开幕

虹口天潼路乍浦路转角中国通商银行虹口分行,于昨日(三十一日)行开幕礼,总行经理傅筱庵、分行主任王心贯、谢百爻、董事盛泽承、陆子愉、周金箴、陈辉庭、朱葆三、严渔三、徐冠南诸君,均亲自在该分行招待。来宾有财政部代表卢润泉司长、钱干臣代表徐恩元,及本埠各行政机关代表、本埠各银行各钱庄执事等,约五百余人,均由该行职员,引导至各部办事室、银贷部、保管库等处。屋凡三层,满挂红色彩联,以及颂词祝词等,一一参观毕,又邀至叙餐室会餐,午膳后始散。计是日该行所收各存款,共有一百十八万三千余元,活期储蓄亦有二十五万数千元。

(1921年2月1日)

27. 纪三北公司航业之现状

华商自办之航轮公司,除招商局外,以三北公司营业最为发达。近年来轮舶日增,数量亦渐次扩大。该公司与鸿安公司,同为甬商虞洽卿创办,所有轮船共已有十六艘,其中长安、德兴两轮为鸿安公司之长江班,去年又承租华利一轮加入,共为三艘。至铭顺、宁兴、升平、升安、升孚、升有、惠顺、亿利等八轮,系三北公司自备之海轮,皆购自香港者。中以升孚一轮吨量为最巨,在二千五百吨以上。当该公司购买此轮之后（共出价六十万元），适沪战发生，香港商轮缺乏，该公司即将此轮，以六万元一月之租金，承贷与英人行驶，并将向某国人购得之仁阳丸，改名为升平号，一并租出，至去年始收归自用，然所出之船价，早已在赁金上取回矣。本年已派定升孚号专驶上海至威海卫班，升平、升有两轮，开驶烟台、大连及上海、天津等处。现在因福州班之宁兴号入坞修理，故将升有替代行驶，升安一轮，刻下出租与开平煤矿公司，输运秦皇岛至上海之烟煤，其铭顺与惠顺两轮，有时开天津班，有时开福建至上海班，初无一定航路，但视各处运货之多寡缓急，临时派驶。至于现在新改之升利一轮，原名亿利Rotarua，只有六百五十吨运量，系以三十二万元之代价购自英人者，初本行驶福建、上海，嗣因船主、大副、二副悉系西人，开班一次，所得水脚，不敷船中开支，故自去年六月底停驶。兹因船中西人之困难问题，已经解决，故正在修饰船身，预备开班行驶矣。该公司在去年又承租吾国没收之敌舰"华葵号"一轮，专以派开临时班之货轮，旋以港粤方面无船行驶，复租用西就Snicbon号、东城Tangshing号两轮，专运沪港之进出货物，并不搭乘旅客，在去冬复又加入北河号Peihoi与永和号Yungho两船，行驶中国之南部。现时该公司合鸿安之长江班轮，及经理各船，已有十六艘，总吨量已达二万三千零十四吨，而本年五月内，犹须添加华大一轮，以扩充长江航业云。

（1921年3月5日）

28. 达丰染织厂之发展

达丰染织公司为谋国内纱厂及布厂出品布疋发展起见，于前年向英国订购漂、染、上光、浆膏、整理、装潢各部全副机器，并在曹家渡购地数十亩，仿英国染厂格式，建筑新式厂屋。现已落成，各种机器已到齐，装配完全，即行开办，并聘英国专门工程师。凡于棉质品之疋头，当视货物身价之高低，配以上膏上浆之辅助，合法之整理，虽属本国布厂出品，一经该厂染色整理之后，鲜艳美丽与洋货无异云。

（1921年5月31日）

29. 四明银行迁居新屋

上海四明银行，于前清光绪三十四年创立，为华商银行之先进，宁波、温州、汉口等处，均设有分行，年来营业发达，故沪行原有房屋，不敷发展，特在北京路江西路转角自行购地建筑新屋,择于昨日(即九月九日)迁居,官绅商学各界人士往贺者甚众,且有西商数十人亦往道贺,颇极一时之盛云。

(1921年9月10日)

30. 中国化学工业社十周纪念

河南路中国化学工业社,创办十年,所制三星商标各种化妆品、药品等,销行颇著。昨为举行十周纪念之期,除将各种出品廉价八折外,另外香水化妆品物分销宾客,以故虽在国庆休业之日,然仍形拥挤。闻期限二星期云。

(1921年10月11日)

31. 证券物品交易所之近讯

加入各埠交易所股票 金银部定期开市

上海证券物品交易所,近以天津、宁波、广州等处之交易所及中易等各信托公司股票,在上海市面流通甚广,向来只有现货买卖,群感不便,该所为便利主顾起见,业于昨日次第上市,为定期买卖,不日尚有其他种之股票加入。至于金银部之经纪人,亦经确定,其保证金已一律收齐。惟前因天时炎热,恐人气熏蒸,故拟待新市场落成,始行开业。现在秋高气爽,即与证券等在同一市场买卖,亦无不便。兹各经纪人纷纷要求早日开市,由理事会决定,于十一月一日(即阴历十月初二日)开始营业云。

(1921年10月12日)

32. 证券物品交易所金银部开幕

上海证券物品交易所所建之新市场,业于日前竣工,故该所新增添之金银部,遂择于十二号(即昨日)开幕,各经纪人皆金业中有经验者,交易甚为热闹。其金银部定期买卖,暂行规则第一条,自十三日起,改正为每日分前后两市,前市午前九时,后市午后二时,每一市分为十六盘。又金银部标金定期买卖,每月十五日起准备第三月期买卖,昨由理事会通知矣。又该所阴历岁首岁末,例应休假,兹定于十二月三十日起至十一年一月三日止,休假五天,一月四日起照常交易,所有十二月间定期买卖,定于二十八日交割,二十七起停止定期买卖。

(1921年12月13日)

33. 航务消息汇纪

宁绍公司，去年一年中，所经营之长江班、沪甬班两路航业，年终余利，统计净获洋八万元。去年各处航业，均清淡，该公司之利益金虽较前年为少，然较他公司则已属优异矣。

(1922年2月5日)

34. 华安寿险公司之十周年纪念

昨为北京路华安合群保寿总公司成立十周纪念之期，于上午十时开纪念会，各界到者甚众。当由总理吕岳泉报告历年经过情形，及现时营业状况，并谓，赎路储金一项，现由本公司独立承认一百万元。述毕，由总董朱葆三暨各界来宾先后演说寿险之有益于社会。散会后，至大观楼午餐，尽欢而散。

(1922年6月3日)

35. 舟山号轮船下水礼纪

轮机及一切设备均佳　航线为定海上海穿山海门等埠

舟山轮船公司，前向耶松船厂（即祥生厂）订造新式单机钢轮一艘，定名"舟山"，业已工竣。昨在浦东工厂行下水礼，午后三点半，由该公司董事丁梅生君之妹翠玉女士掷瓶，该厂工程师吹警笛一声，该轮即时移动，渐渐下水，甚为平稳。该公司董事到者，如朱葆三、许廷佐、程庆涛诸君，与来宾虞洽卿、葛虞臣、丁镒仙、袁履登君等千余人。后由该处总董事泼符的司，及职员哈门敦、林良佐邀请来宾，享以茶点，并由泼君演说，庆祝美满之下水，并颂舟山轮船公司之发达。辞毕，赠丁女士金手表一只，鲜花一束，以酬其劳。后由袁履登君代表总董朱葆三演说，敬谢该厂制造该轮之完备，深为满意，兼颂耶松船厂万岁，舟山轮船公司万岁，并由来宾壳件洋行总理克拉克君，及丁镒仙君相继以英语演说，皆颂双方之进步，词毕，散会。该船长二百零五英尺，阔三十三英尺，深到大舱面止二十英尺，载可约八百十吨。其机器之坚固，各房间装饰之美丽，为定海航线各轮之冠。该轮航线，为定海、上海、穿山、海门等埠也。

(1922年6月13日)

36. 国货肥皂之部奖

五洲固本厂所出各种化妆香皂、洗衣粗皂、卫生药皂，价廉物美，推销颇广。此次上海国货展览会审查结果，得农商部最优等特奖。此项奖凭，闻已由总商会转交五洲药房具领矣。

(1922年8月16日)

37. 三友社添设发行所

三友实业社所出之毛巾，以及浴衣手巾等类之出品，因时在改良，故深为各界所乐用。该公司本在北四川路桥堍设立发行所，营业虽颇发达，惟为便利各处顾客起见，特于南京路日升楼相近，中央印刷公司原址，添设发行所，俾顾客少奔走之劳，业在大加装修，不日即可工竣开幕云。

(1922年8月28日)

38. 三友社总发行所定期开幕

三友实业社，成立于民国元年，其时仅设灯芯厂于横滨桥，殆至民国四年，又设毛巾厂于华德路，一时著名三角牌毛巾遍布于市，而日人钱锚牌遂遭打击。近又新制浴衣，上等社会，均欢迎之，其独福提花单被，以及时花□毯，价值均廉。本年上海总商会商品陈列所之展览会，及新加坡马婆展览会，皆获有最优等奖凭。该社又于英大马路中央印刷公司原址，设立总发行所，闻择于九月二日为开幕之期。此次总发行所开幕，恰值该社创立十周纪念，除特别廉价外，并有各种赠品，赠惠顾者，其出品计有一千余种，并欢迎各界人士前往参观云。

(1922年9月16日)

39. 信大祥局之商况

四牌楼及新北门信大祥皮货局，联合二洋泾桥恒丰泰皮货行等五家，于秋间派员前往京陕同州各处,采办滩皮、狐裘、灰鼠、羔皮及其细毛等货甚伙,虽早有陆续运到,然尚属少数。兹悉该同业已返沪,所办就各货,概已陆续运来云。

(1922年12月24日)

40. 达仁堂将迁入新屋

河南路抛球场一二九号京都达仁堂,在沪开设数十年,信用素著。近因营业更形发达,原有地址,不敷发展,故特于山东路口南京路,自建最新式三层房屋一大幢,形式壮丽,日内即可完工,现定于本月十二日(十一月二十六日)迁往新屋,照常营业。闻自迁移日起,各种丸散,不论朔望,一律照九五折扣,以示欢迎云。

(1923年1月8日)

41. 达仁堂昨已迁入新屋

南京路京都达仁堂,昨日迁入新屋开幕,营业极盛,各界分赠贺礼甚众。该堂总号在北京杨梅竹斜街,天津、汉口亦有分设,在沪亦已分设多年,发售各种灵药,颇为著名。此次新屋中最为特别之装饰者,即沿柜台之长算盘,为沪上破天荒之布置。据云,京、津、汉三处亦然,为该堂之特别号。昨日起,凡顾客一律有北京制之小玩具赠送云。

(1923年1月13日)

42. 泰昌新屋将行落成礼

南京路贵州路口泰昌西式木器公司,创自前清同治初年,为沪上著名木器公司,故特自建新厦,规模甚大,现已竣工,不日将举行落成典礼云。

(1923年3月2日)

43. 泰昌新屋落成礼志

泰昌洋货木器号,在南京路创设已历五十年,为沪上极久之洋货木器商店,去年因扩充店基,故将房屋改筑新式大屋。昨日行落成开幕礼,各界往贺者甚众,如商界虞洽卿、王一亭等均到,由该号职员招待,并款茶点。新屋共计四层,有陈列橱六大只,装有电梯。第一层为家用零星器皿;第二层为木器,陈列各种椅桌床架等类;三层则为地毯什件等;四层暂时作为招待室,将来则将改为大件家具陈列室。其中最特色者,即二层木器部特装之二室,与普通家庭相仿,顾客入内看货,较四散者为佳。房屋建筑,极为坚固,式样亦甚壮丽,闻费时一年有余云。

(1923年3月16日)

44. 宁绍轮公司拟租浔路局产

预备建筑琵琶亭码头　再函总商会请转催促

本埠宁绍商轮公司,因江西琵琶亭未筑码头,货物起卸及旅客上落,均感不便,拟向南浔路局商租该处水面权暨行路,以备建筑码头之用。于民国十一年间即请沪总商会函咨该地商会,转商该局董事在案,迄今年余,尚未定局。该公司以轮船铁路,皆属交通范围,应相辅而行,乃能彼此获利,故昨又详述租借原由,再请沪总商会去函催促,以冀有成云。

(1924年7月9日)

45. 兴业兴记烟草公司近况

中国兴业兴记烟草有限公司,已于本月一号,迁进南京路虹庙弄对面发行所新址(中德商店原址),日内从事布置装修,一俟完竣,即可正式营业。日前适值渣华邮船公司开幕,该公司特具备新制全福、聚宝两种香烟,经转赠宾客试吸,均许为优美出品云。

(1924年8月6日)

46. 九福公司昨日迁入新屋

本埠爱多亚路九福公司,创办于民国十二年,发行百龄机补片,迄今三载有余,销数非常发达,各省都市陆续添设分公司,而各地推销经售之商号,更属日增月盛。因之总公司事务顿形忙碌,原有地址不敷办公,爰于爱多亚路大世界对面,自建新屋,已于昨日(一月四日)迁入。该公司地位宽大,气象庄严,真金门面,朱漆雕栏,内容布置,焕然一新,正中为营业处,右为总理室及总办事处会客间,左为会计部,职员办事处,二三层楼,则为配药间、化学室、印刷品间、货栈及宿舍,另有三幢房屋,则装置机器,为制造药片之用。该公司诚为海上一大规模之制药公司云。

(1925年1月5日)

47. 方九霞新店开张预志

大东门及抛球之老方九霞银楼,创设三十余年,近在南石路郑家木桥北首,自建高大洋房,业已工竣,订定于夏历三月二十二日开张,并预发柬帖,请绅商各界,届时前往参观云。

(1925年3月6日)

48. 宁绍公司特设火险部

宁绍轮船公司连年以来,航业殊为发达,兹该公司鉴于火险一部,有增设之必要,然前因无相当人材主持部务,因此停顿。近该公司迫于时势有非从速组织之不可,为此挽人聘请富于火险经验之金和笙主持火险部务,现已布置就绪,正在分段进行。该公司组织此部,既能应时势之需要,又得专门之人材,则其营业之盛,定可预卜。

(1925年10月29日)

49. 宁绍商轮公司保险部开业

宁绍公司添设水火保险部,昨已开业,本埠各界及同乡股东等,前往道贺者有来宾乐俊宝、楼恂如、傅其霖、王心贯、何积璠、朱丕显、谢莲卿、孙梅堂、黄泽生等不下数百人,而该部总经理袁履登及主任金和生招待来宾,备极优渥。征闻未开幕前,已接有保险生意多起。

(1925年11月7日)

50. 荣昌祥停业后之余闻

公共租界纳税华人会理事王才运君,因感于五卅案件,除尽力援助外,并将数十年心血所成之荣昌祥呢绒号停业,回里休养等情,已志前报。兹悉王君之侄辅庆君,任该号协理店务有年,对于各界主顾,感情颇洽,各方闻讯,多劝其继续营业,其侄因有违乃叔初志,决将原有号名及地址放弃,另行设立王顺泰洋服号于西藏路宁波同乡会对面,以答各方原意。现在竣工修理,丙寅春间可以开始营业云。

(1926年2月2日)

51. 三北公司上年营业概况

三北轮船公司,开办已历十载,经虞洽卿君克意经营,历年以来,自办船厂,购置船只,办理不遗余力。及至去年,始有伏龙、凤浦、鸣鹤、长安、德兴、升孚、升平、升安、宁兴、之江、升有、泰山、醒狮、飞虎等船十四艘,行驶于长江、湖南、天津、烟台、广东、福建、秦皇岛、海参崴之间。又内海三北公司,有镇北、慈北、姚北、小轮三艘,行驶于宁波、龙山、定海、沈家门之间。各埠自购码头,设立公司,统计各船各埠海员及职员人数,不下万人,上年公司营业帐目,总结计盈余银八十二万五千余两。闻虞君为挽回华人航海权利计,今年更将增加船只,推广航线,力求扩充,并聘请陈蓉馆君为会计主任,以资调剂,搜罗驾驶人才,酌用同乡亲信之人,藉收指臂之效云。又闻三北轮埠公司,为便利宁波旅沪同乡起见,今年决将行驶福建之宁兴轮,改为沪甬航线,闻该轮已入埠修理,改造舱位,大约阳历五月初,即可开行矣。

(1926年2月18日)

52. 荣昌祥近闻

南京路新世界对面荣昌祥号,由王宏卿接理后,对于内部整顿,极为完美,呢绒哔叽,均向美德法奥各国著名呢厂定购,所请技师,均高等名手,式样仿欧美最新式者。又闻国货一部,择优陈列,故营业较前盛旺云。

(1926年4月27日)

53. 商务印书馆将行卅周年纪念

商务印书馆创立至今,已垂三十年,现将举行三十周纪念。发行所自九月一日起,举大廉价一月,爰将该馆创立以来之略史,及现在之状况等,撮要述之。

一、创业经过。经始于清光绪二十二年丁酉正月,夏瑞芳、高凤池、鲍咸恩、鲍咸昌共集股本四千元,在上海江西路租屋三楹,购印机两架,是为创业之始基。翌年夏六月,迁于北京路,有屋十二楹,是为发展之初步。越五年,当壬寅癸卯之后,始建印刷所于北福建路,设编译所于唐家弄,设发行所于棋盘街,规模粗具。是时日本金港堂,拟在上海开设印刷厂,该馆因欲利用外国技师,与之合办,先各出资十万元,渐增至一百万元,改组股份有限公司,向本国商部注册。旋于宝山路改建印刷所、编译所,复于棋盘街建筑发行所,基础由是巩固。但引用外人兼收外股,实为一时权宜之策,非为根本计划,于是一面遣派学生,赴国外学习印刷,一面招集青年学徒,授以各种技术,以为独立经营地步。其时吾国风气渐开,该馆又办有成绩,附股者渐多,乃于民国元年提议收回外股,由夏瑞芳与日本股东磋商,历时二载,会议数十次,始得全数收回。民国三年呈报农商部立案,奉批有"热诚毅力、至堪嘉许"等语。此不特该馆足以自慰,实亦我国实业界至有关系之事也。自外股收回后,营业愈发展,自创办迄今,历时三十年,股本达五百万元矣。二、增股之年份,该馆创立时,集股本洋四千元,现已收足五百万元,其增加之年份如下:清光绪二十三年丁酉四〇〇〇元,光绪二十四年戊戌五〇〇〇〇元,光绪三十一年乙巳一〇〇〇〇〇〇元,民国二年癸丑一五〇〇〇〇〇元,民国三年甲寅二〇〇〇〇〇〇元,民国九年庚申三〇〇〇〇〇〇元,民国十一年壬戌五〇〇〇〇〇〇元。三、历任之总理。夏瑞芳自创办时起,至民国三年一月七号,被戕出缺,由董事会推举应锡章继任。民国四年十一月间,应因病赴日本医治,病殁于神户,即推举高凤池。民国九年高因事辞去,总理一职,乃由鲍咸昌接任至今。四、现状之一斑。该馆上海方面,计有印刷所五处,一、二、三所在闸北宝山路(即总厂),编译所总务处亦在焉。第四印刷所在吴淞路,第五印刷所在天通庵路,总发行所在棋盘街,北四川路有虹口分店,外埠如北京、香港则均有印刷厂,分馆遍于全国各省大都,北京、天津、奉天、长沙、香港等处分馆,均系自建新式水泥钢骨大屋,尚有数处,现在建筑中。机械设备,最初仅有印书机两架,现在计有各种机器,约一千二百余架,由该馆自造者不少。至于职工人数,上海各部职员约一千人,男女工友共约三千五百余人,机器工人约占百分之八十,手工工人约占百分之二十,女工约占总数百分之三十,各省分支馆局职员工友约千余人。五、纪念之办法。此次三十周纪念,拟自阳历九月一日起至九月底止,举行大廉价一月。其办法大致如下:仪器文具,照实价打九折;木版之教科书以外之图书,购满实洋一元,赠书券洋二角,不满一元五角以上者,酌送纪念物品;原版西书,寄售图书,照原价实售打九五折;小学教科书,购满一元者,送小学书券六角,十六年份代价券三角,十七年份代价券三角,购满五角,送小学赠券三角,十七年份小学代价券三角。

(1926年7月22日)

54. 中华协记皮鞋公司新讯

南京路抛球场中华皮鞋公司,出品精良,素为各界所称许,近为扩充营业起见,改组内务,特加协记名号,将店堂扩大,门面修漆,添聘优等技师,精制新式男女皮鞋,且附设之西服部,亦力谋发展。闻已定到大批秋冬呢绒新式衣样,一俟装修工竣,即同时举行正式开幕廉价云。

(1926年10月22日)

55. 振华油漆公司出品精良

上海北苏州路天后宫桥西首,振华油漆公司,创造各种颜色油漆,于今历八载,其所漆各种样器,或黄或绿,或红或紫,莫不光彩焕发,鲜丽异常,而其耐潮耐热之力,尤为各种油漆所不能及,且施漆之后,干燥亦非常迅速。据云,能于四十八小时后,即可将器动用,并无漆疔之毒。其油漆悉行装桶,色已调制匀净,桶盖上即标其所贮之色,任客知所选择,而价值之廉,更其余事。自从民国十二年间,兼设工程部,专事接油漆中西房屋、轮船、汽车,暨大小一切工程以来,营业甚为发达。闻近今全国各埠及南洋群岛,欲求居住清洁者,莫不购用该公司之油漆云。

(1926年10月22日)

56. 中华公司营业发展

海宁路中华公司,系甬商郑君手创,于民六成立,悉心经营近将十载,输出货品,以美洲南洋等各埠为多,如书籍笔墨信笺封文具等以及国货日用品物,历年出口,销数甚巨。该公司自民十设印刷制造场所以来,对于制造文房用品、象牙雀牌、印刷中西书籍、洋装簿册、广告招贴、名人像片、美术图画等类,均非常精美云。

(1926年12月27日)

57. 上海华成烟草公司新厂落成

上海华成烟草公司,开业以来,已历四载,因各种出品烟枝,均能凌驾舶来,故营业亦蒸蒸日上,供不应售,原有一二两厂不敷工作,近又于虹口汇山路地方,购地八亩余,添筑新厂,委托公利营业公司土木建筑工程师顾道生、杨楚翘二君,绘图设计,由久记营造厂承造,材料均用钢骨水泥,建造三层楼厂房一所,工程既异常坚固,式样亦极为壮观,可称我国烟草中之模范云。

(1927年12月27日)

58. 大世界之新发展

大世界新建共和厅之旁,尚有小厅一所,同时竣工,共计三层,预备开设糖果公司,精制各色糖果,并有中西铺点,布置幽雅清洁,烹调特别研究。楼上为群花会唱,均为海上花界之翘楚。共和厅特设精雅座位,附设百花会,陈列各色名花,以供高人雅士、名媛闺秀,品茗赏花,清谈休息云。

(1928年1月16日)

59. 天厨味精之声誉

又得英政府准许专利

本埠天厨味精厂,创制味精,已历六载,而其质纯味鲜,确为调和食物唯一佳品,故自销行以来,极得国内外各埠人士之欢迎。查该品发行之初,曾经北京农商部颁给褒状,内务部化验,许为有益卫生,频年又经沪上各大化验室赠有化验凭证,并得有各埠赛会给予最优等奖状,不一而足。上年又得美政府准予专利,给有执照。现闻该产品于客腊,又得英政府商标专利,及建设局化验及格,特给予二六九五七六号专利执照云。英美两国,于食物卫生,最称注意,于此更见该厂产品味精之优良也。

(1928年2月1日)

60. 华盛顿钟表行新迁志盛

昨日,为南京路华盛顿钟表行新迁后开始营业之第一天,商界名人方椒伯、袁履登等，俱于晨间前往道贺。蒋总司令之兄介清先生，亦于上午代表蒋总司令个人，以乡谊致贺，而买客之拥挤，尤盛极一时。半价廉售部诸职员，更形忙碌，每支一元半之德国夜明表，及每只六元之十四开真金手表，至下午三时所备之货，完全售尽，由该行派员赴栈开拆新货。总计全日营业，收入达一万余元云。

(1928年6月8日)

61. 五洲大药房北四川路第二支店开幕先声

五洲大药房，自创办以来，二十余年，营业日渐发达，兹自收买德商固本皂厂，照常制皂外，添设制药部，自行制药，在国内外分设支店，已有九十余处之多，而本埠五方杂处，生意尤为发达。除在天后宫桥已设第一支店外，兹为便利顾主起见，复于北四川路老靶子路转角，添设第二支店，特聘留学专门毕业，或临诊有年，医理邃深，经验宏富之男女名医瞿直甫、瞿绍伟、汪名孝、卢宝法、程立卿、杨素兰、黄瑞英、戴建舫诸医师，常川设诊，并不分昼夜代配医生方剂。除专售各种家用良药，五洲固本皂、香皂、香粉、中华兴记香皂、化妆品、卫生药品、欧美原料药料、医疗器械照相用品外，并售罐头卫生食品，各种名酒。闻该支店现已装修完备，陈设极为壮丽，准于夏历七月初二日正式开幕，欢迎各界前往参观云。

(1928年8月14日)

62. 中和烟公司新厂落成

中和烟公司，为烟业巨商邵德明、沈延康、翁康甫、俞伴琴等诸君所组织，资本雄厚，布置完善，开办迄今，已历数年，其各种出品，如华丽、玉兔牌等，颇受社会欢迎，风行全国，是以营业极形发达，年有发展，所有东有恒路厂址，因不敷办公，今年三月间，特在唐山路四十号自建新厂，现已落成，昨日起已迁入新厂办公。

(1928年8月22日)

63. 三北宁兴轮昨日试车

三北轮埠公司宁兴轮，本为行驶沪甬航线中最优美商轮，旋因船身过小，旅客颇感拥挤，故由该公司总理虞洽卿于本年四月间嘱该公司自办船厂，从事修理，将船身加长后，复添加二层。凡统舱、房舱、特别间等舱位，无不扩充。该项工程，始于前日竣事，全船修葺一新。昨日，由公司预发请帖，邀各界在十六铺码头，参观试车典礼。上午九时许，来宾络续到船，由虞洽卿君亲自殷勤招待，十时遂启椗上驶。船内并备精美午餐，至吴淞口外，下锚休息二小时，旋即开回。闻该轮每小时可行十四海里，预定自本月十四日（即星期五）起，仍往来于沪甬航线，船务主任聘请林传芳君担任，以资熟手。

(1928年9月10日)

64. 今日九福公司新厂开幕

本埠九福股份有限公司，现以营业发达，原有房屋不敷办公，所有百龄机制造厂，亦因出品增多，添置机器，故不得不另建厂屋，以资容纳。该公司早于去年在日克路□克路转角，购置地产，自建三层洋房，业于本月一日迁入，已志本报。兹该公司定于今日（国庆日）正式开幕，下午三时至五时，特邀各界前往参观，并请指导云。

(1928年10月10日)

65. 国庆日九福公司新厂开幕

九福公司迁移新厂，定国庆日行开幕礼，已志前日本报。是日该公司正门前遍绕鲜花翠柏，堂内广布国旗，满悬各界名人所赠联幛镜架。未及下午一时，来宾即络绎而来，如总商会冯少山、赵晋卿、林康侯、陆凤竹等，卫生局尤济华、周邦杰等，机制国货联合会王汉强等，医师公会有江逢治、庞京周、蔡禹门、赵志芳、李梅龄、朱荣锦、黄钟、侯光迪等，中医学会有丁仲英等，律师会有朱甘霖、朱凤汕等，以及商学界名人如穆藕初、方椒伯、叶山涛、尹逸夫、石芝坤、俞宗周、洪深等，济济跄跄，络绎不绝，由该公司黄楚九、吴虞公、陈星五及中法药房马炳勋、徐斌才，中西药房周邦俊、夏习时等殷勤招待，并引导参观制造百龄机并生丹机器，以及二三层楼各部布置。观者对于该公司出品之精良，机器之完备，公说为中国制造界中设备最完备之机器，迨至傍晚始各进茶点而散。是日，并有大中华百合公司拍摄影片云。

(1928年10月12日)

66. 西药业之伟大新建筑

中西药房五层蓝色瓷砖新屋

我国西药业之肇始,乃在光绪中叶,其时直接由欧美运销来华之西药,四马路中西药房贵为首创,经之营之,大见振兴,于是中法药房及罗威中华制药公司等,相继而起,迄今四十余年,能在新事业中占一重要位置,不能不归功于中西之创始。旋于民十二秋间,复经海上巨商黄君楚九加添巨资,重新改组,将昔日贩运欧美成药之策,一变而为自制药品,从此营业陡增,十倍于前。历年在本外埠添设之支分号,约二十余处,综计全国分号,已有七十余处,大小职员,不下二百余人(男女工人尚不在内),成绩之佳,已属可观。然该药房推广扩大之计,仍未稍辍,因之原有四马路中和里之店屋,实不敷用,特于四马路山东路口,另建五层蓝色瓷砖新屋,巍然直立,高耸云霄,青白相间,光耀夺目,且暗合青天白日之意,实足为西药业之伟大新建筑。其建筑费,计元二十万两,其中装修,悉用柚木,须银三万余两,以后各种出品,一律改用新式机器制造,以期精美。至内部组织,亦殊完备,计分八大部十六小股,各股职员,受各部主任之指挥,各部主任,听命于经协理,总其成者,则在总理,即黄君楚九是也。据闻目下正在积极布置新屋,不日即须迁入新张,仍由周邦俊医生经理,届时开幕之际,福州路上,当有一番热闹云。

(1928年11月1日)

67. 日夜银行新屋落成扩充营业

日夜银行自开幕迄今,已将十载,素以稳固著称,所有营业,年盛一年,且办公时间,较长于各银行,星期日又照常办事,故存户无不称便。今春在爱多亚路西藏路口自建新屋,今始落成,闻于初四日迁入新屋营业,并装置最新式保管库,手续非常简便,于迁入后一月内,为新屋落成纪念之期。凡预租两年者,赠极精美之手提真皮箧一只,各定期储蓄之利息,格外优厚,存满百元,亦赠皮箧一只。

(1928年11月14日)

68. 宝大祥南号绸布庄今日开幕

小东门外大街宝大祥呢绒国产绸布庄,本有总号、南号、宝记号三家,营业素称发达,今庚复将南号大加扩张,开放五开间门面,自建二层楼洋房,新屋落成,极奂美之致。闻其内部组织,以老南号二间为南部,新南号三间为东部,两部相通之处,曰鸿运门,曰多福门,均出名人之手笔,而二部花色各不相同,多至数千种,应时冬货搜罗丰富,无美不备,定价特别低廉,刻下布置竣工,准于今日(即十月十二日)正式开幕云。

(1928年11月23日)

69. 亨利洋服公司营业扩充

西华德路七号天潼路口亨利洋服公司主人王亨利,在沪业洋服制作,十有余年,营业极为发达。昔日总理在沪时,亦曾在该公司定购洋服多套,殊觉满意,并给名片书字证明,以资介绍。王君至今犹引以为荣。日前外交部长王儒堂先生,在该公司定制洋服六套,试着既竟,大为赞许。王君遂乞登报介绍,蒙部长慨允所请,此由新时事各报,王正廷博士介绍广告之由来也。该公司近以营业异常发达,特在南京路近外滩新建设沙逊大房子内,设立总店,专为便利商埠中心人士之用。外表虽气象堂皇,但并非专为西人而设,其余支店,如中国青年会、西侨青年会、海军青年会数处,仍在各处招揽生意,各有专人负责,诚上海惟一大规模之洋服公司也。

(1928年12月7日)

70. 闭幕后之中华国货展览会

五洲固本皂药厂等之热烈庆祝

上午九时首由五洲固本皂药厂代表方庆咸君到会布置,先施放高升边炮等,至十时开会。中国商人习惯,向沿惯例,对于新历至为冷淡。此次五洲固本皂药厂独热烈参加庆祝元旦,除购备大宗边炮等施放助兴外,并聘请名人莅会讲演。除马湘伯先生外,尚请有马寅初博士等,惜马博士以别有事索未及赶到。然该厂之破除旧习,提倡新历,其刷新精神,殊有足多。兹将马湘伯氏演说录后。

马湘伯氏演说：本日为吾国空前之国货展览会庆祝元旦，鄙人昨至五洲固本皂药厂参观，承总理项君松茂邀请参与本公司庆祝典礼，不胜荣幸之至。先是同学林君季璋，详说五洲固本厂系于民国十年五月由五洲公司收买德人之固本皂厂，就原有锅炉机器，继续出品，复拓地添建厂房，将本公司原有制造部归并于此，因定名为"五洲固本皂药厂"，聘请我国留欧美毕业回国之专门技师专任制造，出品繁多而精良，如人造自来血等等，均为各界所欢迎。而五洲固本肥皂，料纯质美。杨树浦英商祥茂肥皂所以得广销我国者，一恃其财力之雄厚，二恃有不平等条约之保障，屡次跌价竞争，药商各皂厂因此而停顿者有之，停息者有之，惟五洲固本厂不顾如何亏本，竭力与之奋斗，冀得最后之胜利，俾国货不至沦亡云云。鄙人参观后始信林君所言不虚，窃为项君热心提倡实业振兴国货之前途贺。管见我国洋货充斥，病在国货之价不廉，而洋货之价恃其不平等条约反廉于我，我则受内地之税无限制，抽无限制，以致国人不闻国货之美丽，只问价之廉否，可痛何如。国事渐见进步，政府又开展览会以示提倡国货之决心，切愿不平等条约一律取消，不平等税则一律取消，加以商界、工界竭力进行，则工商前途之幸，亦全国之幸云云。

(1929年1月4日)

71. 三友实业社增股认额之踊跃

三友实业社，本届扩展业务，增加股本，认股者异常踊跃，但照章应先尽旧股东，欲加入新股者日来纷请旧股东先行代为挂号，希望得占股额，惟该公司规定六月十八日（废历五月十二日）为旧股东缴股截止期，在截止期后，为有余剩股额，始得分配于挂号之新股东云。

(1929年6月5日)

72. 中国垦业银行添设支行

本埠中国垦业银行，为秦润卿、王伯元等诸君所组织，经呈请政府注册，并奉财政部核准发行钞票，自本年六月间开办以来，营业颇形发达。近该行鉴于沪地市面渐向西展，为谋顾客利便起见，又在静安寺路梅白格路口添设西区支行，专营存款放款储蓄汇兑等业务，筹备业已就绪，择本月十六日开幕。闻已聘定陶子石君为该支行经理，因便于招待女界顾客起见，并请女行员多人,担任各科事务。

(1929年12月14日)

73. 垦业银行西区支行近讯

中国垦业银行鉴于沪市商业,渐向西展,为便利顾客起见,特于静安寺路梅白格路转角添设支行,本月十六日开幕后,营业极为发达,存户储蓄,尤为拥挤。该行原定星期日休业,近因各存户纷纷要求,于此日照常营业,藉资便利,已由该行议决照准。自即日起,每逢星期日,自上午九时起下午三时止,仍照常办事云。

(1929年12月22日)

74. 三北公司购新行址

本市三北轮船公司,为我国有数之航业机关,创办十余年,现有大小轮船数十艘,为甬商虞洽卿所经营,年来受时局及种种影响,致营业未见起色。而三北公司行基,本在四川路爱多亚路转角,甚为狭小。兹悉该公司以将广东路四川路之永明人寿保险公司全部行基购就,永明公司业于日前迁至汇丰银行楼上,其售价为三十五万两,日来正从事修葺,不久即将迁入新屋办公云。

(1930年6月14日)

75. 五洲大药房之荣誉

五洲药房,将其自制化学药品,如伊打、蛋白银、纳夫脱林、硫酸铁、安及路儿、克利所、固本皂、亚林臭水等,去年在杭州西湖博览会陈列,现已由该会颁给特等奖状奖章,以资鼓励。

(1930年8月24日)

76. 五洲药房第三支店讯

五洲大药房,为便利沪南顾客起见,特就东门路,开设第三支店,除发售自制补身治病家用良药,及原料药材、医科器具、照相材料、卫生药品外,并特设医生间与配方部,专配各国医师方剂,分量准确,手续迅速,日夜服务,以利病家。自开幕以来,每日顾客拥挤,所有赠品,如美女图爽身粉、花露水,均优良适用云。

(1930年8月26日)

77. 亚普耳总发行所迁移新址

中国亚普耳电器公司,制造各种电灯泡,将近十年,最近添置各式哈甫灯泡、电风扇、小马达、火炉等各种电器,颇为爱国同胞所欢迎。现在双十节将届,该厂特制各色五彩果子灯泡,俾国人实行国货点缀国庆之用,兹因原发行所不敷办公,特于九月一日迁移至北浙江路八百二十号三层楼洋房,照常营业。

(1930年9月6日)

78. 五洲药房冬季营业畅旺

五洲大药房出品"人造自来血",有补药大王之誉,入冬以来,行销甚畅。该公司出品各种固本香肥皂,及美容霜、美丽康等各种化装品,素为社会人士所乐用,其他出品如女界宝、月月红、地球牌鱼肝油、助肺呼吸香胶等药,亦著神效。当此提倡国货声中,该公司对于各种出品,精益求精,故本埠及各地营业,更蒸蒸日上,四马路该总公司,及天后宫桥、北四川路、小东门、蓬莱市场,该公司各支店门市部均有应接不暇之势。

(1931年12月18日)

79. 中国垦业银行兴建巨厦

由赵新泰营造厂得标　造价银卅八万二千两

中国垦业银行,为本埠金融业巨子秦润卿、王伯元、徐寄□、李馥荪、周宗良、梁晨岚诸君所创办,一次收足资本银圆二百五十万元,成立迄今,已届三年,业务日臻发达,以致旧有宁波路房屋,顿感局促,不敷办公,爰经董事会议决,特在北京路江西路转角,购置基地一亩三分许,计价银二十五万两,由通和洋行设计,建筑八层大厦一座,于去年底招人投标,结果由赵新泰营造厂,以造价银三十八万二千两得标,目下工程已开始进行。该行预定底层及一二两层,均留作自用,一切设备,博采中外最新式各种银行建筑之长,务期本身与顾客,同感舒适便利,其余各层,悉作写字间出租云。

(1932年1月21日)

80. 天一有声影片公司大扩充

天一影片公司,向著盛名,兹为专摄有声影片起见,已由沪上华英美法诸国商界闻人改组扩充。查上海一埠,向有东方巴黎之称。今该公司致全力于最上等中国有声电影事业,则博得"东方好莱坞"之美誉,为期当已不远。该公司目的在摄制各种上等中国有声电影,以备陆续供给上海及外埠戏院之映演。据谓前天一影片公司之摄影场等,均拟归新公司所有,并将不日装置最新式之有声电影机,俾其成绩,能为东方第一,而与好莱坞比美增光,更延聘美国收音专家,以襄助中国导演。最近所出之《歌场春色》,及《最后之爱》二片,业已脍炙人口,将来出品,当愈臻美善云。

(1932年1月29日)

81. 中国垦业银行新屋工程积极进行

中国垦业银行,收足资本国币二百五十万元,为本埠金融界巨子秦润卿、王伯元、徐寄□、李馥荪、周宗良、梁晨岚等君所创办,成立三载,历在天津、宁波等处设立分行,本埠静安寺路梅由克路口设立支行,并在多处自设货栈,专以服务社会为宗旨,营业极为发达。该行前以规模日大,总行原址不敷办公,经董事会议决,特在北京路江西路转角,购置基地,自建八层新式巨厦,于今年一月间开始兴工,中因沪战发生,交通阻塞,工程稍被延滞,及后交通恢复,该屋工程,即已积极进行,务期仍按原定计划,于明年春间全部落成,正式迁入,藉以便行顾客。该行新屋图样如上。

(1932年4月23日)

82. 祥生汽车公司扩充营业

祥生汽车公司,原为旅沪甬商周祥生君独资所创办,开办以来,十年于兹,营业颇称发达。近来鉴于完全华人创办大规模之汽车公司,尚付缺如,特邀集甬绅何静山、李宾臣、杨文寿、王政劭、周智卿等加入,增加资本十万元,改为股份有限公司,除原有皮克汽车三十辆外,新添一九三二年出品雪佛来大轿车五十辆,闻所有车夫,均经重加训练,具有殷实铺保,对待顾客,颇彬彬有礼,并在北京路、贵州路口以及大陆商场等处,热闹区域,添设分站五处,电话号码改为四〇〇〇〇号,无论远近接送,每次一元,每小时三元。推何静山君任董事长,经划一切,周祥生君为总经理,以期与某大公司相颉颃。汽车虽非国产,亦挽回利权不少也,愿吾同胞爱护之。

(1932年5月4日)

83. 益利汽水厂业务扩展

益利汽水厂,为国人自营大实业之一,其出品经中央卫生试验所及美国化验局给照证明,驻泊沪、美、意、葡等国军舰领馆,均采用之。本年该厂为求出品精益求精,特聘请德国化学家亨利教授,及国内名化学家范凤源君,任化验改良专员,俾出品足以凌驾舶来,并将设分厂于吡陇、新金山等国外大埠云。

(1932年5月6日)

84. 五洲第二支店今日复业

北四川路老靶子路五洲大药房第二支店,因此次遭受沪乱损失,停止营业者,已及数月。当兹时届夏令,疫疠流行,而北区市民,购备防疫品及卫生品者,颇感道途不便。昨经该公司店务会议议决,第二支店决暂行开市,以慰众望。闻于今日起,该店准恢复营业,凡居近北区者购备药品,可告便利不少。

(1932年6月15日)

85. 荣昌祥迁移新屋

南京路新世界对面荣昌祥号,创设已三十余年。兹为原址房屋翻造,迁移南京路五百七十三号(即市政厅旧址新新公司对面),已于昨日迁入新屋,照常营业。

(1932年7月31日)

86. 金鼠牌香烟销路畅旺

华成烟公司为国货卷烟中之巨擘，主办者以提倡国产为怀，不惜牺牲，力求精美，故其烟质之佳，日益进步，决不以销路既广，遂即偷减工料，以图牟利，故其出品之销路，与日俱增，最普遍之金鼠牌香烟，已为国人公认为惟一之民众化卷烟，即穷乡僻壤之间，莫不有金鼠踪迹，是以提倡国货声中之一好消息也。兹闻该公司以迭接各埠催货函电，多如雪片，日夜赶制，复不肯丝毫苟且。闻内地各省，昔日均为外商之低价卷烟盘踞，今则已大半专吸华成之金鼠牌矣。

(1932年9月22日)

87. 五洲药房国药国皂

制造日精 销路日畅

五洲大药房自民十在徐家汇设立大规模之制造厂以来，对于皂药二项出品，研究不遗余力，营业亦日有进展，所制药类，如人造自来血等家用药、亚林臭水等防疫药，及工业原料药、医疗棉纱、化装用品等，共计四百余种，皂类则除固本肥皂每日制出千三百箱，尚供不应求外，更出有玫瑰、兰花等固本香皂计数十种。最近该公司复研成重要新剂数种，以贡献社会而振兴国货云。

(1932年10月10日)

88. 宁绍寿险公司一周纪念

江西路五十九号宁绍人寿保险公司，自去岁十一月一日正式成立以来，迄今一载。该公司昨日午后二时，举行一周纪念，总经理胡詠骐主席，记录陆士雄。席间胡詠骐致词，略谓，寿险事业，在中国尚在萌芽时期，经营者须一、肯研究，有信誉；二、应用科学管理；三、投资稳健。同仁等本此主张，共同努力做去。后营业部副主任胡詠莱报告营业概况，与今后方针。末摄影散会。

(1932年11月2日)

89. 美丽烟畅销社交界

我国各等社会,卷烟已成为普遍必需之品。若干年前,摩登化之青年男女,类非舶来品不吸。惟自华成公司之美丽牌盛销以来,上流社会闻之富有爱国心者,无不以美丽烟卷为必需品,咸以美丽烟卷,烟丝嫩黄,烟味和醇,至其形式之美观,装潢之富丽,犹余事耳。九一八后,国势危殆,提倡国货,尤为当务之急,香烟既为日常必需之品,尤不能不用国产,于是美丽香烟,已成为摩登男女青年中最时尚之酬应品矣。

(1932年11月15日)

90. 中国垦业银行昨迁

昨为中国垦业银行总行乔迁新屋之期,晨八时,全体行员,齐集新厦二楼议事厅,由总经理、常务董事、总行经理等相继训话毕,即由总经理举行升旗典礼,旋即启门营业。该行此次乔迁,不发请柬,不受贺礼,惟昨日各界人士前往道贺者,仍不稍减,如虞洽卿、陈光甫、穆藕初、林康侯、贝淞荪、徐圣禅、潘公展、唐寿民、胡笔江、卢润泉、袁履登、宋汉章、叶琢堂、徐新六诸氏,西宾如外滩各商业银行大班等,均各先后莅止,均由董事长兼总经理秦润卿、常务董事王伯元、梁晨岚、何谷声、王仲允,董监事李馥荪、徐寄顾、周宗良、龚子渔、徐补荪等殷勤招待,导至各楼办公处所,分别参观。来宾对于发行库建筑之伟大,保管库构造之坚固,业务部布置之宏丽,交相赞美。同时商业部储蓄处保管库,新旧主顾,纷至沓来,均由该行分别赠品,俾资纪念。又闻该行北平办事处,亦继余姚办事处之后,于昨日开业,归该行天津分行直辖云。

(1933年10月7日)

91. 五洲大药房筹设第二制药厂

主制甘油　关系国防

五州大药房总制造厂,在沪西徐家汇,其出品药剂肥皂等项,年有增进。该公司近为实行扩充计划起见,特在本市西区安和寺觅定地址,筹设第二制药厂,专以制造甘油为主。按甘油一物,不但为工业原料之要品,且为作战炸药之主料,故于国防关系甚大,惟国内尚无制造。兹悉该公司自筹设第二厂以来,诸事已渐次就绪,一切工务皆由有经验之技师详为设计,并向德国订购最新式之机械,业已运沪装置,闻下月即可开工出品。

(1933年10月10日)

92. 国货申一胶带厂之猛晋

橡胶带一物,系工厂所必需,每年漏卮,为数甚巨,尤以日货为最。兹旅沪甬商穆子湘、刘庆云、穆铭三、穆云五等有鉴于此,积数年之筹划及考察,集合巨资,创设申一胶带厂于本埠汇山路底。该厂纯系国人资本,国人技师,国货原料(由华商国民帆布厂供给),业已于去腊制造出货,品质坚韧,备受工厂欢迎,纷纷采用。该厂近更鉴于仇货之大举倾销,乃于货质,精益求精,价格尽量低廉,远超舶来品之上,可担保使用。其尤为特色者,即各工厂如有特别应用尺寸长短厚薄之任何性质之胶带,均可接受定制,于二十四小时即行交货,并保证应用,定货价格亦甚低廉,尤非外货所能及。凡各国货工厂,既有国货胶带之可采用,当勿再需外货,亦止塞漏卮之一大举也。该厂并欢迎各界随时参观,可与穆云五君接洽。

(1934年2月4日)

93. 金城大戏院营业盛况

北京路贵州路口金城大戏院,已于昨日(星期六)正式开始营业,放映联华公司最新超特出品《人生》。该片为《城市之夜》导演费穆所导演,主演明星为阮玲玉、林楚楚、郑君里及黎铿等,剧力似千斤巨槌,迎头痛击,情节似万里奔流,惊涛怒涌。昨日该院三场客满,而因迟到未能购得戏票退出之人数,更数倍于院内观众,卖座之盛,打破一切纪录。散戏时,观众对于影院及影片,赞美之声,不绝于耳,车马络绎于途,历久不散。

(1934年2月4日)

94. 申一胶带厂业务猛进

资本三十万元　出品迅速廉美

本埠虹口汇山路底申一国货胶带厂,为国货厂家之巨擘,耗资达三十万之巨，自开厂基，占地三亩余，为海上巨商穆子湘、刘庆云、穆铭三等君创办，自开办以来，业务异常发达，出品亦异常精美。兹值国货年之后，锐求国货之猛进，特将物质增加，人工亦甄求上进，以故出品之精良，竟出类拔萃，达乎国产品之冠，不但经久耐用，且堂皇美观，诚为国货胶带之王。闻聘有德国专家监制，故成绩斐然，堪与市上风行之美货故特异牌胶带媲美，现采用者已不(甚少)。数月以来，几遍全国。凡向该厂订货者，在四十八小时即可完全将货交清，是诚该厂之惊人工作，为国货厂家之创举，亦吾国工商业之唯一福音也。

(1934年2月24日)

95. 中国通商银行筹设厦门分行

通商银行历年业务经营素以稳健著称外，近两年来先后在南京、汉口、苏州、宁波、杭州、定海各地设立分支行及办事处，各种业务益以长足之进展。兹该行以厦门为华南大埠，华洋荟萃，百业繁盛，为推广南华方面之业务起见，特筹设厦门分行，由董事会议决委派李竹仙、向椒年两君前往筹备一切，即行长一席，亦已内定由该地著名侨商黄君担任。

(1934年3月22日)

96. 上海国货公司实行第二计划

本埠南京路虹庙对面上海国货公司，为南京路上首创之国货公司，历年经总副经理邬志豪、陆祺生两君之惨淡经营，及任矜苹君之悉心计划，成绩斐然可观，自上年实行第一计划，成功后，现又努力于第二计划，完成创造购买力工作。该公司不独售价之廉，为空前所未有，而货物之精美，尤属有口皆碑，近以时届春令，各界之爱用国货者，莫不于上午争先莅临，颇有将原来下午之购买力，集中于上午之势，营业发达，朝气蓬勃，实妇女国货年头之好现象也。

(1934年4月3日)

97. 上海国货公司之新猷

本埠南京路虹庙对面上海国货公司，为南京路上首创之完全国货公司，自举行春季大廉价以来,顾客拥挤,营业发达,足见国人爱用国货心理,已有相当认识。该公司总经理邬志豪,为提倡服用国货最热心之人物,素抱经济自卫之决心,历年努力于国货事业,不遗余力,得臻有今日之成绩。今年为妇女国货年,该公司于采办国货方面,益加认真,而营业范围,亦日见扩大,并在每日上午选取廉美国货,规定分时分部之办法,对妇女界为牺牲介绍之推销,不独售价之廉为空前所未有,而货物之精美,尤为各界所称誉。

(1934年4月23日)

98. 华生国货电扇畅销

推销远至欧西菲律宾南洋各岛

本埠华生电器制造厂,为我国首创制造电器事业之鼻祖,开办迄今,十有九年,所出各种电器用具,纯粹国货。出品中之最脍炙人口者,厥为电气风扇,构造精巧,式样美观,与舶来品相媲美,且保用十年,修理免费,尤为特色。该项风扇,近已行销欧亚各国及菲律宾南洋各岛,销数大增,营业发达。闻该厂为适合顾客需求起见,特将各种风扇颜色增加,如奶油、紫姜、克杂米、银色、白色、绿色、金黄色等不下十余种,鲜艳夺目,异常美观,价格亦较往年为低廉。时届夏令,各地向该厂订购风扇者,纷至踏来,大有应接不暇之势。

(1934年5月23日)

99. 夏令已届 亚普耳电风扇畅销

电器事业,为科学制作实业之一种,在二十年以前,我国所需电器用具,尽属舶来品,每年漏卮,何止千万。本埠亚普耳电器厂总经理胡西园,历年惨淡经营,成绩已斐然可观。该厂除制造国货灯泡以外,胡君于民十八年间,复在鄱阳路辟厂制造各种电气风扇及电钟、电炉,行销以来,颇为各界赞许。近因时届夏令,本外埠向该厂订销电风扇者,纷至沓来,故该厂工作,益加忙碌。

(1934年5月27日)

100. 中国通商银行厦门分行开幕电讯

中国通商银行为便利汇兑起见,特在厦门昇平路海后路口设立厦门分行,聘任该地著名巨商黄钦书君为经理,已于本月十四日开业。该行董事会,昨接到特派参与开幕典礼之代表朱焕文、乌崖琴两君来电,报告开幕盛况云:傅董事长钧鉴,今日厦行开幕,当地官长、各国领事、侨商及各界来宾致贺者,达五百余人,为厦地银行开幕所仅见,先此电呈,余函详云云。该分行前途之发展,自可预卜也。

(1934年6月16日)

101. 亚普耳电风扇畅销

本埠亚普耳电器厂,所出各种电风扇,种种优点,久已脍炙人口,今年为国货年头,故该厂电风扇销数,较往来更为畅旺盛。近来天气酷气,电风扇为却暑必需之用具,本外埠向该厂订购者,又复纷至沓来。闻该厂工人,日夜开工赶制,大有求过于供之势云。

(1934年7月29日)

102. 三北公司筹添甬班新轮

已向怡和购买联和轮　俟接收船舶便可开班

三北公司本年对江海各路航业,均积极扩充,为发展营业之大计划。兹又购买船舶,添开宁波新班,轮已买定,迩正筹备,不久即可开航。特将详情访志如下。

扩充之动机:本年长江与近海各路航业,均受市面不景气影响,而营业萧条,独于沪甬一路,自经与太古招商宁绍等合作经营后,无论货运旅客,均皆起色,四公司之宁波船,悉能获利。照目前状况,宁波班内尚可增添船舶,加入行驶,以供沪甬两地货客之需求,三北现决在宁波一路,再增开一轮,使沪甬两地,每日均有船开云。

购买英商船:该公司决定添开沪甬班轮后,便进行购买轮船,须客位优美,舱室较多,速度捷快,行驶平稳者,方得合用。会英商怡和洋行之长江船联和号,有出售之意,三北得讯,即往接洽购买。该轮与招商局之建国轮为姊妹船,总吨为二千七百七十顿,长二百七十八尺二英寸,阔四十三尺,有甲板三层,每小时可行十海里七五。头二三等及统舱俱全。系一九〇五年在法国制造,船身极佳,以之行驶宁波最为相宜,刻已双方谈妥。闻船价为十八万元,三北已经付款一部矣。

筹备各手续:三北对于该新宁波班轮,举凡旅客乘搭之一切设备招待,厉行革新，船内需用茶房，统用有训练之人，且额定一百人，不准超过，雇用茶房，酌收证金，以资保证而昭慎重。至接管该轮后，船内各级舱位，统须重加修建，于头等室尤求考究。迩日该公司于各项手续，已在着手积极筹备，联和轮现尚未曾交船，三北俟接收该轮，便须派班行驶。此后沪甬一路之行驶船舶，连同达兴之鸿兴轮，将有六船往来矣。

（1934年8月3日）

103. 通商银行大厦增高一层

中国通商银行因现有外滩行址，不敷展布，特斥资二百万元，在江西路福州路口工部局对面，自建最新城堡式、十九层楼大厦，奂轮壮丽，气象巍峨，与都城饭店及汉密而登大厦相鼎峙，而其高度、外观及一切设备，则更驾而上之。是项伟大工程，系由建兴建筑师设计，另由通和洋行参加顾问，一切进行极为慎重，现已由陶桂记营造厂承包，开始兴工建筑，预计十八个月，可以全部工竣。闻该大厦因坐落地点关系，原为十八层楼，现经商得工部局同意，再增高一层，故已为十九层高楼之大厦云。

（1934年8月12日）

104. 三北增沪甬轮

联和定十八日接收

怡和洋行联和轮，售与三北公司，船价为十八万五千元，先付定洋二万元。因该轮尚须开行两班，故未接收，今议定之交船期限将到，俟此次联和由汉下水至沪卸清货客后，定于本月十八日，由怡和洋行将该轮交与三北，三北接收此轮，即将船价全数缴清，向交通部、航政局、江海关呈报登记及改称等项手续。

新船命名：三北已决定将该轮加入宁波线内，行驶星期一、三、五班，其船名闻初拟留一联字，更称联安，继拟将此新船，改定名称曰"明兴号"。

平和造舱：怡和将联和出售后，长江一路内，因尚有余船，已经该行决定，将平和轮加入，接替联和班。兹已就平和轮台甲上，增造大餐间及头二三等客位，以供往来乘客之用。

（1934年8月14日）

105. 大中银行近讯

移沪选定职员

　　大中银行成立有年，办理银行一切业务，信用卓著。兹该行为刷新业务起见，将总行移沪，又改选董监事总经理协理，以张慕先君为董事长，俞佐庭君、徐季凤等为董事，李皋宇君等为监察人，李赞侯君为总经理，孙仲山君为协理，均属驰誉于财政金融二界。将来调剂金融，救济农村，于社会生计，定有极大之裨益云。

（1934年8月19日）

106. 宁波实业银行新发展

在昆山设立堆栈以经济扶助农民

　　宁波实业银行，自创设以来，本发起人之宗旨，以扶助实业为主，专营工业、商业、各种渔业抵押放款，及国货流动押款，嗣以业务发展，于宁波、沈家门两处，添设分行，专以经济力量，扶助渔业，如渔民贷款、渔业汇款，及其他种种业务，均使渔业发达，颇著成效。该地渔民，悉受其惠，渔汛放款，到期还清，银行渔民，两得其便。至上海总行，则专营工厂货物押款及国货流动押款等，工业赖以发展，国货得以推销，一方联络同业，以经济扶助国外贸易，俾本国国货，得参加芝加哥博览会是也。本年苏州添设分行，聘银行前辈吴颂鲁君，主持一切，营业亦深发达。近又在昆山设立堆栈两所，先办农民抵押放款，俟有成效，再行扩充其他业务，该地农商各界，莫不庆幸云。

（1934年8月26日）

107. 宁波实业银行新发展

发起国内生产扶助国外贸易

　　本埠河南路五百号宁波实业银行，自创设以来，本发起人之宗旨，以扶助实业为主，专营工业、商业、渔业，各种抵押放款及国货流动押款。嗣以业务发达，于宁波、沈家门两处，添设分行，专以经济力量，扶助渔业，如渔民贷款、渔业汇款，及其他种种业务，均使渔业发达，颇着成效。该地渔民，悉受其惠，渔汛放款，到期还清，银行渔民，两得其便。至上海总行则专营工厂货物押款,及国货流动押款,免费汇兑,及经济小借款等,工业赖以发展,国货得以推销,一方联络同业,得参加芝加哥博览会,深得各国人士之赞美,于发扬文化,对于贸易,极有效果。本年苏州添设分行,聘请银行前辈吴颂鲁君主持一切,营业亦深发达,近又在昆山设立堆栈两所,先办农民抵押放款,俟有成效,再行扩充其他业务,再联络该地同业及绅商各界合作。兹悉该行因原有大厦,不敷办公,已择定南京路山西路口二百六十一号水门钢骨大厦为新行址,现正赶工装修内部,约下月十九日迁移。

(1934年8月27日)

108. 华生电器厂事务所迁移

华生电器制造厂,近为发展业务,及扩充内部组织,原有事务所(南京路日新里)不敷应用,乃赁定福建路五一一号至一七号(北京路口)新式三楼水泥房屋四幢为新事务所,辟设样子间及修理部等,地点适中,交通便利,内部布置及装修,业已告竣,定今日将事务所迁移新址办公,该所电话总机九五七五〇转接各科。

(1934年9月1日)

109. 九福轧局尔销路锐起

九福公司向于配制新药,甚为努力,本届所出九福轧局尔胶囊即鱼肝油精丸,饱含营养上不可或缺之甲、丁两种维他命,尤有大供献于国民健康及调补,为医药界所赞许。其最长之处,为从鱼肝油中提得而绝无可厌之鱼腥气味,故凡患神经衰弱,诸虚百损,病后产后,先天不足,以及慢性气管枝炎、结核病、佝偻病等宜服鱼肝油而又顾忌鱼肝油之腥味者,唯有应用九福轧局尔,则简便易服,立见奇功,因其一丸可抵最上等鱼肝油七公分(一茶匙又四分之三)之多,效力伟大,可见一斑。缘是各界有识之士,莫不认九福轧局尔为标准补品,秋风起后,服者日多,故其销路锐起,颇有供不应求之势。

(1934年9月3日)

110. 宁波实业银行新址工竣

定十月一日迁入新厦营业

宁波实业银行,由实业金融各界所组织,专营扶助实业之业务,因此营业非常发达。原有河南路五百号房屋,不敷应用,特在南京路山西路口自建新式门面,即日工竣。内部设备,非常善美,行员学生训练有素,交易便利,应酬周到,闻已择于十月一日开幕,关于各种存款加息一厘,再赠优等国货,以留纪念。

(1934年9月25日)

111. 宁波实业银行新行落成昨日开幕

宁波实业银行成立以来,专为社会服务,扶助渔农工商发展实业为职志,该行因业务扩展,于昨日迁入南京路新行址营业,举行开幕典礼。各界道贺者,计到虞洽卿、傅筱庵、秦润卿、俞佐庭、袁履登、杜月笙、徐懋棠、张继光、梅哲之、王晓籁、王伯元、陈光甫、吴蕴斋、竺梅先、金廷荪、张慰如、张竹平、许廷佐、徐采丞、裘云卿、王文浩、魏伯桢、张申之、徐新六、朱吟江、章荣初、朱学范、张子廉、徐寄庼、陈继武、蕡延芳、徐景祥、楼怀珍、施春山、刘聘三、乐贲荣、沈田莘等三百余人。当由该行董事长兼经理邬志豪暨庄崧甫、洪雁宾、陆祺生、谢企亚等殷勤招待,并为酬答各界盛意起见,除在迁移一月期内,各种存款利息加厚,及另备赠品外,道贺来宾,并赠送开幕纪念册及购买国货优待证各一份,以答雅意。是日交易往来,各种存款,极为踊跃,自朝至暮,顾客如市。该行职员等,办事手续敏捷,酬应极为周到。闻该行经理等热心实业,提倡国货,嗣后仍当本发展实业初衷,积极努力,尤盼各界尽力赞助,共谋合作云。

(1934年10月2日)

112. 宁波实业银行迁入新行后营业盛况

宁波实业银行,因扩充业务,于十月一日,迁入南京路新行址营业,各情已志本报。兹闻该行自新行址开幕以来,每日交易往来,以及抵押放款,各种存款等,拥挤异常,职员应付,极为周到,足证该行办理业务,深入社会人心,诚为服务社会之银行。该行营业主旨,专为辅助实业,鉴于我国生产落后,缺乏经济扶助力量,故创立以来,即以调剂实业界经济为首先使命,如办理工厂货物抵押款、国货流动押款等,使实业发展,以副责志。现该行特辟行内二楼,设立国货市场,加入国货工厂已有五百余家,将与中华国货产销,共谋合作。该行各埠分行,其营业要旨,均顾及分行当地工商业起见,如苏州分行办理旅苏宁波同乡免费汇款及苏沪工商业各帮交款等务。昆山分行,特设农民押款仓库,专做棉花、粮食、稻谷押款为营业。沈家门分行,对渔民堆栈贷款渔业小借款,积极办理。宁波分行,发展本乡各种工商业务。该行成立三载,故在苏、沪、甬、昆、沈家门等处,均有相当称誉,嗣后该行进行方针,闻拟打破银行旧习观念,竭力与人民谋经济合作云。

(1934年10月5日)

113. 大来银行南市分行开幕志盛

本埠宁波路大来银行,为甬商竺梅先及现任市商会主席俞佐廷、福建财政厅长徐桴、财政部统税署长吴屺汀等所创办,开业以来,已近四载,营业向取稳健主义,以故日有起色。现闻该行因南市方面客户甚多,为便利各户收付起见,特在法租界新开河附近民国路中,设立南市分行,延聘出身钱业富有经验之冯安曾君为分行经理。该分行于昨日开幕,各界前往道贺者甚多,车水马龙,盛极一时。

(1934年10月17日)

114. 大来银行南市分行开幕志盛

本埠宁波路大来银行,为甬商竺梅先及现任市商会主席俞佐廷、福建财政厅长徐桴、财政部统税署长吴屺汀等所创办,开业以来,已近四载,营业向取稳健主义,以故日有起色。现闻该行因南市方面客户甚多,为便利各户收付起见,特在法租界新开河附近民国路中,设立南市分行,延聘出身钱业富有经验之冯安曾君为分行经理。该分行于昨日开幕,各界前往道贺者甚多,车水马龙,盛极一时。

(1934年10月17日)

115. 上海国货公司二周纪念盛况

吴市长夫妇偕女界领袖　林克聪女士播音及参观

本埠南京路虹庙对面上海国货公司，自邬志豪、陆祺生两先生创办以来，货真价实，素为各界所赞许，故营业极为发达。昨日值该公司二周纪念，特请海上闻人俞佐庭、袁履登、郑正秋、洪雁宾等及艺术名家，前往播音。吴市长夫妇偕女界领袖林克聪女士及闵竺一女士、马小姐等亲往播音，并往公司参观各部，由总经理邬志豪亲自招待，对于内部设备，尤称完美，至三时许，尽兴而去。

（1934年11月4日）

116. 五洲药房在广州设立分店

五洲大药房，为便利华南人士起见，特在广州永汉北路，觅定宏敞店屋，设立广州分号，近已筹备就绪，定期开幕。广州为吾国繁盛省会，当地人士素具爱国热忱，五洲各项国产皂药，久著盛名，今后将又多一畅销之地位。闻该公司总经理项绳武君，因须亲往主持开幕典礼事宜，业于日昨搭乘昌兴巨轮赴粤矣。

（1934年11月9日）

117. 宁波实业银行新发展

宁波实业银行，自廿年十月开办成立，经呈财实两部颁给注册营业执照，开业已来，已届三周。前于七月间，迁入南京路新行址后，营业甚为发达。现该行鉴于我国实业幼稚，经济落后，外货倾销，影响本国国货，爰本国货救国之旨，举办国货流动押款，并闻三楼全部，免费供给三十家大工厂合组国货临时商场，于昨日举行开幕。同时该行举办提倡国货储蓄一种，除依据储蓄法规定办理外，专以经济力量，扶助国货事业发展为宗旨，深得工业各界之赞许，现有百余家工厂，以精美之出品，赠送该行，转赠提倡国货储蓄各户。闻昨日提倡国货储蓄存款存户，极为拥挤，国货前途，获益非浅云。

（1934年11月17日）

118. 三北轮埠公司新辟沪镇航线

明兴轮定九日首次开航　虞洽全为甬地农民着想

　　三北轮埠公司,购买怡和洋行联和轮船,改名明兴,行驶定海镇海航线。新声社记者,以该轮开行在即,究竟如何行驶,未明真相,特访该公司总经理虞洽卿氏,询问一切。兹载其问答情形如下。(问)贵公司明兴新轮,何时可以开班?行驶何处航线?(答)明兴轮船,大约本月九日开班,行驶上海至镇海航线,兼湾宁波。(问)该轮行驶沪镇航线,与现在沪甬轮船是否相同?(答)不甚相同,敝公司明兴轮船,开航沪镇航线,兼湾宁波,及在镇海,特斥巨资,建造码头堆栈,既非与沪甬航线各轮竞争营业,又非为牟利思想,盖有极大关系,存在其间,今为阁下告。查吾宁波一埠,因受五口通商规约限制,开埠至早,定为通商口岸,凡土货农产,输入输出,均须在宁波纳转口税饷,影响至巨。鄙人为吾甬农民着想,早计及此,故拟另辟码头,以资救济。而吾甬属各地,可行驶轮船者颇少,穿山既远在江南,且不能容巨轮靠泊。鄙人因经营龙山开埠事宜,不料与浙省铁路所约定余姚至龙山铁路支线,自沪杭甬铁路收归国营后,至今未办,又因该处风涛过恶,不能停靠大轮,鄙人投资二百万元,于乡人仍未得有实益,殊觉耿耿于心。而吾甬三北地方,海产及农产之棉花,均须转运宁波出口,税饷水脚两项相加,较通州、河南、陕西等处棉花,经由内地及铁路输运者,新有连云港免税出口,每担成本,增加二元有奇。我乡农民生计,大受影响,年来农民破产,更属困苦已极。鄙人爰先行竭力协助地方政府,成立公路县道,现在通车者,已属不鲜。故不惜牺牲巨资,在镇海建立码头栈房,与各公路联络,添置明兴轮船,行驶沪镇航线,兼湾宁波,进出口各货,一律报内地口岸,可免税饷,藉为吾甬属农村,谋一线生机耳。(问)浙海关在镇设有办事处,从前沪甬县各轮湾泊,未准装货,只能趁客,现在因何可以开通?(答)此事海关当时殊有误会,查浙海关管港线,前定港区范围,自新江桥起,展至镇海金鸡山招宝山为止,可为绝无仅有,而吾甬属人民,多加忽略。即以上海港而言,为吾国第一对外贸易港,吴淞地方,即不在海关港界以内,而宁波港反将镇海包刮,实非至公。是以鄙人此次商准总税务司,准予援照内地口岸,报进出口土货免税,完全为我甬地方经济着想,并无私意。(问)明兴轮船,是否仍照甬轮办法营业?(答)所有客票水脚,一律照沪甬轮旧价,决不竞争,但对于内部,因系新开轮船,所有大加整顿,一律雇用侍者,规定酒资二成至三成,随票带收,不准额外需索,并派随船稽查,严密考核。

镇海码头,则雇用行礼搬运夫,规定搬费,藉维码头秩序。一面与镇骆、鄞镇、慈龙溪、慈骆、镇大、观曹等公路汽车联络,藉节旅客时间费用。继复由虞氏相告,吾国内地经济衰落,农村破产,各埠通商口岸之转口税,实为最大原因。政府为救济农村,维持金融起见,实应将此项转口税取销,人民亦应早计及此,虞氏亦在计划请求中云。

(1935年1月5日)

119. 三北公司新开辟沪青线

沪青航运,向多太古、怡和二公司之轮只开行,华商之行驶沪青线者,仅国营招商局一家。三北公司为谋便利沪青间行旅便利起见,故将靖安轮专驶上海青岛间,定本月十日首次开航。兹经新声社记者向该公司探悉,据称本公司之靖安轮系向海军部购来之最优航海快轮,曾迭经行驶北洋航线,船容壮丽,舱位宏轩,以及速率迅捷,固为各界人士所共悉。近经敝公司精加修缮,不惟行驶更疾,轮奂一新,而所有客位设施,凡自大餐间以至统舱,亦莫不愈臻完美。现为力谋沪、青、烟、津等埠华商货客行旅运输便利起见,特将斯轮自此次开青起,以后即固定每星期□晚,常川往来青岛上海,装货搭客,船泊十六铺宁绍码头云。

(1935年1月9日)

120. 宁波实业银行霞飞路支行明日开幕

南京路宁波实业银行,为旅沪甬商巨子联合金融各界人士所创办,专以扶助实业,服务社会,提倡国货,及培植渔农工商经济,为经营业务之主旨,颇为社会人士所赞许。现为对于西区人士服务便利起见,特在霞飞路巴黎大戏院西首分设支行,定于本月十七日开幕,聘请宁波商业领袖史春芳君公子史纯培君为经理。史君为前宁波商会会长屠鸿规君得意门生,对于金融事业富有经验,为人尤和蔼可亲,预料业务前途必极美满云。

(1935年1月16日)

121. 天原电化厂进展近况

当局与技术员合作之收获

最近报载天原电化厂技术改进情形，因访该厂某主要技术员，据谈近两年来技术上确有显著之进步，工作效率与产额均增高，制造成本则低减，故能在客岁外货倾销国内市场不景气两重夹攻之中，立定脚跟。但此系在厂当局指导之下，全体技术员合作之收获，个人实不敢掠美。至报载之某君在两年前，曾在本厂担任一部份工作，虽颇努力，惜不能接受总技师指导，未作有统系之研究，致毫无结果可言。再某君居美两个月，系由厂中派往，其任务为学习电槽，乃竟作空泛之考察，于本身任务反少研究，此则对于服务道德上，亦不无遗憾云。

(1935年2月20日)

122. 中国灯泡业组织整理公司经过

新声社记者，为电器界组织中国灯泡整理公司事，昨至亚普耳电器厂访问胡西园氏，询经过情形。据胡氏谈，中国灯泡整理公司之发起，尚在去年十一月中，同人等因感觉中国各灯泡厂，对于营业及制造上，各自为谋，平日极少整个联络，故对于出品之标准，推销之方法，皆未能臻于妥善地步。若制造厂家只图近利，粗制滥造，贸然应市，有失国货灯泡全体之信誉。此种弱点，自有整理之必要，不然何以与外货灯泡相竞争，故中国灯泡整理公司组织之动机，其出发点即为对外货贸易上所运用之策略，即非为一厂牟利，亦非为个人着想，要之，是为集团的而非各个私人的。惟以各厂资金不一，主产各异，其有格于现实环境，确有不能参加之苦衷者，亦不强求其同意。现在此种计划，仍在积极进行中。同人等以极大决心，牺牲权利，促其早日实现云。

(1935年3月23日)

123. 明星公司迁移举行新厂揭幕典礼

明星影片公司，因西蒲石路厂址租期已满，亟谋迁地为良，经多方物色后，即勘定于斜徐路枫林桥畔，半月来已将道具等件陆续载去，业已大部搬齐，并定于前日(五月一日)午后四时，举行新厂揭幕典礼。该公司全体职演员三百余人，齐集公司旧址，分乘汽车，整队鱼贯而往，直抵新公司大门，一时炮竹之声，震耳欲聋，同人入大礼堂，举行进屋典礼，毕事后进茶点，尽欢而散，新厂估地三十亩，有大洋房二层，较西蒲石路原址扩大三倍。地近龙华，空气清新，面临小河，绿荫如画，风景幽静，实为制作影片之良好环境。闻该公司在此迁屋过渡期内，暂时租用玉成公司摄影场摄制新片，一俟新厂内部整理完备，即须着手建造伟大摄影场两所，以利工作。又该公司因新厂办公厅尚未部署完竣，暂时仍在西蒲石路旧址办公，一俟布置就绪，再行全部迁入。

(1935年5月3日)

124. 杭州光华火柴厂正式并入大中华

（国民社云）杭州光华火柴厂，为浙绅汤寿潜氏独资创办，系中国自制火柴首创者，成立迄今，垂数十年，为我国火柴业之巨擘，苏浙皖统税区中生产最大者。该厂现有男工四百余人，女工达七百人，合计共有一千余人，规模之大，可以想见。去年火柴出产三二、六四三、六箱，前年出产量为四三、五零七、七箱，两项比较，去年出产量已大为减少。

正式并入：该厂年来因同业竞争，致出品业绩，脱销不易，价格又告惨落，致维持艰难，复因骤增高额统税，致营业愈见困难，遂于去年七月，加入大中华火柴股份有限公司，现则正式并入大中华火柴公司，已将变更登记、转移商标等文件，呈请实业部注册矣。

势力雄厚：查大中华火柴股份有限公司，为民国十九年七月合并上海荧昌火柴厂、周浦中华厂等三厂而成。同年十二月，标买前汉口荧昌厂改名炎昌。民国二十年七月，九江裕生公司亦于加入。是年九月，复在浦东东沟设梗片厂。今杭州光华厂亦加入，势力愈雄厚，现任总理者为刘鸿生君云。

(1935年5月7日)

125. 宁波实业银行四周纪念

创办国货仓库

南京路宁波实业银行，为旅沪甬商金融实业两界领袖所创办，向以提倡实业扶助渔业农业之发展为经营业务之主旨。沈家门支行所办渔业放款，昆山支行所办农业耕牛押款，成绩皆极美满。本埠总分行，自去年起，除经营普通一般银行业务,尤注意于扶助国货,因有国货流动押款之举办。此项押款,在各工厂获得抵押后,不但可得经济上之协助,并可使押货陈列市场,不致呆滞,而有随时出售之机会,各国货工厂界无不称便。兹因该行举行四周纪念,并办国货仓库,以为扶助国货进一步之努力,各国货工厂,对于该行此种设施,极为赞许,认此为金融业国货业切实合作之先声,特选各种精美国货出品,以资庆贺,而该行仍将各种国货赠品,规定办法,转赠各存户云。

(1935年5月15日)

126. 华生电扇大批装往国外应销

开拓国外贸易,为我国工业界当前之急务,当局为促成实现起见,先后派员,前往南洋等处考察商情。最近国际贸易局领导沪上国货工厂,组织中华工业国外贸易协会,以互助合作之精神,切实推行计划。该会理事华生电器厂,年来对于开拓国外贸易,不遗余力,闻该厂出品之各种电扇,年年行销菲律宾、南洋、印度等处,占总额三分之一。当此盛暑,该厂电扇畅销,营业发达,而国外客家,迭向该厂定货,函电纷至沓来,该厂已有大批电扇装往国外各地应销,是诚为开拓国外贸易之佳音也。

(1935年7月19日)

127. 青铁展会售品所华生电扇畅销

铁道部主办之第四届全国铁展会,已于本月一日在青岛举行,自开幕以还,前往参观者,每日达十万人。该会附设之售品所,营业异常发达,而尤以本埠华生电器厂出品之各式电风扇,销路最广。良以该厂出品精良,物质坚固,价格低廉,为各界人士所乐于购用。闻该厂连日接驻青代表添货函电,业已准备大批装往应销云。又悉,该厂总经理叶友才应该会邀请参加下月五日在青举行之会议,已于昨晨偕同总工程师杨川济乘轮赴青。

(1935年7月29日)

128. 九福公司补力多之荣誉

政界名流题词赞美

九福公司补力多,疗肺治咳,大补身体,并可补助戒烟,为中西医家所公认，曾经各大医院院长及名医等题词赞美，已志前报。而政界名流，因亲身体验其功效，或目见亲友服用奇功，颁给题奖者，尤复不一而足。前者如立法院长孙科氏题"济世功深"，本市保安处长杨虎氏题"扶持元气"，前本市警备司令戴戟氏题"增进健康"，及监察院长、考试院长等题字，已经历志报端。兹闻又得国府林主席颁题"延年益寿"，陆军部长何应钦氏题"增益健康"，实业部长陈公博氏题"利群济众"，内政部长黄旭初氏题"保合太和"，朱培德氏题"太和元气"，李宗仁氏题"培养元气"，白崇禧题"合力图强"，区芳浦氏题"活人之一术"，何焯贤氏题"万家生佛"等，其余题赠补力多字者，有褚民谊氏、王揖唐氏、章太炎氏、熊克武氏等，不下数百家之多，亦足见其荣誉一斑矣。

（1935年8月23日）

129. 固本肥皂本年行销之调查

固本肥皂为国货荣誉出品，具有四大特色，即质地纯净，坚结不变，洗涤耐用，去垢快速。故销数年有增加，去年该种肥皂总销计五十余万箱。本年除在本埠及京沪、沪杭、航海各线均有增加外，并推广至津浦、胶济、陇海各线，截至上月止，已销至五十余万箱，预算本年当可销近七十万箱，较去年约增十余万箱。

（1935年10月3日）

130. 实财铁三部奖励大中华双钱牌汽车轮胎

大中华橡胶厂，创设在民国十七年，专制橡胶靴鞋，及各种橡胶制品，总分厂共八处，发行所设沪、京、汉、渝、芜、温各处，全部职工三千人左右，每日出品，只靴鞋一种，有四五万双之多，国内军警界多数采用，故舶来品胶鞋，现几绝迹于市。因鉴于国内交通建设，日见进展，更致力于各种车辆轮胎之制造，汽车轮里外胎、人力车里外胎，早先后于前年出货。近奉实业部通知，以该厂汽车轮胎之制造，系国内唯一仿制之交通上用具，准于在上海市区内，享有专制权五年，财政部准予免征转口税三年，自二月一日起实行，铁道部准照货物分等表工艺门第二九类新增之汽车轮胎二等减低一等，按三等收费，以二年为期。最近，西北国营路局、福建省汽车管理处、浙江省建设厅、交通兵团、锡澄长途汽车公司、锡沪长途汽车公司、沪太长途汽车公司等，以该厂出品，效用安全，较之最上等舶来品，毫无逊色，均先后纷向订购。如各公路各汽车公司，能一致采用，则政府国民，同予以有力之维护，挽回漏卮，固属不少，将来于交通国防，亦大有助力也。

（1936年2月5日）

131. 中国工业炼气公司自制电石试验成功

辽阳路五三七号中国工业炼气公司成立有年，制炼养气炭轻气等工业原料，早已行销全国，有口皆碑。嗣因电石一项，为接焊工业之必需品，且为制造炭轻气及其他工业用品如醋酸、酒精、肥料、胶漆、石墨等之主要原料，向用外货，为数极巨。该公司以国内尚无自制出品，动受外货挟制，乃于数年前筹议自制，惨淡经营，于本年二月居然出品。新声社记者曾往该厂参观，见其所出电石，质甚纯良，实无异舶来之货。查其成本，则据该公司董事长郭承恩谈，用电一项，较之外国用水发电，其价值每单位相差不啻四五倍，制造成本，正在设法减轻，但自制动机，原为杜塞漏卮，力图自立起见，且所用原料，全为国货，故不惜重大牺牲，作工业上一种试验，且待随时研究逐渐改进，冀此项工业原料，幸能自给。

（1936年3月18日）

132. 九福制药公司新发展

本埠白克路九福公司，系黄楚九氏创办，迨十九年，黄氏逝世后，由有志新药事业者，纠股承受，易名为九福制药公司。改组后，则将补力多自纯净、含几怪二种，增含碘、含砒、含规那为五种，并继续增加其他出品，均已驰声社会。最近又力求发展，革新内部，扩充设备，提高出品标准，并依照科学方法，增制医用药品，其已行世者，如肺病及一切结核症特效药脾素、补身解毒特效药英得蒙，业已备受医药各界信服，发展正未有艾也。

（1936年5月30日）

133. 四明银行增加资本

四明商业储蓄银行，创于前清光绪三十四年八月十六日，实收资本为二百二十五万元，自经第一次股东大会提议，增加资本一百七十五万元，连前合为四百万元后，业经六月二十一日之第二次股东大会通过，交董事会办理,先由旧股东认股,如未足额,再向非股东招认。

(1936年6月28日)

134. 三北与平汉路洽商水陆联运

国内联运事业,近年来进展甚速,并均获得相当成绩,对于交通旅客双方,增加利益不少。去年交铁两部,曾召集船商,讨论水陆联运办法,国营航业,如招商局等,业已陆续举办,进行上尚称顺利。本埠民营航业,为适应环境便利货运,以谋复兴濒危之船业起见,即与平汉铁路洽商联运,三北轮船公司亦数度派员接洽结果,双方均表示有此诚意,惟尚无具体化之计划。迄至最近,始有头绪,此事确在积极筹备中,如进行顺利,则民营之三北公司,与平汉铁路之水陆联运,在本年可首先实行,嗣后较大之民营轮船公司,并可陆续参加联运事业云。

(1936年8月25日)

135. 五洲药房福州路新厦将落成

外观宏伟庄严内部设备完美　　现已迁入办公下月正式开幕

五洲大药房有限公司福州路总店新厦,建造以来,工程积极,现已将近落成,定于十月十日正式开幕。届时并举行开幕典礼。该厦占地一万三千方尺,系上海通和公司绘图设计,全部工程,由新金记康号承包;电力工程,由兴泰电器公司承包;升降机工程,由沃的公司承装;热冷气设备工程,由北极公司承装;全部卫生设备,由新申公司承包,并聘上海基泰工程师为顾问。全屋分十层,计高一百三十余尺,外部用粉汰石砌成,宏伟庄严。大门角于福州路与河南路之间,中间内为大堂,属营业部,内有冷气与热气之设备,冬暖夏凉,堂中有柱二,皆为别一种云母石制,直达中层楼顶。地面用极淡粉红色云母石砌成,并用金色铜条嵌成新式花样,颜色配匀,极美术化。堂中为石梯,通中层,堂旁有二门,右门通电梯,而达上层。左门通营业部、经理室及收发处等。拾级而登,亦可达各办公部分。后部另建有二层楼一,专为配装货色之预备,有桥可通中层各办公室,十分便利。三楼中部,建有松茂先生纪念堂,由北平名匠承造,备极庄严华贵。至各层用途,亦已分配妥当,计中层及三层为办公室,二层为货栈,四层为各科医师诊所,内部设备极科学化,五层出租为办事处。闻已请求租借者,日有数起,良以地点便利,而设备又极佳美也。

六层为饭厅,可容廿桌至三十桌,各种宴会俱可在该层举行。七、八、九等层为职员寄宿舍,屋顶园地,可以俯瞰一切,供职员早晚憩息之所。至全部光线充足,空气流畅,尤为特色。闻该公司总办事处,现已迁入办公云。

(1936年9月9日)

136. 五洲大药房明日大厦落成典礼

招待新闻界宾主极欢洽　三十周年纪念辞与演辞

五洲大药房,创设以来,达三十载,前经理项松茂氏悉力经营,业务日就发展,而其固本肥皂,尤足与洋货肥皂抗衡,物美价廉,可称国货肥皂中之独步。原址在福州路河南路口,计地二亩有奇,旧有房屋,年龄已老,且不敷应用,特于上年决计翻建十层大厦,除工部局照章略收马路地外,尚约有二亩弱,新屋业已告竣,建筑新颖适用,巍巍大厦,高耸于公共租界之中央,诚我国人经营之一大伟业也。前日由公司常务董事高凤池君、经理项绳武君等,招待沪上中外新闻界午宴。席间,中外主宾相互致辞,颇极欢洽,并定于明日,正式行落成典礼。兹将公司三十周年纪念辞,及项经理之演辞,及大厦摄影,分别刊录入左。

卅周年纪念辞:本公司创始于公元一九〇七年,即逊清光绪三十有三年,维时未依公司组织也。公司之正式成立,实为民国纪元之四年,业务渐繁,资金亦岁以增厚,由十万两而五十万两,而一百万两而一百五十万元,以营业之扩张,支店遍于海内外,此殆非始愿所及。其及此,征我政府与社会人士之匡扶辅导,曷克有之,乃者新厦落成,适逢成立三十周年,追维既往,勉策方来,敢述所怀,冀爱我公司之诸君子继续加惠焉。本公司三十年之历史,有足使吾人永永无忘者,第一厥惟创始时期之领袖得人,夏粹芳先生雄才大略,发纵于先,项松茂先生继之,心精力果,锐意经营,此两先生者其才识,其怀抱,其魄力,皆大过人,萃两贤于一堂,后先辉映,赤心合作,以底于成,进于昌大,本公司不拔之基,有由来也。

历年营业政策,纯采进取主义,自力求生主义,绝不蹈袭故常,任何艰困,以深沈之智勇克胜之,务从自身发展所长,决不于依赖中求生活。苟有一份余力,必根据稳健方针,充分发挥,以求功业之发皇光大,决不轶失时机。例如最初贩售外药,筹备既达相当程度,立即从事自制,制药以外,兼事制皂,而推及于一切化学品,而太和药房、固本皂厂、亚林臭水厂、中华兴记香皂厂、南洋木塞厂、东吴药棉厂等,先后让归我有,我壹以诚挚之态度,充实之力量,迎而受之,实地立脚,远处着眼。凡此前人赋予之遗规,吾人所当敬谨秉承相与永失勿谖者也。而尤使吾人茹悲忍痛之余,不敢不和泪濡墨,广告我天下后世者,则先总经理项松茂先生。当一二八之役,为冒险援救第二支店被难职员,抗敌不屈,遂以身殉也。松茂先生苟有一分爱惜自己生命,漠视同事生命之心,则先生可以不死,及其被掳,苟不顾国民身分,不惜国家体面,俯首觍颜,苟求一命,先生或亦可以不死。先生之死,死于救护我公司同事之大仁,死于为中华民国争取人格之大义与大勇。我公司苟有一日生存,当永永纪念先生。我同事苟有一分良知,当永永感激先生。匪特此也,凡我爱国同胞,皆当永永不忘先生,他日我中华国力恢张,国基巩固,史官秉笔以修痛史,先生与先生手创之公司,必将于史册上占取光荣之一页,盖可知也。同人低回先烈,珍重遗徽,深惧大任之弗克负荷,重念邦家多难,整个的世界经济,已陷入不振之氛围。此局部工商业,虽复不绝其蓬勃生机,而时势逼厌,任重能鲜,内省实不胜其惭悚,用是掬陈二义,开诚信以求教益焉。

我国卫生学说,输自外洋,其事业亦倡自外人,今政府勤求上治,特设专署,全国承流,推行恐后。工欲善其事,必先利其器,本公司既获见重于社会,凡关于卫生药剂,日新月异而岁不同,自当勉荷一分子之责任,协力供应,俾无匮乏,此本公司所应自勉者一。

吾国西药,向皆取之舶来,旧有药材,虽甚伙颐,顾皆不予深究。最近乃有以科学方法研究药物者,如北平研究院与上海中法大学合办之药物研究所、上海雷士德医学研究所药理部、上海自然科学研究所药物化学部、北平协和医学院药理部,或重药物生理,或重药物化学,类皆于药物有精切的贡献。千年丰富之天产,至今日而效用大彰。夫研究发明,学人之责,至于制造推行,事关企业,工商界敢不起而承其乏,此本公司所应自勉者二。

凡此,皆本公司今后开诚接受之新使命,同人所敢公告于社会者,凡本公司营业方针,当以科学为总根据,以人群幸福为总归宿,自科学日新,人事日纷,物质上之需求与供应,亦日繁而日复,同人愿至奢,力至薄,惟有呼将伯于父老兄弟之前,而请更悬一义以自勉。

语云,利之所在,人尽趋之,惟迎之以公,则其所禽受也厚,惟处之以平,则其所保持也久。本公司同人基此信念,对于任务,决不敢稍自怠忽,以贻股东诸君羞,顾深维服务人群之大义,雅不欲规取无度之润益,重负创始诸公之遗教。窃愿本公平原则,运以精诚两字,为处理公司对内对外一切业务不刊之法准。过此三十年,亦既仰承众力,定此初基,予同人今日以有力之凭藉,同人敢不从极度感奋悚惕之余,日夜黾皇,以期在进化不已之世界潮流中,继续获得尺寸之地,以自效于国家,于社会,惟邦人君子,进而教之。中华民国纪元二十五年十月,五洲大药房董事会。

项绳武之演辞:敝公司创立至今,已经三十年,而去年就原址建筑新厦,也恰于此时完成,现在定双十节这一天举行落成礼,并三十周纪念。但我们回溯既往的经过,观察当前的局势,考量未来的责任,觉得在在有赖于社会人士的启示,很愿接受诚挚的指导。诸位都是新闻界的中坚分子,素所钦佩,今天承蒙拨冗光临,实在荣幸得很,鄙人谨先代表敝公司,向诸位敬致十二分的感谢。

敝公司创立于公元一九○七年,就是民国纪念前五年,到民国纪元前一年,方才由先总经理项松茂先生主持。他因为觉得普遍商号,不足以提倡国货,发明制造,和外货抗衡,所以就在民国二年,发起改组为股份有限公司。到了民国十年,盘进德国人开设在徐家汇的固本肥皂厂,就是现在的五洲固本皂药厂,十二年买进福州路河南路转角的基地,就是现在新厦的地址。此后四五年中,陆续盘进其他的工厂,也有好几处,到十八年公司股份总额,已达一百五十万元。到了民国二十一年一·二八之役,先总经理冒险援助北四川路支店被难同事,也遭不幸,这是本公司最惨痛的一件事。想在座诸位,还能回想的情形,现在也不必赘述。自从先总经理殉难以后,董事会推举鄙人承乏,同事推举高凤池先生、虞成章先生为常务董事,偕同继续先总经理未竟之志,并积极进行预订的计划,于是在这三四年在沪西安和寺路,添设五洲第二厂,制造甘油,在恒业路添设第三厂,制造原料,添设广州支店,和本埠静安寺支店,现在总计本外埠支店,共有二十家,特约领牌,凡九十多处,又增加固本皂,每天的产量三千箱,拆卸福州路旧屋,改建新厦,这就是三四年来我们努力的事实的一斑。

前面所说的,都是敝公司三十年历史的概况。可是现在,东亚大局,阴云密布,一天紧一天,一步紧一步,大有"山雨欲来风满楼"的情景。在这危急存亡之秋,已经再不容许我国徘徊瞻顾,有片刻的从容闲暇,我们无论在工商业的立场上,或是在国民的立场上,当然只有沉毅坚定,整齐步伐,听命于整个的国策。本素来一贯的精神,作更进一步的努力,在可能范围中,希望能够协助复兴国家经济,救济失业者,充分减少漏卮,挽回权利,以尽我们应尽的责任,以应非常的局势。除上所说以外,再从各方的探察和研究,觉得我们应负的责任,真是既重且大,还得要社会人士多多的扶助。我们最近的策划是,一、努力制造,把制造已有成效的药和肥皂,增加它的产量,优越它的品质,扩张它的销路,以供整个国家和整个民族的需要。二、发扬国药,希望和学者合作，把我国数千年来的固有的国药，运用科学方法，加以提炼，撷取精华，制成新医适用的良剂，供给一般社会急切的需要，以替代舶来品，希望挽回危险的经济底狂澜。三、积极自给，药用材料，在平常的时候，已属必要，如在非常的时候，更为急需，因此，我们想就应用最广需要最多的各种药物和卫生用品，积极企图自给，一致奋起，来打定自给的基础。四、励行采用国产原料，在最近几年来，敝公司各厂制造所需的原料，凡国产所有而适用者，固已采用国货，但是为顾到目前的形势，未来的厄运，根据自给的原则，此后打算绝对采用国产原料。但一面希望农矿界制造界有勇猛的进步，相当的出品，足以供给我们的需要。五、减低价格，各种西药因为都从外洋输入，价格奇贵，衡之我国社会生活程度，往往为财力所限，不能购买。所以敝公司一方面努力于制造和发扬国药，同时秉持公平原则，不敢偏重于牟利，打算把出品减低价格，使它大众化、平民化。总之敝公司营业方针以科学为依据，以人群幸福为依归，可是志愿宏而力量弱，希望社会人士和新闻界，随时给予有力的辅助和指导。这是我们很虔诚地在这里盼望和祈祷的。

（1936年10月9日）

137. 三北购四新轮

先赴香港领船　分配江海各路

  三北公司，为谋江海各航路营业之发展，调剂南北洋与长江、客货之运输起见，除原有江海轮船三十艘外，兹已决计添购大批新轮，以扩充长江及沿海航线。兹经探悉，该公司向某英商，购定巨型海轮两艘，每船载重各在六千吨以上，又有适合航行长江之新轮两艘，每船载重各在一千五百吨，且船身极佳，连日与船东方面谈判，购买契约，已经商妥，船价总额，合计约七十万元。该公司已雇定新轮船主，并准于本月十一日派虞顺懋偕同船主赴香港验收四新轮后，便开上海，先入厂稍加修理，然后派赴航行，将以两巨轮行外海班，两轮驶长江线。

（1936年11月6日）

138. 建委会校验华生厂出品

二千开维爱变压器

  本市华生电器厂，制造各种变压器及发电器，十余年来，行销各电灯公司甚伙,该厂于工程方面经验宏富,制造精良,深得各界赞美。最近该厂由中央建设委员会委制一千开维爱变压器一座,为西安电灯厂发电所置用。该变压器进线为二千三百,出线为六千六百三相五十周波,以六十天制造完成,现经中央建设委员会派设计委员及校士至厂校验,试验结果,均甚优良。

(1937年1月12日)

139. 五洲药房汉口分店扩充

五洲大药房汉口分店,向设该埠黄坡街二一〇号,兹以营业扩充,旧屋不敷应用,特在该埠繁盛之江汉路,觅定宏大新屋,现在布置一切,下月初旬即可开幕,至于黄坡街旧址,仍作分店,照常营业,便利当地之顾客云。

(1937年4月10日)

140. 三北扩充沿海航业购博山南山两巨轮

今日船员赴美领轮　在美即改挂中国旗

本年沿海航业,最为活跃,吨价大涨,货物拥挤,而船舶缺乏。据本市航业界言,在八月以后,吨价更有续涨之势,去年三北公司,获利至一百九十万元,今岁六个月内,盈余亦达百万元。去岁该公司已购买大浦、龙兴、龙安三轮,今又续向美国波士顿购买巨大美轮 Frieda 号一艘,载量为五千六百五十吨,载货容量有二十二万二千立方尺,共有五个舱口,容货量极巨,每小时速度可行十海里。此船系一千九百十三年所造,引擎系三联式机器,船身钢板等极佳,此船最合沿海各埠航行之用,定名博山号,船价为三十余万元国币,现在款已汇去。昨日该公司已派定船长、大二副,率领华籍船员二十一名,准今日由沪乘大来洋行之威尔逊总统轮赴美,至波士顿领船,并议定在美国即易国旗,故特将国旗与本公司之船旗,交船员带往,并由虞洽卿函致驻美大使王儒堂,与纽约于领事等,俟船员到美,及接收该船时,妥为照料。来船之货,且已揽足,即由该轮装载运到日本交卸,然后开沪。该公司同时又向希腊购买更巨之海轮一艘,原名 Fatis 号,载量六千二百五十吨,容量更大,系约定在荷兰之鹿透丹港交船,定名南山号,船价闻为五十九万元,现定七月十日,由该公司派总船主泡史,亲往荷兰领船来沪。该两轮到沪后,即须入厂装修,然后用以扩充沿海航业云。

(1937年6月19日)

141. 三北公司创设长江飞快班

龙兴轮船九日开航　四十三小时可到汉　定期招待各界参观

三北轮船公司,主人虞洽卿,于发展航业,素抱宏愿,该公司去岁营业,颇为发达,爰提出盈余一部,购买新轮,充实长江及沿海航路,其已来沪者,有龙兴、龙安两船。查龙兴号原为香港、澳门火轮公司龙山号,造自一九二三年,船身钢板以及机器引擎等,均为新式,而且坚固。该轮到沪后,即入三北本厂装修,并改建客位房间,船内一切布置,注重美丽、清洁。兹已装置工竣,定本星期六(九日)下午二时至四时,停泊南市第二号码头,邀请沪上各界登轮参观。(下略)

(1937年7月6日)

第六章 内外纠纷及其应对

1. 宁绍商轮公司函

本厂栈房，前因失窃棉花，为数甚巨。事后报请警厅缉查，拘获积贼小胡子、郎把子、阿二等。供称销赃于向来窝藏贼赃之三和尚王柏金处等情。在案比经警厅饬拿究办，讵三和尚王柏金闻风远扬，为日已久，尚未获案。嗣经警厅派警将三和尚住屋看守，并搜出贼物甚多，确系窝藏无疑。而贵报所登敝栈房擅自将三和尚拘拿，私刑吊打，威逼供认，又将三和尚住房擅行发封，以致三和尚之母具诉检厅云云，并无此事，请即登报更正。

(1913年6月10日)

2. 银楼学徒监禁一年

大东门内裘天宝银楼失窃金条三百七十两，查系本店学徒冯顺来所窃，由荐保各人将赃追出，悉数送还，经该店执事应植清将冯送至警厅转送地方检察厅请办等情，屡纪前报。昨日午后由地方审判厅赵推事官会同贺检察官特开简易庭，命提冯顺来到案诘问，原告并不投质。据冯顺来供，年十九岁，原籍平湖，自幼生长沪地，父母均故，祖父在日曾开仁记衣庄于东街地方，收歇已久，现在小民有一胞兄住在治下药局弄中。我在裘天宝习业将届三年，奉派管理金库职务，此次实系年轻误犯。是夜七时许，将金条窃出，放在家中床顶面上，然后复回店中，至十时许，始经店中查破，当时不疑小民所为，目下已将原物送还店中，求恩宽宥。贺检察官即起诉此案之事实，略谓冯顺来监守自盗，则侵占罪当然成立。请为公判。问官遂谕辩论终结，当庭宣判科冯顺来四等有期徒刑，监禁一年，饬令还押，候上诉期满送监执行。

(1915年1月8日)

3. 被告人交保候讯

中国化学工业社在公共公廨具控祥和庄主方敦甫不付票银五百两，又豫记号控俞吉甫、叶永兴不理货款洋一千四百余元，并银七百十五两，又朱少扬控徐庆生诱匿伊妻，又包蔡氏控程若州不理借银二百两，又张祥芝控张菊兰不还代登告白费洋一百二十三元等案，业由捕房将被告各人先后传案，经中西官谕令分别交保过堂候讯。

(1917年4月2日)

4. 宁绍公司股东联合会来函

　　启者,顷阅报载昨日本会开会纪事,内有总协理职权应由股东联合会名义出函,委托董事会擅卖甬兴咎有应得,应由监察人代理董事职务等语。查此系当时会场中股东提议之语,并未全体议决,应请更正。再本会昨日议决除委托监察人向公堂请给谕单阻止甬兴船过户外,另有致协理监察三人函附录于后。请为照登以征实在,此外别无议决,合并声明。

　　康侯、如松、耕砚、莲卿、丕华先生大鉴:敬启者,本日经本会全体议决本公司甬兴船出售一案,到会股东佥以诸董事及虞总理、傅协理等对于此举违背现行法令,损害公司权利,暂不承认,准以本会名义全权委托诸公,速向会审公厅请给谕单,停止甬兴轮船过户,以保权利,其他关于公司业务、股东权力,务祈严行监察切实保护。是为至祷,此请大安。宁绍公司股东联合会周林庆、俞宗周、林瑞甫同启。

　　樵苓先生大鉴:启者,本日经本会全体议决本公司董事诸君及虞总理、傅协理于买卖甬兴船事均有违法之处,殊失股东信任之意,全掌执事力持正论,保全公司,股东等非常钦佩。所有甬兴船过户之事务,乞执事竭力阻止,以免董事之擅行,而于本公司之图章,尤经实力保管,是为至盼,专恳敬颂台安。宁绍公司股东联合会周林庆、俞宗周、林瑞甫同启。

　　樵苓、康侯、如松、丕华、耕砚、莲卿先生大鉴:敬启者,本公司甬兴船出售一案,本日到会股东全体反对,甚为愤激。虞总理受买此船是何意思,是否别有作用,请代向虞总理请问明白,即赐示复,俾众周知,无任盼祷,此请台安。宁绍公司股东联合会周林庆、俞宗周、林瑞甫同启。

(1917年4月29日)

5. 反对卖甬兴轮船之转圜

　　旅沪宁绍公司各股东因该公司董事会擅将甬兴轮船卖于三北公司,群起反对,特组织股东联合会,借座四明公所开会议决。先请律师向公堂请给谕单,阻止过户。并由方协理会同监察人询问虞总理意见等情已迭纪前报。兹悉,各股东之主旨并非欲借此将董事会推翻,只以撤销售船合同为目的,而董事会中人对于此事,亦知难违,众意极愿转圜,曾于前晚邀朱葆三、朱征五、周仰山诸君出作调人,借一品香番菜馆邀虞君磋商。佥以此事现经各股东议定,须由董事会负撤销合同之责。是以出为调劝,希望和平解决云云。虞君谓购买此轮非图便宜,实因日商出价若干,愿购此船,故三北公司照价承买,免落外人之手,此事并无不合,现既经各股东出为反对,三北公司自可通融。唯宁绍公司已收过定银六万两,一旦撤销,则此项费用息金应若何料理,尚请筹划。当经磋议多时,始行分散。刻闻各股东以此次之事其咎实在董事会,今既退还定银取消合同,所有一切耗费息金,应由彼等负责云。

(1917年4月29日)

6. 长生会开会纪略

宁绍公司各股东与总协理董事会因出卖甬兴轮船一事,彼此相持不下,经商董朱葆三等居间调停,尚未解决。详情迭纪前报。兹悉旅沪宁波同乡长生会各会员因宁绍公司开办之始,该会前会长沈洪赉及各会员提倡维持最为出力,该公司得有今日之发达,未始非该会之功,今对于甬兴风潮,该会未便缄默,到会者约七十余人,经会长周林庆,会员陶焕亭、顾锦华、王瑞龙等相继发表意见,陈述理由。皆表同情于股东联合会一方面,磋商良久,公同决定固结团体,为股东会后盾,相互提携,协力进行,非达到保全甬兴之目的不止,散会时已四点余钟矣。

(1917年5月5日)

7. 甬兴轮船事闻已解决

本埠宁绍公司各股东因董事会将甬兴商轮擅订合同售于三北公司,群起反对,由长生会等各股东组织联合会,邀请律师阻止海关过户。一面由董事会邀请朱葆三、张让三、李征五诸君出为调劝等情,已迭纪前报。兹闻此事经朱张李三君连日与总理虞洽卿君及联合会各代表极力商劝已有头绪,惟因该商轮现已由三北公司出租,订有合同未便毁约。拟即由宁绍公司出租于三北公司,月收租金一万五千元(前由宁绍租出一万四千元,现多加一千元),将前订出售合同取消,另立出租合同,其余零星损失归双方分别担任。已于昨日午后由调劝人邀同双方在宁绍公司签订契约,实行解决云。

又闻该公司股东联合会昨接股东广东高等审判厅厅长范贤方来函,略谓,顷阅各报有发起公司联合会之通告,以董事会将甬兴船卖于虞总理私立三北公司买卖契约是否有害公司权利,未知内容,不敢臆断。但有三疑点:1.宁绍公司何以必须将甬兴卖(通告中谓近日甬兴颇有盈利),2.甬兴船何以必须卖三北公司,3.股东会开会在即,何以此等重大事件必在股东会以前成立契约。贤方为股东一份子,已将此疑点质问总理矣,旅粤股东多不明事实,请尊处详细函示,俾定从违。

(1917年5月9日)

8. 调停甬兴船事之往来函稿

调停人致三北公司函

三北商轮公司诸公鉴:敬启者,甬兴轮船前由宁绍公司董事议决出售于三北公司,嗣因宁绍股东联合会反对出售,鄙人等出而调停,改售为租,将甬兴轮船由宁绍公司出租与三北公司,以一年为期。照二月初七日所议,租价每月港洋一万四千元,另由三北公司加港洋一千元,共作每月租价港洋一万五千元,除每月缴用及一切开支由三北公司担任外,全年计净归宁绍公司租费港洋十万元,按月照市均匀照付,所有售船合同当即取消,另订租船合同,照章办理。双方皆系华商,航业自应相互维持,且虞洽卿对两公司均有关系,所有因改售为租一切损失已承虞洽卿君担任,董事诸公俱经允洽。甬兴既得保存,亦与股东联合会宗旨相符。鄙人等忝任调人,就此结束。惟愿自此以后航业日益发达,有厚望焉。除函至宁绍公司外,专此布告,敬颂公祺。朱葆三、张让三谨启,三月十九日)

三北公司复函:

葆三、让三先生均鉴:敬启者,顷展台函内开,甬兴轮船前由宁绍公司董事议决出售与三北公司,嗣因宁绍股东联合会反对出售,鄙人等出而调停,改售为租,将甬兴轮船由宁绍公司出租与三北公司,以一年为期。照二月初七日所议,租价每月港洋一万四千元,另由三北公司加港洋一千元,共作每月租价港洋一万五千元,除每月缴用及一切开支由三北公司担任外,全年计净归宁绍公司租费港洋十万元,按月照市均匀照付等语。窃以敝公司正式购定甬兴轮船无论,证于法律,万难取消。且有该公司董事会订立合同愿负责任,铁案重重,本无二言。若以营业论,则际此欧战实行潜艇政策,船价之增,一时必无低落,利益之溥尤为识者所共知。今敝公司与总理等因念宁绍股东联合会,挽请二公调停之恳挚,益以同是华商航业,并系虞君所创办,更有相互维持之谊。用是愿罢前议,甘弃利益,略法原情,改售为租,此中情形固为二公所洞鉴,诚恐再有不明详情之股东及查账员或监察人等横加议论,应请将个中事实,担任表白,庶敝公司委曲维持之苦心与夫二公调停之热诚,得以大白而共晓也。除已于宁绍公司另订租船合同照章办理外,相应缕析奉复,希乞察鉴,顺颂台祺。三北公司谨启,三月十九日。

(1917年5月12日)

9. 五洲药房控告冒牌

五洲药房经理项世澄,至法公堂控被法大马路老仁济孚记药房主周凤铨,于上年起仿造五洲药房创制之自来血私行发售,近始由五洲药房派出之调查人张首文,在格洛克路荫余里内,见有人将装置自来血之玻璃瓶及商标等物送至该处,当即报告捕房前往搜查。讵已闻风将所有冒牌物证搬至附近七十二号屋内藏匿。后又被张首文查悉,密报捕房饬探至七十二号,抄获证据甚多,一并车至捕房,惟周已乘隙逃逸。现经寻获,特将伪商标及五洲药房之商标呈请察核,并求追偿冒牌侵销以后所受之损失。即经聂谳员将伪商标与原告所呈之商标比对相同,又向原告项世澄诘问。据称,被告系将五洲药房之商标用照相摄下后,照样仿造,必须以显微镜细察,方能区别。又据见证张首文投称目见周之车夫将冒牌之物携入荫余里某号屋内,商人亦即入内询问。据一妇人答称,周凤铨时来时去,只有车夫常居此间云云。故即派捕设法抄获是□诘之,周凤铨供不承认。中西谳员判周交保候,捕房于七天内彻底查明是否冒牌,再行核夺。

(1918年1月25日)

10. 三友实业社来函

迳启者,阅古历十九日报,载学徒窃取棉纱一则不无失实,应请更正。一、本公司横滨桥老厂于十四日有织巾工徒龚世有告假出厂,被检查所搜得所窃棉纱多逾半斤。当由总经理沈九成遣司事盛有林鸣警送局转解检厅究治。本公司开创于民国元年,由沈九成等同志三人集资组织,故名三友实业社,所制国货棉线洋烛其久,已信著中外。其后营业日广,资本渐增至三万元,呈部注册给照在案。复于四年五月九日研究毛巾,今市上风行之三角牌卫生软毛巾即本公司之出品。今拟自纺棉纱,近置各种织品,股额已增至二十万元。今报载各节于本公司名号上冠以日商二字,想系访员误报,故特详叙情由,应请登入来函栏为荷。三友实业股份有限公司启。

(1918年5月30日)

11. 化学工业社请禁冒牌

上海县沈知事昨接工商研究会函称,会员方启新,创设中国化学工业社,监制三星商标各种化装品。近因销路畅旺,恐有奸商仿造冒牌致碍商情,拟请钧署给示保护,并函本会代陈等情。查该社监制化装品前经由会陈请部处注册免税各在案,兹据来函,恐有伪冒商标请求给示保护,自应预防,相应函请贵知事查照,迅予给示保护,以杜仿冒而维商业云云。闻沈知事已允如所请办理矣。

(1918年8月22日)

12. 宁绍公司租赁栈房之阻力

宁绍轮船公司拟租十六铺新舞台旧址房屋,作为堆储未经完税货物之栈房。爱特具禀新关税司请示。昨奉批示,以该公司拟赁新舞台房屋为堆货栈房,惟该房屋系在该公司后面马路之西,不在浦滩,考查关章,凡须设未完税之货栈者应在滩边码头附近,俾使关员顾及所请,核与定章不符,应毋庸议,此批。

(1918年9月12日)

13. 虞洽卿复宁绍公司股东联合会函

敬启者,昨接大教,领悉种切,所示各条,虽经贵会议决,唯照章须经股东大会多数通过方为有效。今据来函,贵会有永远存在之主张,并闻报载有监督业务之说,如此办法将置董事会于何地。前次大会因股东意见不协,致起争执。鄙人宗旨一以调和股东意见使公司立于稳固地位,不愿干预业务。既经宗旨不同,会长一职碍难承认,应请另推贤能,特此辞谢。祗颂公安。虞和德谨启。

(1919年5月17日)

14. 荧昌控案有和解希望

日商陈源来在公共公廨呈控荧昌火柴公司经理邵尔康、戴敦川违背合同请追损失等情，业已由廨谕候给谕，将泗泾路荧昌事务所房屋查封，并呈请交涉，使咨照内地官厅，将荧昌公司发封备抵。一面出票，饬提戴敦川到案再讯在案。兹悉此案两造有和解希望，故昨日下午由日副领事林出贤次郎莅廨会同陆襄谳，升座第一公堂传讯，原告之律师即起请求将前下堂谕暂缓执行，被告亦延律师到堂，请取销饬提戴敦川之提票。承审官会商之下，谕着两造先行互商和解，倘不能和解再行订讯，并呈请交涉公署，将被告所开之荧昌公司暂缓发封，而泗泾路之事务所亦准免予封闭。

(1919年12月17日)

15. 限制宁绍轮小帐之意见书

四明长生会罗启华，因要求限制宁绍轮茶役索取薪资，特上宁绍商轮公司董事会书云，宁绍商轮公司董事会诸君大鉴，迳启者，宁绍公司创立之宗旨，大半谋我宁绍二府同乡，往沪便利起见，而近来数年，船上茶役，对于酒资，竟没无限制。此等现象，非宁绍二府同乡之福，实是船上茶役之利。虽今春四月间，有石运乾先生署名之告白数张，贴于宁波江岸一带，以及船上上海码头等处，限定茶役酒例，计超等舱洋五角，房舱洋三角，统舱铜元五枚，不给者听，其法虽善，恐非完全：（一）统舱之客，未必人人识字；（二）未见登报声明；（三）货舱上铺位，系管舱者招待，并无号衣标码，无可指名；（四）日久字迹模糊，恐该茶役故态复萌。鄙人之意，既承石运乾先生，已限定酒例，可否将统舱酒例，由售票处收铜元五枚，当给竹签一根，注明酒资已收，不准再索，或票子一张亦可。倘茶役招待者，乘客可将竹签或票子付给茶役，而茶役可至帐房持签换取铜元。倘不用茶役招待者，该乘客可不用买，若已买亦可持签向收票员换取铜元五枚。是否有当，惟希公鉴。

(1920年8月31日)

16. 纸号债权人之请求

宁波人汤志甫于去年赁屋于汉口路四百零四号门牌，设立合慎纸号营业,甫只年余,亏欠已逾万金。兹以年关将届,无法措偿,日前遂弃店而避。经某某两钱庄具禀公共公廨,控追欠银六千余两,由廨给谕将该店发封,一面登报传达。讵汤得悉,亦延律师禀请公廨,声明无力继续营业,宣告破产。以故检察厅遂将上项登报底稿暂留未发。事为该两钱庄所闻,以汤觉已弃店逃脱,理应登报,俾使欠该号之债者,不致将款为汤取去,且其除已封之店外,尚有一纸号设于某处,故仍由代表律师于此投廨,请求饬传汤到案,交四千元保,并准原告登报。俞律师及美丁副领事对于该律师所请两事,已完全允许办理矣。

(1921年1月25日)

17. 何锦丰洋货号来函

迳启者,阅今日贵报本埠新闻,昨日公审讯案纪,内载有何锦丰洋货号声请破产案,结果改期核夺等语。阅后,不胜骇异,窃敝号绝无此事,事关名誉,望即更正,并乞将此信登入来函,俾释众疑。何锦丰呢绒洋货号启。

(1921年1月31日)

18. 大有榨油厂倒闭后之清理

叉袋角大有榨油厂,去年冬月,因银根紧急,结欠各钱庄及杂粮行三井洋行等银八十余万两巨款,不能周转,遂成搁浅。兹经各债权等派人调查该厂实存厂基生财货品,业已竣事。昨日,邀集各债权,于午后假总商会开会。先据公推之调查各员报告,略谓,该厂共结欠人八十三万数千两,其产业厂基生财等约值元七十万两,尚存油饼等货值十余万两,被人欠亦有五万两,两相约抵,不致大缺,现该厂基址房产,有茂生洋行议买,价格尚未议定,必俟成交后,或短缺若干,方可按数摊还。当由代表将情形报告各债权人,须待盘卖得银分派归还云。众无异言,乃散会。

(1922年2月15日)

19. 中易股东之恐慌

中易信托公司,于去年秋组织,设立于法租界外滩三德堂旧址,资本八百万元,每股五十元,计十六万股,先收四份之一,计二百万元。推朱葆三为董事长，洪承祁为经理。讵数月以来，内容已见腐败，朱常不到公司，按诸章程，满一万元数，应由董事长签字施行者，均由洪代，事权皆操洪一人之手，独断独行，滥做某交易所股票，大受影响。兹洪患伤寒，病势甚重，公司停止营业，各股东大为恐慌，已公函董事长诘问矣。

(1922年3月22日)

20. 花旗烟公司控三北烟公司案

美商花旗烟草公司查得三北烟草公司制造劣货华旗牌香烟，假冒该公司之花旗牌香烟，在市混售，损害营业，特禀由公共公廨给谕禁止。兹花旗公司以三北烟草公司藐视廨谕，制造如故，二次请求给谕禁止，并延博良律师诉追损失，结果，判候会商堂谕宣布。

(1922年10月29日)

21. 三北烟草公司经理传不到案

三北烟草公司前被美商花旗烟公司，在公共公廨控告冒牌一案，判决被告不准再制与原告相似之牌号香烟出售。兹经花旗公司查明三北并未遵判，仍将冒牌香烟发卖，故由代表博良律师具状到廨，请求传讯，由廨出单，派探往法租界天文台路三十号门牌该公司，传经理到案候讯。据公司中人称，经理现系意商，不受公堂管辖，不肯接收传票。该探据情归禀，承审此案之中西官以三北烟草公司经理本系华人，上次曾经到案，今竟推称意商，显系违讼规避，因其抗传不到，现已出票饬提矣。

(1923年2月5日)

22. 三北烟公司被控案昨讯

美商花旗公司，延傅良律师控三北烟草公司不遵堂谕，仍仿造该公司香烟出售等情，因被告抗传不到，谕令饬提，已志本报。昨由公廨派探往法租界天女庆路三十号门牌三北烟草公司，将经理人杨鉴湘逮案，中西官以其不应抗传不到，判罚洋二十五元充公示敬。

(1923年2月8日)

23. 荧昌火柴公司被控案之续审

荧昌火柴公司被瑞典商瑞中洋行在公共公廨控告假冒商标一案，迭经传讯情形，已志本报。昨由关谳员会同瑞典副领事续审。被告代表律师称，原告所控冒牌，并无证据证明，因原告商标系一凤凰，被告商标系两把斧头，买主最易辨认，且被告公司开设已有十四年，营业不恶，原告洋行只设立二三年，而又不能将行销数目证明，至其注册，只注商标，并未将颜色形式注册，故所控当然不能成立，应请将案注销云云，并将两种火柴呈案请察。原告代表律师声称，连日见报纸登载。总商会等团体与农商部函，请部将瑞中洋行商标注册情形抄复，及函请交涉使转令公堂，亦系关于此案之事，此种举动，被告殊不正当。被告律师旋即起辩称，报纸披露信函，被实不知情，原告不应以他人之举动，而作为反对本案之证据。原告律师遂又继续辩论，引公堂判决宝成洋行控南洋药房假冒雪花粉商标，及花旗烟公司控三北烟草公司冒牌两案之判决为证，谓该两案堂判，均系注重颜色形式，被告因原告之凤凰地球两牌火柴，行销甚畅，故遂制造此种双斧牌，其盒上颜色形式与原告相同之点，有十一处之多，有意抢夺原告生意，今原告损失约七千金，应请公堂判令被告赔偿云云。双方辩论既毕，中西官即退入休息室磋商良久，未能判决，旋复升座，饬令两造听候核供宣判。

(1923年4月20日)

24. 荧昌被控冒牌案之近闻

电农部咨外部拒绝

荧昌火柴公司，被瑞中洋行控告冒牌一案，虽已抗议，惟传闻该洋行近又转请瑞典公使向部交涉，故特备具节略，请总商会迅电农商部，转咨外交部坚拒。兹悉宋、方二会长已据情电达农商部，请转咨外交部，按照大理院六年上字一四二四号判例，严词拒绝矣。

(1923年5月6日)

25. 宁绍商轮公司来函

启者，昨日敝公司股东会，贵报新闻关所□□于提议鸿安公司押款案一节，与事实不符。查鸿安公司在敝公司所做押款，尚欠元十九万两，该公司来函请求分期拨还，每年还三万两，分每节各还一万两，惟十九万之中，有七万两系甬兴租金转入，请求免息，其十二万两应偿利息，请求俟本金偿还后再拨利息云云。旋经股东会议决，所欠之十九万两，准其分期拨还，利息不得在长年七厘以下，至于免除七万利息，及偿本之后再拨利息两端，均不赞成，其改订合同及拨还手续，由董事会与该公司执行等语，股东会议决案，原以议事录所载为凭，因恐或生误会，为特具函奉还，务祈即赐更正，将此函登入来函门为祷。宁绍商轮股份有限公司敬启，五月十四日。

(1923年5月15日)

26. 宁绍商轮公司来函

敬启者，此次陕鄂禁烟大员行署派员在敝汉公司雇伙向某处抄获烟土一案，先后中西各报纪载，多有失实之处。兹据本月十五日贵报汉口专电云，汉口银行公会登报声明宁绍公司烟土案，查系宁绍所雇向姓伙友个人行为，与史晋生无涉。又电云，罚款了结。核与敝公司所得汉讯及敝汉公司报告相同，准是以观，则更与敝汉口公司无涉明矣。惟先时各报登载汉口新闻，有指敝汉公司为贩运毒物机关者，有谓禁物系在船上搜获者，捕风捉影，混淆听闻。今汉口监察处已将向某依法罚办，史经理已由各公团为之辩诬，则对于敝公司营业，毫无关系，想荷洞鉴，尚希贵报将此函登入来函栏内，俾众周知，无任感荷。宁绍商轮股份有限公司谨启，八月十八日。

(1923年8月19日)

27. 三北公司被控案准予和解

美国政府在公共公廨诉三北轮埠公司之惠兴轮船所带自来水公司之驳船，行驶不慎，撞沉所停之汽船一艘，请追损失美金七百九十一元。昨奉陆襄谳与美阿副领事传讯，原告代表律师上堂译称，此案系胡萨律师承办，因胡律师另有他案，故商请敝律师到堂，声明本案有和解希望，应请展期两月云云。并据被告代表律师声称，此事曾有人出为调解，因原告要求过巨，被告不能担任，是以暂搁。查本案肇祸时，在四年之前，原告近始控告，已失控告之权，且公堂亦无权受理，原告律师请求改期，敝律师亦表同意等语。堂上核供,宣判两造声请展期二月,试行和解,应予照准,此判。

（1923年10月6日）

28. 荧昌公司力争火柴商标

荧昌火柴公司与瑞中公司因商标问题,发生诉讼,迄今已久,尚未解决。近因瑞典公使又向部要求,请将荧昌所出之双斧牌商标注销,荧昌公司以双斧与双凤,显然不同,乌得作为冒牌,故决拟电请商标局请照本年四月呈部之文,根据民国六年大理院上字第一千四百二十四号判例,始终拒绝,以重国法,而免纷歧云。

（1923年12月28日）

29. 美政府控三北轮公司案昨讯

美按察使署检事胡萨,代表美国政府,在公共公廨呈诉三北轮埠公司之东兴轮船开驶不慎,将原告汽船拖船撞坏,请追损失一案,昨晨由陆襄藏会同美阿副领事传讯。先由胡萨氏声称,此案前此开审,因有和解希望,故延期迄已两月,仍无结果,今日传讯,不知被告持何意见云云。被告代表费森律师声称,前次和解条件,除律费外,原告所控损失,各半负担,因原告不允,故未成立,现仍请公堂延期两月,以便继续进行和解云云。中西官遂谕展期,由两造和解,倘和解不成立,再行开审。

（1924年1月22日）

30. 宁波商号函催清理恒丰欠款

本埠三洋泾桥吉庆里恒丰庄纱号主范云夔作古后,所有往来帐目,由其妻范俞氏托人清理。该号积欠宁波星号花庄洋二千九百三十三元九角,曾由宁波总商会函致上海总商会请转告公廨理帐员薛迈罗君,将星号款项加入债权团,由薛君函复照登入册在案,现又数月,仍未清理。昨宁波总商会又致函沪总商会,谓顷据星号函称,年关将近,商家往来帐目,均在此时期结束,恒丰所欠款项,既由薛君允许并案清理,望转达薛君,从速办理,以期早日结束为荷。兹悉该会会长已根据来函,照转薛君查照办理矣。

（1924年1月25日）

31. 兴业公司清理员请求覆讯驳回

中国兴业烟草公司前延律师代表,投法公堂控经理简寅初舞弊等情,判证据不足,将案注销在案,兹有清理员薛迈罗亦延律师请求覆讯,经中西谳员核准,传讯之下,被告由郭兰克律师代辩,判宜布堂谕饬遵,昨经中西官商明堂谕,判以讯得此案清理员请求覆讯,毫无充分理由,应即驳回。

(1924年1月27日)

32. 民新银行被控舞弊

公堂令吊取帐簿

民新银行,营业仅及两载,内部已生问题,难以解决,竟致涉讼。该行资本总额为一百万元,收足七十五万。高达三亦属股东之一,购认一千二百五十股,缴过股款洋三万一千二百五十元,自成立后,即举李云斋为董事长,张申之、蔡琴苏、李志方、薛文泰、盛筱珊、魏伯桢等,皆被推为理事。高近以调查该行帐目,发觉种种弊窦,而于帐簿内所载之民国十一年二月二十五日盛丕华将上海证券物品交易所提交单抵押洋十五万零九百元,民国十年十二月三十日顺兴义将上海证券物品交易所提交单抵押洋五万元,两款更属虚伪,毫无根据。高因不愿将本人资财,掷诸虚耗,故延朱斯蒂律师具状,列举李云斋等营私舞弊多款,投公共公廨起诉。昨晨,朱律师到廨,陈明原告查出各被告舞弊情形,谓有确实证据,请求立即派捕偕往该银行,先将一切帐簿吊案。当经俞襄谳与美雅副领事磋商之下,即用朱笔缮就谕单,略谓,给谕本廨巡捕,会同原告朱律师,迅往民新银行,将所有帐簿吊存本廨候究云云。朱律师遂偕同奉谕指派之巡捕,乘坐汽车,驰赴该银行执行云。

(1924年1月29日)

33. 天厨味精厂提出异议

本埠天厨味精厂出品味精,曾于去秋,以佛手商标品名味精,依法呈请商标局注册,审定在先。近因日商铃木商店,亦将味精二字,作为味之素联合商标,呈请注册,商标局竟概予审定,特提出异议于商标局。呈文略谓,呈为蒙混使用他人商品名称作为商标依法声明异议恳请察核办理事。窃敝公司以特别发明,创制味精,为表彰自己生产起见,曾于去年九月间给具商标图样,并商品名称,指定商标法施行细则第三十六条第四十四类,呈请钧局注册。同年十一月二十六日,奉到钧局第一五八号照准批示,暨第一一七号审定书一件,曾蒙钧局以商标商品名称事,登载于十二年十一月十五日第三期商标公报第九十一号各在案。乃近阅本年二月十五日第六期商标公报,载有审定商标第三一一号日商铃木商店代理人斋藤振一,亦指定商标法施行细则规定之第三十六条第四十四类,以味精二字,用作商标,不胜骇愕。查味精商品,系属敝公司特别出品,作为品名,若以味精二字,该日商用作商标,且为同类食品,则购者何从辨别,非独妨害敝公司营业权利,抑亦有欺图公众之虞,而实以蒙混将他人特别商品名称,用作商标使用于同一之物类。敝公司认为有利害关系,不得不声明异议,为此具呈钧长察核,伏乞将该日商铃木商店之味精商标,依法予以撤销,以免希混而保权利云云。

(1924年3月21日)

34. 调味品商标注册之争执

日商亦提出异议

日商斋藤振一胪列味之素同类名称二十余种,呈请商标局审定,作为联合商标,因其中有味精二字,适与本埠天厨味精厂先前注册出品味精之名称相同,业由该公司依法提出异议,呈局请令撤销。惟日商亦先天厨公司提出异议。兹录其原文如下。

呈为对于王东园味精商标提出异议恳请鉴核事,窃斋藤振一阅贵局出版第三期商标公报所载之审定九十一号味精商标,实与敝社于中华民国十二年十一月十二日由沪邮寄呈请注册之各商标有相同者,有类似者。敝社创造之美人牌味之素、调味精粉、味精等三种调味品,在明治四十一年七月,已得日本政府之专卖特许,且更获得英美法三国政府之专卖特许,该三种商标,在中华民国各地使用,约计已在十年以上,请察看敝社于中华民国十二年十月十二日呈递之呈文件中附呈之上海海关日本商业会议所驻华日本总领事等之证明书,即可明了。查商标法第二条第五项内,载相同或近似于世所共知他人之标章,使用于同一商品,不得作为商标,呈请注册等语。敝社商品及商标,在贵国使用多年,世所共知,他人当然不能使用,以之呈请注册。又商标法第三条内载,二人以上于同一商品,以相同或相近之商标,各别呈请注册时,应准实际最先使用者注册等语。王东园味精商标,敝社调查自民国十二年夏间起,始行出品使用,以前后使用论,敝社使用在前,毫无疑义。同法十五条内载,凡以普通使用之方法,而表示自己之姓名,或其他商品之名称产地品质形状效用等事者,不为商标专用权之效力所拘束等语。王东园所用之味精二字,乃系摹仿敝社专许特卖品之名称及商标,当然不能以普通使用之方法解释之也。且敝社所创造之味之素、调味粉、味精等,既系商品名称,又系商标,尤与普通商品名称不同。王东园利用贵国无特许法,不特仿造敝社特许品,而名称亦复效之,虽王东园借词谓味精二字,系商品名称,并非商标,但味精二字,实为中国自古及今所未有之商品,且又占据商标法中之主要部份,实属有意影射。敝社半年以来,营业上受其影响,损失甚巨,理合呈文呈请鉴核,准予依法饬令王东园将味精二字更改,庶足以昭公允。现闻天厨公司业将其呈文列举理由指驳,预备先行提出异议云。

(1924年3月25日)

35. 调味品商标注册之又一争执

化学工业社要求商标局解释法令

中国化学工业社总公司因所出美味素注册,商标局办理未得其宜,特函总商会,请函商标局,转请剖释理由。其函如下:

敬启者,昨读报载贵会致商标局函,依据商标法令,保障商权,凡我工商,同深感佩,兹敝社亦受日商铃木商店之同等影响,用请贵会转函商标局,依法解释。查敝社于去年十一月十七日,以美味素商标,使用于商标法施行细则第三十六条第四十六类之美味素商标,依法呈请商标局注册。同年十一月二十二日,奉到该局第一六四号批开,呈暨商标图样五纸,印版一枚,注册费四十元,公费五元,均悉。查商标法第一条规定,商标须用特别显著之文字、图形纪号,成其联合式为之。又第十五条,凡以普通使用之方法,而表示其商品之名称品质等者,不为商标专用权之效力所拘束,原呈内所呈美味素商标系普通楷书,并非特别显著之文字,且系普通方法,表示所售之品质,无论何人,凡贩卖此种商品者,均得使用此种名称,以为表示,不得作为商标,呈请注册,该公司应改定商标名称、图样,补呈来局,以凭核办。此批等因。敝社以该局根据商标法批示,自属正当办法,复于同年十二月一日改定美味素商标图形,依法呈请注册。本年三月八日,奉到该局第一四六号批开,呈暨商标图样五纸,印版一枚,注册费四十元,公费五元,均悉。查本局前据日本铃木商店,以美味素商标,依法呈请注册,并附呈使用多年之证明文件,业经依法审查，认为合法，登载第六期商标公报在案。该公司所呈商标，完全与之相同，应即更换另呈，以凭核办。合行批仰遵照，此批等因。此项批文，仍对敝社美味素商标呈请注册而言，而于改定美味素商标，作为商标，是否合法，仍未明白批示。此姑勿论，惟查阅该局先后两批，矛盾之点实多。据其前批，谓美味素系普通商品名称，且系普通楷书，并非特别显著之文字，不得作为商标，而其后即以普通楷书，普通商标名称，与敝社之美味素商标，完全相同者为日本铃木商店审定矣。按商标法第三条所载，二人以上，于同一商品，以相同或近似之商标，各别呈请注册时，应准实际最先使用者注册，其呈请前均未使用，或孰先使用，无从确实证明时，得准最先呈请者注册。关于该局先批，仅根据商标法令，谓美味素不得作为商标，并本言及铃木商店，有以同等商标，呈请注册，则敝社之以美味素商标，呈请注册，在彼铃木商店之先，足资佐证。以同等商标图形名称，使用于同等商品，不为呈请在先者审定，而审定在后呈请者，不知对于商标法第三条，应作何解。查商标公报第六期所载，铃木商店之美味素商标，亦系普通楷书，并非特别显著之文字，且以普通之方法，表示其商标之名称，更不知对于商标法第一条第十五条，应作何解。事关违反商标法令，与商标注册前途，至有影响，应请贵会专函商标局，请其依法解释，以明法令。此致上海总商会。中国化学工业社启。

（1924年3月25日）

36. 五洲药房请转函协追欠款

本埠五洲药房因江西景德镇苏佐之所开之药房，结欠该号货款一千三百二十五元九角九分七厘，近闻苏以店屋一契两抵发生讼案，店已闭歇，拟派余允辉前往追偿，恐人地生疏，故昨特函请总商会致函该处商会，说明系主体债权与他项情形不同，请主持公道，首先处理，以维商困。闻该会已允如所请，代为致函，即交余君带赣亲递云。

（1924年4月1日）

37. 五洲药房请转催哈尔滨欠款

五洲药房函请上海总商会转催欠款。文曰，兹有哈尔滨恒德药房，向敝药房往来积欠货款洋一百三十元零二角，刻据该药房来函，因店主欠债避匿，各债权已声明请哈尔滨商会公断办理。敝公司同处债权地位，为此开具帐单两份,函请贵会迅予转函哈尔滨商会,秉公追理,俾敝公会血本有着,至纫公谊云云。兹悉该会已允代照转矣。

(1924年5月30日)

38. 佛教会致三友实业社函
请改佛字商标

中华佛教会上海分会昨致三友实业社一函,请改毛巾上之佛字商标。兹录原文如下:

敬启者,兹据敝教长老来会,据称曰,前在三友实业社购物,曾由该社执事取出上印二佛字及般若波罗密等字之毛巾,交其阅看,以为此项特制,正合僧界之用,不知以庄严字样,印于家用之品,上下莫辨,亵渎堪虑,用将此项毛巾送会察核,务恳转函该社,迅速改良,以重功德等语。敝会窃按贵社新制此项毛巾,原意处此佛学昌明时代,社会同具信仰之诚,以之标榜,不特得社会之欢迎,抑且寓提倡之至意,热心宏愿,未可厚非。第考佛般若波罗密六字,略而言之,见佛即觉生智慧,而达诸彼岸,包罗之广,高尚无比。毛巾为物,乃普通之品,用于净面可,用于洗浴亦可,甚□广何似。贵社本欲广种善因,而结果反使购用之者,同遭恶果,此岂贵社所乐为哉,用敢不揣冒昧,略陈管见,务祈将是项毛巾所印之字重新更正,则庶几贵社为善之心,昭然若揭。中华佛教会上海分会谨启。

(1924年6月22日)

39. 三友实业社复佛教会函

三友实业社昨复中华佛教会沪分会函云,接五月十六日来函,声言敝社另有一种毛巾,加印佛字及般若波罗密等字样,有渎佛教庄严,嘱行更正等因,具征贵会拥护佛教,无征勿届,实深钦仰。但该项毛巾,初系贵教中人定购,备作进香之需,缘敝社新发明化学印字法,举凡大批订购敝社毛巾等棉织品,均可依法印成,特别标记,颜色鲜明,永远不退,故该巾亦顾客特定货之一种耳。今既承贵会指示,无任感荷。好在该项毛巾,系定织项下所余,现在存货无几,毋劳记念也。

(1924年6月23日)

40. 五洲药房旗帜业由法领签印

江苏交涉公署昨函上海总商会云,接准大函,以上海五洲大药房股份公司制造厂,在徐家汇瑾记桥南,地属华界,与法租界一河之隔,近因战事影响,瑾记桥法租界方面,派法国兵士防守甚严,公司汽车驳船,每天出入瑾记桥数次,法国兵士,语言不通,盘查周折,殊感不便,附送自制旗帜一面,请转送法领签字,俾便通行等因,当以驳船出入河内,并无阻滞,勿须法领签印,遂将汽车旗帜,送请法总领事签印去后,兹准该领函复,以五洲大药房自制旗帜二面,业已签印,兹送还转给等因。相应检同该旗二面,送请贵会查收转给为荷。

(1924年10月14日)

41. 商务印书馆重要职员之谈话

昨有人往访商务印书馆某重要职员,叩以应付工潮之办法。兹以其所语,详述如下:该职员曰,本馆□始至今,中经无数困苦艰难,历来上下职工,一德一心,和衷共事,今日乃得规模粗具,可望更图发展,造成东方完美之文化机关。今忽有罢工事件发生,实为不幸。本馆待遇职工,因人数众多,为实事求是计,约束不得不略从周密,而精神上常求和衷共济,劳资两得其美。年来沪上生活程度继长增高,一般职工类皆寒苦,客岁之秋决拟对于薪资均予酌加,藉资补救,不料战事发生,营业大受打击,损失抑复不资,愿与力违,至今引以为歉。今春大局稍定,此项计划继续筹施,大体早已决定,正待实行,而五卅事件又起,学界首受影响,本馆同遭艰苦,此议又暂延搁。迩来迫近秋季始业,工潮范围缩小,学子行将归学,本馆重提旧议,且以邮局为前车之鉴,日内正拟发表原定加薪计划,而风潮倏起,实出意外。察其所布宣言,实多误会。本馆规律稍严,其不得已之苦衷已如上述,惟工作时间,实际只十小时左右,盖自上午八时至下午八时,中间须除去中晚膳休息时间也。至每日进出时刻,因店员众多,若出入自由,于办事上殊多折碍,均不得不考核较密。至原定加薪计划且拟立即实行者,其表如下:任何职工月薪在五十元以下者,均加一成;三十元以下者,加成半;十五元以下者,加二成;学习生,满二年者,照现给薪资加二元,满一年者,加一元;五十元以上者,视平日成绩,随时酌加。照上述办法而论,本馆每年已须增加支出十五万元左右,若接受现在所提出之要求,则将历年所积产应付之,不数年恐将告罄,力实有所未逮,故希望诸同事,深察其情,勿为过甚,从早复职,共谋本馆前途之发展。此后自当随时察夺情势,再度力之所能及,为同事谋生活及精神上之安善。至宣言谓,本馆总经理两年花红,每逾二三万云云,亦全非事实,营业最顺利之年度,总经理花红只万元左右,去年总经理花红仅七千余元,两监理仅各得五千余元云。

(1925年8月23日)

42. 控追侵害营业损失案候下堂谕

五洲药房谢培德、陈培生、项松茂,前延逊白克律师代表,投法公堂控股东李绳其(即李觐唐)散布流言,印册分送,侵害营业,请求追偿损失等情一案,饬传被告去后,仅派代表到案,奉判准予登报公示传达等情在案。昨又传讯,先由聂榕卿谳员谕曰,兹由公堂接得被告具禀来案言称,被告住居闸北青云路,反对本公堂受理云云。即据原告律师称,被告既系因管辖问题反对贵公堂受理,而被告理应来案声明,岂能避匿不到。况前由公堂饬派承发吏前往徐家汇路泰源里七号传达时,目见被告在家,嘱令侄儿代为签字,并对联上实书被告姓名,第一次遣派其子代到,诿称被告已至苏州高等厅有事,第二次被告又遣侄儿代到,言称在苏未回,至此始奉公堂判着登报公示传达,至今届满,被告仍不到案,仅具禀抗议管辖问题,敝律师甚为反对。要知被告散布流言印册分送,实属有害原告业务上之信用,请求追偿损失五万两,准予缺席判决。今将证据呈鉴,请核。聂谳员商之法副领事德君,判退去听候宣布堂谕饬遵。

(1926年6月8日)

43. 老方九霞工人昨请总工会调停

本埠老方九霞银楼全体工人,昨日下午三时赴上海总工会请愿,并有该业金银工会致总工会函云:迳启者,敝会为老方九霞全体工人,因要求店主恢复无故被开除工友王永源、周初佑二人,于阴历初六日起停工,迄今已有七天。敝会曾派代表数次,交涉毫无结果,初九日被店方将全体工友驱逐出外,来会请愿,敝会职员,力加勤勉,静候解决。现在店方毫无诚意,兹特派代表率领全体工友前来,请求贵会出任调停,俾风潮早可安息,并颂公绥。附工人要求条件：一、恢复开除工友；二、停工期内工资照给；三、被逐工友,在被逐期间房饭金须店主偿还；四、以后不得无故开除工人。闻总工会方面接待后,定于今日遣派代表,与该店主接洽云。

(1926年6月22日)

44. 味精与味の素商标又起争执

本埠天厨味精厂,自前三年制造味精发行之初,其时适我国商标局成立,该厂即以佛手为商标,联合味精二字为商品名称,依法呈请商标局注册,当蒙审定于第三期商标公报内公布在案。旋日商铃木商店,以味精二字并味の素等名称,作为味の素之联合商标,呈请注册,因此双方提出异议,书面往复,辩驳多次。迨去年春,卒赖商标局以日商铃木方面所呈请味精二字为商标,批却不准,不得作为联合商标在案后,而日商铃木方面意犹未惬,仍援据条文,呈请再予审定,复经商标局引申现行商标法理,并据各国商标法例之精义,严正驳斥,不准其请。现日商铃木商店,知天厨厂方面之味精二字,在商品名称之原则上,难再设词,闻近则以天厨厂之产品味精所用之装潢纸盒,谓其装式大小,与味の素装潢类似为词,复提出异议,起而抗争。然天厨厂方面,则以所装用纸盒之花纹,与味の素迥异,且施色又绝不相同,已据情辩驳,呈诉于商标局,请求转知该日商知照云。

(1926年8月11日)

45. 化学社被控仿冒图画案之讯判

堂谕处罚金五百元

中国化学工业社制售之芝兰香皂所用之包纸纸盒及盒盖上图画,大部份与美商柯路□公司出品之装潢相同,被该公司延律师在公共公廨以刑事控告该社经理胡士浩仿冒伪造,违犯商标法第三十九条三四五六各款,由廨将胡传案,讯供未终,昨日续审。原告代表律师声称,被告前曾仿冒威喱洋行经售之香皂商标,该洋行即向警告,被告遂将仿冒之点更改,故未起诉。本案原告亦系照上项办法,先向警告,因其不理,故进行诉讼云云。质之被告胡士浩供称,民国十二年,威喱洋行曾派人来知照,谓所售香皂与该洋行经售者有同样之处,我就商于所请之法律顾问,结果,将包纸上之黄色改淡,因而了结。前接本案原告律师来函,即请潘士敦律师答复,承认原告律师函述各节,允俟制就之纸盒用罄,即于新制之盒上更改图样,新图样已经绘就呈察等语。并延律师与原告之律师辩论之下,关谳员与美思副领事退入休息室筹商良久,升座宣判云,被告侵犯商标法第三十九条三四五六各款之罪,应处罚金五百元,如无力完纳,准以一元折算一日,易以监禁,扣押之物件没收,被告余存之仿造容器包装及容器上所用之折纸,着同缴存公廨销毁。

(1926年8月26日)

46. 两公司码头交涉

宁绍公司昨日复三北公司函云:谨复者,日前接奉公函,谨悉一是,对于宁波东方码头一事,敝公司根据事实而言,并无误会之处,兹将来示所云,与事实不符,及贵公司主张未甚精确者,一一指出,特再奉复。来示谓前租东方码头时,系贵总理再三向刘长荫君情商,当时言明贵公司永远合租,与敝公司同一年限云云。查租用东方码头,彼时贵公司总理系在敝公司之总理任内,即为敝公司之代表,经手办理,以敝公司名义与刘长荫君订租,此系实在情形。当时为防制他人停泊沪甬班轮船之用,致碍利权,不惜牺牲巨资,无非求保一己之航权,用意良苦,所以贵公司分租契约,有限制航线之规定,即可反证无合租之事实。而来示谓贵公司彻查前案,当初并无订立若何契约,且谓是否当初之契约,抑或其后补订,逶之于贵甬公司经理对于此项契约从未报告,以致贵公司无案可稽云云。查贵公司分租契约,确系民国十年十一月日,由贵甬公司与敝公司所订,叙明专走五山头、镇海、龙山小轮字样,照约履行,时日已久。苟非订立分租之约,则贵公司所走五山头之小轮,何能使用敝公司所租之码头,又非契约之限制,则敝公司亦决无分租之一日。在贵公司一则曰并无订立若何租约,再则曰贵公司从未报告等云,试问不订租约,则贵公司小轮历年使用码头,来自何处?岂亦贵公司所未经心者耶?更欲问贵公司之总分公司,是否同负责任?所谓从未报告云者,系贵公司内部权限问题,实不足以对外。果如贵公司所言,因租约之限制,而认为有约,而以贵总理在敝公司总理任内代表公司办理之事,而即谓与贵公司永远合租,初无契约之根据,揆诸事理,岂得谓平。来示谓敝公司与贵公司各埠码头向有互联关系,彼此应可通融,照来示所云,似无互联之必要,则各相拒绝,亦无不可云云。查贵公司、敝公司同属航业机关,原有互联交谊,只求主权无碍,何敢故违贵公司之雅命。至于各埠码头问题,贵公司并为一谈,殊出本问题范围之外,恕不奉复。又承示以贵总理体谅敝公司经营苦心,故不并泊东方码头。又示以宁波江面向为公有,谓为敝公司限制江面等云。敝公司对于贵总理始终维护敝公司之处,深致感激,但敝公司限制码头之使用,确有契约之根据。来示所述所节,未免事涉牵强,盖敝公司所租之东方码头,面积尺寸俱在,固未可丝毫虚构。倘有侵及敝公司租用码头之范围,不问谁何之航业,公司自应出而阻止,而欲联欢于贵公司之微忱,固不因是而少减,尚乞明察。以上所列各项,均系确切事实,仍请贵公司查照敝公司前函办理,免致轇轕为幸。此致三北轮埠公司,宁绍商轮股份有限公司谨启。十五年十二月二十五日。

(1926年12月26日)

47. 化学工业社函请证明商标使用年月

中国化学工业社致函总商会,并附商品四种,请证明商标使用年月。略谓,敝社商标使用,曾照商标施行细则第三十六条第三类,将商品呈请商标局注册,奉批。以核与该局呈请案内小川让一所用之商标图样主要部分相近,似据称民国元年间即开始使用。仰当地商会或同业公会取具证实开始使用时之证据,呈送到局,以凭核办。用特检送商品,请贵会出函证明,以便进行云。

(1927年3月13日)

48. 周莲记全体工友要求加资

本埠周莲记全体水木工友二十八人,向资方周湘云、周纯卿提出,要求改良待遇,解决生活,乃资方拒不接受。昨工友等特发求援书,并提出五项条件,请各团体予以援助。兹照录如下:(甲)求援书(从略)。(乙)五项条件:(一)照原有薪工,平均每人每月通扯不满十元(只扯九元七角五分),按现在生活状况实难维持,拟请增加每人工资七元。说明:按社会上极普遍最低工价。(二)自此次要求加薪以后,各工友皆不得无故藉口开除。(三)工友遇有疾病时,据医药方为证,而工资仍须照给,以示体恤。(四)各工友在工作时期,每月每人须休息一天,如逢纪念日、国庆日及新旧例假节均应休息,工资亦须发给。(五)对于工友每天膳食,须照普通伙食供给菜蔬,每人每天津贴洋八分。说明:原贴钱八十文,并闻该工友等以最低要求,倘不接受,则惟有实行罢工对付云。

(1929年3月23日)

49. 荧昌火柴公司今晨开工

取消雇用契取保　由工人联环担保

浦东陆家渡荧昌火柴公司当局,因去岁第二厂被劫,损失八千余金,案发牵涉厂中工人,为防止未来起见,今岁开工时,对于工人一律按名发给雇用契,各觅妥实保证人担保,始得入厂工作。前日为该公司一二两厂开工之期,届时各工人徒手空空,并不将雇佣契取保交出,该公司遂将两厂门紧闭,制止工人进厂上工,并呈准当地驻军,抽派兵士一排,到厂保护。各工人见此举动,咸围聚厂门首,并派代表向上级机关请求调解。当日未能解决。昨日复由社会局召集劳资代表,举行调停,结果厂方让步,对于雇用契之保人一项,可由厂内工人联环担保,劳方无异议,当场签字解决,定今晨一二两厂一律开工。

(1930年2月15日)

50. 天一影片公司失慎

昆明路五十三号门牌天一影片公司,昨晨不戒于火,延烧甚剧,火起于接片间,其时间在清晨七时二十分。杨树浦救火会得讯后,立即驱车赶往,已见火舌四窜,不可响迹,竭力灌救之下,约一小时又卅分钟后,始告熄灭。当被烧去影片材料及用具等多种,房屋亦遭毁坏,损失之数,虽一时未能调查清楚,然约计之总在银五千两左右。闻影片等项,并未保险,所幸有一部份因藏于保险间中,未遭波及。当火炽时,有茶房戴阿良者,被火灼伤,头部面目受伤,经救火员救出送医治疗。

(1930年8月7日)

51. 永盛昌金号经理司帐等串同舞弊

侵占十四万之巨　经理等三人被捕

北京路裕兴里六十五号永盛昌金号,为中国垦业银行王伯元等合资开设,近来外间谣传该号亏负甚巨,各股东闻之,亦起怀疑,乃由王邀集其他股东顾渊若、吴善庆赴号查帐。发觉经理施玉林、司帐黄洪轩、跑街施祥麟等三人勾串作弊,侵占账款,至十四万之巨。前日午后,特延陈忠荫律师进行控诉,一面报告总巡捕房,派华探孙爱忠、王金声,偕同西探驰往,将施玉林等三人逮捕。昨晨解送特区地方法院,由周庭长提审。捕房律师汝保彝称,现经原告查明舞弊有据者,已有十四万余,今仅控其侵占八千五百两,则因报捕时,尚只获此一款之证据,故其余须陆续补充,并将黄洪轩、施祥麟两人之供单呈案。据由王伯元称,我对永盛昌之股额,占百分之二十,昨查账簿,登有横滨银行购进日金二十五万,嗣后售出亏耗八千五百两,乃走询横滨买办吴耀庭。据云,该银行并未有与永盛昌做此交易,耀庭为本案原告吴善庆之父。随将簿内所记之此笔账目,指与周庭长核阅。质之黄洪轩,供此款乃施祥麟经营标金所拆阅,时方年底,我无法交账,遂私造此一笔账目,以资搪塞等语。施祥麟亦承认不讳。周庭长旋谕被告等受押,改期十四天再讯。

(1930年12月6日)

52. 大中华橡胶厂案

抗日会议决处置办法　已责令该厂即日复工

大中华橡胶厂因以前旧存一小部份日货原料(为红色帘子布等,现已废弃不用),经人向抗日救国会报告,适该厂经理薛福基代表橡胶业同业公会出席国货厂商代表大会,当经抗日会面令将一小部份旧存日货原料,暂行封存,曾志本报。闻经抗日会派员,前往该厂调查,得悉该厂自开办以来,对于改进出品,深具决心,以达完全国货之宗旨,惟原料方面,除碳酸钙已在日晖港设厂自造,足可供给,其余则均分向西商订定,即可到沪应用。兹为维护国货该厂工人生计,对于此案,闻抗日救国会经常会议决,责令该厂即日复工,以维工人生计。该厂一小部份原料,着检查调查二部,会同复查启封。该厂自接到通知后,业已遵照办理矣。

(1931年10月12日)

53. 大中华橡胶厂今日开工

大中华橡胶厂工人,以停工日久,生计困难,爰于昨日,自动推举代表五百余人,至天后宫市抗日会请愿。适值常务委员举行会议,当由王晓籁、林康侯、胡庶华、陈霆锐,请常委接见,并立即议决如下:"根据实业部证明书,有一小部份原料,系属日货。而早已制成者,准予通融放行,惟以后原料绝对不准再用日货。该处已扣之货,根据前项议案,准予放行。"工人认为满意而退。闻该厂定于今日照常开工。

(1931年10月25日)

54. 达丰厂工人今日复工

劳资纠纷静候当局调处　被捕工人法院今日讯问

沪西达丰染织厂发生工潮后,工警冲突案,法院定今日讯问,工会议决今晨复工,党政机关昨日彻查,社会局定今日调处。兹将各项情形,分志如下:

党政彻查:社会局奉市政府指令,妥为办理达丰染织厂劳资纠纷,特于昨日下午二时,派朱圭林会同市党部周濂泽,驰往第二区漂染业工会、达丰染织厂、公安局六区警署,彻查真相,以便依法进行调处。

法院询问:被捕之工人黄桂芬等十五人,自公安局以彼等妨害公务,解送地方法院后,将提起公诉,特定今日上午十时,开庭审讯,昨传工人冯阿明、姜才荣,巡长胡履中,警士张传福、孙德朴、朱鸿宾到庭讯问。

通告复工:第三区漂染业产业工会昨通告各会员云,为通告事,查达丰染织厂工友为失业工友,复工无望,以致全体停止工作,现经本会维持在业工友生计起见,特行召集理事会决议,极力劝告在业工友,一律恢复照常工作,切切遵照,特此通告。代理常务理事俞英,中华民国二十一年七月十九日。

(1932年7月20日)

55. 蒋委员长关心三友工潮

电令吴市长依法慎重办理

上海市提倡国货大同盟委员会,前以三友工潮,迁延未决,曾电请中央各部院会暨蒋委员长,转电上海吴市长,迅予依法解决。该会顷奉豫鄂皖三省剿匪总司令部文代电开,上海提倡国货大同盟委员会鉴,勘代电悉,三友实业社劳资纠纷已电吴市长依法慎重办理矣,特覆,蒋中正文印。

(1932年9月19日)

56. 三友厂劳资讼案判决理由书全文

沪东引翔港三友实业社总厂纠纷,经市府仲裁委员会正式裁决后,因资方认为事实上窒碍难行,声明不服,向地方法院提起上诉,请确认工人已经解雇,并废弃仲裁决定,同时工方亦提起反诉,要求赔偿停工期内一切损失。法院准词后,即由赵曙风审判长传集两造讯问,并于本月二十三日下午一时宣判,原诉及反诉均驳回。兹将判决书(二十年地字卷二三七号)全文录如下:(主文)原告之诉及被告之反诉均驳回,诉讼费用两造各自负担。(事实)原告代理人声明请求准予废弃上海市劳资仲裁委员会本年九月一日所为第二十号之裁决,确认三友实业社引翔港厂之原有工人已经解雇,并由被告将占据部份厂房,及用具点交原告接收,并驳回被告之反诉,本诉及反诉讼费,均由被告负责。其陈述意旨,略称原告所设之引翔港工厂,于一二八战事发生之次日,通告各部工作一律停止,全部工人,除已逃难离沪者外,余均于二月十五日起,三日内由南京路总公司发清存工,实行解散,路远者补助川资,回乡谋生。一面登报通告离职员工,万勿来沪。至四月十八日社会局据被告代表失业留沪十分之一工人之请求,令被告酌予救济。当时原告因厂屋受损,经济不灵,先后呈请上海市政府及社会局,设法维持,结果仅奉传知问话而止。五月卅日日军离厂,留沪之少数工人,于六月二日破扉入踞,发生复工请愿之枝节。由社会局及市党部向原告商借暂时救济工人伙食计三次,共九百元,旋经市府迫令原告,对工人临时伙食费每日给予一百二十元,延至于今,实已不胜负担。工人等组织绝食团,任意要挟,先后由中央民运会及实业部电致市府,嘱以非常手段,强迫开工。嗣仲裁委员会于八月三十一日缺席裁决,故原告于法定期间,提起本诉,以求救济。查原告与被告在十八年三月十四日,协订视同劳动契约之条件,第五条载工人解雇告退,依照上海特别市职工退职待遇暂行办法第二项,至八项各条之规定办理。又约尾附注本条件,凡遵守政府颁布办法之各条,倘以后政府修改时,仍照修改者履行等语。自二十年八月一日,工厂法施行后,前上海特别市职工待遇暂行办法,即告废止,依工厂法第二十七条至三十条,对于工作契约之终止,均有明确之规定,乃裁决悉置不顾。兹分别说明,该裁决应废弃之理由于次。其一,局部开工之不可能,查引翔港厂各部份,均系分工合作,较重要者可别为二十余部,所谓恢复一部份之工作,将以何者为取舍,减少一部工作数,则全厂运用失其联络,裁减一部人工数,则以巨大之设备,管理收获小量之生产,于经济原理，维持成本，均有未合。其二，局部解雇之不合理，工人失业，系整个问题，而非少数藉工会施操纵者之局部问题，此一部分少数工人，何由优先于其他五分四之多数，其取舍毫无所据。其三，限在引翔港厂复工之不可能，该厂密迩强寇，纵在堪虞，纵有雄资，亦宜择地。其四，限至三个月内复工之不可能，引翔港厂建筑简陋，房屋废败，早应改建，自经巨创，更难利用。若从事改建，则在此短促期间，尤非原告之资力所能济。其五，续命发给伙食费之无据，自一月二十九日通告停工，至被告要求复工，已逾四月，按之工厂法定解雇期间，超出数倍，而市府强令原告发给伙食费，于法令契约，均无依据。其六，其余工人照原约解雇之含混，原裁决所为原约，系指十八年三月十四日，双方签订视同劳动契约之待遇条件而言，但依原约附注，及工厂法施行，该契第五条随同上海特别市职工退职待遇暂行办法之废止，而非其准据。原裁决含混其词，照原约解雇，势必引起五分四工人退职金之纠纷。其七，命就沪厂杭厂尽先补用沪厂解雇工人之不可能。查杭州原系纱厂，虽附有织机，全属女工，若专候该厂尽先录用，杭市府亦有限制外用工人之命令，事实上决难办到。(基以上说明，原裁决显失持平，请予废弃，并确认原有工人业已解雇，并命被告将所占厂房及用具，点交原告接收，再查工人盘踞期内，所加之损害，非俟被告点交接收后，无从确计，应保留异日请求赔偿之权。至被告反诉主张，令原告赔偿损失，按原告与被告早经终止契约，有何工资之可言，并请予以驳回云云。提出上海市劳资仲裁委员会裁决书、新闻报纸、杭州市政府训令，工人照片及工人代表收据等为证明方法，被告代理人声明请求驳回原告之诉，判令原告履行十八年三月十四日契约，并给付自本年六月十五日起，至履行契约日止，每日九百三十八元一角六分之工资，是项给付，应于每日为之，并请宣示假执行。本诉及反诉费用，均由原告负担。其答辩及反诉意旨，略称三友实业社之开设，创始于民国元年，当时资本仅三百元，经被告工友等辅助沈九成辈，辛苦勤劳，至今资本已达二百万元之巨。不意沪变之后，沈九成等忘本弃源，故将引翔港停工，摈逐协助缔造之工友，以致演成绝食惨痛。虽经调解委员会提出办法，复经仲裁委员会裁决，然原告一味孤顽，摧残工友，殆不知社会上仍有公理，人类间应有同情。查该原告诉状，其基本主张，不过谓工厂法施行后，该十八年三月十四日契约第五条各项，即应废止。殊不知该约第五条系劳资双方同意协定，系私人间契约，按契约一经合法成立，其私法上之权利义务，当受其拘束，倘非违法或得相对人同意，自不能由一方任意违背。此该约第五条所谓依照上海特别市职工退职待遇暂行办法第二项至第八项之规定者，系因该暂行办法，对于职工退职之办法规定详

第六章　内外纠纷及其应对 | 289

明,复合劳资双方之真意,故采为私人契约上之条件。虽该约附注上有修改字样,然不过谓有修改时,可将旧者修正之意,契约既未更改,则附注自不适用,原契约当然有充分效力。且查工厂法并无职工退职待遇办法之规定,故工厂法非附注所称之修改办法,更无疑义。复查原约第五条第六项第八项雇主停业或歇业须呈经社会局核准,今原告未经呈准,实属违背契约。兹际沪变平息,自应复工。再者该约第五条之第六项第八项,规定职工解雇,应得退职金,在退职金发给之前,原告亦不得声明解雇。依上所论,应请驳回原告之诉。至反诉部份,查去年九月份捐助水灾赈款,以在厂工人一千零九十七人计算,每日应得工资九百三十八元一角六分,其不在厂之工友一百四十人,尚不与焉。兹以该数为准,每月工资总额为二万八千一百四十四元八角。自六月十五日起,迄今已三月有余,若任其拖延,将来损失更不可以数计,故请求判令按日给付,并予假执行云云。提出上海特别市劳资调解委员会决定书,及上海市职工退职待遇暂行办法为证明方法。(理由)本件原告之请求,约可分为三项。一、废弃上海市劳资仲裁委员会之裁决。二、确认引翔港厂之原有工人已经解雇。三、令被告将占据部份厂房及用具点交原告接收。兹先就第二项之请求确认解雇言之,查原告主张引翔厂原有工人已经解雇,系以停工一月以上为已具解雇原因,以给资遣散,及登报通告为已行解雇手续。按工厂法施行条例第十二条载,工厂为全部或一部之歇业,或停工在一月以上时,应事先呈报主管官署。工厂登记规则第十条载工厂休业时,应呈报所在地之县市政府,依次核转实业部备案。该原告引翔厂停工时,未经呈报主管官署之上海市政府。其登报启事,仅云时局危险,停止工作,事后且经呈请市政府及社会局,维持实业,量予救济(见原状)。是该引翔厂固不得谓歇业或休业。其停工亦系迫于一时之状态,而发生之事实,即言停工至今已一月以上,然当初停工时,若预留将来复工地步,不将工人解雇,则雇佣关系仍不能不谓其继续存在。该原告坚称给资遣散,及登报通告为已行解雇手续。查沪战发生之当时,引翔厂工人有先已逃难去沪者,有由原告给资回籍者,有仍留沪地未经他往者,情形并非一致,其后原告登报通告,仅混言离职诸君,务勿来申,或言幸勿误听风传,徒劳跋涉,未尝声明就离厂情形不一致之全体工人,如何依法终止雇佣关系。可见各工人虽已离厂,实未正式解雇,此第二项之请求,不能认为成立。关于第三项之请求,系根于第二项请求而发生,查各工人原未正式解雇,于时局平靖后,重回原厂,静待复工,不得谓为占据。既非占据,即无点交之可言,此项请求,亦属无可采取。再就第一项请求论之,查仲裁裁决,可分为复工及解雇两部,按对工厂准否歇业,与应否复工,纯属行政官署主管事件,在未经仲裁裁决之先,实业部电令主管官署之上海市政府,令即复工,市政府以应双方兼顾,准由该公司就目前情形,在可能范围内尽量先恢复一部份工作,令由社会局妥为办理。因不能得明了之解决,遂经仲裁委员会裁决,其限令引翔厂应于三个月内恢复一部份工作,自系根据行政方面之命令,以为处理,不属于司法职权范围之内,原告就此点所陈各种理由,本院应毋庸详加审究。关于五分一工人之复工,系以引翔厂恢复工作为前提。仲裁裁决既以工人五分之一为标准,限令引翔厂恢复一部份工作,则该原未正式解雇之五分一工人,应照旧工作,自属当然之结果。其令原告于未恢复工作前,照原结数额比例,发给工人伙食费,系以留有三个月整理期间,五分之一工人尚未复工,不计工资,遂发给伙食费,以资维持,亦属权衡事理之一种适当办法。至其余五分四之工人,仲裁裁决,惟照原约解雇,其所谓原约,固即民国十八年三月十四日劳资调解委员会之决定书,查该决定书附有条件十一条,又有附注一项,仲裁裁决之原约二字,自系将条件附注均包括在内。原告认为系专指条件,不适用附注,不得谓非误解。再仲裁裁决令原告就沪厂杭厂添雇工人时,应就解雇工人尽先补用一节,不惟与上海市社会局失业工人登记规则第七条规定之本旨相符,且亦与原告本年六月上市政府呈文内"颇思在杭邻近纱厂,另图进行办法,并谋随时扩充,以冀达到减少失业工人之目的"之语不相刺谬,该原告于请求本院,确认引翔厂原有工人已经解雇,及令工人交还厂房及用具以外,并请废弃仲裁裁决,不能认为正当。再就被告之反诉请求赔偿部份言之,据被告代理人等主张,各工人原未解雇,原告应赔偿本年六月十五日起,至履行契约日止,全数工人每日应得九百三十八元一角六分之工资。查本院虽确认各工人从前未经正式解雇,但在停止工作期内,自无责令原告照给工资之理,且仲裁裁决,已于应复工之五分一工人,及准予解雇之五分四工人,均已有相当办法。反诉之请求,更无存在之余地,反诉既不成立,其所为假执行之声明,自亦失其根据。据上论结,本件原告之诉及被告之反诉均无理由,应予驳回。原诉及反诉讼费,依民事诉讼法第八十一条由两造各自负担,特为判决如主文。不服本判决,得于送达后二十日内向本院或高等法院提出书状,声明上诉。中华民国二十一年九月二十四日,江苏上海地方法院民事第二庭审判长推事赵曙岚印,推事汪士成印,推事汪澜印。

(1932年10月2日)

57. 宁绍公司轮机员加薪纠纷解决

社会局昨召集调处 双方签订办法三项

（大公社云）宁绍公司所属之宁绍、宁静、新宁绍三轮轮机员，向例每达年终，有发给双薪之待遇。惟其他轮船公司，并无此种双薪，故该公司时受同业质问，乃于本年七月份，宣布将双薪名义取消，改为加入月薪内，惟所指定办法，双方因为厚薄不匀，致起争执，并呈请社会局秉公调处。该局据呈后，深恐发生纠纷，碍及交通，即派员调查真相，并劝导双方协商和解办法，为时月余，双方迄无消息。该局为迅求解决计，昨特召集调查，到劳方冯玉明，资方卢于旸、陈仁澈，□□党部陈世奇，由社会局朱金侨主席，王志钦记录。经双方数度协商，已有圆满办法，从十一月份起，重订各轮机员新额，资方亦表示承认，旋即签订和解办法如下：一、宁绍轮船公司所属之新宁绍、宁静、宁绍各轮轮机员，因年终双薪取消，重订薪额如左：（甲）新宁绍轮机长每月二百五十元，大管一百六十五元，二管一百元，佣匠五十元。（乙）宁静轮机长每月二百元，大管一百六十元，二管一百元。（丙）宁绍轮机长每月一百九十元，大管一百四十五元，二管一百元云。

（1933年12月2日）

58. 小三北轮纠纷解决

复工工人已登轮照常服务

华商三北轮船公司小三北轮更改航线，发生裁减中舱工人纠纷一案，中华海员工会筹备委员会，因恐发生变端，故当时确定过渡办法，暂令半数工人留船，其余半数，候与公司交涉复工，曾经数度交涉，海员工会前复与公司经理虞洽卿协商，当即解决。其办法为小三北轮原有入会中舱工人廿五名，其中三人解雇，未入工会工人六名，悉数开除。各复工工人，当即登轮照常服务云。

（1934年2月24日）

59. 歇业工头行巨窃

串同工人络续偷窃　搜出赃物价值数千

沪西周家嘴路七二九号华生电器制造厂，前任制造风扇部工头之宁波人曹西章，于民国十三年，经人介绍入厂为学徒，颇能尽职，致连年升至工头，去年九月间辞职。讵曹在职时，曾勾结同党工人，于两年中络续背人偷窃该厂制成及未完工大批十八寸摇头风扇及各种电料，藏堆于闸北育才路恭兴坊二十九号曹之妻弟忻阿才家，价值有六七千元之巨，且将风扇秘密售与美租界塘山路宁波人包元龙所开之兴大等电料公司，得价分肥化用，被市公安局侦察队侦悉，拘获曹西章，并在忻阿才家搜出赃物，西门子五十疋，大机器一架，电风扇六十六只，空架一百四十五只，马达一百四十八只，铜业子板二百七十张，又二十九架，底盘一百十四只，电扇架子及座子一百十九付，线球心子一百三十一只，开关八十九只，连各种电料一并带队，同时赴塘山路兴大电料公司，吊出原贼，于昨日解局究办云。

（1934年4月25日）

60. 同仁和颜料号被德商控告冒牌

法租界民国路八十号门牌同仁和颜料店，系绍兴余姚人徐承勋（今年三十五岁）开设，历有年所，现被四川路二六一号德商德孚洋行经理英人黎安哈（译音）查悉有仿冒该行经售出品红烛台商标颜料，致营业受其影响，据情报告法捕房，请为查究。捕头准词，饬派中西探驰往搜查，抄出红烛台商标纸三千五百张，连同店主徐承勋，带入捕房。讯据徐称，于民国十八年，向德孚洋行定购红烛颜料五大桶，以供制造蜡烛之用，嗣后征得该行同意，将桶装颜料，分装洋铁小罐出售，并托华界新新弄新民印刷所代印红烛台图标商标纸五千张，发行销售，售出一千四百余罐。但因货色低劣，客家常有退回，今所抄出之商标纸，即以前剩下之物等语。捕头据供，命徐退去再核，于前日捕房将案移送特二法院，由捕房律师依照刑法二六九条妨害农工商罪提起公诉，由吴方廉推事在刑八庭审讯。因被告徐承勋未到，据捕房律师与告诉人声述案情一过，庭谕改期十三日传被告到案再讯云。

（1934年10月8日）

61. 大中华橡胶厂议决今日复工

昨开董监会一致公决　并救济被累善良工人

实业社云,大中华橡胶厂,于本月四日发生工潮以来,迄已半月,该厂迭经党政机关及各国货团体,恳切调解,特于昨日下午二时在事务所,召集董监事,举行临时紧急会议,计到余芝卿、杜月笙、林康侯、施耕尹、吴哲生、薛福基、尉迟洵炽、余性本、朱惠人、蒋彬贤、余介如、洪念祖等共二十余人。首由经理薛福基报告,谓近日叠由市商会、国货工厂联合会、上海机联会、中华国货维持会、上海市民提倡国货会、国货橡胶制品同业公会,先后转到实业部、社会局训令,转劝本公司,将一厂早日开工,以维多数善良工人生计,足见政府社会维护实业之至意,而一厂多数善良工人一千三百余人,更联名环恳早日复工,并声请于停工期间,予以救济云云。当经列席董监全体一致公决,议案如下:一、遵社会局劝令,先行开工,以维善良工友之生计;二、缉获之暴行份子,已由法院依法惩办外,其逃匿未获者,应即开除;三、事前事后参与捣乱行为之工人,另行开单,呈请党政机关依法解雇;四、此次一厂暴动,善良工人一千三百余人中,论件工友,无辜被累,实堪悯怜,据各部检查领班管理员等请求救济,准酌予补助;五、无论月俸及件工,均须订立契约,藉资遵守。该公司当即呈报社会局,定今日(十九日)复工,并请求至时派员监视。半月来劳资间纠纷,从此告一段落。惟闻该所受有形损失,约在二万元以上,至无形损失,现尚无统计云。

(1934年10月19日)

62. 三北公司裁员减薪

船员向党部请愿救济　各海员社团开会援助

(新声社云)轮船业同业公会,前因航业凋敝,爰有八折减薪之议,嗣经海员党部海员工会交涉,并各海员社团群起反对,始寝其议。讵最近三北轮埠公司将各轮理货部裁员减薪,业已实行者,有靖安、醒狮、明兴、清浦、松浦、新浦等轮,各轮理货员,以该公司待遇向属苛刻,近复变本加厉,不胜压迫,爰推派代表向海员党部请愿救济,蒙由职工指导科胡主任琦接见,允即向公司严厉交涉,并嘱各工友在未解决之前,须安心工作,静候解决,各代表认为满意,即回轮照常服务。昨日党部已派张东林向该公司作初步交涉,而各海员社团,佥以当兹国家多事之秋,劳资双方,应艰渡难关,决联合商讨对付办法,闻已订期举行各社团联席会议云。

(1935年12月14日)

63. 因邬案谈许昌烟公司

许昌法院判决　诉讼案不起诉

(国闻社云)本埠华商卷烟公会前任主席邬挺生君,上月三十日在许昌被刺后,各方均认为与许昌烟公司有相当关系。记者昨晤卷烟公会负责人,据谈,外间日来传说,谓邬君之许昌烟公司为不合法之组织,并非事实,于是乃出河南许昌地方法院检查处判决不起诉书一纸,以资证明。兹录原书于下:河南许昌地方法院检查处不起诉书,被告邬挺生等九人,告发人姜子和等三人。右列被告人等,因外患诈财侵占一案,经本处于民国二十四年侦字第九十四号侦查终结,认为应不起诉。兹述事实上及法律上之理由如左:事实上之理由,缘被告人任伯彦,于民国初年,以永安堂名义,在许昌西关外购入胡姓等基地九十余亩,建厂收烟,旋租给英美烟公司,约期三十年。经外交部以契约奇苛,有失中国主权,咨请河南省政府,指令许昌县政府,转饬任伯彦修改租约,嗣因发生战事,军队久驻,不戒于火,全部房屋,被焚尽净。英美烟公司与任伯彦,乃双方解除契约。而许昌人民,仍疑有英美洋商为背景,历年控诉中央地方各机关,案牍盈尺,经由外财实三部召集会议,认为既经脱离英美,关系外交问题,可告一结束。迨今夏三月间,任伯彦复将该地出售与许昌烟叶股份有限公司,委托沈昆山为代理人,立有新旧地契。许昌公司并在实业部登记三四七号执照,总公司设在上海,许昌办事处,亦经河南省政府指令,补行支店登记。是该公司早经合法成立,并无外资。近虽有豫苏烤烟厂之筹备,核卷并未成事实,而姜子和等适于此时,两次告发到处。法律上之理由,查核被告发人姜子和等迭次状供及县府全卷,认为应不起诉。兹分手续、实体法说明之:一、手续不合法。查刑事诉讼法规定,自诉告诉告发至为明显,即普通人亦能明了。该告发人等,既非被害之本身,何得迳向法院自诉,矧已经自诉者,不得再行告诉,亦经同法明文规定。该告发人等状称盗卖国土云云,遍查刑法,并无条文规定,假定为外患之一种,亦应迳向高院告发,本处殊难受理,故可迳加驳斥,但实体法不加以侦查,实不足以资折服,而定信谳。二、实体法之不二合。核阅该被告人邬挺生,于本年十二月十日,当庭呈验之许昌烟叶公司河南省许州城外西关新旧地契一卷,手续完备,毫无瑕疵可言。该告发人等,均属空言攻击,状供亦无确切证据,殊难认为有代外人购卖土地之事实,更难为该被告等有罪之认定。至中人王荫棠、杨滋明,到庭否认,未曾签字,但核阅本年十一月二十八日,被告徐立吾,由开封寄来一函,内载今年夏历二月初旬,邬挺生在藏胡同公司请客,同席有沈昆山、陈伯乔、王荫棠、朱又廉、周锦棠、杨滋明及鄙人,尚有公司内两人。邬挺生在席间,曾言此地已由沈昆山代表,卖给许昌公司,诸公在此见证等语。足证该被告王荫棠、杨滋明,实亦在座,无可为讳。再对证杨滋明写给邬挺生、邬申鹏函面笔迹,与原契所签王荫棠、杨滋明六字,毫无两异。是该被告杨滋明之供词,显有瑕疵,实难凭信。刬私人契约之要件证人虽为其中之一,要亦见证两造之争执,苟经双方承认,与第三者并不发生任何关系,该告发人等,藉此以为攻击目标,更属无理由。依上论结,核被告邬挺生等之行为,不成犯罪,按照刑法第二百三十一条第八款,应予不起诉,特为处分如右。检察官景惠民,书记官李效曾。

(1936年1月5日)

64. 上海国货公司拍卖存货偿还债权

(国民社云)南京路上海国货公司,因受市面不景气影响,自去年六月四日暂停营业以来,经该公司创办人邬志豪东奔西走,业得各债权人之谅解,并蒙沪上闻人杜月笙、张啸林、张寿镛、竺梅先、陈忠皋等之协助,体念邬氏提倡国货救国利民之主旨,旋组织复兴国货委员会,业已筹备就绪,内部布置完备。兹闻定于本月九日复兴营业,拍卖存货,以偿还各债权,至各货均照原价由一折至四折出售。如此便宜机会难逢,诚爱国仕女之福音,想届时必有一番盛况。又悉该公司拍卖存货清偿债务完竣后,决另招新股,扩大营业云。

(1936年1月7日)

65. 国泰银行昨日起停止放款

存款逐渐提出　俟追认后发还

国泰商业储蓄银行,经临时股东大会假议决清算后,定八月三十日下午二时,再开第二次临时股东大会,追认后实行。今为减少股东损失起见,自昨日起,对各项放款一律停止,已放出之款,由董事会会同总经理郑秉权,及经理林平甫设法收回,至于各项存款,凡活期者得随时向该银行提取,惟定期者,须俟第二次临时股东大会通过清算后,再行发还。该银行办理清算之原因,实为各董事鉴于市面不景气,放款危险性太大,前途营业毫无把握,为减轻股东负担计,决意清算。又该行营业素以稳健为主,存款最高时达七百余万余元,今已通知各介绍人,逐渐提出,至目前截止,为数甚微云云。

(1936年8月11日)

66. 国泰银行解散清算

昨开股东会通过

国泰商业储蓄银行,鉴于市面凋敝,资金运用困难,经董事会议决,对于欠款则陆续催收,对于存款则随时发还,并经八月九日召集临时股东大会,假决议解散清算后,昨日下午二时,在宁波路钱业公会,再召集第二次临时股东大会,到股东一百九十二户,计五千一百七十七股,合四千四百六十六权。由董事长王伯元主席,报告到会股东及权数,已足法定数目,当宣告开会。首由主席报告八月九日第一次临时股东大会假议决案,继由总经理郑秉权报告该行资产负债状况,旋即开始讨论,对第一次临时股东大会假议决解散清算案,议决,通过,并委派全体董事王伯元、徐可城、俞佐廷、徐伯熊、张朗斋、郑秉权、林平甫、孙劼卿、薛春生、刘聘三、陈绳武等十一人为清算人。至下午四时许始散。清算人王伯元等,准今日即举行清算人会议,办理清算,对于定期及活期存款,即日起一律发还,对于各项放款,由清算人催收。

(1936年8月31日)

67. 信利毛织厂股东间提刑诉

黄品良诉林梦飞等 被告称货系抵债欠

现已停业之信利毛织厂股东兼经理宁波人黄品良(即黄瑞明)延律师袁仰安,向第一特区地方法院,自诉曾任宁波商会副会长该厂股东林梦飞、股东兼副总经理孙宝文、司帐孙宝寿侵占背信,业由法院传审。因被告均未投案,谕令展期,已志本报。昨日下午,由黄日升推事开庭,传集两造研讯。据黄品良供,我与宝文各认四股,每股银一千两;林认一股。林充监察,我任经理,宝文为副经理,另雇宝寿司帐。废历去年年底,我患目疾,不能到厂办理,被告等即将厂中所存价值五千六百余元之货物原料,悉行私搬藏匿于大马路日新里林所设之号内,致信利遂不能营业,而于一月十八日停顿。此外查核帐上存款,至一月二十五日,应存七百六十余元,而宝寿只书写存一百六十余元,短少六百元,且此一百六十余元,亦复毫无着落云云。质之被告林梦飞供,向充宁波泰涵钱庄经理,信利欠该庄凡八千元,逾期不还,该庄去秋清理之后,屡加催索概置不理。故我于岁暮,来沪面索,该厂以无现款,乃将存货作抵,除予拍卖得价偿还外,尚被欠四千七百余元云云,并延袁汉云律师提出,泰涵于今秋另向民庭控诉,信利不还欠款之诉状,证明原告所控侵占背信,实含对抗作用。又据孙宝文供,将货作抵泰涵欠款,系原告命我与林商妥,而运货至林之号内,时原告亦在厂目见,嗣林所出之收货收据,复系交由原告收藏,何能诿为不知。孙宝寿供,我于一月十七日,已因事回甬,所有账上款项,悉行点交原告,故自十七以后,至一月二十五日之帐,当系原告派人管理,如有错误,我不负责,尽可核对笔迹,自易明了等语,并亦延何宪章等律师辩护。庭上旋谕改期再讯,被告孙宝文、孙宝寿责付其辩护律师何宪章、冯美学保出,随传随到。

(1936年10月24日)

68. 国泰银行清算结束

存款八百万元本利清偿　　尚有二千元公告催领

　　本埠国泰银行,经临时股东会议决,为解散之清算后,该行即开始办理清算手续,现已告一段落。兹志详情如下。

组织内容

　　国泰银行,系于二十二年八月成立,资本一百万元,一次收足,地点在天津路二二四号,董事长王伯元,常务董事郑秉权、徐可城,董事俞佐廷、薛春生、孙劼卿、张朗斋、徐伯熊、陈绳武、刘聘三、林平甫,监察王仲允、冯斯仓、周永升,总经理为郑秉权,经理为林平甫,副经理为楼耿如、冯启钧,襄理为郑曙帆、张耕生。

清算情形

　　所有该行各项存款,包括各种储蓄存储在内,无论已未到期,一律发还,其利息均算至提取前一日止,本息悉数清偿,现在存户尚有未来领取者,总数并计不满二千元。虽经连续登报公布公告多天,催请领取,现仍设立清算处于北京路一五五号业大楼,以待零星各户提取此千余元之本息,以资结束。在该行繁荣时代,适当沪上金融恐慌之际,彼时存款,总额约为八百余万元,均于此一年余中,将放款陆续收起,即以之付还存款,现在尚存实产,及尚未到期押品确实之资产，约六七十万元，均将陆续付还股东资本。

催领公告

敬启者，本行经本年八月三十日第二次临时股东会议决议通过，为解散之清算，暨委托董事会全体董事为清算人各在案，所有商业部储蓄部各项定期活期存款，无论已否到期，均请存户即日来行，将本息一概算至提款前一日为止。特此登报公告，敬希各存户携带存款单折，依照平时约定取款手续，前来提现，至为翘盼。

（1936年10月27日）

69. 宁静船员减薪风潮调解经过

新老宁绍昨晚开出　宁静船员尚有期待

宁绍公司宁静轮船全体船员，因公司减薪，屡次请求减免，均无效果。昨日该轮返沪，即实行怠工，一面发布宣言，提出四项要求（见昨日本报广告），一面向轮机、驾驶等五公会报告，请求援助。沪甬班轮新宁绍、长江班轮老宁绍，因即起而援助，一致怠工。赴甬旅客，昨因新宁绍不能开出，相率大哗。宁波同乡会特派出代表陈翊庭、叶翔皋、李耀庭、毛和源等四人，出为调解。宁绍公司方面派出张延龄，船员方面委托轮机总会冯玉明、姜克尼、胡之宁、陆良炳等代表，于下午五时半，同至恒社，开调解会议。最后，由杜月笙氏出为调停。一、宁静轮船员，恢复原薪。二、新宁绍轮船立即复工照常开航，以利交通。杜氏又托陆京士，向各代表切实声明负责。此事始告一段落。新宁绍轮即于当晚七时开行，老宁绍亦于当夜开航，惟宁静轮船员，须待四项要求及保障职位等问题，于今日上午九时，由海员工会、航政局等，开党政机关调解会议，决定办法后，始行复工。

（1937年4月8日）

70. 老协大与协大祥冒牌纠纷涉讼

双方各为营业竞争　昨经讯给定期宣判

法租界小东门大街宝大祥洋货棉布庄经理甬人丁方镇，年四十四岁，近因为老协大号与同路协大祥洋货号为冒牌纠纷涉讼，延律师代理具状特二法院民庭，诉请确认商号权。法院据状，于昨日上午九时，由吴恪推事开庭传讯双方律师到案。据原告律师称，原告于上年开设老协大号，照商业惯例，呈请社会局转饬呈实业部注册。当时因漏写地址,致遭社会局驳回,嗣后协大祥亦在协大祥招牌上叫一老字,亦呈请注册,旋被批准。迨经原告补正手续,再请注册,实业部因老协大祥在先,未经允准,后由原具呈人解释经过后,奉批令向法院起诉,故诉求钧院判令被告赔偿七个月之损失,确认原告有使用商号之权云云。被告律师辩称,本案事实,并不如原告方面所述之简单,且今日原告提出,均属偏面证据。查原告开设老协大云,是老股东,协力同心,扩大营业,则原告方面完全假冒协大祥牌号,以图竞争,而协大祥开幕系为十二股东,嗣由现在之原告丁方镇等九人退出股东之后,即在协大祥之附近左右东开一宝大祥,西开一宝大祥,但因营业终不及协大祥之盛,故仿冒协大祥牌号,另开老协大,并登报声明,经被告登报驳复,原告又具文呈请实业部注册,实业部认为老协大有仿冒协大祥同记及老协大祥之嫌,批令驳回,亦将证据呈案,请求驳回原告之诉外,并提起反诉,判令原告即反诉被告使用老协大牌号,以免妨害被告商业上利益云云。庭上核情,谕知补缴讼费,并宣告辩论终结,定十九日上午八时宣判。

(1937年7月15日)

第七章 采访与调查

1. 燮昌火柴公司调查记略

　　火柴至微细之物，然其需用最繁，为日常所不可缺者也。上海一埠华人自创之火柴公司有二：一为浦东之荧昌公司，一为塘山路之燮昌公司。燮昌开办尤早，销路尤大，赖此挽回利权不少也。该公司总经理为宋伟人君，经理为董俊臣君，股本最大者为叶澄衷家，占总额十分之五。厂中分匣子间、车间、拆板房、烘房、砂皮间、阴干房、磷房、装箱房。在厂工作者女工多于男工，据称，女工最多时达千人以上，现因天热减至六百人。男工现有二百八十人，专司摇车装箱等事，此外皆以女工任之。造磷之法该厂以天热仅在早间制造一二时，记者至该厂调查时已停工，未及见，仅见拆板装匣及包纸包数事而已。今将调查所见者志其大略：

　　制火柴之第一步，先将方形之板中有直缝者置于手摇车上，一经手摇车之旋转，火柴梗即密布于板之缝中，然后用机器分别涂以红黄磷，俟其阴干，或置烘房，用适当之温度烘干之，乃由女工移至拆板房，置于手摇车上略一旋转，而火柴梗已粉落于下垫之木盘矣，其中有因摩擦过力而发火者即弃去之。厂中工作以司拆板为重要，故其工资亦较优，每人每日多者可得六七百文，少亦可得五六百文，此为厂中女工获资最丰者也。火柴中有脱头及断梗者，用女工拣去之，谓之拣红头。拣红头之工作较易，故招以年老妇女任之，每日多者可获百文，少者得六七十文。鬓发苍白之老妪得此亦可稍娱暮景矣。拣净之火柴则用女工装盒，每装百盒得钱八文，手术娴熟者每日可装三千盒，得钱二百四十文，日装一千五百盒者为最迟，然亦可得一百二十文也。记者在旁驻观，仅片时，见一女工已装至十余盒，其手腕之敏捷可惊也。更有携带小孩入厂工作之余兼事褓抱者，其劳苦可想见矣。装盒既竣，则以十二盒为一包，外裹以商标之纸，谓之包纸包，亦以女工任之，间有以小孩司粘浆糊者，每包一百二十包得钱九文，多者日得七八十文，少者只三四十文，此为获资最少者也。至其装置火柴之盒，系将盒片及纸料发交女工，在外工作，制成万盒，则得工资银十角四分，每盒计值一厘四忽。该厂所制之火柴以红头为多，黑头较少，红头每箱现售银二十两，黑头现售银二十一两五钱。该厂之销路，外省以浙之杭州、宁波，鲁之济南为最发达。本省以无锡、武进、江阴、常熟、丹阳、金坛、溧阳为最发达。南洋兄弟烟草公司近因香烟与火柴有连带关系，因向该厂定认飞艇牌、双喜牌火柴，并于盒面注明"请用中国火柴吸中国香烟"，其推广营业之心计，可谓工且巧矣。该厂于制造上之手续固已完全由华人自任,但其所用材料如火柴梗、盒片、砂皮等仍不免取之外来,此则不无缺憾。际此工业不发达之时,想亦无如何也。记者调查之目的在职业,故仅记其厂中之工作,而略其制造之法焉。

(1917年7月19日)

2. 三友实业社制造烛芯工场调查纪略

三友实业社设于上海北四川路横滨桥,经理为沈九成君。场中有制造烛芯机器一百五十具,以马达为原动力,男女工人多时达三百人。据其执事报告,制造洋烛虽以油蜡为主体,而线芯尤为要点,线芯不良,即用百三十五至百四十高度之油蜡,其光仍不明亮,且易生灰。该工场所制之线芯一为金星牌,一为白宇牌。金星牌用二十支纱制成,白宇牌用三十二支纱制成。制烛燃烧后,匪烛火光白亮且无花煤之弊,其效用与白礼氏烛芯无分轩轾。每包均长二十尺,可制烛十三箱。该工场以金星牌之八号暨白宇牌之十一十二号为用途最大,以普通用之十二两烛,即以此三者为烛芯也。外埠销路以香港、哈尔滨、汉口、东三省为最畅,本埠如打铁浜之南洋洋烛公司、老闸桥之华泰、董家渡之华利均购用该工场之烛芯。该工场开办已越五年,赖此挽回利权亦已不少矣。

(1917年7月24日)

3. 振华油漆厂新屋落成参观纪

上海振华油漆有限公司,前由华商乐振葆、谢复初、李剑雄、张兰坪等发起,集资五万金,于民国七年,在沪西新闸北潭子湾地方购地建筑厂屋,组织一切。其机器悉由邵晋卿亲自发明,参考德国机器在中国自制,以便制造完全国货油漆,曾志前报。嗣该厂复于上年大加扩充,虽在试验期内,而出品成绩颇佳,至本年又增资本五万金,共计十万,全厂始告完备。昨日,因全厂落成,由该厂经理邵君邀往小沙渡制造厂参观,厂中有试验室、铅粉制造部、油漆制造部、原料监定部、化炼部、飞磨石粉部、水磨石粉部、烘漆部、炒炼石膏部、油漆调和部,种种布置,颇极完备,规模宏大,可谓中华唯一之油漆制造厂矣。其油漆之原料,系用河南水口由铅矿所出之青铅,用化学炼成各色之漆,并加以胡麻油调和始成。其附近另行设厂,为颜色制造部,专造颜色之所。该厂除油漆用品外,又有滑石粉及光粉两种,合于香粉铺化装品及米厂之用。现本埠总发行所设于虹口天潼路,外埠已在青岛、苏州、天津、汉口、南京、芜湖、宁波、镇江、福州等各大埠设分销处,南洋群岛华侨,闻悉国货出品,异常欢迎,纷向购定,大有供不应求之势。缘舶来品计重量二十八磅,需银十九两,国货仅售洋十八元也。前日,沪上美商如慎昌、茂生等各洋行大班,均往参观,莫不赞美我国实业之进步云。午后,该厂在四马路三兴园设宴请各绅商,中西人士到者甚多,一时车水马龙。

(1920年11月25日)

4. 华商上海水泥厂参观记

　　水泥一物,用场甚广,据确实调查,在数年前,外国输华水泥,约值一百五十万元,自刘鸿生君等组织上海水泥厂以来,每年出产,亦有一百五十万元,适足挽回利权。记者久闻该厂之名,昨特抽暇往龙华至该厂投刺参观,由该厂经理吴君清泰接见。是日适值工部局职员组织参观团至厂,该公司之重要人物,均至厂中招待,记者因即加入该团,由厂总工程师马礼泰引导,参观全厂,费时两时间之久,始获竣事。观毕,至马工程师住宅茶话,承该公司总经理刘君鸿生、总工程师马礼泰叙述该公司创办之沿革以及工程上之特征。工部局职员团极为推许,直至午后六时半,主客始尽欢而散。记者归后,因就闻见所及,记载于左,以飨阅者。查该厂占地一百三十余亩,于民国十年,由刘鸿生、朱葆三、张退庵、张啬庵、李拔可(商务印书馆经理)、张效良(久记木行主)、谢仲笙(招商局总办)、李翼敬(前汉冶萍总经理)、杜家坤(义泰兴煤行总理)、韩芸根(湧记煤行主)等,集资创办,费时三年,需费三百六十万元,于上年八月间,开始制造水泥。该厂所用机械,系购自德国普里斯工厂,为世界最良之制泥机械。总工程师则系马礼泰君,为从事于制造水泥十五年之名师,自出货以来,对于货质,尤加研究。除厂内特设化验室,逐日化验之外,更分致货样于国内外之各著名化验所,请求化验,以证出品之优美。现该厂出品,据云与世界最著名之瑞士荷尔敦班厂出品相比较,已无逊色。本埠若建筑公司自英法两工部局、上海自来水公司、上海德律风公司、黄浦工程局,与该公司订立长期定货合同以来,相继订购,营业大有应接不暇之势。该厂每日出货,可至一千二百桶之多。制成之水泥,或装木桶,或装麻袋,或装铁桶,悉听需要之便。因装袋之货较廉,而旧袋又可变值,故除远方购货之外,人皆乐用袋货。记者又观该厂交通,极其便利,水路已直通黄浦江,运输异常迅速,惟陆路据云尚有三里,未曾兴筑马路,如此三里马路筑成后,则该厂水陆交通,无往不利,于该厂自身固佳,即龙华农民,亦多不少便利。照目下地价,如筑成此三里路,用煤屑只须一万五千元,若用石子,最多亦不过五万元,以上数目,均连地价在内。闻此三里路属于南工巡捐局范围之内,若该局为中国实业前途计,为龙华交通计,与该厂合作,筑成此路,则各方均沾其利益矣。刘君耐劳耐苦,经营此厂,诚属匪易,其特异常人之点,则刘君完全为国家发展利益,于个人金钱损益,均非所计,如有同业前往该厂参观,刘君谓彼必举彼所知者告人,决不秘密,此种诚实精神,实为发展水泥业前途计,殊属难得。刘君又谓如地方人士有热烈之同情,与以扶助,则该厂目下发达,决不仅止于此云云。

(1924年3月9日)

5. 商务书馆工厂状况之调查

为童工问题报告材料

上海工业委员会某委员,以工部局纳税西人年会将次举行,该局所设之童工委员会,将于年会中提出童工问题,昨特赴商务书馆印刷所调查工业状况。兹录其报告如下:该厂男工不到十四岁者不雇佣,女工年龄在十六七岁以上,男工须在高等小学毕业,工作时间每日八小时半,每星期休息一天,如因业务繁忙而加工者,每三时作半工论(连加工每日仅十二小时,加工并非常有)。工人除所得薪资外,且可分得花红,其工资男工平均约三十元左右,女工自十五元至二十元,工厂设备如空气、光线等均经注意。工人疾病,得入工厂所设之养病房诊治,药物均不取资,因工受伤成残疾者,可得原薪半数至终身。因工死亡者,有抚恤金。该厂对于女工待遇,凡在产前后一月为例假期,工资照给,工厂另辟哺乳室,陈设极优美,有电话可通各部,各乳儿至室时,由看护妇用电话通知其母,招来哺乳。该厂如遇流行病发生时,必预筹防止之法,如新近发现天花,则为工人及其家属种牛痘。至于教育方面,则有尚公小学及幼稚园,为工人子弟求学之所,其工资在三十元以下者,免收学费,童工夜间得入该校补习班读书,不取学费,且为男女同学。工人退职者有退职金,死亡者有赙赠金云。

(1925年4月14日)

6. 川沙三友毛巾厂参观记

　　三友实业社毛巾厂，一设川沙，一设嘉定。兹将川沙毛巾厂，参观所得，纪之如左：

　　川沙毛巾厂，共有十数家，而以三友毛巾厂为最大，有总厂一，设在北门内，有女工一百十六人。分厂五，设在北门外王家桥者一，有女工八十二人；设在东门外小营房者二，有女工一百五十人；畅塘者一，有女工七十人；周家宅者一，有女工一百人。合总厂分厂女工，共有五百十八人。

　　女工年岁，老者四五十岁，少者十三四岁，其余则二三十岁之中年妇人也。工作分织巾、摇沙二部。织巾部，多为三十岁之中年妇人。摇沙部，则为老年妇人，及十三四岁之童工也。织巾部，每人每日，可织二十余条。工资每条十二文至三十八文，视巾之大小花色而定等差。摇沙部，分机器摇和手工摇二种。机器摇，每日可以摇六十绞，手工摇，则仅半数而已。机器摇，须用眼力，故童工为多。手工摇，不须眼力，故老年为多。工资机器摇，每绞制钱十文，手工摇，每绞制钱十八文，故二者工资，实相差无几。每逢阴历初五、二十两日，为发给工资之期。所发工资，虽用钱码，而每圆钱价，只作一千三百，故与洋码，相差无几。织巾部工资，每月多者，可获数十元、七八元。摇巾部工资，每月多者，可获二十元，少者十数元，七八元。摇巾部工资，每月多者，可获十数元，少者五六元。而厂中又定一种奖励之法，即织巾部，每半月可织满二百条者，即予奖金。其奖金至少二百五十文，至多则六千文也。摇沙部，半月内，每日到厂工作者，亦予奖金，唯不如织巾部之多耳。故每期发给工资，恒在四五千元左右。而浦东近数十年来，贫苦之家，稍有藏盖者，毛巾厂之发达，实其一也。厂中设备，则总厂现有十五匹马力之柴油引擎一部，各厂共有双层摇沙机二十八部，至织布机，则有几百部云。厂中优待女工之处，则总厂设有西药室，如阿司匹林、金鸡纳霜、苏打明片、碘酒、药膏等，俱陈列其中。遇有女工感冒、痢疾、胃呆，以及皮肤溃烂等疾，即由厂中对症给药。而于夏秋疫疠盛行之时各给时疫药水，并备防疫针，女工如愿注射者，亦可为之注射。厂中且常年请有医生，女工遇有疾病，愿请厂医诊治者，则医药各费，概由厂中发给。而于童工方面，因为失学，请有教员，每日授以平民识字课一小时，裨受平民教育。凡于散工之时如遇天雨，厂中备有雨伞，可以借之避雨。凡此种种，概由厂中主任丁君观澜，三四年来，逐渐设备者云。

（1925年10月4日）

7. 五洲固本皂厂参观记

海云

五洲固本皂厂,在徐家汇谨记路西,开办已久。民十改组,其时有中华兴记香皂厂亚林药水厂二家,均归并于五洲,遂定今名。同时向农商部注册。其工作与出品,截然分两大部分,一为制皂部,一为制药部。肥皂部分容积较宏,设备亦繁,请先言之:

此部大别,为香皂粗皂两种。香皂部之设备,有押出机三部、磨床两部、干燥机一部、打印机四部、切皂机两部。至粗皂部分,设备较多。有方式配料缸四,方溶油缸一,圆式溶油缸二、炼油缸一、甘油缸三、制皂大锅三、小锅二,圆形甘油琳桶六,打印机七。地下有皂脚大池二口,小池五口,此外又有烘房二间。其大锅之容量,可置数十吨以上。其油缸高度,至二丈八尺,口径九寸。又有发动大引擎一、冷气缸一、冷凝机二、磨床二、干燥机一、甘油压力机一、甘油热水缸一、滤过车一、刨光机床一、钻床一(专打机件眼子),地中油锅二(用以提净皂质)。以上皆肥皂部分之设备也。

制皂之原料,则取材油类六种、碱类二种及其他杂物四种。油类为牛油、柏油、椰子油、漆油、木油、籽油,碱类则用纯碱、烧碱,此外又杂以食盐、硫酸、石灰、松香各物质。至透明香皂所需原料则用牛油、椰子油、籽油、酒精、香精、烧碱、五温糖(香港来)等,以较制造通常肥皂,原料大半不同。

药品一部,其房屋设备,有化验室一、制药室一、包装室一;机器方面,有浸药圆桶十二、火酒桶二、油膏磨机一、丸药打光机一、粘粉斗机一、筛粉斗一、截丸器二、压片机一,此普通制药部之设备也。

药部制品,各种丸散饮片、香水粉蜜,琐碎殆难缕指。其役工多而占室巨者,大别为良丹部、皂臭药水部、自来血部。良丹部有事务室二、压条机一、新式截丸机一。自来血部有配置室一,多有女工。臭药水部有制造室一,在内工作者由四十人,蒸汽锅炉二大口、蒸馏汽机一、蒸水机一、贮水槽二、水锅四(用水汀)、蒸馏锅一、煤膏池一、瓦缸七、大方铁柜六(制石炭酸),另有香料室一。

出货统计,除药品外,计香皂出货,每日八箱至十箱,粗皂出货,每日五百箱。如开夜工,可增至七百五十箱。房屋分配,制皂占三所,制药二所。工人方面,男工一百五十人,女工一百人。工人月薪,男工十元至二十元,女工自六元至十四元。上工时间,午前七时至十二时,午后一时至五时。工人分配，皂部三成，药部二成。男工工作，多在运动机器及劳力之任务，女工时间，多消耗于制成纸盒、包装药皂，并料理香水油蜜等种种化妆品。劳逸不同，工资亦异，职是故也。

厂址三十余亩，地颇宽博，坐落纯属华界。有运货汽车二辆，仆仆于徐家汇及福州路之间，奔驰运送。厂务分三部，制造工业部、香皂兼化妆品部、化验兼制造部，另设消防一部，由各部主任兼摄，对于香烟火柴之遗屑，非常注意，以免火灾。

各部职务分晰极详，如化验制药部，内分丸药、化验、良丹、制剂、木塞、家庭药品、药片、臭水、药库包装、瓶子批发等各组。香皂化妆品部，内分制皂、化妆品二组，制皂工务部内分制皂男工、女工、记工、香料、机器等各组。此外有庶务进货股，则司过磅、收发、稽查筹办、贮藏、管理用品等。会计书记股，则司记账、出纳、书记、造表、经租记工等。

全厂面积既广，出货亦繁。厂内运货往来，人工尚觉行缓，敷设一轻便铁道，轨路四通，输运灵捷，所有一切机器，均系德国产。

(1925年12月4日)

8. 医药界参观补力多制造工场

本埠九福公司制造纯净补力多及含几怪补力多，发行以来，颇得国人之同情及医药界之注意。该公司为研究学术，公开制造起见，柬邀医药两界参观补力多制造工场。昨十月五日为参观之期，下午一时起，医药界即陆续而至，如汤蠡舟、于达望、宋国宾、程瀚章、朱企洛、丁福保、赵午桥、黄冠卿、谢筠寿等二百余人，该公司总理黄楚九亲到招待，由吴虞公、陈星五、汪龙超等先后引至制造工场，经化学师沈济川、药师周梦白，对参观诸君，一一说明机器之构造、制药之原理、提炼轧局尔之方法、制成补力多之手续。观众亦均具有医药智识，故参观之后，颇为明了，莫不啧啧称赞该公司机械设置之完备，及制药工业之进步，足与欧美各大药厂比美，深信补力多之成功，为吾国制药工业前途之光明，将来舶来品在吾国药业市场，当日见减色云。参观既毕，茶点而散。又闻该公司欲使各界明白补力多之内容，将定期欢迎各界公开参观云。

(1930年10月6日)

9. 公开参观补力多制造工场

印有参观券备索　略具赠品助兴趣

近来国货衰落,国人不无鄙视,几于每物皆然,本埠九福公司本年发行一种美味壮补疗咳良剂补力多以来,配制本舶来原方,调剂照科学手续,出品精良,功效伟大。为引起国人信仰计,前于十月五日,曾经邀请医药界参观制造工场,早详前报。兹闻十二月六日,再行欢迎各界公开参观,所有原方及制造手续,悉行当众表演,俾知此市上盛行之舶来品吾国亦能同样制造,既不须环海载运,售价是以较廉。另外略具赠品,藉助兴趣,惟为免除人多拥挤计,应先期向白克路该公司索取参观券,以便届时持券入场。各界一经此次参观,明了内容,当能格外信服,从此一致提倡,是亦吾国新药界之好消息也。

(1930年12月4日)

10. 大中华科学研究社昨参观中国化学工业社

大中华科学研究社,成立于民国十四年,为唯一□□民众科学之组织,初由吴稚晖氏领导,先后主编《北京京报》、《上海民国日报》之《科学周报》,中因故停顿,今年重经一部分社员提议恢复,并在本埠晨报附刊《科学世界》,颇为社会欢迎。近更按学科性质分组研究,此次筹备在沪设立小规模之一科学图书馆及实验室,并在浙省金属觅得农场二百余亩,拟供农业组试验之用。日前该社社友徐君已前往接洽。昨日本埠普通社员乙组四十余人,偕同该社理事徐韫知君赴槟榔路中国化学工业社参观,由该社洪孙两君招待,陪观各厂历三小时,将有详细意见,在下期《科学世界》发表。该刊□御寒品、补品、无线电各专号,尤有价值。又该社广征社友,凡愿加入者不限资格性别,可径函该社或本埠晨报社转。

(1932年11月14日)

11. 大中华科学研究社参观章华呢绒制造厂

大中华科学研究社为吴稚晖氏所手创,成立至今,已有七年,中因故停顿,今夏重行恢复,侧重于科学知识与技术之普及,社会生产与消费之指导,加入者均系热心科学事业份子。昨日该社沪地普通社友四十余人,应周家渡章华呢绒制造公司经理程年彭君邀约，由公司高级职员童僧之君及该社常务理事徐韫知君陪同渡浦，前往参观其制造手续，自拣毛起迄成品止，凡十种，由厂方工程师席潘二君说明。该社社员对于该厂设备及管理颇加赞许，参观毕，即在该厂客厅略进香茗，摄影后原轮送归。据该新常务理事徐君语人，章华能自纺自织以至成品，均无外国原料，在目前中国毛线界，诚属难能可贵。惟引擎仍用蒸汽动力，消耗过巨，似嫌美中不足。又据该厂闻，明年该厂已决定改用电力，以期实现，关于徐君之意，甚为感谢。

（1932年12月16日）

12. 参观中国垦业银行新屋记

中国垦业银行总行，近年来业务发展，顾客拥挤，宁波路原址深感逼仄，特于北京路江西路转角购置基地，建筑八层大楼，业已竣工，择于十月六日，迁入办公。闻本埠著名国货工厂如亚浦耳电器厂、中国窑业公司以及老凤祥银楼等，制有名贵纪念品多种，届时分赠该行新旧顾客，以志纪念。记者昨特至该行新屋参观，由同和里侧门入内，先至地下层，即见宏大之银库及发行库并峙其间，前为兑钞室、检钞间、验币房，以及餐室、电气厨灶等等，拾级而至地面层，进门为业务部及储蓄处。柜凡二座，内容行员百余人，在此办公。全屋四周，以及柜台，均系大理石砌成，于富丽堂皇之中，寓雄伟庄严之致。再内，则为经理室，向左则为房地产部及同业汇划处。复拾级而登二楼，保管库在焉。库系美国摩斯尔公司特别计划承装，库门钢板厚十余吋，重四万磅，上下四周，均为二十吋厚之钢骨水泥。墙壁内置摩斯尔新式保管箱数千只，大小有八种之多，并有种种警务设备，保卫周密无比，旁有密室多间，专供租箱人应用。再上则为董事办事处，为全行之最高机关，总理室、常务董事室以及稽核发行文书三部在焉。其右则为大厅，董事会以及行务会议即于此举行。各楼均有新式卫生设备，以及水汀暖气，以便男女顾客使用。自三楼至六楼，均系最新式写字间房子，业由交通部国际电信局、交通部购料委员会、乾一企业银公司，以及医师律师等，分别租去。乃由电梯直达屋顶，拾级而登高塔，塔凡三层，面积阔大，备作行员憩息之处。引眸遥望，黄浦秋涛，如在足下，淞口帆影，隐约可睹，天风吹来，不禁兴高处不胜寒之想矣。

（1933年10月4日）

13. 上海国货公司访问记

发表准备第二次计划宣言

记者昨经南京路见虹庙对面上海国货公司，举行一周年纪念大廉价二十一天，设备富丽，广告新颖，而爱国货之顾客，真有整千累百怀金以往满载而归之盛况。察其容止，皆甚欣然满意，足见国民爱用国货之热烈可证，前途尚有希望。记者欲明了其所营业品类，是否完全国货，因亦入内参观，并加访问焉。兹记其内容大概，以告关心国货者。创办人是上海闻人邬志豪、陆祺生等，设计人亦上海闻人任矜苹、朱德超，广告图画人则为美术家朱维岳。盖以国货玩具家杨良弼奔走布置于其间，又有数女职员参加计划，其能尽善尽美者，良有以也。询其国货出品，则完全华商厂家。询其品类有几，谓有四十四部分之多。询一周年中营业状况若何，谓二百四十余万元。询上海有几家国货公司，谁家为首先创设，谓南京路上纯粹经营国货之大公司，现仅有二，即上海国货公司与中国国货公司，而上海国货公司为首先创设者。询有若洋货店以外国货伪□中国货之嫌疑否，谓负责保证决不涉及是项嫌疑，因各出品者，均为国货厂家，并均有实业部之注册商标，及国货厂商联合会之证明书，可资指证。询有何特性能使购买者满意，则谓本公司购进各货，不但用现款买进，并于可能程度，预为国货厂家垫款，即社会上所称为预约是也，因此预约之故，进本遂得低廉，进本既低廉，故各货定价亦便宜，因欲推行国货，以与外货相竞争，为国货开出一条新道路，创薄利多销之新纪录，是即上海国货公司之特性。记者访问至此，已明了其内容之概略，遂与辞归，以其经营国货裨益国家，乐为之记，籍资提倡云尔。

上海国货公司准备第二计划宣言：

南京路虹庙对面上海国货公司，自公告实行扩充计划后，在第一日即得美满之成绩。近因该公司举行创办一年之一周纪念，特在纪念会议中，该公司主持人陆祺生君，决定准备第二计划，并将扩充计划缩短其完成期。至于准备第二计划宣言，业已拟就，兹为采录如下：先哲之论复仇者，有曰"君子报仇三年"，又曰"十年生聚十年教养"，此皆古人自奋自励，切实收效之遗训也。今国难之过去已将一年，观此过去期间之事实，虽自奋自励之呼声，遍于朝野，然无补于国难，不独无补于国难而已，且日见耻辱之加增也。细究其故，则知人心见使于贪欲，日为相贼相妒不相互助之为害也。吾人姑不论政治，即就社会及工商业以论之，则有贩卖仇货卖资以为利者，有监督仇货籍权以自私者,此爱国之士之所以痛恨叹息,认国事为不可为者。岂国事真不可为乎？非不可为,实不为也。小言之,即本公司之近事,亦足举为佐证。去年十月间,本公司创办人邬志豪先生,从事筹设公司,有引前车之失告先生者,以为在外货围攻之南京路,欲为国货谋突围应战之出路,宁必不易,先生毅然应曰:"君以不易为而不为,则将永无易为之时,果不为,是畏难而自愿为鱼肉。"今公司之成立,已一年矣,更得以最近实行扩充计划之事实,益知国事之大有可为,在于国人之有无自奋自励之精神,对于国家民族之能否为打破国难之奋斗耳。查本公司现方实行之扩充计划,原以本年八月为筹备期,自九月一日始,至明年二月底,为完成期,并预定一营业月计之数额,以作计划,所求目的之标准。今计划已行之工作,仅十之一,而计划所用之时间,不反六之二,而第一月营业,总计之结果,已超越标准额百分之十三、三一强,而第二月之营业,以昨日为止之趋势预测之,必可超越百分之二十而无疑。是可知人心之未尽死,苟能为国奋斗,必有热忱之助,据此信念,遂有一周纪念会议中决定缩短实行扩充计划之期限, 以本年十二月底为计划之完成期,自明年一月一日始,实行现所准备之第二计划。但本公司之所以有此勇气,有此精神,是皆出于爱买国货诸仕女之鼓励,而知自奋自励者之必有相助也,故此后鼓励之力愈多,自奋自励之精神亦必愈盛,共起为国奋斗者,且必不绝于途也。此可知今日之中国,不须待生聚,只须教之养之勉之,而使之力行耳。本公司既感已往多助之成功,不能不在准备第二计划之日,为恳切之公告。愿爱国仕女,知本公司之能为国奋斗,就自救利国之观念,益其多助之力量,值此救济自卫之壁垒,能长期发挥无已时,复使爱国志士,知雪耻救国之事,非不可为也。谨此宣言,诸维公鉴。

(1933年10月22日)

14. 山西实业家参观上海国货公司
咸称推进妇女国货年精神

山西实业家杨筱元、郁抡才及聂君等十余人,此次代表保晋、广懋、山西各煤矿公司,与铁道部讨论运输问题,日前便道来沪,闻上海国货公司,为南京路最早创办之推销国货机关,而努力奋斗,又声闻遐迩,昨特前往参观。由该公司发展业务委员会主席委员陆祺生招待,并派员陪赴各部参观。杨君等对该公司男女职员之办事精神,甚为赞美,尤惊异特定各货之价格,如是日所售每尺三角之电印软缎,每尺一角四分之华达呢,每支一角二分之三星牙膏,皆为折入成本之廉价。杨君等参观毕,举以为问,陆君谓,此系本公司每日规定之廉美国货。因本公司为推行妇女国货年,欲使妇女国货年能造成超过国货年十倍以上国货公司出现之纪录,盖去年国货年之纪录,就上海言,只增加完全销售国货之公司三家,其能力殊为薄弱,故今年本公司自第一月起,即准备牺牲,从事奋斗,特选优美国货,分日分部,特别廉售,以之介绍于全沪妇女界,使知国货之廉美,以造成其爱用国货之基本心理。故此项廉售国货,就目前之营业观点言,虽系损失,然就推销整个国货及推行妇女国货年言,则为一有价值之牺牲。以一切事业之成功,皆从牺牲中得来,本公司欲希望妇女国货年之成功,不能不有此牺牲。杨君对于陆君此种精神,莫不称许云。

(1934年1月10日)

15. 三北公司明兴轮昨赴甬

虞洽卿昨午招待各界参观

(新声社云)三北轮埠公司新轮明兴号,装修完竣后,于昨日上午十一时,招待各界参观,下午五时,租与招商局代替新江天轮处女航宁波。兹志详请如下:

招待参观:明兴轮昨停靠于金利源一号码头,由三北公司招待各界参观,计到上海市商会主席俞佐庭、租界纳税华人会主席王晓籁、中汇银行董事长杜月笙、航业同业公会秘书长杨犹龙,暨航商领袖陆伯鸿、王伯芬、杨管北、罗廉臣、陈巳生等,由虞洽卿等亲自招待,并敬备茶点,直至下午三时始竣。

致欢迎词:虞洽卿致词云,今日敝公司明兴轮船,邀请各界参观,蒙各位惠临指教,非常荣幸并感谢。明兴轮船行驶动机,完全为复兴吾甬农村,免除所负担通商口岸转口税,故此船命名明兴,其意即为复兴吾四明农村,值兹镇海内地口岸确定,留一纪念。本轮开驶情形,及办理免税经过详请,业经敝公司登载启事,并由各报披露新闻,谅蒙各位鉴及,恕不烦述。现在各省公路畅通,铁道增加,而公路铁道与民船等所运送货物,均无关税转口税,将来轮船所运之货物,均改从公路铁道民船输送,势所必然,是以鄙人为航业前途计,不得不从开辟内地口岸,及要求轮运货物,受同等待遇,是以此举除救济农村外,实与航商有莫大关系。本轮本系法商东方公司所定建,原名立茂,为东方公司三船中最后建造之一船,嗣由怡和洋行收买,改名联和,船身非常坚固,所用钢板极厚,行驶沪甬,颇为相宜。敝公司购入之后,又大加修换,计加挠八道,从前木料,均改为铁板,复加披水龙筋,以防风浪倾斜,虽不能称尽善尽美,改装各费,已在六万余元矣。船员方面,均选老成能手接充,船长一职,以敝公司宁兴轮之前任船长李思培充当,技术既优,而对沪甬航路,尤为熟谙,当为吾甬旅客所深悉。沪甬茶房之不良习惯,由来已久,公司无法整顿,实堪痛恨,本轮改用侍者,给予薪食,提高其人格,限制酒资,随票带收,冀作各轮模范。本轮一切的一切,均希望各界暨旅客,随时随事,加以指导,以便逐渐改善。再本轮今日替代招商局新江天轮船,行驶沪甬兼湾镇海,因为沪甬四公司同盟情感关系,继续公摊运费合同,不分彼此。招商为我国航业首创,宁绍第二,我三北公司开办较后,实为小弟弟,故第一月租与招商行驶,第二月再租与宁绍行驶。本来在本轮未开以前,同业及各界人士,疑心敝公司有竞争野心,故有种种误会,现在已可明了,不但我招商、宁绍本属同站一条线上,实无猜忌之必要,即外商太古亦赞同此举,可见公道自在人心。今日因时间匆促,仅略备一些茶点,招待亦颇简慢,尚望各位原谅。

　　该轮设备:明兴轮客位,计大菜间十四人,特别间二十五人,客舱二十间,六十人,房舱四十间,每间四人,计一百六十人,统舱间五百二十人,另临时客位一千余人。关于防盗设备,有活动铁门,可以隔绝各舱室间之往来,并有消防设备之自动灭火机、救火水管等,另有救生衣二千余件,救命舢板六艘,救生圈十八个。台甲等凡共有四层,船主为英人李思培,大副江良乎,轮机长王利庭、买思恩。

　　昨晚开航:三北公司于昨日起,暂租给招商局代替沪甬线新江天轮,于下午五时处女航宁波兼湾镇海,以后每逢二、四、六沪开,一、三、五甬开,预定三星期。该轮之业务,由招商局委托太古公司新北京轮买办郑仁业,以一千一百五十元承包,承包合同已签订,昨已实行。

(1935年1月23日)

16. 章华毛绒纺织厂参观记

胡伯洲

　　衣食住行,为人生四大要素,而衣居首位。考全世界人口总数,约计十六万万,其中衣被全体者八之五,衣蔽半体者八之一,赤身裸体者八之二。近代文化进步,一日千里,衣蔽半体者,即将进而衣被全体,赤身裸体者即将进而衣蔽半体,此为自然之趋势,故纺织事业之需要,正日在增进之中。

　　毛绒纺织者,所以别于丝麻棉等纺织,在衣服原料中,独占一席者也。我国古代,衣服原料,仅用丝麻,唐以后始兼用棉。迨近代海禁大开,外商贩运呢绒入口,毛纺织品开始活动于中国市场,而为我国衣裳增益一新原料。

毛纺织之在欧洲,起源甚早。纪元前五百年,英伦三岛即知以毛绒制衣,及三世纪,英国之毛织品,在罗马极负盛名。十八世纪,瓦特发明蒸汽机,最初即试用于兰开夏之细毛工厂,为近代产业革命之第一声。英国毛纺织品,因是产额陡增。当时每年出口总值约六百万镑,毛织品几占全数二分之一。

清光绪四年,即西历一八七八年,陕甘总督左宗棠,以甘肃产毛绒,如加工制造,利可操券,乃筹集资本二十万元,设甘肃织呢总局于兰州之畅家巷。厂内有二百四十匹马力发动机一座,织机二十一部,每日可制呢二十疋,是为中国有毛绒业之始,亦我国纺织工业之滥觞也。

不一年,左氏他调,甘肃织呢总局旋即停闭,直至二十余年后,上海、北平、武昌、天津等地,始有新兴毛纺织厂设立,织呢总局,亦于是时复活。其后迭有盛衰,直至民国二十三年,除东三省外,全国尚有毛绒厂二十八家,总计资本额三百六十四万元,每年出品约值八百七十九万元,其中二十二家均在上海。各厂以资本微薄,原料复多仰给国外,发展极艰。而近年来国人之采用西服者,日益加多,外国毛织品,源源流入,年达一千九百万海关金之巨。振兴本国毛绒纺织业,以塞漏卮,正有待全国志士之共起图之也。

记者为明了毛纺织业之实际情状,最近曾随本馆工商参观团,至本埠规模最巨之章华毛绒纺织厂参观一过,爰将所见概况,略述于左,以供读者参考。

该厂建于浦东周家渡,占地三十余亩,厂屋开阔,门内有花圃,有草地,布置整洁,光线空气均佳。民国十八年开始创办,资本八十万元。共用男女工人四百余人。工资按件计算,女工每日可得三角至七角,男工每日可得五角至二元,平均约六七角之谱。

记者等一行抵厂后,由该厂徐先生殷勤招待,领导至各部参观。以下所叙,为当日所见工作程序之大概。

一、洗毛及烘毛:羊毛黏有油质及灰砂,非经洗涤,不能净尽。其法,先将排列洗毛机各水箱中,预储相当之冷热水及曹达灰肥皂等俟其融化后,再加入羊毛,籍机器力辗转翻搅,毛由前箱以次移挪至后箱,其中油质及灰砂等经化学作用及机器压榨,涤除净尽,而得纯洁之羊毛。再经烘机使其干燥,即可施第二步工作。烘毛机共有三部,每日可烘毛五千镑。

二、混毛及弹毛:以织物之种类色泽及成本适合于市价关系,往往混合杂色羊毛或其他纤维,而施以混毛及弹毛工程。其法,先用一种毛,平铺地上，加相当油类，再铺其他羊毛或纤维于其上，如是依次将应配合之毛铺齐经开毛机弹开混合，以纳入梳毛机。

三、梳毛：梳毛工程，为毛绒纺织工程中最重要且最困难者，偶有缺点，其影响即及于全部。其法，用钢丝机，以三部为一组，羊毛经过第一部钢丝机，加以梳刷卷取等工作，去其纤维过短不能纺织之废毛而成毛网，再经二部、三部钢丝机，以同样而更细密之工作，得相当粗细之条子，使之卷于木棍上，即可移置纺纱织。

四、纺纱：纺纱者，即将梳毛工程所得之毛条，纺之成所需要之支数，并使之卷于一定纸管之上，以备织造之用。所纺毛线，粗者三支，供制地毯用；细者十四支至十八支或二十支不等。

五、织造：织造工程，先将经纱经过络纱、牵经、上浆、穿蔻等手续，置织机上，用纬纱与之交纽而成经纬一定组织之织物。全厂共有织机六十六部，为德、比二国出品。

六、染色：染色工程，因织物种类不同而异其手续，有先染毛而后纺织者，有纺成毛纱而后染者，有织成疋头而后染者。普通以染毛或染疋头为多。大略多色者染毛，一色者染疋头。

七、整理：整理为毛织品最后之工程，其工作视呢绒种类而别。普通分修补、洗呢、缩呢、脱水、烧毛、拉毛、刷毛、剪毛、压呢、蒸呢、折呢等项。

八、摇纱及打包：毛绒纺织物经以上各部工程，已成相当货物，为装运便利计，如毛纱则经过摇纱机，摇成绞而打包；呢绒则须轧头烫印，然后加以包扎，即可装运出售。

该厂工作程序，大概如上所述，厂中所用原料，大部分为我国西宁及湖州之羊毛，惟羊之品种及蓄养，缺乏研究，毛质较为粗硬，且杂质及灰砂多至百分之五十五，至少亦有百分之二十五。故厂内另有拣毛部，由熟练工人专司剔除工作。小部分则购自澳洲及捷克斯拉夫二处，为制细货之用。

出品大部分销售长江流域一带，华北及华南，销路较小。营业状况去年售出货约三百万元，今年不及去年之多。同时因受外货倾销，不得不将售价减低。现在所出各货，较三年前，几至减半出售，不惟毫无赢利，且年有抑越，前途难抱乐观。又以限于流通金不足，不能大批制造，亦为不能进展之一因。前者为整个民族工业问题，非一枝一节所能解决，此处姑置勿论，后者则有待于主持者之细心筹划设法加以改善者也。

(1935年12月9日)

17. 华生电器制造厂参观纪

引言："电气世界"这个名词,我们已经听得够熟了。有人说欧美及日本列强的工业,所以能兴盛,大半因为电气事业已臻充分发展的境地,可见,"电气与工业",实是不可分离的东西,扩大点说,电气为一切建设事业之母,承认了这句话,便联想到我们中国的电气事业来了。可怜得很,中国实在太落后,除了少数机器工业在使用电气,大部分手工业,倒还不是依然用人力畜力在挣扎着？而一切电气的来源,还不是仰给于外国？近年来才有几家商办的电器厂,正在努力奋斗,争回若干损失的权利,其中自以"华生"为巨擘。本报为使国人明了其内容,特派记者等前往参观,并介绍华生的详情如次。

一、参观华生的经过:先是本报与叶友才先生约定本月九日上午为参观时间,到期记者和金华亭君趋车往福建路华生总管理处,知叶先生适以紧要公务出门,特派虞仲岁、徐乔其两君招待。据说华生分厂,在上海有六处,南翔也有分厂四。上海方面,着重制造电扇,南翔分厂,完全制造各式电器。我们为了时间关系,决定先看周家嘴路的第一厂(老厂)及第二厂(新厂),再往南翔。计划定当后,四人分驾两车出发,这两厂参观毕,已十二时许,即驶往南翔,先在电器公司午膳。公司名"生明",亦为华生所经营。席间谈话,多半关于"华生"过去与现在的状况。餐后连续参观四分厂,直至三时半,才原车返沪。此番最使我们兴奋的,便是二十年来的"华生",从小小工场十万元资本开始,如今已扩充至十个分厂,一百五十万元的资金,出品由电表一项而增造各种电器,销路由上海一埠而达于全国乃南洋群岛,职工由十数人以至五百余人,在内忧外患多难的中国境内,竟发展到如此程度,那我们不能不佩服叶友才、袁宗耀、杨济川三位先生的有思想、有精神、能合作、能奋斗的苦心了。

二、华生电器厂史略:当民国五年,叶友才、袁宗耀、杨济川三位先生目睹外货充斥,利权外溢,岁以亿万计,深深地疾首痛心,抱定坚决意旨,摒弃原有职业,牺牲个人权利,探索电学真理,研究电器专业,毅然发起筹备,在北四川路横浜桥畔,赁室教楹,雇工六七人,略事组织,定名为华生电器制造厂,专造小件电器,如限制表、电流表、电压表及各式开关等。当时没有技术人才,都由三位亲自操作,不到半年,出品销售,逐渐发达。于是添加母机,增加工友,移至兆丰路,范围稍大,乃添制发电机,因出品精良,大受社会欢迎。至民国八年,于周家嘴路自造厂房,向外国购重要母机。至民国十五年,工友增至三百余人,添机至一百余部,内部力求完善,增造各式电扇,行销海内外,日行发达。十八年采行科学管理法。二十年在真如购地百余亩,预为建筑总厂、开辟华生新村、职工住所、公共礼堂、俱乐部、合作社之用。二十二年创电气厂、马达厂、螺丝厂、铸铁厂于南翔。二十三年组织管理处,迁至福建路。内部组织,分科办理,各司其事,各尽其职。这是华生二十年来经过的概略。

三、各厂出品的一斑:华生电器厂在上海共分六厂,如在周家嘴路有二处、中山路一处、康脑脱路一处、小沙渡路一处、槟榔路一处。以上六处,完全制造电扇(吊扇与台扇。这两种电扇每天平均可造二百支。南翔方面,共分四厂:1.华明电器厂,制造大小各种电器,如配电板(分敞式、箱式、车式、台式四种)、变压器、电表、断路器、避雷器、电焊机及家用电具。年来国内各处工厂,定造电器,及铁路局定制火车风扇的,为数甚多。2.华成马达厂,专造发电机,最小的马力,自四分之一匹起,以至五十匹、一百匹的,大小都有。内分交流发电机、直流发电机及矿磁电机等。每天可造发电机十具。在以前国人不能自制,全赖外货供给,定价高贵,购置不易。自从"华生"自造之后,外货的销路渐少,定价减低了将近半数,而且国人能造马达的,此刻还不止华生一家。3.联成螺丝厂,专造各式钢铁机器螺丝,大小代客制造,闻每天可出货二百桶。4.华联铸铁厂。5.生明电气厂,为以上四厂电力供给的地方。

四、电扇的原料及制法:我们在周家嘴路两分厂时,曾详细考察制造电扇的方法,知道一架电扇的成功,要经过十一部工程,五百余次的手续。譬如铜叶子一项,先由整张的铜皮,分成一条条,打成叶子,磨光,抛光,喷漆,油漆,打蜡,以至装配,至少在十次手续以上。所以无论吊扇台扇,都要经过十一部工程:1.制模,2.冲片,3.冲壳,4.吸铁,5.油漆,6.绕线,7.吊装,8.台装,9.叶罩,10.头子马达,11.木叶。这好比一粒谷,不知要流了几许汗血,才能长成。现在提到"华生电扇"四个字,谁都承认是上等国货,出品确是精良。他们的电扇,分作最快、次快、慢三等,有五十六寸、三十六寸四翼交流及直流电扇。三十六寸三翼吊扇,还有十二寸及十六寸的交流与直流的台壁两用摇头扇,据说明年度又有两项新出品,是国人最新发明,已得实业部五年专利权的:1. 式吊扇,横面扇风,可使吊扇下的四周,都有凉风拂面;2.新式台扇,变为四面环转式,比现时角度式的三面扇风,自然有显著的进步了。至于电扇的原料,"华生"方面尽先采用国货,如不得已而用外货,也只买粗料,而完全自制。像吊扇的叶子板,全球只有芬兰国一种,线球、线圈是英、德两国货,台扇的铜页,也是英货,此外铁、漆、呢那三种是国货,所以电扇还算是二等国货呢。

五、职工的训练与待遇：华生厂全部职员约百人，工人四百余，自民国十八年实行科学管理法以后，职工团结一致，努力生产。训练方面，南翔分厂比较注重，如早晨有早操，业余有体育消防的团体训练，晚间有夜校，不时有电学的讲演，精神上都觉得很愉快的。厂旁工人住宅，还可以寄宿家眷，连饭食每月每人纳费六元半，日常生活的设备尚算完全。大概每天工资至少六角，多则两元，在此不景气的时期中，各处闹着减薪欠薪的风潮，"华生"有此待遇，诚属不可多得的了。

六、华生的成功之路：记者参观华生之后，对于他们整个儿通力合作的精神，用极经济的方法，办理很伟大的事业，表示钦佩之意。此外对中国的实业，复得到两重认识：第一，无论任何事业，不问其内行外行，只须刻苦研究，决无不成功之理。"华生"的三位创办人，以前都经营其他业务，电学本非素习，全凭天才，探索真理，埋头苦干，终成不朽之业，堪为青年的模范。第二，合作为成功之母，亦为发展事业的必要因素，叶、袁、杨三位先生的合作精神，二十年如一日，便是"华生"惊人进展的一大原因。寄语国人，无论为学、为政、为工、为商，必须具此二种精神，国事才有希望！

(1935年12月13日)

18. 电器工业参观记

亚浦耳电器厂

近年以来，我国的电灯事业，很是发达，虽至穷乡僻壤，也有使用电灯的，每年消耗灯泡的数量，颇为可观。在这许多被消耗的灯泡中，有一部份是从国外输入的，如亚司令和飞利浦等，有一部份是国人自制的，如亚浦耳和华德等。

亚浦耳灯泡是亚浦耳电器厂的出品，亚浦耳电器厂，不但是我国制造电灯泡的鼻祖，而且以制造国货灯泡为主要事业的电器厂。它最初是由一德国人，名叫亚浦耳者所创办，在上海倍开尔路租赁普通民房，设立工厂，专制电灯泡，规模很小，仅有工人数十人，故出品不多，销路也不大。民国十四年四月一日，该德人以三万元的代价，把厂中全部机器、生财和原用亚浦耳商标卖给华人，乃改组为股份有限公司。后来增资扩充，先在辽阳路购地十亩，自造厂房，添置机器，出品日多，销路也日广，于是复在杨树浦路购地十多亩，建造最新式厂房，制造电风扇和电器马达。现在该厂资本已增加到五十万元，雇有职工四百余人，由胡西园先生任总经理，庄仲文先生任经理，冯家铮先生任总工程师，主要出品有风扇、马达与电灯泡三种。风扇分五十六寸吊扇、三十六寸吊扇及十六寸橡扇三种。马达大至二匹马力，小至十六分之一匹马力。电灯泡则有长丝泡、可乐泡和氩气泡三种。长丝泡泡内是真空，灯丝长而且细，很易震断，发光带黄色，除穷乡僻壤外，使用的一天天地少了。可乐泡泡内也是真空，发光也带黄色，惟灯丝粗而且短，不易震断，较长丝泡为经久耐用，只因灯丝易于挥发，故玻璃壳内，很易发黑。这种灯泡的光度，以四五瓦特为最鼎限度，过此就不经用。氩气泡又叫做哈夫泡，泡内于抽尽了空气以后，灌进氩气和一些淡气，这种灯泡，灯丝细短，绕成半圆形，因它的周围有氩气，故不特发光洁白，且不易挥发，玻璃壳内也不发黑，至于光度，则从四十瓦特以至数百数千瓦特，无不具备，该厂所产灯泡，也以这种的销路为最大。

日前，我们一行四人，雇车前往辽阳路该厂参观，走进了厂门，就发见一块长方形的篮球场，场的东首是工场，南首是一座三层楼的办事室，东首是接连几幢平房。闇者引我们入会客室后，我们细细的赏鉴全厂的建筑，既听不到机器的怒吼，也看不见工人的忙碌，很是娴静。过了一会，该厂职员李君入室招待我们，李君首先简单地把该厂历史和内容告诉了我们，然后领导我们赴工场参观。

我们首先参观玻璃部，这是制造灯泡应用的玻璃壳，玻璃梗和玻璃管的处所，那里有四座制造玻璃的溶炉，用砖和泥打成，半耸地上，半陷地下。溶炉里面，有熊熊的火焰，溶炉的四围，有许多工人围绕着，从事制造光怪陆离的玻璃器。据李君告诉我们说，这许多玻璃器的原料，大部份都用国货矿砂，至颜色玻璃，由用一定的方式，配合化学原料而得的。

我们看完了玻璃部，再看灯泡部。灯泡部是一间宽大的厂房，灯泡全部各步制造手续，举瓦插梗、黏丝、截管、排气、封口、盖印、验光、较准、炼丝，等等，都在这宽大的厂房内完成的。那里有男女工人数百人，都很忙碌地在做着不同的工作。机器百余座，都不甚高大，最小的炼丝机，长仅尺余，最大的排气机，也不过容三人合抱罢了。各种机器，除炼丝、验光、较准、盖印机外，没有一部份不附带煤气的装置，每一部机器，都装有许多小小煤气龙头，喷射着均匀而柔和的火焰，藉这火焰来插置玻梗，黏系灯丝，截去余的部份和排去玻壳里的空气等。

我们因时间匆促，滞留在灯泡部中，为时不足三十分钟，不能细心观察各部份工作的原理，这固是一件憾事，但我们已看见三种不寻常的设备，其一就是较准轮，一个巨大的环轮，不息地转动着，环轮上的圆空中插置制成的灯泡,随着轮环的转动,灯泡由无光而发光,始暗后明,终至熄灭。这座机器,是供校验灯泡的磅数用的,每一只灯泡必须经过校验,假如制造不准确而磅数不足,那它跟着轮环,转动到了一定的地位,就要破裂的。其二就是试验灯光的程度和灯泡的耐久力的设备,在邻接工场的一间小室的中央放置一部棚架,中悬放光灯泡数支,后李君告诉我们说,每一批灯泡制成后,须选择几支,悬挂在那里永远放光不停,以试该灯光的程度和灯泡的耐久力。这两种设备是普通的灯泡厂所没有的,在这商品竞销和不景气的时期,该厂独有此设备,替顾客谋便利,替本身增信用,这是亚浦耳的特色。

(1935年12月16日)

19. 民丰造纸厂招待各界赴禾参观

全厂工程设备极伟大精密 该厂并举行第六届股东会

华商民丰造纸公司,昨日在嘉兴举行第六届股东会议,并招待本市各界赴嘉兴参观该厂工程,顺道游览南湖,晚间始返。兹将各情形分志如下。

参加人员:昨日被邀参加之各界人士颇多,均系实业界、工商界、舆论界名流,及政府机关代表,计到有市财政局长徐桴,社会局科长吴桓如,上海法学院院长褚慧僧,市商会金润庠、严谔声,实部上海鱼市场常务理事黄延芳,南洋公司劳敬修,甬同乡会孙梅堂,中汇银行徐懋棠,市总工会周学湘、邵虚白、李梦南,新闻报严独鹤及各通讯社记者,该公司全体董事俞佐廷、金廷荪、谢蘅窗、张继光,总经理竺梅先,暨全体职员等共五百余人,由竺总理及各职员殷勤招待。

抵禾情形:参加者于昨晨八时三十五分前到达北站,即搭乘该公司包就之专车,至八时三十五分,启轮开驶。因路上停留甚少,于十时四十分,即行到达,随即赴该公司会议厅及草地上休息。当车抵站次时,该公司人员先已在站照料,并由民丰小学全体学生,在场欢迎,沿途高贴欢迎旗帜纸张,招待颇为周到。

欢迎秩序:该公司预定之欢迎来宾股东秩序如下:一、来宾股东齐集花园,二、升国厂旗鸣炮致敬,三、小学生唱欢迎歌,四、摄影,五、开欢迎会,六、参观,七、来宾游览南湖,八、股东会。

致欢迎词:董事长徐桴致欢迎来宾词,略云,今日系民丰造纸厂六届股东会之日,辱承各界踊跃光临,不胜荣幸。本人年来因政务缠身,对于厂务多由总经理竺梅先先生负责,自觉甚愧。本厂开设迄今,已有七年,管理经营,均可言甚佳。在此七年中,整个社会陷入不景气状态下,各工厂或实业机关,纷纷倒闭失败,惟本厂能照常继续前进,此实为经协理努力之功。犹忆蒋院长于本年元旦播音演讲称,生产建设实为救国之要图,吾人能籍创立工厂而增加生产,解决许多人之生活,杜塞漏卮,增加税收,其对于国家社会之利益,实非浅鲜。设国内各工厂,均如本厂之发展,则必能强盛。今日莅临者,均为实业工商舆论各界知名之士,尚希望舆论界之提倡指导,金融工商界之提携与帮助,使本厂能每日进步云云。

创立经过:徐氏致辞毕,总经理竺梅先,继起报告该厂成立经过,略谓,本厂于民国十九年创立,在民十九年间,国内之造纸厂计有六家,有一家名曰和丰,此六厂,至今均失败。其原因不能与某国之有组织之厂相争。每厂年有三千余吨之产量,而中国需要仅二千吨,不得不跌价互争。即以马粪纸而论,原售价每吨须银八十两,竟跌至二十两,本厂即向和丰厂购下。当时感到甚大之痛惜,于是设法改进并联合其他同业各厂,办理联合营业所,减少无谓竞争。但尚有一家纸厂,至今未加入,此则仍为缺点。如是之后,价格虽渐恢复,而产量依旧甚多,且过剩者均为马粪纸,而其他需要之纸,则仍无生产,尽为舶来品,如香烟筒内之硬皮纸,年销一二万吨,织绸厂印花所用之提花纸板及其他纸张,均为外货。因之本厂不愿与各同业共同造马粪纸,且为姊妹厂杭州华丰厂同时停造,如是仅有四厂造马粪纸,供求将可相等。本厂方面,则专制提花纸,及香烟所用之纸,尤以国产之南洋烟厂购用极多。去年本厂复拨资本七十五万,则制卷烟纸(即卷烟外之用纸),至今虽未臻完全成功之境,而已可适用,现在南洋及四五家华商烟厂,已经定购,此后尚望各方指助云云。

代表致辞:嗣由股东代表褚慧僧致辞云,兄弟代表现在之民丰及以前之和丰厂股东致词。当民十四和丰创设时,是时因国内造纸厂仅有一家,因之供求相应,而可盈利,后继起者颇多,更以日货倾销,又逢齐卢战争,和丰遂完全失败,而致破产。在此时中,幸而得有梅先先生和其他新股东继续经营,今和丰虽已成过去,而厂基则依旧存在。一种事业之能发达,虽为自己之努力,亦须赖各界之拥护援助,但国货之能发达,尚须赖关税为保障,故外货马粪纸,亦能绝迹。现在因走私之关系,私货纸张,可无税入口,此实为本厂及同业各厂之危机。望各位来宾,与本厂尽力抵制私货,不特本厂之幸,亦为整个国货工厂之幸。褚词毕,即由来宾新闻报记者严独鹤氏演说,略谓过去国货失败,有二原因,一、亏蚀后无继起者之继续奋斗,国货厂商彼此互相倾轧嫉妒,而民丰厂则能于继失败者之后,而积极经营,且创议与各厂合组联营,是其能巩固商战阵线成功之来,当非□致。今者复发明国货卷烟纸,使吾人能吸到纯粹国货之香烟,其精神实堪钦佩云云。嗣又由社会局科长吴桓如、浙江建设厅长代表凌瑞拱二氏,相继致祝望之词(词长从略)。毕后,即在大厅举行午餐。食毕,各来宾由该厂职员陪往参观全场工程,并至南湖游览,股东会则于晚间开始举行云。

工程概述:民丰造纸公司,在嘉兴东车站附近,前和丰纸厂故址,至民十九创立,资本计一百二十五万,董事长徐桴,总理竺梅先,协理金润庠。该厂占地共约百余亩,为国内大规模之造纸厂,其重要工程,计如下列所述:一、轧网工场,该厂所制卷烟纸之原料,系废麻破渔网等,故设有轧网工场,即将渔网轧成细小,然后可以提取纤维质。二、去灰工场,将麻布等之原料,及去灰土,俾使清洁。三、选料工场,将原料选出切小,预备制浆,在该场服务之女工,均戴防毒口罩,恐有污秽入口。记者等往参观时,见各女工颇似在实行军事练习。四、打浆场,将原料整理毕后,送至浆场,该场设有各种打浆机,纳入机中,碾成液体之浆,初成之浆,并不清洁,经数辆机器之提炼,遂成洁白之浆末矣。五、制纸间,将洁净之浆末,加入机中,加以碾制,未几即造成洁白之纸张,自机轮中滚出,至此造纸工作,完全成功,只须用机测验其拉力若干,即可知纸张之质料。该厂除工程外,尚有工人子弟学校(即民丰小学)、工余补习学校等,堪称吾国模范工厂之雏型也。

(1936年6月15日)

第八章 企业与社会及其他

1. 日调查甬商开采赣矿之资本

上海县知事致函上海总商会暨四明银行云，奉江苏实业厅训令内开，案准江西实业厅咨开，查矿商谢天锡呈请开采敝厅所属乐平县底脑暨社会桥又鸣山等地方三区煤矿一案。据称，该商开采该三区煤矿资本系由该商个人筹足银洋二十万元，存储上海四明银行，并未招集中外股份及借用外资情事等情前来。是否属实，无从悬揣，为此咨请贵厅，希烦转令上海县按照呈称各节，前往四明银行确查具复咨行过厅，俾便办理，至纫公谊。等因，准此。合行令仰该知事查照原咨所开各节，迅速查明具询，以凭转咨，此令，等因。奉此。并准谢绅天锡以前项资本前经拨存上海四明银行，已由总商会查验在先，乞将行查各节，迅赐函询，一俟复到，并恳早日呈转具函前来，合亟专函奉达，即希贵会贵银行查照咨开各节，确切查明，迅赐见复，以凭呈咨，至为盼荷。

(1918年6月22日)

2. 各界一致对外之汇闻

三友实业社工人警告

三友实业社烛芯毛巾厂全体工人，昨发警告云，警耗传来，群情愤激。家破国亡，危在旦夕。国贫兵弱，战斗无力。挽危救亡，国民天职。根本大计，工战维亟。实力抵御，工界最烈。工民发愤，强邻惕场。不动干戈，文明对敌。奋志制造，竭我心力。茹苦含辛，雪耻有日。国货精镰，舶品自灭。凡我工民，夙夜努力。卧薪尝胆，永矢勿息。

(1919年5月15日)

3. 美华利提倡端节筵资赎路

美华利钟表公司创设以来，历有年所，近年营业益臻发展，在本埠一隅，已有支店七家。并大钟厂、眼镜厂、首饰厂各一，服务人员，计达二百余人。规模之大，我国钟表界，无出其右者。兹番胶济路收回，需款三千万。该公司同事人等，以国家兴亡，匹夫有责，赎路问题，关系国家光荣匪浅，因共同决议，将端午赏节筵资，一并移作储金，以充赎路之用。并定嗣后每节若赎路款尚非足额,则继续充储。闻本届筵资,约计二百余元,业已分别拨储各银行云。

(1922年5月29日)

4. 荧昌职员赴闽汕之介绍书

上海总商会昨致汕头总商会函,介绍荧昌火柴公司职员郑汝卿君。原文如下:迳启者,敝会会员荧昌火柴公司函称,敝公司现拟派职员郑汝卿君,往香港、汕头、厦门、福建等埠调查火柴情形,兼事兜销,以资推广。惟郑君初经各埠,人地生疏,恐于事务进行,不免扞格。请为备函介绍等语到会。敝会查荧昌火柴公司,系完全华商自办,历年最久,资格最老之公司。此次拟派伙友分往各处实地视察,兼事推销,一方固为增进自己营业,一方亦为发扬国产,杜塞漏卮,热诚如贵会,谅所赞同。用特专函介绍,道达来意,至祈推爱照拂,示以周行,使郑君此行得获圆满效果。非特该公司受惠不浅,而国货得伸张一分,则利权多挽回一分,翘企云天,曷胜切祷。

(1923年7月11日)

5. 达丰厂运鄂布被阻之求助

函总商会详述组织始末情形

达丰染织公司昨致上海总商会函云,迳启者,所有织布织□厂家需用之各色丝光双股线,发明于英国,继起于日本,在宣统纪元时代,其用途日广一日,但英国来货,质地上似欠适用,且价亦稍昂,而东货因之充斥。敝厂即存仿制之念,爰集同志,于民国元年份组织是项事业,在二年份春季成立开办。当初出品不甚精良,颇受损失,抱百折不回主义,处处研究,着着改良,一年之间,大增进步,蓄意只图推广,不顾利益,至四五年份,已见成效。乃时违论英货之不来,即东货亦大减少,现竟绝迹,幸达初衷,以塞漏卮,私心自慰。以上过去之事实,亦敝厂早有提倡国货之思想也。迨后欧战开场,日本方面,将棉织品日事推广,若罗缎、漂布、洋纱等,悉能制造,运销我国,年复增加,仔细调查其为数,不寒而栗。于是敝厂在八年份添招新股(完全华商集合),购置地产,建筑厂屋(在曹家渡),定购英国机器,聘用英国技师,经之营之,于十年份冬季,各事完备,开工制造。奈中国方面,因系首创,所有白坯原布,尚从各方输入,而漂白、染色、上光、整理装潢等,悉仿外洋办法,无如事属初创,把握较欠,在办事人经验幼稚,工人能力薄弱,出品伊始,自问难以供献社会,岂云抵敌乎!爰集全厂同事及工目,每天在工作之余,告以组织斯厂之原委,晓以大义,为国为家,俱有关系,非各尽忠心,鼓动脑力不为功。于是在一年之中,逐见进步,可谓与舶来品并驾齐驱。现在行销各省,已蒙乐用。上年开股东会时,提议对于本厂营业,再进一步,添造厂屋,定购英国织布机部,以便自行开织粗细各布。会议结果,通过照行,随向英厂办成织机,一面赶造房屋,目今厂屋已竣,织机亦陆续到来,次第装置,约在八月间,当能出品。将来需用粗细纱线,有敝厂昆连之振泰纱厂出品,绵绵供给。因该厂不但多数股东与敝厂有连带关系,即经理人亦归一人主权,如是可称完全国产,尚望各界竭力提倡,均有厚望焉。今番为旅大问题,发生对日经济绝交,一经宣布,敝厂亦积极宣传,岂肯违反初意。不料汉口地方,有嫌疑敝货将劣货改头换面之说,当即备其样本,并说明书,直径寄去,一面托贵会及国货维持会相继去函,声明确系国货,请勿误会。上月由武昌商会同人组织之湖北全省商界外交后援会内之干事员吴干丞先生,持正式信来沪,至敝厂参观核验,不胜欢迎。查验终结,实系国货,满拟从此皂白可分,当将原白坯布及已染成者,一一加以解释,剪去小样,以资考究。不意近来装至武汉之敝厂各布,又生阻碍,据述尚难释疑,然前曾由吴干翁莅厂,一一验过,今番尚不能排除疑窦,恐从中别有作用,但值兹提倡国货之际,若屡被打击,则国货前途,若何发展,良深祈忧。兹特专函拜恳,请将以上始末情形,并加以说明,即行函达汉口总商会,请其转咨湖北全省商界外交后援会,及汉沚匹头帮外交后援协会,使其两会约同,再派代表至申,详细调查,或面阅敝厂定进布匹时之定单亦可云云。

(1923年8月8日)

6. 三北公司请发伏龙船照

本埠三北公司,前向元一行购买元吉、元利两轮,改名伏龙、凤浦。凤浦一轮,早已领到航照,惟伏龙尚未领照。该公司因急于行驶,前已具呈交通部,请予核准,令沪关颁发航照。兹恐耽延时间,特由虞和德氏电部催促。兹将原文录下:北京交通部总次长钧鉴,敝公司购买元一行元吉元利两轮,改名伏龙凤浦,除凤浦已蒙领发航照外,兹伏龙一轮,亦已备呈,请给航照,惟该轮急于开行,等候已久,邮寄呈文,恐有延搁,为此电恳大部,迅电沪关监督咨开颁发临时航照,俾得克日开行,维持航业。三北公司虞和德叩霰。

(1923年9月22日)

7. 荧昌火柴公司致股东函

报告火灾损失数

　　昨日报载荧昌火柴公司股东会,其中关于火灾损失及股款两项尚有差误。据称,火灾损失,除收到保险赔款外,实数损失四万余金。兹录该公司致股东通告云:谨启者,本公司经旧历本月初九日股东会议决,于原有股本总额洋四十万元外,再增加股本二十万元,并于本公司旧有公积洋四万二千另七十六元六角一分一厘,特别公积洋四万七千二百七十二元二角四分九厘,盈余洋一万二千八百四十五元三角五分三厘,今年九月底止,盈余约洋七万零二百六十四元,除第一厂火灾损失,约洋四万八千六百九十九元,装往第三厂原料,焚毁损失洋六千三百零一元,计今年九月底止,盈余约洋一万五千二百六十四元,统共计公积盈余二项,约洋十一万七千四百五十八元项下,提出洋四万元,作为优贴新股,即新股每股洋一百元,实缴洋八十元,即得一股是也。惟此次股份,因有特殊利益故,不得不照原有股份归各股东认加,以昭公允,倘有实在不愿认加者,自应再由其他股东认加。又议决认股至本年十二月十五日截止,逾期作为放弃,缴款期限,定于明年正月底。以上各节,想均蒙贵股东台洽云云。

(1923年12月26日)

8. 五洲药房追吉安欠款之求助

　　本埠五洲药房,因江西吉安府姚荣济广号主姚泰荣,前曾订用该药房牌号,积欠货款洋九百三十元零八角八分、期票洋三百六十元,并继欠该公司分号太和药房货款洋五百八十八元一角六分四厘、期票洋三百元,就不偿还。兹闻姚泰荣因该处官银号钞票控案被拘,所有产业,由该处商会管理。入派人前往收款,恐人生地疏,特函请总商会致函该处商会,主持公道,首先追理云。

(1924年1月8日)

9. 药房派员赴厦理账之求助

　　本埠五洲药房,因厦门福灵药房主人梁海余,向与该药房订约,承销药品及固本肥皂,陆续积欠药品货款洋一千零十八元四角七分五厘,又肥皂款洋四千零五十九元六角七分。现闻梁海余因军事关系,为当地军官所注意,已离厦他往,药房由伙友管理。故拟派金少安往厦收管该店存货生财,以抵账项。恐人地生疏,接受不易,故特函请总商会转函厦门总商会协助追理,劝导该店伙友将存货生财检交金少安暂行收管,以保血本。不足之数,再行设法侦觅梁海余到后清理。兹悉宋、方二会长已允代出函,交与金少安带厦面交云。

(1924年2月12日)

10. 荧昌火柴公司请转领护照

本埠荧昌火柴公司,因上海浦东第一、第二两厂制造火柴需用之洋硝硫磺,业已用罄,故特备具请求书、运输说明书、保证书,及照费、印花税等洋三百十二元,由总经理邵尔康出面,请求总商会转恳省公署领取洋硝护照四十五张,计十五万斤,又硫矿护照三张,计一万斤,以备持赴海关验领。兹悉该会宋、方两会长已允代照传矣。

(1924年2月13日)

11. 商务印书馆函述造纸困难情形

商务印书馆昨函上海总商会会长云,敬覆者,奉本月十三日大函,展诵祗悉,陈君味菊热诚提倡,主张自行织布造纸,并蒙谆嘱邀集同业酌议施行,具征盛意,曷胜钦佩。查造纸一事,敝公司曾于五六年前,经详细考察,我国虽有种种原料,而欲以机器制造,必须先将原料造成块片纸浆,方可适用。若竹若草,均可用作原料。但如何化制成浆,我国此时尚无所发明。最高之料,厥为破布。查各国纸厂所用破布凡分五等,惟我国之破布或使用过久,质已朽烂,或搀有杂物,污秽不堪,加以选择,工费太巨。故欲与各国第五等之破布相比,亦且不及。则惟有用极强烈之化学药品,以资溶洗。原有纤维蚀腐殆尽,故造成之纸,毫无韧力。即市上所秤洋连史,恐即欲作上等包裹之用,而亦有所不能。今世界所通用者,为木类所制之浆。我国东三省境内,所产此类木料甚丰,尽可敷用。然浆厂规模更大,且必须有铁路煤矿与森林毗连,更有极大之水源,以供一切之用,方可着手。我国此时是否有此伟大之资本家。即有此资本家,东三省此时能否发起此种工业,恐尚是一问题。否则仍须向外国购办原料,而机器及其他一切附属物品,均须仰给于人,恐仍不足以为漏卮之塞也。以是之故,敝公司虽怀抱有年,卒徒望洋兴叹,有辜雅座,无任惭悚之至。专此布复,顺颂台祺。商务印书馆谨启。

(1925年7月18日)

12. 总商会致粤罢工委员会函

请放三友被扣毛巾

总商会昨以三友实业社毛巾被扣,特为致函广州罢工委员会,请予放行。函云,迳启者,本月七日,接上海三友实业社有限公司函称,敝公司于六月二十日(即闰四月三十日)交由大丰永报关行装招商泰顺轮船毛巾五十箱,至香港分行,嗣因罢工风潮,该船不克到埠,所有敝公司毛巾五十箱,由招商轮暂寄广州。迄今多日,广港交通梗阻,该货不能运港。日前报关行派员前往提取退沪,而广州罢工委员会见箱上印有香港二字,疑系仇货,不肯放行。兹特奉恳尊处备函证明,该公司为本会会员,完全华商所办,该货确因不能运港,退回上海等情前来。查三友实业社系敝会会员沈九成君股开,完全华商资本。其制造厂分设于苏省之川沙嘉定等县,所出货品,历来通销香港、南洋等处。敝会敢切实保证其绝非英货,兹既粤港方面商货未能照常转输,应请贵会准予该公司将原货运回上海,俾免终究搁置,减轻损失,实深感祷。此致广州罢工委员会。

(1925年11月8日)

13. 总商会再请放还荧昌原料

总商会昨致孙传芳电云,南京孙联帅钧鉴。据江苏火柴同业联合会函称,顷据荧昌火柴公司报告,谓有火柴原料氯酸钾二百桶(见报中略),以维治安而苏商困等情到会。查硝矿官办一案,迭据各火柴公司联合吁请收回成命,均经先后由会转呈。迄未蒙核示,正深企盼。此次荧昌公司所运氯酸钾,据称系前领用陆军部护照,经向江海关验讫存栈。按照法律,不溯既往之原则,本无违反法令之处。上海硝矿局不察情由,即予扣留,似于行政手续未合,且际此炎夏,万一因受热度暴烈,又谁任其责。为亟据情电达,伏乞联帅察核,迅赐电令硝矿局将扣留荧昌公司之氯酸钾,准先如数发还,将来应如何办理之处,静候核示祗遵。庶于政令商情,得以双方兼顾。万祈迅准施行,不胜感激之至。上海总商会叩江。

(1926年8月3日)

14. 荧昌火柴原料被扣案之省批

无通融余地

　　总商会昨为荧昌火柴原料被扣事,复江苏火柴同业会函云。迳启者,火柴业所用原料,改归硝磺局官卖一案,迭经本会暨县商会电陈当局,请收回成命,兹接全省硝磺总局来函,奉联帅训令开,兹据上海荧昌火柴公司俭电称,又据上海总商会县商会代电称各等情,据此电复荧昌公司,已令硝磺局照章办理,赴局接洽外,合行令仰该局长仍应遵照新章,转饬按担补缴认饷暨照费后再行验放,暨将办理情形,随时呈报,仰由局转饬令该两商会饬知仍遵前令办理,此令等因。奉此。除分函并行上海分局遵照外,相应函达贵会转饬遵办等因到会,为特函达贵会查照转致为荷,此致江苏火柴同业联合会。

(1926年8月17日)

15. 三友实业社工厂之童工教育

中华职业教育社调查

　　中华职业教育社调查童工教育,昨接三友实业社报告谓,该厂于民国十年间,创办童工补习教育,招收艺徒,日间工作,而于晚间授以功课,使知识与技能同时并进,养成熟练工徒。曾举办两次,旋以困难阻碍,不得已于去年暂时停止进行。以前有童工百余人,年龄均在十五至二十一岁间,完全强迫入学,以工徒宿于厂内,较易执行,分甲乙丙三班,程度相同,均自平民课本读起,间授以算学及工作常识,尤注重训育,每周授课六日,每日授课两小时,教员由厂中职员轮流兼任,经费完全由厂承担。童工入学,极有兴味,工作上亦发见优良效果,其学行有进步者,由厂主斟酌程度,临时予以升擢,或迁调以鼓励之。现在该厂童工已达三百余人,厂长钱君,极愿施以相当教育,正希望职业教育社为之研究解决困难,然后继续设法进行云。

(1926年9月15日)

16. 被扣江轮尚无释放日期

总商会为被扣江轮请释事,已奉联军总司令复电,允部署后释还。昨特函三北公司函云,迳启者,贵公司被扣江轮,遵嘱电请联帅迅予放释一案。兹于本月三日奉孙联帅东代电复称,宥代电悉,此次战事,调船运输,事非得已,久滞商运,尤深歉仄,稍事部署,即行此第放还,诸希谅解,并希转告为何,等因到会。用特据情奉闻,即请查照是荷。此致三北轮埠公司。

(1926年12月4日)

17. 五洲固本厂职业会成立

徐家汇五洲固本皂药厂全体职工,发起职工会。先于旬日前,公推叶汉丞等六人为筹备员,业于昨日上午八时,开成立大会于徐家汇本厂。到会除该厂职工五百余人外,尚有各团体代表十余人。先由会员公推叶汉丞为临时主席,宣布开会宗旨。傅怀琛报告筹备经过,讨论会章,提议会务。旋由总工会代表高雷致祝词,说明工界之所以急宜团结,及鼓励将来进行方针,颇为详尽。再次会员李梦南等演说毕。选举职员,结果傅怀琛、李经义、张辅忠、叶汉丞、余瑞芬、孙子浩、王福深、虞和贵、李梦南当选为执行委员,周逸卿、翁荣福、陈笑梅当选为监察人。摄影散会,时已过午云。

(1926年12月6日)

18. 三北公司再电疏通江轮

上海三北轮埠公司自伏龙、凤浦、泰山三轮被联军扣留后,长江航线骤行停止,客货囤积于九江等处,损失非浅。各商帮以该公司无法救济,诘责备至。兹悉,该公司昨又电至南京联军总司令部云,南京联军总司令部孙联帅钧鉴,支电敬悉,敝公司前以迭据各商帮声称,华船停驶,外轮居奇,长江航业全为外商操纵,迫不得已要求将上游长安、德兴两轮替驶沪汉,稍资补救,兹蒙电示不扣,至深感佩。至谓军事时期,则上游轮船改驶下游,与由下游船上驶者不同,且往来过境,愿受检查,于军事亦无窒碍。若仅由沪通至庆安为止,则沪汉积货,仍难疏通,况华轮停后,太古、怡和、日清江轮,骤加三十余艘,往来沪汉,转得通行无阻,招商又议决停航,若长安、德兴两轮未与通行,则华商长江航业,完全放弃。还乞联帅于国家航权,商帮艰苦,兼筹并顾,俯赐维持,仍准敝公司将上游长安、德兴两轮,准予开下,行驶沪汉,以保长江华商航业一线生机,而解商帮运输苦难。临电迫切,仍候电示祗遵,不胜惶悚待命之至。三北轮埠公司叩。

(1926年12月10日)

19. 总商会为航商呼吁

请准三北轮航行沪汉

总商会昨为三北轮船行驶沪汉事,致电宁孙云,南京孙联帅钧鉴,三北公司拟将长安、德兴两轮,行驶沪汉,由本会据情代请一案,于本月九日奉到钧座虞代电复称,以在此军事期内,若由沪派两艘,准与由上海通至安庆为止等由。当经转该公司遵办去后,兹于本月十日,又据该公司复称,此案敝公司奉到联帅支电,语意相同,窃自华轮被扣,招商又议决停航,客货待运,惶急万分。故不得已要求敝公司将上游长安、德兴二轮调驶沪汉,实为补救商运起见,乃当局不谅,以为上游轮船开驶下游,于军事有所窒碍,实则由上游调轮至下游,非由下游开上可比。对于联军,毫无关系。且往来沪汉,亦愿受军事检查,至谓由申通行至安庆为止,则沪汉等埠,积货仍不得疏通,于各商埠仍无裨益。于微日续电当局,请求维持外,拟请贵会依据敝电,续为请命,以维航业,而苏商困等语到会。查长江航路,自军事发生后,洋轮成独占之势,华轮几于绝迹。就目前情势言之,外轮皆以其政府为后援,行止自由,绝不受我方拘束。华轮则切实声明愿受军事当局之检查,两相比照,是华轮之行驶沪汉,于军机尚无妨碍,的系实情。长江为航业中心,华商积货之转输,与国家航权之维系,均恃此为一线生机。用特据情吁恳钧座,准如该公司微电所请办理,庶机航权犹得稍收桑榆之效,无任企祷。上海总商会叩蒸。

(1926年12月11日)

20. 三北公司议决出售两轮之函告

三北轮埠公司致函总商会,详告因战事关系,复将前向洋商收回之航权出售苦衷。文曰:长安、德兴两轮,系鸿安公司归敝公司代理,该公司原属英商,为挽回中国长江航权关系,特集股购买。今该公司董事等,以长江航线,受战事影响,停顿至今,四月之久,损失甚巨,负欠颇多,开驶无期,势难支持,与其坐以待毙,不若先将两轮变价出售偿欠,各埠趸船栈房,仍留存业,经董事会议决,势在必行。夫以洋商收回之航权,复因战事而出售,非迫不得已,安肯出此。贵会爱护航业,夙抱热忱,闻之谅亦同声感慨。

(1926年12月20日)

21. 三北公司代表昨晚赴宁

上海三北轮埠公司伏龙、凤浦、泰山等轮,先后被联军在宁扣用。其在上游之长安、德兴等轮,亦难行驶。损失之巨,为历年罕有。嗣悉该公司昨接宁方来电,已有释放希望。故由虞君特派洪雪帆为公司代表,向南京军事当局面行接洽。闻洪君已于昨晚赴宁。

(1926年12月25日)

22. 张石川创议摄制电影捐助北伐

明星影片公司张石川君,因鉴国民革命军北伐尚未成功,饷粮浩繁,亟待各界踊跃捐助,电影亦国内企业之一,且负文化普及教育之使命,故联合六合影片公司与圈内各影片公司,(即明星、上海、大中华、神州、民新等五家)暨新人影片公司等,发起摄制以伟大军事爱情题材电影,以昭合三民主义及鼓吹国民革命为主旨。此举由张君创议后,上列各影片公司类皆赞成。闻张君为广集人才及巩固团结起见,拟上海各影片公司一致加入,无论导演演员摄影晒洗剪接绘图布景木工等,皆得由各公司选派加入合作。至剧中所需之内景,亦由各公司分别担任,以各个之专长所断,凡有广大之摄影场,如明星公司杜美路之新地者,则当担任装置伟大之背景,其费用亦由所摄地之公司担任,其较小之内景,则在较小之摄影场摄演,至职员以及木工等,各公司本有确定者,故不需另外薪资,唯演员与公司订有另外酬金之约者,则在加入摄演此片时,当在牺牲之例。故此片工作上之费用,概不列入摄演此片之费用中,换言之,此片除原片外,绝无费用。但国内电影之人才,已尽罗至其中,将来片成,对南洋、暹罗之片价,至少须收五万元,国内售片与卖座所得亦以五万计,合并此片可得纯益十万元,当全数捐助北伐军饷。筹备与摄制,期以二月。至剧本一事,闻张君云,为采纳群众意思起见,将登报征求,无论整片片段,均在收罗之列,集众意于一。更由富有电影剧材知识之文学家,为之编制成剧,送请南京政府审定,并乞蒋总司令题一剧名,庶符革命原旨,说明字幕务求通俗,须求当有革命思想之名宿拟句,俾得切合剧情,以求贯彻先总理之遗志。唯电影为综合之艺术,此举因集合各公司之人才而成,其手续尤为繁琐,故张君拟于日内召集各公司重要职员以商着手进行方法,并将请新闻界共同出力云。

(1927年6月18日)

23. 大世界大建太平醮

大世界去岁因兴土木,新屋落成,更因大剧场济公坛等处,两遭回禄,因此为酬神祈福,消灾解厄起见,特延静安寺全体大和尚,暨有道高僧,在大世界露天影戏场,广设道场,台上高搭一雕刻绝精金碧辉煌之大千世界都门一座。此项神工绝艺,为世界所不易见之名器,寻常该寺秘藏,不轻一见。兹因大世界辗转相恳,姑允公开陈列。凡我国人,不可不一见吾国上古秘传之绝艺。惟建醮日期,大约必须元宵后开坛,已设之都门,则任人参观,并不取资云。

(1928年1月27日)

24. 鸿生公司国货火柴之证明

上海总商会昨为鸿生火柴公司证明国货,特发证明书如下:鸿生火柴公司,系完全华商组织,资本五千万元,呈请注册有案。制造厂设于苏州胥门外,所出江苏牌、宝塔牌、飞轮牌、五蝠牌、单狮牌、火炉牌、安全火柴,系属完全国货,并由江苏火柴同业联合会备函证明前来,本会查核无异,应准给予证明云云。

(1928年9月10日)

25. 宁绍公司请偿损失之批示

宁绍商轮公司前以长江停航,损失甚巨,呈请交通部发给现款补偿,并请发公债,以资弥补。昨本埠航业公会已奉到交通部批示云,呈悉,查军事期间,长江停航损失,前据三北鸿安等公司,呈请发给现款补偿,经部呈奉行政院指令内开,呈及附件均悉。所呈该公司航业损失,自属实在,本应酌予救济。惟中央财政现正困难,一时实属无款可拨,俟财政稍裕,再行酌量办理,仰即转知,附件存此令等因。该商所请拨款一节,事与三北等公司相同,自应暂从缓议。至请发公债,以资弥补等情,前据三北鸿安等公司呈请到部,已函商财政部核办。据呈前情,候咨财政部并案核办可也,批示。

(1929年1月19日)

26. 九福公司捐助四千柄捕蝇拍

百龄机总发行所九福公司,制有捕蝇拍一种。工料道地,凡注重卫生而知努力捕蝇者,对此欢迎之热烈,正如其所发行之百龄机补片之为一般养生家所信服。上海市政府卫生局,成立以来,对于地方上卫生工作,设施进行,不遗余力。近以时将入暑,市内饮食肆最易吸聚苍蝇,若不勤于捕捉,殊为卫生之玷,因特指示勤事灭除,并函给九福公司,捐助数千柄,由局发给各饮食肆。业由该公司认捐送四千柄,并已于日前送去云。

(1929年6月3日)

27. 大中华橡胶厂出品呈准免税

本埠徐家汇路大中华橡胶厂,制造各种国货橡胶套鞋、帆布跑鞋及橡胶制品,出品精良,所用古钱金钱商标亦已呈准商标局,取得专用权。兹为减免运输出品税率起见,复委托潘序伦会计师,代向政府,呈请免厘。闻现已奉政府核准。该厂商品运销国内之时,得以免除厘金,将来营业发达,大有希望云。

(1929年12月15日)

28. 五洲药房捐助药品

疫疠横生,防之不可不早,五洲大药房轸念灾区,前后两次捐助药品五箱,计值洋三千元,正交由国府救济水灾委员会卫生防疫组解往各地,以资应用。仁术热忱,殊堪可嘉。

(1931年10月18日)

29. 华丽牌香烟系属国货

华商卷烟厂业公会证明

念支圆桶装华丽牌香烟，系本埠中国中和烟草股份有限公司出品之一，发行至今，已历数年。因其价廉物美，颇受全国同胞欢迎，尤以厦门汕头等处，更为畅销。近因抗日热烈之时，被人诬为仇货，该公司因特报告卷烟厂业同业公会。并由该公会通告全国抗日会，证明华丽牌系完全国货，请为一体保护云。

(1931年11月8日)

30. 华成公司声明烟盒非日商印

版系橡皮旧存　日人亦无证明　华成呈法院声明

日商橡皮印刷所，失窃锌版事，牵涉华成烟公司事，兹悉华成已委托陈忠荫律师，具禀法院，将实在情形声明如下：为日商橡皮印刷所诉朱上元等窃盗一案，告诉人所供不实，依法声明，仰乞鉴核事。窃声明人阅本日各报载日商印刷厂失窃锌版新闻一则，内中记载，告诉人代表日人功田井雪氏供称，美丽牌香烟盒，只我厂所能印，他厂无此精良技能，且亦从未承印。今捕房查获之锌版，其上犹有美丽牌之美女，及该项烟盒背面之模型，实系失窃无疑。至我厂之承印此项烟盒，并再可传美丽牌出品之公司中人到案，亦堪证明云云。殊与事实不符。查敝公司美丽牌烟盒，从前虽系委托日商橡皮公司及华商天一公司承印。但自万宝山案事件发生后，敝公司即于本年七月二十八日，与日商橡皮公司停止交易。所有该公司原承印部份，改归华商三一公司承印。旋敝公司因对于三一公司亦有所不满，又于本年十月十六日，将三一公司承印部份亦交与天一公司承印。故敝公司美丽牌之香烟盒，现在完全为华商天一公司一家之出品，可请钧院派员调查，不难水落石出。该日人到法院作证，发言应如何慎重，乃竟有此种虚伪陈述，意图污蔑，殊可忿恨。至此项承印工作，其锌版向例均归承印人自制。故其所有权，虽于停止交易后，仍属诸承印人，委托人无从追还。是以美丽之旧版，纵在日人之手，仍不能证明敝公司之美丽牌烟盒，现在系由日人承印。诚恐功田井雪氏之虚伪供词，有影响于钧院之裁判，爰特具状声明，以昭翔实，伏乞垂鉴，谨状云云。

(1931年12月5日)

31. 三友社提出半打米

三友实业社近感于沪人之惯食白米,精捣碾轧,不惟暴殄天物,抑且于生产十原则,亦大相违背。盖食米一经精碾,外层之滋养料(维他命乙)即逐渐消失。故患脚痒胃病者,均因久食白米所致。值此外侮天灾之时,宜事撙节防荒。爰即实行提倡食用半打米,革除食用白米之不当。因思社会上不乏热心同志,惟此种半打米,沪上米店不易购得,为便利提倡起见,特多备精装布袋义务出售,装法改良(每袋五十市斤极便取用)。至沪上普通米店均可购得时,该公司即行停售。

(1931年12月8日)

32. 抗日会致华成公司函

抗日救国会致华成公司函云,经覆者,案准大函,以近日因日商橡皮印刷公司失窃锌版一案,外间因日人供词误会,又复发生误言,请再派员详查证明等由过会。当即发交调查侦查二部彻查去复。兹据复称,奉派后,即会同前往该公司详查簿据。自八月一日起,确与日橡皮印刷公司停止交易,与三一公司亦于十月十七日以后停止往来。目下所印之各种香烟壳子,均系华商天一华胜二印刷所承印。并调查该厂原料间等处,确无日货存在,特此据实呈报等情前来。据此,相应函复证明,即烦查照是荷。

(1931年12月21日)

33. 华生电气厂昨向市府请愿

大连湾路华生电气制造厂,因营业发达,去冬新购中山路、交通路、彭浦区等图民田一百余亩,作为厂基,拟建造大规模之制造厂。今因铁道部位于中山路至真北路一带建设新站,并令市府布告停止买卖,俾便丈勘收买。该厂新购基地,亦在被收购之内。该厂特派代表虞树勋,于昨日上午十时,前往市府请愿,要求市府设法补救。当由秘书王绍斋代见,允转请铁道部核办。闻该厂拟请铁道部,将收买之民田,与其调换云。

(1932年8月24日)

34. 上海国货公司提成赈灾

南京路上海国货公司，自开幕以来营业颇称发达，足征我国有志人士，已不尚虚言爱国，而实行提倡国货矣。近悉该公司鉴于东北被难同胞，在冰天雪地之间，为国忍饥耐寒，应予设法救济，又鉴于豫皖鄂三省灾区扩大，灾民众多，亦拟分别赈灾，故业于本月十九日起，举行特别大减价三星期，拟将营业总收入项下提出千分之二十赈灾。闻该公司营业，连日异常踊跃，如余杭白丝棉每斤只售二元九角，雁羽绒每尺四角半，素心绒每尺九角半，雪花棉每尺八角半，加阔湖绒每尺五角，直贡呢每尺一元一角，头号各色华达呢每尺九角半，素哔叽每尺六角六分，条素骆驼绒每尺三角半，美丽毛绒线每磅二元八角，买一磅送半磅灰□。外统每件二百五十元，芙蓉豹皮褂统每件三元，金丝獾绒袍统每件九十元，羚羊滩统每件三十元，全双藏獭每只二十八元，其余如棉织疋头针线五金钟表眼镜橡胶套鞋新装西装玩具食品料器等部，莫不利市三倍，因其货物精良，定价低廉，顾客皆称满意云。

(1932年11月21日)

35. 市商会电桂省府免征华生风扇进口税

上海市商会，昨电广西省政府云，本月二十七日，接铜铁机器业同业公会函称，兹据属会会员华生电机厂函称，鄙厂所制各种电器风扇，每年输入广西，为数亦夥。该项风扇出口时，在沪地海关完纳税银。近闻广西省政府于该项风扇进省时，就地征税一道。如果属实，则深虞成本加重，不能与外货竞争。窃敝厂为国内首先制造电气用品之厂，历年来与外货实际奋斗，为社会所共知。今若进桂省捐税加重，则脱售不易，影响于国货工业甚大。为特函请贵会转请市商会代呈广西省政府黄主席，垂念萌芽之国货，令饬所属豁免敝厂电气风扇进省之税，以示维护，而利国货行销，实为公叨等语。查吾国货在往昔厘金未裁时代，凡华商用机器仿制之洋式货物，除在运出之口岸，照完出口税一道外，其余无论运销任何省份，概不重征。所以奖励国产制品，俾与外货竞争。现在厘金已裁，本无重征之可能。而机器仿制洋货，只完一税办法，通行迄今，并未改变。贵省素以奖进实业，嘉惠工商，著称于时。该华生电气机厂，国人自制之风扇，运销贵省，当更蒙依法维护。应请俯准免其再纳进口税,是为公便。上海市商会叩沁。

(1934年3月30日)

36. 明星公司同仁追悼艾霞女士

电影明星艾霞女士,因深受经济压迫,于庆历年终服毒自杀后,举世哀悼。昨该公司同仁,特于昨日午后三时假西藏路宁波同乡会举行艾霞女士追悼会,略伸同情与哀忱。到各界仕女暨该公司影后胡蝶、徐来、高倩苹、严月娴等千余人。开会后,奏哀乐献花,读祭文。由主席郑正秋告艾女士自杀经过。胡、徐女士,俱为之泪下。继由来宾演说,空气严肃,语极沉痛。是日大雨纷纷,足见风雨凄悲,人神同悼云。

(1934年4月24日)

37. 华生等八厂发起工业国外贸易协会

本市华生电气制造厂,乃我国首先创造电器制造厂,自创办以来,已有廿载,出品电器如发电机、变压器、各式电风扇,品质精良,早为社会所称许,行销之广,遍及全国,各大商埠均设有分发行所及经理处,规模宏大,诚为吾国电器界之巨擘。近鉴于国内市场不稳,社会经济衰落,凡为国货工厂之出品,莫不蒙其影响,因此沪上著名国货工厂,如中国化学工业社、家庭工业社、华丰搪瓷厂、亚光制造公司、华昌铜精厂、中国制钉公司、上海胶木厂、中国内衣公司等各工厂,共同发起中华工业国外贸易协会。其宗旨即为国货物品向国外另辟新销途,而使生产不致过剩。法至美,意至良也。闻自发起以来,各大国货工厂,参加颇为踊跃。并蒙国际贸易局何局长乐予赞助,指导一切,不日或可正式成立,是诚国货界之好消息云。

(1935年1月11日)

38. 关心劳工子弟教育

本市华商祥生汽车公司鉴于司机劳工子弟,每因限于经济,弗使入学,深加惋惜。兹为提倡劳工子弟教育计,原拟筹设劳工子弟学校,以次造就。但因各劳工散居各处,校址问题,颇感困难。现闻该公司总经理周祥生君决定,暂时由各司机送入就近各校肄业,学费完全由该公司供给。定下月份起,由各司机向该公司报名。该公司维护劳工,所谓无微不至矣。

(1935年4月6日)

39. 祥生汽车公司招收孤儿养成驾驶术

本市祥生汽车公司,鉴于孤苦无依之孤儿,殊深怜悯,现拟向此间各慈善机关,招收年在二十左右之孤儿百余人,聘有专门驾驶术经验丰之技术师,教练驾驶术,俾所养成,将来孤儿藉以生计有着。祥生汽车公司服务道德,诚所谓尽善尽美矣。

(1935年4月15日)

40. 祥生公司嘉惠孤儿

本市祥生汽车公司前鉴于孤苦无依之孤儿,为谋出路起见,特拟招收教练驾驶术及机械术,俾将来生计有着,已志日前本报。兹悉,该公司业已招收孤儿多名,除聘请驾驶术及机械术富有经验之技师专司教练外,复设夜课补习班,于每晚七时至九时,教授中英文,已于日前开课。授课计达五十余名之多。然该公司爱护孤儿,可谓无微不至矣。

(1935年7月9日)

41. 民丰造纸公司取得卷烟纸专制权

民丰造纸公司,系褚慧僧、杜月笙、金廷荪、竺梅先、金润庠等所创办,业已有年。该厂于嘉兴,向系仿造各种洋货纸版,货精价廉,颇为社会赞许。去年该公司当局,鉴于卷烟纸进口数量日巨,因动议添资费购机仿制,经提交股东会议决通过。复以此项卷烟纸,国人尚无仿制,乃依工业奖励法之规定,呈请政府给予专制权。近闻已蒙实业部核准,昨该公司接到实业部通知内开。查该公司采用外国最新方法,仿制卷烟纸,呈请核给专制权一案,经饬据奖励工业审查委员会审查结果,由本部复核,合于工业奖励法第一条第二款之规定,应准予在浙江、福建、山东、河北四省,及上海、天津、青岛三市区内,享有专制五年。自二十四年九月一日起,至二十九年八月三十一日为止。仰即缴纳印花税一元五角,以便填发执照,特此通知等语。并闻该公司所定机器,业已陆续到厂,正在赶紧装置,大约明春三四月间,即可出货,亦我国货界之曙光也。

(1935年8月7日)

42. 孔部长赞许宁波实业银行复业

昨函该公司希望努力　迅定办法　乐观厥成

宁波实业银行复业运动会,自本月一日起,开始登记以来,每日赴该会登记者颇为踊跃。各债权人来函,自愿认股及探寻复业办法者,亦不在少数。并由陈忠皋等,向本埠甬籍商界巨子,连日奔走洽商复业情事,均允赞助。昨日复业会接得孔部长来函云:"志豪先生大鉴,台函诵悉,宁波实业银行停业以来,社会疑虑甚多,自应讯定办法,以谋解决。台端拟向各董事及同乡筹集资本,准备复业。果能实现,不独可恢复银行自身之信用,亦可祛除债权人之责难,甚善甚善。尚希努力进行,迅定具体计划,本部自当乐观厥成。专复,顺颂筹祉。"

(1935年8月10日)

43. 华成慨捐巨款助赈

本埠宁波路中国华成烟草股份有限公司,为我国纯粹国产烟公司,出品精良,销路畅旺,诚为国产烟业中之巨擘。该公司鉴于本年水灾惨重,捐款尤□踊跃。计总经理□耕莘先生助洋一千元,中国华成烟草公司助洋五千元,华成烟草公司全体职员助洋一千元。又代募李□水先生助洋二百元,曹庆华先生助洋二百元,华一印刷公司全体职员助洋五百元,董歧飞先生助洋二百元,合计八千一百元。其关念灾黎,热心救济,诚令人钦佩不置云。

(1935年12月10日)

44. 筹款购机　大世界热心演戏

各界踊跃参加为发起人

中国航空协会扩大航空救国运动,上海市募款购机呈献政府,为蒋委员长五十寿辰纪念委员会。前函请全市戏院游艺场所,定期一天收入捐助,恩派亚、黄金大戏院,演戏详情,已志各报。并由黄金荣氏挽请大世界各场演员,共舞台诸大名角,各演剧一天,将所有券资收入,及前后台职演员工资,悉数捐助，已于昨日举行。闻大世界计售出券资小洋八千四百五十九角，共舞台数目容探悉再志。黄金荣氏及大世界共舞台热心人士赞助，至可钦佩。其他戏院，即将继起响应。又该会昨接伶界联合会函，该会本月十七日第四次常会决议，由各舞台戏院诸同志，分别择日各演戏剧一天，所得座资，移为购机，呈献政府庆祝蒋委员长寿辰。该会已函致谢，请多努力推动。

(1936年4月22日)

45. 清华大学派学生至亚普耳厂实习

(新声社云)国立清华大学，因慕本市中国亚普耳电器厂规模宏大，设备完美，为增进学生电机学识，及明了电厂组织起见，拟派该校电机系学生赴亚普耳厂实习。昨特致函该厂云：(上略)本院电机系，为增进研究电机学生对于电厂组织、及电厂各机械之认识起见，拟于本期暑假期间，派学生数名，赴贵公司实习。素仰贵公司当局热心提携后进，故特来函奉恳，尚祈俯允为祷(下略)等语。闻亚普耳电器厂当局，已复允其所请云。

(1936年4月29日)

46. 五洲药房注意防止肺病

五洲大药房，以我国肺病患者甚多，且有日渐增加之势，爰于月前联合中国防痨协会举办防痨展览会，搜集灯片模型及X光镜等防痨材料，都三百余种，使市民能获得充分之预防知识，足证该公司热心服务社会。再如"地球牌麦精鱼肝油"、"五洲乳白鱼肝油"、"助肺呼吸香蕉"、"白松糖浆"、"止咳杏仁露"等，亦为该公司精致之疗肺品，皆质料纯粹，效力确实，销路普及。此对于防止肺病前途，当亦有甚大之助力也。

(1937年1月8日)

47. 大中华橡胶厂主办夏令足球赛

大中华橡胶厂主办之夏令足球竞赛，今为增厚兴趣起见，除举行原有淘汰制双钱杯外，再设单循环联赛，并准同一球队同时参加杯赛及联赛一项。报名即日开始，下月一日截止。详章备索，通讯处徐家汇该厂云。

(1937年6月9日)

48. 固本厂全体职工捐薪一天充赈

本市九区皂药业工会近奉市总工会通令,以川甘黔陕诸省旱灾严重,饿殍载道,嘱为转知工友估量募捐,以资救济等因。该会奉令后,当于前日常会提出讨论,经议决该会所属五洲固本皂药厂全体职工,一律捐助工资一天充赈,并劝募额外捐助,以便凑集成数,选送救济会,汇解灾区。

(1937年6月28日)

49. 商务印书馆筹募救国捐五万元

由公司与同人各认半数　本月底起每月解送万金

商务印书馆为筹募救国捐五万元,规定办法如次:(一)救国捐五万元,由公司与全体同人各担任半数;(二)公司担任之半数二万五千元,自八月一日起上海发行所营业收入之现款,及各分馆汇解之现款,继续提拨百分之五,至满足此数为止;(三)同人担任之半数二万五千元,以各人长期奖励储蓄本年四至九月半年间之利息,捐款集成之,前项各人所捐利息不满五角者,凑足五角,五角以上不满一元者,凑足一元;(四)第三条之捐款,由公司印刷志愿书,分交存款人签认后,由人事科汇送会计科照扣,前项志愿捐款不足二万五千元时,由同人特别捐款补足之;(五)无长期奖励储蓄而愿特捐者,或有长期奖励储蓄而愿加捐者,均得加入,前项特捐加捐者,应由本人向人事科接洽,在分支馆分厂者,请与各该馆厂经理厂长接洽后汇报人事科;(六)公司与同人合捐之款,由公司分五个月解送救国捐正式收款机关,每月一万元,自本年八月底至十二月底解清。如有余额,并入第五个月解送。该公司处此非常时期,劳资合作,以巨款报送国家,殊属难能可贵。沪上不乏资金雄厚之厂家,当有闻风而兴起者。

(1937年8月25日)

索 引

【说明】本索引以企业名称为主题词,企业名后列出所有与该企业有关的史料所在页码及史料序号(括号中数字),企业名称按首字音序排列。

B

宝大祥南号绸布庄　229(68)、298(70)

C

长城唱片公司　115(82)

D

达丰染织公司　24(57)、130(17)、137(37)、143(55)、215(28)、286(54)、327(5)

达仁堂　219(40、41)

大昌烟公司　128(9)、129(15)

大沪银行　117(88)

大华保险公司　28(72)

大华药房　32(82)

大华中国火柴公司　32(84)

大来银行　36(92)、120(94)、245(113、114)

大世界商场　127(8)

大世界娱乐场　4(7)、194(182)、208(7)、225(58)、336(23)、343(44)

大同日夜物券交易所　20(46)

大同银行　21(49)

大亚银行　46(116)

大有新记榨油厂　22(53)、23(55)、269(18)

大中华(鸿生/荧昌)火柴公司　35(90)、141(51)、162(110)、166(121)、250(124)、284(49)、327(4)、329(7)、330(10)、331(13)、332(14)、336(24)

大中华纺织公司　140(47)

大中华国煤公司　29(76)

大中华科学研究社　309(10、11)

大中华橡胶厂　40(103)、113(78)、118(90)、122(101)、175(141)、190(175)、252(130)、285(52、53)、293(61)、337(27)、344(47)

索 引 | 347

大中银行　242(105)
东陆银行　129(14)

F

方九霞(润记)银楼　5(10)、8(18)、9(19)、126(4)、221(47)、280(43)
福昌烟公司　151(79)、164(114)

G

干茧丝吐交易所　94(34)
公济药棉花厂　138(42)
公利汽车公司　23(54)
国际大酒店　47(118)
国泰银行　43(110)、44(112)、120(96)、295(65)、296(66)、297(68)

H

海华织造厂　14(28)
海利公司　25(60)
汉成洋行　156(91)
杭州饭庄　34(88)
何锦丰洋货号　269(17)
何久记银楼　127(5)
和凤记银楼　208(6)
和兴钢铁厂　185(163)
和兴码头堆栈公司　37(96)
和兴烟公司　192(177)
合慎纸号　268(16)
亨得利钟表行　168(124)
亨得利钟表总行　29(73、74)

亨利洋服公司　229(69)
恒丰庄纱号　273(30)
鸿安轮船公司　159(101)、200(199)、202(205)
鸿裕边带厂　14(28)
沪北地产公司　19(45)
花旗烟公司　270(20)
华安寿险公司　217(34)
华丰公司　115(84)
华丰造纸公司　119(93)
华孚银行　5(9)
华商上海水泥厂　304(4)
华生电器制造厂　137(38)、164(117)、171(131、132)、174(139)、175(142)、176(144、145)、189(173)、199(197)、239(98)、243(108)、251(126、127)、258(138)、292(59)、317(17)、339(33)、340(35)、341(37)
华盛顿钟表行　25(61)、225(60)
华兴水火保险公司　87(20)
黄金大戏院　54(131)
黄九芝堂药号　35(91)
惠中银行　42(108、109)

J

机器洗衣公司　8(16)
江南银行　21(51)
江南制纸公司　27(68)
金城大戏院　43(110)、237(93)
金华烟草公司　30(78)
锦华锡纸厂　13(28)
景泰公司　108(64)

九福公司 105(59)、111(73)、142(54)、145(63、64)、149(75)、150(77)、151(78)、152(82)、153(84、85)、220(46)、157(95)、158(97、98、99)、159(100)、164(116)、180(154)、196(189)、220(46)、227(64、65)、243(109)、251(128)、253(132)、308(8)、309(9)、337(26)

均安毛绒厂 14(18)

L

老九纶绸缎局 23(56)
老九章绸缎庄 209(12)、210(12)
利华储蓄银行 9(20)、68(5)
利兴烟公司 144(144)
龙华水泥厂 20(48)
龙章造纸厂 140(48)

M

茂昌股份有限公司 200(198)
梅园酒家 31(79)
煤业银行 16(35)、18(40)
美国烟公司 185(164)
美华利钟表公司 133(23)、139(46)、207(4)、326(3)
美华银行 24(58、59)
民丰造纸厂 34(89)、123(102)、197(192)、321(19)、342(41)
民生烟公司 107(62)
民新银行 15(30、31)、92(29)、274(33)
明华银行 17(37)、131(19)、213(21)
明星影片公司 21(50)、102(51)、108(63)、133(25)、135(32、33)、136(35)、138(40)、143(57)、146(67)、147(68)、168(123)、249(125)、335(22)、341(36)
明州烟草公司 155(88)

N

宁波电话公司 3(5)
宁波饭店 33(85)
宁波实业银行 38(98)、46(117)、48(120)、49(123)、51(124)、114(81)、120(95)、165(120)、177(148)、181(156)、183(159)、186(166)、195(188)、242(106、107)、244(110、111、112)、248(120)、343(42)
宁波翔熊软席厂 9(22)
宁静轮船公司 298(69)
宁绍人寿保险公司 38(98)、169(126)、178(150)、184(161)、193(180)、235(88)
宁绍商轮公司 2(2)、3(3、4)、70(1、2)、71(3)、72(4、5、6)、73(6)、74(7)、75(9)、80(11)、81(12、13)、82(14、15)、84(16)、85(18)、88(22、23)、104(56)、105(58)、107(61)、109(66、68)、110(69)、112(76)、121(98)、122(99)、126(1)、126(1、3)、127(7)、134(28)、148(71、72)、149(73)、177(147)、179(152)、182(157)、206(1、2)、207(3)、208(8)、217(33)、220(44)、221(48、49)、262(1)、263(4、5)、264(6、7)、267(12、13)、268(15)、271(25)、272(26)、282(46)、291(57)、336(25)
宁绍水火保险公司 199(196)

宁兴轮船公司　202(205)
女子(商业)银行　25(62)、26(64、65)、103(53)、121(97)、141(52)、143(56)

P

鄱阳煤矿/鄱阳矿务公司　44(113)

Q

庆和银楼　207(5)
裘天宝银楼　210(15)、262(2)

R

人和织造厂　194(183)
日夜银行　18(41)、228(67)、91(27)、95(37)、133(26)
荣昌祥洋货号　137(38)、221(50)、222(52)、234(85)

S

三北轮船公司　132(21)、147(69)、148(70)、153(83)、161(106)、159(101)、179(152)、182(157)、193(178)、200(199)、201(201)、202(205)、209(10、11)、214(27)、222(51)、226(63)、231(74)、240(102)、241(104)、247(118)、248(119)、254(134)、258(137)、259(140)、260(141)、265(8)、272(27)、273(29)、282(46)、291(58)、293(62)、293(62)、313(15)、328(6)、333(16)、333(18)、334(19)、334(20)、335(21)
三北烟草公司　270(20、21、22)
三门湾公辟埠公司　166(122)
三友实业社　81(12)、95(36)、103(54)、157(96)、161(104、105)、162(109)、136(34)、138(41)、139(43)、218(37、38)、230(71)、266(10)、278(38、39)、286(55)、287(56)、303(2)、306(6)、326(2)、331(12)、332(15)、339(31)
纱布贸易公司　16(33)
纱业信托银行　17(39)、130(18)、269(19)
商船公司　7(15)
商务印书馆　107(60)、109(67)、176(146)、222(53)、279(41)、305(5)、330(11)、345(49)
上海(中华)劝工银行　12(27)、20、62、66
上海夜市物卷交易所　18(42)、89(24)、94(33)、131(20)
上海印染公司　33(87)
上海证券物品交易所股份有限公司　6(12)、10(23、24)、11(25)、58(2)、85(19)、87(21)、90(26)、96(38)、100(46)、103(52)、104(57)、112(74)、115(83)、128(10)、130(16)、133(24)、140(49)、213(22、23)、216(31、32)
上海中国国货公司　41(106)、123(101)、169(125)、173(136、137)、184(162)、198(194)、186(166)、188(169、170)、238(96、97)、246(115)、295(64)、311(13)、312(14)、340(34)

上海种植园　31(80)、163(112)
申一胶带厂　237(92、94)
寿全斋国药总号　38(97)
四明(商业)银行　2(1)、54(132)、56(1)、119(92)、215(29)、139(49)、144(58)、201(200)、253(133)、326(1)
四明保险公司　178(149)

T

泰昌西式木器公司　219(42、43)
泰康公司　155(89、90)
泰山保险公司　40(103)
天厨味精厂　225(225)、274(33)、275(34)、281(44)
天一味母厂　113(80)、118(89)、122(100)
天一烟公司　154(87)
天一影片公司　146(66)、164(115)、233(80)、284(50)
天原电化厂　119(91)
天原电化厂　249(121)
通商交易所　92(92)
同仁和颜料厂　292(60)
统原银行　116(85)
统原银行　39(99)q

W

王荣昌呢绒西服店　40(102)
王顺泰西装号　28(70)
卫生绒衫场　8(17)

温溪纸厂　53(129)
无线电机制造公司　27(67)
五和织造厂　111(72)、183(160)、197(191)
上海五金交易所　19(43)、93(31)、132(22)
五洲固本厂　152(81)、162(108)、218、229、252(129)、307(7)、333(17)、345(48)
五洲药房　25(62)、93(32)、98(42)、102(50)、110(70)、117(87)、123(103)、128(11)、142(53)、149(74)、154(86)、156(92、93)、157(94)、163(111)、169(127)、179(153)、182(158)、195(186)、202(203、204)、203(206)、226(61)、231(75、76)、232(78)、234(84)、235(87)、236(91)、246(116)、254(135)、255(136)、139(259)、266(9)、277(36、37)、279(40)、280(42)、329(8、9)、337(28)、344(46)

X

西湖啤酒公司　7(14)
祥生汽车公司　233(82)、341(38)、342(39、40)
象西公路　53(130)
燮昌火柴公司　302(1)
信大祥皮货局　218(39)
信利毛织厂　296(67)
信通银行　17(38)
信谊化学制药厂　180(155)
兴业(兴记)烟草公司　94(35)、220

(45)、274(31)

徐重道国药号　36(93、94)、37(95)、165(119)

许昌烟公司　294(63)

Y

亚普耳电器厂　112(75)、161(107)、170(128)、189(171)、193(179)、232(77)、239(101)、240(101)、319(18)、344(45)

亚洲银行　27(66)、47(119)

杨庆和发记银楼　160(103)

亿中企业银公司　189(172)

益昌钱庄　6(11)

益利汽水厂　234(83)

英美烟公司　127(8)

永盛薄荷公司　28(71)

永盛昌金号　284(51)

甬商组合作轮社　52(127)

元一行　45(115)

远东运动场　104(55)

Z

章华毛绒纺织厂　314(16)

振华纺织公司　129(13)

振华油漆公司　99(43)、212(20)、224(55)、303(3)

振泰纺织股份有限公司　24(57)、84(17)、137(37)

中法振业银行　19(44)

中国创制原料药剂　33(86)

中国灯泡整理公司　249(122)

中国工程协会工业材料试验所　28(69)

中国工业炼气公司　253(131)

中国华成烟草公司　163(163)、225(57)、235(86)、236(89)、338(30)、339(32)、343(43)

中国华美烟公司　175(143)

中国化学工业社　126(2)、139(45)、144(61)、165(118)、170(129)、174(140)、190(174)、191(176)、211(17)、213(24)、216(30)、246(117)、262(3)、267(11)、276(35)、281(45)、283(47)

中国垦业银行　31(80)、110(71)、187(167、168)、199(195)、230(72)、231(73)、232(79)、233(81)、236(90)、310(12)

中国贸易商行　53(128)

中国棉业银行　14(29)、15(32)、16(35)、96(39)、101(48)

中国天一保险公司　44(112)、194(184)、196(190)

中国通商银行　116(85)、171(130)、214(26)、238(95)、239(100)、241(103)

中国窑业公司　42(107)

中和烟公司　108(65)、226(62)、338(29)

中华工业公司　99(44)

中华公司　224(56)

中华捷运公司　97(40)

中华皮鞋公司　134(29)、144(59)、208(9)

中华皮鞋有限公司　5(8)、127(8)

中华市民银行　32(83)
中华协记皮鞋公司　151(79)、224(54)
中华兴记香皂厂　14(28)
中日美信托公司　7(13)
中外交易所　91(28)
中西药房　228(66)

中央国货公司　30(77)
中央信托公司　89(25)、99(45)、97(41)、101(49)
舟山轮船公司　22(52)、135(30)、217(35)
周莲记　283(48)
铸丰搪瓷公司　29(75)

后　记

　　企业是近代宁波帮活动的主要方式，自然也是有关方面对宁波帮研究的重要领域。近代宁波帮企业家在上海等地创办了一大批企业，由此成为中国经济近代化的重要力量之一，并推动宁波帮由传统商帮转型为近代工商企业家群体。为深入研究近代宁波帮的企业活动并提供基础性史料，弘扬老一辈宁波帮艰苦创业、实业救国的精神，市政协文史委员会决定编纂《〈申报〉宁波帮企业史料》一书。

　　本书在史料收集、考订、编辑过程中得到了宁波市图书馆、宁波大学图书馆等单位的大力支持与帮助，特别是本书执编宁波大学历史系孙善根博士认真负责，不辞辛劳，使本书得以如期完成。

　　需要说明的是，由于时间与篇幅的限制，还有不少内容如一些企业股东大会的报道等没有选入；同时由于编辑水平的局限，加之主要参考资料《申报》影印本的质量问题，本书难免存在一些遗漏和疏忽之处，敬请读者见谅并予以指正。

编　者

2011 年 12 月

图书在版编目(CIP)数据

《申报》宁波帮企业史料 /宁波市政协文史委员会编. —宁波：宁波出版社, 2012.3

ISBN 978-7-5526-0074-2

Ⅰ.①申… Ⅱ.①宁… Ⅲ.①企业-经济史-史料-宁波市-近代 Ⅳ.①F279.29

中国版本图书馆 CIP 数据核字(2012)第 031288 号

《申报》宁波帮企业史料

编　　者	宁波市政协文史委员会
出版发行	宁波出版社(宁波市甬江大道1号宁波书城8号楼6楼　315040)
责任编辑	徐　飞　徐欢欢
封面设计	金字斋
印　　刷	浙江新华数码印务有限公司
开　　本	787 毫米×1092 毫米　1/16
印　　张	24　插页 8
字　　数	400 千
版次印次	2012 年 3 月第 1 版　2012 年 3 月第 1 次印刷
标准书号	ISBN 978-7-5526-0074-2
定　　价	50.00 元